HISTOIRE
DE FRANCE

Deuxième Livre

D'HISTOIRE

DE FRANCE

(FRANCE ET COLONIES)

PAR

Claude AUGÉ & Maxime PETIT

---

560 Gravures. — **12 Tableaux synthétiques.**
20 Cartes (dont 15 en couleurs).
Résumés. — **Sujets de rédaction.**

VINGT-SEPTIÈME ÉDITION

PARIS

LIBRAIRIE LAROUSSE

13-17, RUE MONTPARNASSE (6e)
SUCCURSALE : Rue des Écoles, 58 (Sorbonne)

Tous droits réservés.

PRÉFACE

Plan du Cours. — Le Cours d'histoire de France de MM. Claude Augé et Maxime Petit comprend trois degrés, dont chacun embrasse le cycle complet de notre histoire. Un *Livre préparatoire* est destiné à apprendre aux tout jeunes enfants les notions qu'il leur est indispensable de savoir avant d'aborder l'étude méthodique de l'histoire.

Ce que l'enfant doit comprendre, c'est la suite des événements, le lien qui unit les diverses périodes de notre vie nationale, la formation et le développement de la patrie. Les faits mentionnés ne sauraient avoir d'autre objet que d'éclairer ce développement, et il importe qu'ils ne se présentent pas en assez grand nombre pour voiler les idées dominantes sous la multiplicité des détails.

Dans un *Livre préparatoire* et même dans un *Premier Livre*, il ne faut pas songer aux aperçus synthétiques, mais se borner à un texte très court complété par des lectures, par des anecdotes typiques dont on dégagera aux yeux de l'enfant la moralité.

Dans le *Deuxième Livre*, une part à peu près égale est faite au texte même et aux lectures. Il ne faut pas s'attendre à y trouver tous les détails, tous les petits faits qui se rencontrent déjà dans le *Premier* : l'enfance de Du Guesclin, celle de Henri IV, l'histoire du Grand Ferré, etc., sont l'objet dans le premier livre de récits détaillés, et il est parfaitement inutile de reproduire tous ces récits dans les volumes suivants. On ne doit pas enseigner l'histoire à des élèves de douze ans comme on l'enseigne à des enfants du premier âge.

Histoire des Institutions. — Un semblable programme obligeait les auteurs à faire une place à cette partie de l'histoire si capitale et si négligée dans les ouvrages d'enseignement primaire : *l'histoire des institutions.*

Il nous sera permis, à ce propos, de faire remarquer le soin qu'ont apporté MM. Claude Augé et Maxime Petit à mettre leurs ouvrages au courant de la science historique et à les alléger *d'un certain nombre d'erreurs dont la reproduction perpétuelle témoigne d'un souci médiocre des résultats de l'érudition.* Les auteurs ne se sont pas crus obligés à dire, par exemple, que le capitulaire de Kiersy a établi l'hérédité des bénéfices, ni que la loi salique exclut les femmes du trône, ni que le Parlement a été constitué définitivement sous Philippe le Bel. Ce sont là des inexactitudes dont les travaux des historiens ont fait justice.

Histoire coloniale. — Après avoir enseigné à l'élève l'histoire de la métropole, il est bon de lui faire connaître celle de nos possessions d'outre-mer. Le *Deuxième Livre* ne contient qu'un précis; le *Troisième Livre* se termine par un exposé complet de notre expansion coloniale depuis ses origines jusqu'à nos jours

Cartes et Illustrations. — Ce nouveau Cours d'Histoire de France se distingue par une abondante illustration, qui reproduit aussi souvent que possible soit des documents originaux, soit des œuvres d'art. Nous n'avons pas hésité à faire les frais de cartes consciencieusement gravées et coloriées pour dispenser les élèves de consulter des atlas spéciaux.

LES ÉDITEURS

HISTOIRE DE FRANCE

CHAPITRE PREMIER. — LA GAULE.

LEÇON. — La Gaule avant l'histoire.

1. Il y a des milliers d'années, notre pays était peuplé d'espèces animales aujourd'hui disparues ou émigrées vers d'autres climats : le mammouth, le rhinocéros à narines cloisonnées, l'hippopotame, le grand chat-tigre des cavernes, l'aurochs ou bison d'Europe, le renne et le chamois.

L'homme contemporain du mammouth, vêtu de peaux de bêtes, n'avait pour chasser et pour pêcher que des armes et des engins en silex ; il s'abritait dans des cavernes. C'est l'âge de la *pierre taillée*, âge barbare, où pourtant l'homme savait graver des dessins sur les os ou sur la corne.

2. Plus tard, l'homme, au lieu de tailler ses outils par éclats, apprit à les polir. Il devint moins nomade, plus sociable, et construisit sur terre des habitations rondes, sur les lacs des *cités lacustres* ou *palafittes*. Il éleva des *dolmens* pour servir de sépulture, des *menhirs* pour garder la mémoire de certains événements. Il apprit à domestiquer les animaux et à cultiver les céréales. C'est l'âge de la *pierre polie*, auquel succéda l'âge des *métaux*, lorsque des étrangers eurent

1. Dolmen. — 2. Menhir.

introduit dans notre pays l'usage du *bronze* et l'usage du *fer*. Les derniers venus de ces étrangers étaient des Gaulois, et le nom de Gaule fut donné plus tard à toute la contrée.

LEÇON. — La Gaule.

3. La Gaule avait pour limites : au nord, la mer du Nord et la

Cabanes gauloises.

Meuse ; à l'est, le Rhin et les Alpes ; au sud, la Méditerranée et les Pyrénées ; à l'ouest, la Manche et l'Atlantique. Elle comprenait donc, outre la France et la Belgique actuelles, une partie de la Hollande, de l'Allemagne et de la Suisse.

Elle ne comptait que six millions d'habitants, tandis que la France en a aujourd'hui plus de trente-huit millions, bien qu'elle soit beaucoup moins vaste que la Gaule.

LECTURE. — Aspect de la Gaule.

4. La Gaule était couverte de marais et de forêts remplies d'animaux sauvages. Elle n'était pas sillonnée de larges routes ni peuplée de villes bien bâties. C'est à peine si quelques sentiers faisaient communiquer les bourgades aux cabanes obscures où nos ancêtres s'abritaient contre les rigueurs du climat. Ces cabanes, de forme circulaire, étaient faites de planches et de claies d'osier ; elles étaient couvertes de chaume ou de roseaux, et leur porte était la seule ouverture qui laissât pénétrer l'air et la lumière.

En temps de guerre, les populations se retiraient avec leurs troupeaux dans des enceintes

Les Gaulois lançaient des flèches en l'air pour défier le tonnerre.

fortifiées, appelées *oppida*, et situées le plus souvent sur des collines. Peu à peu, ces places de refuge furent habitées d'une façon permanente : elles devinrent de véritables villes.

QUESTIONNAIRE. — 3. Donnez les limites de la Gaule. — La Gaule était-elle plus grande et plus peuplée que la France actuelle ? — 4. Quel était son aspect général ? — Comment étaient construites les maisons ? — Qu'appelez-vous *oppida* (au singulier *oppidum*) ? — Que devinrent plus tard les *oppida* ?

LEÇON. — **Les Habitants de la Gaule.**

5. Il n'y avait pas que des Gaulois en Gaule. On y trouvait des peuples de races différentes : des *Ibères* ou *Aquitains*, entre la Garonne et les Pyrénées ; des *Ligures*, dans le bassin du Rhône ; des *Grecs*, qui avaient fondé une république à Marseille ; des *Belges* [1], entre la Seine et le Rhin. Ainsi, les *Gaulois* proprement dits ou *Celtes* n'occupaient que le centre du pays.

Les Gaulois avaient habité l'Asie avant de venir en Europe. C'étaient des guerriers intrépides jusqu'à la témérité, braves jusqu'au mépris de la mort. Les jours d'orage, ils lançaient des flèches en l'air comme pour défier le tonnerre, ou bien ils se jetaient tout armés contre les flots montants pour effrayer la mer mugissante.

Ils étaient imprudents, vaniteux, bavards et querelleurs. D'humeur inconstante, de caractère léger, ils se laissaient abattre par le moindre échec. En revanche, ils prenaient toujours parti pour le faible contre le fort, et ils punissaient de mort l'assassinat d'un étranger, tant étaient sacrées pour eux les lois de l'hospitalité.

LECTURE. — **Mœurs des Gaulois.**

6. Les Gaulois portaient les cheveux très longs. Leur habillement se composait de *braies* ou culottes, et de *sayons* ou manteaux de laine rude et crépue. Ils se paraient de colliers, appelés *torques*, et d'autres bijoux.

Ils étaient blonds et de haute taille. Ils faisaient la guerre avec passion, parfois même avec cruauté.

Leur armement se composait d'un long sabre, de lances, de piques et d'un casque d'airain surmonté de cornes, d'ailes d'oiseaux ou d'un crochet. Quelques-uns se servaient en outre de l'arc, de la fronde et d'une flèche de bois qu'ils lançaient à la main.

Ils refusèrent longtemps de se garnir d'un bouclier, disant qu'un brave doit offrir aux coups de l'ennemi non du fer, mais sa poitrine nue. Leur grande force, c'était l'impétuosité, et ils étaient bien plus propres à attaquer qu'à se défendre.

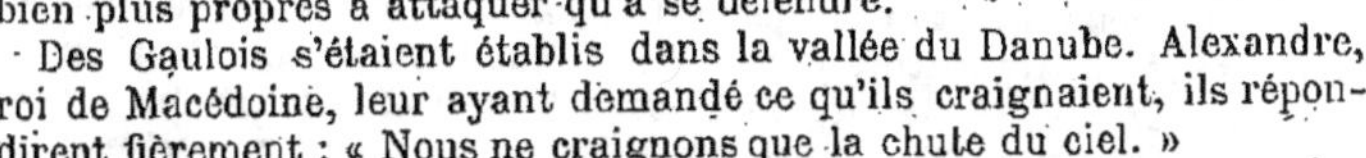

Gaulois combattant.

Des Gaulois s'étaient établis dans la vallée du Danube. Alexandre, roi de Macédoine, leur ayant demandé ce qu'ils craignaient, ils répondirent fièrement : « Nous ne craignons que la chute du ciel. »

Ils tenaient en médiocre estime les travaux de l'agriculture, de l'industrie et du commerce. La Gaule n'était cependant pas tout à fait inculte.

QUESTIONNAIRE. — 5. Nommez les différentes races de la Gaule en indiquant leur situation géographique. — D'où venaient les Gaulois ? — Quels étaient les traits essentiels de leur caractère ? — 6. Comment s'habillaient-ils ? — Parlez de leur armement ; de leur vaillance. — Citez la fière réponse qu'ils firent à Alexandre le Grand. — La Gaule était-elle tout à fait inculte ?

---

[1] Les *Belges* étaient venus de la Germanie (Allemagne) ; mais il est à peu près établi qu'ils étaient Gaulois, et non Germains.

LECTURE. — Institutions et état social des Gaulois.

7. Cités, clans, familles. — Il n'y a plus aujourd'hui en France des Normands, des Bretons, des Limousins ayant des intérêts opposés, mais seulement des Français formant une nation unique et soumis aux mêmes lois. Les Gaulois, au contraire, étaient divisés en une foule de *cités* ou peuplades, indépendantes et souvent ennemies : *Arvernes* (Auvergne), *Helvètes* (Suisse), *Lingons* (Langres), *Carnutes* (Chartres), *Trévires* (Trèves), etc. En un mot, il n'y avait pas de patrie gauloise.

Les peuplades comprenaient chacune un certain nombre de *clans* ou groupes de familles, obéissant à un même chef. Elles étaient gouvernées par des rois ou par des magistrats élus.

8. Chevaliers, clients, esclaves. — Les hommes riches, qu'on appelait *chevaliers*, étaient entourés d'un grand nombre de *clients*, c'est-à-dire d'hommes libres qui se plaçaient sous leur protection, et d'*esclaves*. Le mari avait droit de vie et de mort sur sa femme et sur ses enfants.

9. Religion, druides. — Les Gaulois croyaient à l'immortalité de l'âme, et ils adoraient les grandes forces de la nature, telles que le soleil, le vent qu'ils regardaient comme animées par des dieux. Leurs prêtres s'appelaient *druides*.

Les druides vivaient dans les forêts. Les jours de fêtes solennelles, ils cueillaient en grande cérémonie le gui sacré, dont la perpétuelle verdeur était comme le symbole de l'âme immortelle. Peut-être croyaient-ils à l'existence d'un Être suprême. Ils n'écrivaient pas leur doctrine; ils la savaient par cœur et la transmettaient oralement à leurs disciples.

10. Les druides immolaient des victimes humaines pour se rendre les dieux favorables : ils massacraient surtout les prisonniers de guerre, et ils pensaient protéger, par ces sacrifices, la vie des personnes qui leur étaient chères.

Les druides étaient les seuls hommes savants de la Gaule. Très influents et unanimement respectés, ils étaient dispensés de toute espèce de charges, comme l'impôt et le service militaire. Ils instruisaient la jeunesse et ils rendaient la justice; ceux qui ne voulaient pas se soumettre à leurs jugements étaient *interdits* : ils n'avaient plus le droit d'assister aux sacrifices, et on les fuyait comme des pestiférés. Il y avait au-dessous des druides, des *bardes*, poètes et musiciens, et des *ovates* ou devins.

LEÇON. — Les Gaulois en Italie.

11. La nation gauloise était essentiellement guerrière. Au IVᵉ siècle av. J.-C., elle formait un vaste empire militaire qui englobait la plus grande partie de l'Europe centrale, la Bretagne (Angleterre), le nord de l'Espagne et de l'Italie.

Les Gaulois établis en Italie, ou Gaulois *cisalpins*, se trouvaient à l'étroit dans la vallée du Pô. En 390 av. J.-C., ils envahirent l'Étrurie, battirent sur les bords de l'Allia les Romains qui avaient pris parti pour les Étrusques, et s'emparèrent de Rome.

Mais les Romains grandirent peu à peu et formèrent un État puissant. Ils envahirent à leur tour la vallée du Pô et soumirent leurs anciens vainqueurs (222 av. J.-C.).

Siège du Capitole. — *Væ Victis !* (390 av. J.-C.).

LECTURE. — Prise de Rome par les Gaulois.

12. Lorsque les ambassadeurs romains demandèrent aux Gaulois de quel droit ils envahissaient l'Italie centrale : « Nous portons notre droit, répondirent-ils, à la pointe de notre épée. »

Après la sanglante bataille de l'Allia, la terreur se répandit dans Rome, et tous les habitants prirent la fuite où s'enfermèrent dans le Capitole (citadelle).

Les Gaulois, ayant saccagé et brûlé la ville, cherchèrent, mais en vain, à prendre la citadelle d'assaut. Une nuit, ils étaient sur le point d'y pénétrer par ruse, quand les oies consacrées à la déesse Junon donnèrent l'éveil à la garnison. Ils établirent alors un blocus rigoureux, et ils ne consentirent à traiter qu'au bout de sept mois, moyennant 1,000 livres d'or.

Le jour où cet or fut pesé, les Romains reprochèrent à leurs vainqueurs de faire usage de faux poids. Le chef des Gaulois, Brennus, jetant sa lourde épée dans la balance, prononça le mot terrible devenu proverbial : *Væ victis !* « Malheur aux vaincus ! »

LEÇON. — Conquête de la Narbonnaise.

13. Vers l'an 600 av. J.-C., des Phocéens ou Grecs d'Ionie [1] vinrent aborder l'embouchure du Rhône. Ils y fondèrent Massilia (*Marseille*), qui devint une petite république dont la domination s'étendit sur la côte comprise entre les villes modernes de Nice et de Montpellier.

Les Massiliotes, en guerre avec leurs voisins, les Ligures, de-

Les Phocéens à Marseille (600 av. J.-C.).

mandèrent aux Romains de les assister. Leur prière fut accueillie, les Romains passèrent les Alpes, et, en 123 av. J.-C., le consul Sextius mit une garnison dans la forteresse d'Aix. Les Allobroges (Savoie) et les Arvernes voulurent chasser cette garnison : ils furent écrasés (121), et les vainqueurs possédèrent alors en Gaule une *province* [2]. Ils s'emparèrent ensuite de Narbonne et de Toulouse, et la *province* s'appela *Narbonnaise*, avec Narbonne pour capitale.

Une route fut construite à travers la Narbonnaise pour faire communiquer l'Italie et l'Espagne.

LECTURE. — Gyptis et Euxène.

14. A la fondation de Marseille se rattache une gracieuse légende, que les auteurs anciens nous ont conservée.

Un marchand phocéen [3], Euxène, aborda, vers l'an 600 av. J.-C., à l'embouchure du Rhône et s'efforça de gagner l'amitié des populations riveraines.

Euxène se rendit dans ce but vers Nann, roi d'une tribu ligure qui, précisément ce jour-là, mariait son héritière Gyptis.

L'usage voulait que la jeune fille tendît une coupe pleine, à la fin du repas, au convive qu'elle choisissait pour époux.

Euxène et ses compagnons furent conviés à la fête nuptiale, et quelle ne fut pas l'étonnement des prétendants ligures, lorsque Gyptis offrit la coupe au chef phocéen.

Nann vit dans ce choix un ordre des dieux : il donna aux Grecs un territoire où Euxène fonda la ville de Massilia (*Marseille*).

(1) Dans l'Asie Mineure. — (2) De là le nom de *Provence*. — (3) *Phocée*, ville grecque d'Asie Mineure.

Travaux des Romains devant Alésia.

LEÇON. — Conquête de la Gaule par César.

15. Une nation n'est invincible que lorsqu'elle est unie, et les Gaulois étaient divisés. Les *Séquanes* (Franche-Comté), en guerre avec les *Éduens* (Saône-et-Loire), appelèrent à leur secours les Germains, tandis que les Éduens s'adressaient aux Romains.

César (101-44 av. J.-C.).

Il arriva pour la Gaule entière ce qui était arrivé pour le sud-est. Une fois dans le pays, les Romains ne voulurent plus le quitter, et, en l'an 58 av. J.-C., le consul Jules César entreprit la conquête de la Gaule. Il battit les peuples gaulois les uns après les autres, et il se croyait définitivement assuré du succès, lorsque les deux tiers des vaincus se soulevèrent en masse, à l'appel d'un jeune Arverne, Vercingétorix.

Vercingétorix fit détruire les villes et brûler les moissons pour affamer l'ennemi. Il obligea César à lever le siège de Gergovie (près Clermont-Ferrand) et, encouragé par cette victoire, il livra bataille au célèbre général sur les bords de la Saône. Vaincu, il se réfugia sur le mont Auxois, dont Alésia occupait le versant occidental [1] et où César vint l'assiéger.

LECTURE. — Vercingétorix.

16. Vercingétorix appartenait à une famille arverne qui devait sa puissance au grand nombre de ses *clients*. Son père, Celtill, avait essayé de se faire proclamer roi, mais il n'avait pu y réussir, et le sénat de Gergovie l'avait fait mettre à mort.

Vercingétorix, plus heureux, s'empara de la royauté ; mais, après avoir mis sa puissance au service de son ambition, il voulut l'employer à la délivrance de la Gaule. Il fut reconnu comme chef de la résistance, leva les contributions de guerre sur les peuplades, eut droit de vie et de mort sur tous, et, après avoir imposé à ses soldats une organisation sévère, il donna le signal de l'insurrection.

Il ne craignit pas de se mesurer avec les légions romaines, merveilleusement disciplinées, habituées à l'art de la guerre, pourvues d'armes et d'engins, commandées enfin par l'un des plus grands généraux du monde.

Statue de Vercingétorix sur le mont Auxois.

QUESTIONNAIRE. — 15. A quelle occasion et en quelle année Jules César fut-il appelé en Gaule ? — Une fois en Gaule, que fit le général romain ? — Quel fut le chef de la résistance gauloise ? — Rappelez une victoire et un échec de Vercingétorix. — Quelle était la situation d'Alésia ? — 16. Sur quelle peuplade régnait Vercingétorix ? — Racontez les préparatifs qu'il fit pour résister à César, et montrez les difficultés auxquelles il avait à faire face.

[1] Alésia s'élevait près du village moderne d'Alise-Sainte-Reine (Côte-d'Or, arrondissement de Semur). L'opinion de ceux qui identifient Alésia à Alaise (Doubs) est aujourd'hui abandonnée.

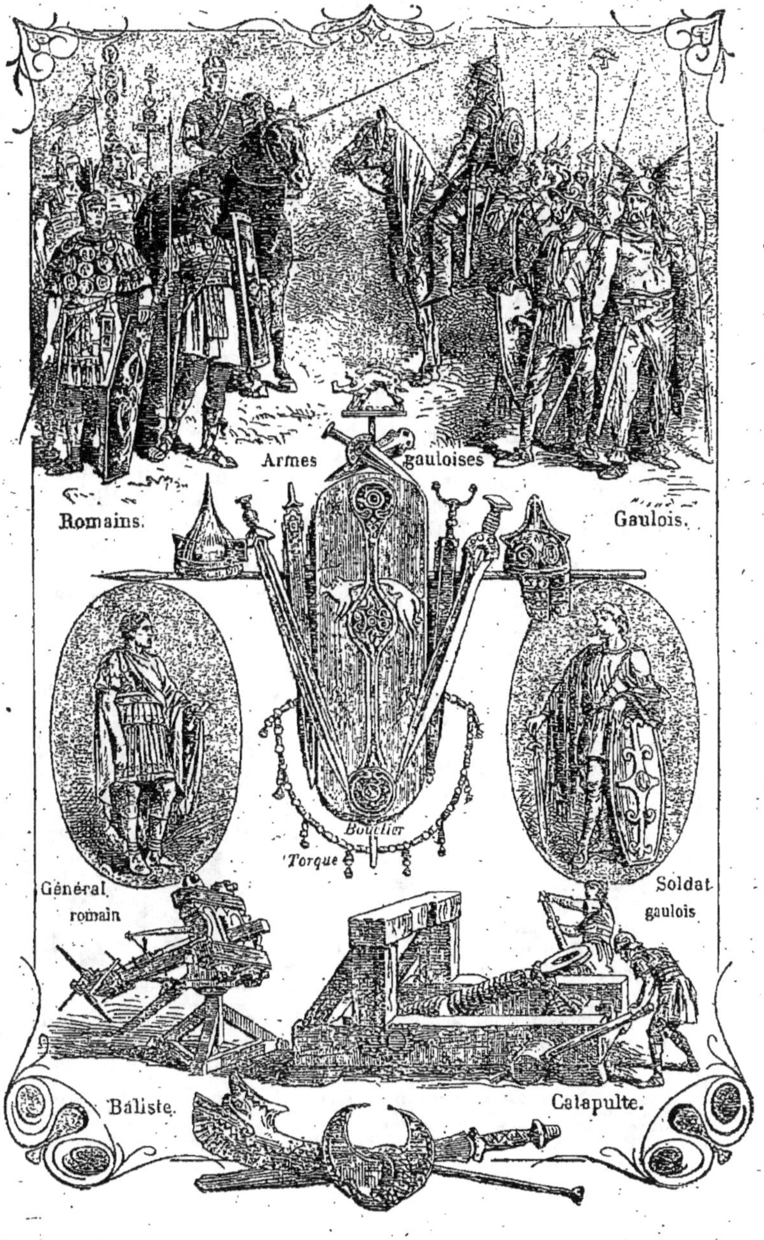

Armes gauloises
Romains.
Gaulois.
Bouclier
Torque
Général
romain
Soldat
gaulois
Baliste.
Catapulte.

LEÇON. — Siège d'Alésia.

Siège d'Alésia (52 av. J.-C.).

17. Dès que César se fut établi sur les hauteurs qui environnent le mont Auxois, il fit exécuter des travaux de défense contre les assiégés et contre l'armée de secours attendue par Vercingétorix.

Plusieurs combats eurent lieu. Une première fois, César vainquit la cavalerie gauloise dans la plaine des Laumes et la refoula dans la ville. Les assiégés étaient déjà en proie à la famine, lorsque les renforts apparurent : une bataille acharnée s'engagea, et le camp romain faillit tomber au pouvoir de Vercingétorix. Mais César, intervenant en personne, décida du sort de la journée.

Vercingétorix, dont les troupes étaient décimées par les privations, comprit qu'une plus longue résistance serait inutile. Il se rendit à César (52 av. J.-C.).

LECTURE. — Vercingétorix à Alésia.

18. Enfermé dans Alésia, Vercingétorix envoya dans toute la Gaule les chefs de sa cavalerie pour lever des troupes. Un mois se passa, les vivres s'épuisaient, et l'armée de secours n'arrivait pas.

Un matin, pourtant, les défenseurs d'Alésia virent déboucher dans la plaine un flot de cavaliers. C'étaient les renforts si impatiemment attendus. Une grande bataille eut lieu. Les Gaulois firent des prodiges de bravoure, mais les Romains triomphèrent, parce qu'ils connaissaient mieux l'art des combats.

Vercingétorix se rend à César (52 av. J.-C.).

Vercingétorix résolut alors de se rendre aux Romains dans l'espoir d'obtenir pour ses compagnons des conditions moins rigoureuses.

Revêtu de sa plus belle armure, il apparaît soudain devant César, et jette aux pieds du vainqueur son casque et son glaive.

Une telle abnégation, couronnant un tel héroïsme, n'eut pas le don d'émouvoir le Romain ; il mit dans les fers le vaillant défenseur de la Gaule et le fit périr au bout de cinq ans de captivité.

LEÇON. — **La Gaule romaine.**

19. Après la soumission de Vercingétorix, la Gaule ne fut plus qu'une dépendance de l'État romain.

Maison carrée, à Nîmes.

Les Romains étant plus civilisés que les Gaulois, ceux-ci ne tardèrent pas à adopter la religion, les mœurs, la langue de leurs vainqueurs. Les Romains savaient que nos ancêtres étaient vaniteux : ils les comblèrent d'honneurs. Il n'y eut bientôt plus de *Gaulois*, mais des Gaulois convertis à la civilisation romaine, c'est-à-dire des *Gallo-Romains*. Lyon, fondé en 43 av. J.-C., devint la métropole, la capitale politique et religieuse de la Gaule romaine. Chaque année, les Gaulois envoyaient des délégués à Lyon pour faire connaître au représentant de l'empereur les plaintes et les vœux des populations.

Les Arènes de Nîmes.

Notre pays se couvrit de monuments : les arènes et la Maison carrée de Nîmes, les arènes de Lutèce (Paris), le temple d'Auguste à Lyon, l'amphithéâtre d'Arles, l'arc de triomphe d'Orange, le pont du Gard, etc. Plusieurs de ces monuments sont encore debout. Grâce à la construction de routes larges et commodes, le commerce prit un essor rapide. Des écoles furent fondées ; la Gaule eut ses poètes et ses orateurs.

LECTURE. — **État de la Gaule.**

20. La conquête romaine fut, au début, bienfaisante pour la Gaule. De Lyon partirent et rayonnèrent de grandes voies commerciales et militaires, et la Gaule devint le pays le plus cultivé de tout l'empire romain. On exploita ses carrières, ses champs, ses prairies, ses forêts.

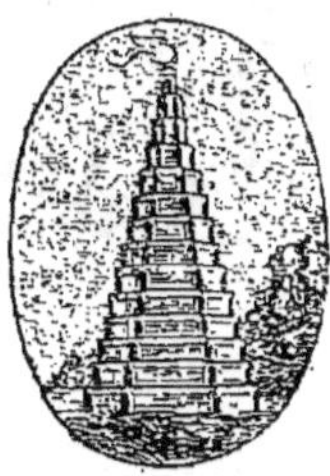
Tour d'Odre.

La navigation fluviale n'était pas moins florissante que l'industrie des transports par terre. Il y eut d'importantes corporations de bateliers sur la Saône, le Rhône, la Durance, la Seine, la Loire. La plus célèbre de ces corporations était celle des *Nautes parisiens*.

La Gaule faisait un commerce actif avec la Bretagne (aujourd'hui l'Angleterre). Aussi l'empereur Caligula fit-il élever à Boulogne un phare gigantesque, connu au moyen âge sous le nom de tour d'*Odre* et qui subsista jusqu'au xviiᵉ siècle.

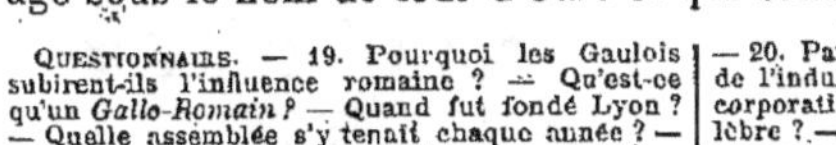

LEÇON. — Révoltes en Gaule.

21. Les empereurs romains avaient besoin d'argent, et les Gaulois ne tardèrent pas à être écrasés d'impôts. Plusieurs révoltes éclatèrent.

Les plus importantes furent celles de Florus et de Sacrovir, sous le règne de Tibère (21 ans ap. J.-C.), puis celle du Batave[1] Civilis et de Sabinus sous le règne de Vespasien (69-70). Elles n'eurent aucun succès.

Dès lors, il ne resta plus trace de l'indépendance gauloise. Les impôts devinrent de plus en plus lourds, et la population ne tarda pas à déplorer la domination romaine, qu'elle avait accueillie d'abord avec satisfaction.

LECTURE. — Éponine et Sabinus.

22. Sabinus vaincu fit répandre le bruit de sa mort et se réfugia dans un souterrain perdu au plus profond des bois. Tous les soirs, sa jeune femme Éponine, que l'on croyait veuve, venait lui apporter secrètement les choses nécessaires à la vie. Pendant huit années, elle put adoucir ainsi le sort de Sabinus; mais un jour les soldats romains découvrirent la retraite du fugitif et le conduisirent, chargé de chaînes, devant l'empereur.

Éponine se jeta, avec ses deux fils, aux pieds de Vespasien. « Vois ces enfants, dit-elle, j'ai voulu les nourrir dans une prison obscure pour que nous fussions trois à demander la grâce de leur père. » L'empereur parut touché, mais il invoqua la nécessité de faire un exemple, et Sabinus dut s'apprêter à mourir. Éponine ne voulut pas survivre à son mari. Elle marcha résolument au supplice, et le bourreau réunit du même coup dans la mort ceux que rien n'avait pu séparer dans la vie.

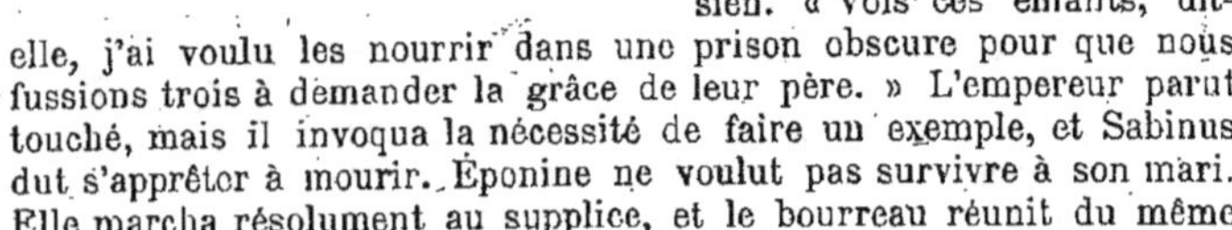

Éponine et Sabinus.

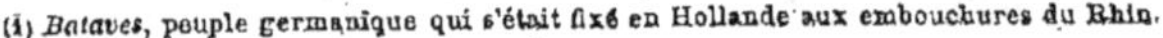

[1] *Bataves*, peuple germanique qui s'était fixé en Hollande aux embouchures du Rhin.

LEÇON. — **La Gaule chrétienne**.

23. Dans la seconde moitié du
IIe siècle, des chrétiens partirent
de Syrie sous la conduite d'un vieillard de soixante-dix ans, nommé
Pothin, et débarquèrent en Gaule.
Ils s'établirent les uns à Lyon, les
autres à Vienne (Isère), et ils firent
de nombreux adeptes, parce que la
religion nouvelle apportait des
principes jusqu'alors inconnus de
justice et de charité.

Mais Lyon, capitale de la Gaule
romaine, était le centre du culte
païen. Aussi les chrétiens furent-ils
promptement en butte aux plus
violentes persécutions. Ils se refusèrent à renier leur foi, préférant
le martyre à l'apostasie. Pothin,
évêque de Lyon, et une jeune fille
de dix-sept ans, Blandine, étonnè-
rent leurs bourreaux mêmes par
leur résignation héroïque (177).

Les persécutions ne prirent fin
qu'au IVe siècle, lorsque l'empereur
Constantin eut embrassé le nouveau culte (312). Alors, les églises
remplacèrent les temples romains,
et saint Hilaire de Poitiers, saint
Martin de Tours, saint Didier de
Langres assurèrent par leurs vertus le triomphe du christianisme.

Basilique de Saint-Martin de Tours (*Restitution*). — Saint Martin et le pauvre.

LECTURE. — **Saint Martin**.

24. Avant d'être moine, saint Martin fut soldat. Pendant l'hiver de 338,
il rencontra un jour, à la porte d'Amiens, un pauvre homme à peine
vêtu et exposé aux rigueurs du froid. Prenant son épée, il fit deux parts
de son manteau, et en donna la moitié au malheureux. — Converti
bientôt au christianisme, il se fit le disciple de saint Hilaire de Poitiers.
Pendant un voyage en Italie, il fut en butte aux persécutions des *Ariens*,
hérétiques qui niaient la divinité de Jésus-Christ. Revenu en Gaule, il
devint évêque de Tours en 371 et fit bâtir dans son diocèse le monastère de Marmoutier.

Saint Martin fut en grand honneur dans la Gaule pendant la période
mérovingienne : on lui éleva partout des églises et des oratoires.

LEÇON. — Les Barbares.

25. Les Romains donnaient le nom de *Barbares* à tous les peuples restés en dehors de leur civilisation.

Les Barbares établis au delà du Rhin s'appelaient *Germains* et leur pays *Germanie* (Allemagne). Les empereurs romains, n'ayant plus assez de soldats pour protéger leurs frontières du nord et de l'est, chargèrent de ce soin les Barbares, de sorte qu'un certain nombre de Germains pénétrèrent en Gaule, non comme conquérants, mais comme alliés. Aussi, quand, au commencement du vᵉ siècle, d'autres Germains envahirent la Gaule,

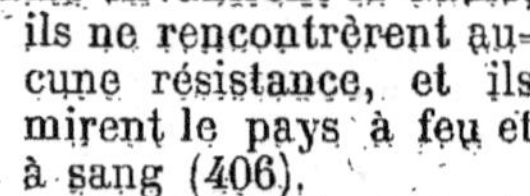

ils ne rencontrèrent aucune résistance, et ils mirent le pays à feu et à sang (406).

26. Cependant, trois peuples germains, entrés d'abord en Gaule comme alliés de l'empire romain, réussirent à y fonder des établissements : les *Wisigoths* au sud de la Loire, les *Burgondes* ou *Bourguignons* dans le bassin du Rhône, les *Francs* sur la rive gauche du Rhin. La Gaule romaine ne comprit désormais que le centre du pays.

Les Gallo-Romains se défendirent à peine : ils étaient écrasés d'impôts, les denrées étaient hors de prix, et la conquête barbare fut à leurs yeux une véritable délivrance.

LEÇON. — **Les Francs.**

27. Les Francs étaient divisés en deux groupes de tribus : les *Ripuaires*, dont Cologne était la ville principale ; les *Saliens*, établis dans la Hollande méridionale, et dont plusieurs chefs étaient entrés au service des Romains pour défendre la frontière de l'empire.

Les Saliens étaient regardés comme les plus nobles des Francs, et c'est dans une famille salienne, celle des *Mérovingiens*, que les tribus établies en Gaule choisirent leurs rois.

Les Francs aimaient la guerre avec passion ; ils pensaient que le courage, qui les enrichissait en ce monde, était seul capable de leur assurer après la mort le séjour du

Guerriers francs.

Walhalla. Le Walhalla était un paradis où, suivant la croyance populaire, les guerriers morts au combat buvaient l'hydromel [1] dans le crâne des ennemis vaincus.

LECTURE. — **Portrait des Francs.**

28. « Les Francs relevaient et rattachaient sur le sommet du front leurs cheveux d'un blond roux, qui formaient une espèce d'aigrette et retombaient par derrière en queue de cheval.

« Leur visage était entièrement rasé, à l'exception de deux longues moustaches qui leur tombaient de chaque côté de la bouche. Ils portaient des habits de toile serrés au corps et sur les membres avec un large ceinturon auquel pendait l'épée.

« Leur arme favorite était une hache à un ou deux tranchants, dont le fer était épais et acéré, et le manche très court. Ils commençaient le combat en lançant de loin cette hache, soit au visage, soit contre le bouclier de l'ennemi, et rarement ils manquaient d'atteindre l'endroit précis où ils voulaient frapper. Outre la hache qui, de leur nom, s'appelait *francisque*, ils avaient une arme de trait qui leur était particulière et qu'ils nommaient *hang*, c'est-à-dire *hameçon*. C'était une pique de médiocre longueur, et capable de servir également de près et de loin. La pointe, longue et forte, était armée de plusieurs barbes ou crochets tranchants et recourbés. »

Augustin Thierry.

[1] *Hydromel*, breuvage composé de miel dissous dans l'eau et que les peuples de la Germanie aimaient avec passion.

1er RÉSUMÉ. — LA GAULE.

1. En Gaule, comme dans d'autres contrées, l'humanité a passé par des périodes ou âges que l'on distingue par les outils dont l'homme se servait : l'âge de la PIERRE TAILLÉE, où l'homme vivait dans les cavernes, à côté des grandes espèces animales aujourd'hui disparues ou émigrées vers d'autres climats; l'âge de la PIERRE POLIE (cités lacustres, dolmens, menhirs); l'âge du BRONZE; — l'âge du FER.

1. Aurochs. — 2. Élan.

2. Les hommes qui, dans ces temps reculés, peuplèrent notre patrie, ne nous sont connus que par les découvertes géologiques. Notre histoire nationale commence avec les Gaulois, dont le nom fut donné dans la suite à tout le pays (Gaule).

3. La Gaule était plus étendue, à l'est et au nord, que la France actuelle; elle n'était pas tout à fait inculte et comptait environ six millions d'habitants : Gaulois ou Celtes, Ibères ou Aquitains, Ligures, Grecs, Belges.

4. Les Gaulois étaient belliqueux, intrépides, loyaux, mais légers et inconstants. Ils se divisaient en un grand nombre de peuplades indépendantes et souvent ennemies; en d'autres termes, il n'y avait pas de patrie gauloise. Le peuple n'avait aucune autorité; tout pouvoir appartenait aux chevaliers et surtout aux DRUIDES, qui enseignaient l'immortalité de l'âme et l'adoration des grandes forces de la nature.

5. Au IVe siècle av. J.-C., la nation gauloise formait un vaste État, qui englobait la plus grande partie de l'Europe centrale, l'Angleterre, le nord de l'Espagne et de l'Italie. Les Gaulois cisalpins s'emparèrent de la ville de Rome en 390 av. J.-C.; mais les Romains grandirent peu à peu, formèrent un État puissant et soumirent à leur tour les Gaulois; puis ils passèrent les Alpes et s'établirent dans la Narbonnaise (121 av. J.-C.).

Soldat gaulois.

6. Une fois dans le pays, les Romains ne voulurent plus le quitter, et, l'an 58 av. J.-C., Jules César en commença la conquête. Il divisa et battit les peuples gaulois les uns après les autres; mais, au moment où il se croyait définitivement victorieux, les deux tiers des vaincus se soulevèrent en

masse à l'appel d'un jeune Arverne, Vercingétorix. Cette héroïque résistance fut inutile. Après la chute d'Alésia (52 av. J.-C.), la Gaule ne fut plus qu'une dépendance de l'État romain.

7. Les Romains étant plus civilisés que les Gaulois, ceux-ci ne tardèrent pas à adopter la religion, les mœurs, la langue de leurs vainqueurs. Notre pays se couvrit de monuments. Grâce à la construction de routes larges et commodes, le commerce prit un essor rapide. Des écoles furent fondées; la Gaule eut ses poètes et ses orateurs. Quelques révoltes eurent lieu, mais elles furent promptement étouffées. Les plus célèbres sont celles de Florus et Sacrovir (21 ap. J.-C.), et celles de Civilis et Sabinus (69-70). Les Gaulois convertis à la civilisation romaine étaient appelés Gallo-Romains.

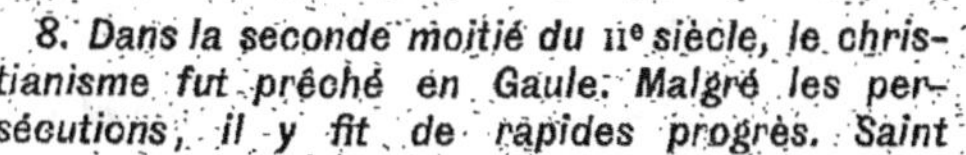

Soldat romain.

8. Dans la seconde moitié du IIᵉ siècle, le christianisme fut prêché en Gaule. Malgré les persécutions, il y fit de rapides progrès. Saint Hilaire, saint Martin, saint Didier en assurèrent le triomphe.

9. Un jour vint où les empereurs romains, n'ayant plus assez de soldats pour protéger leurs frontières, prirent à leur solde des Barbares. Trois peuples barbares, entrés d'abord en Gaule comme alliés de l'Empire, réussirent à y fonder au Vᵉ siècle des établissements durables : les Wisigoths, les Burgondes, les Francs. Les Gallo-Romains ne possédèrent plus que le centre du pays.

Pont du Gard ou aqueduc de Nîmes construit par les Romains.

10. Les Francs se divisaient en Saliens et en Ripuaires; c'est dans une famille salienne, celle des Mérovingiens, que les tribus établies en Gaule choisissaient leurs rois.

SUJETS DE RÉDACTION.

1. Faites le tableau de la Gaule préhistorique. — 2. Caractère, mœurs et institutions des Gaulois. — 3. Prise de Rome par les Gaulois. — 4. Comment la Gaule fut-elle conquise par les Romains? (Divisions des peuplades gauloises; intervention des Romains dans ces divisions; conquête de la Narbonnaise, etc.) — 5. César et Vercingétorix. — 6. La domination romaine en Gaule; ses conséquences. — 7. Introduction et propagation du christianisme en Gaule. — 8. Les Barbares en Gaule — 9. Les Francs, leur caractère et leurs mœurs.

CHAPITRE II. — LES MÉROVINGIENS

LEÇON. — Les premiers Mérovingiens.

29. En 428, un chef des Francs, nommé Clodion le Chevelu, fixa sa capitale à Tournai et s'avança jusqu'à la Somme. Aétius, général gallo-romain, accourut et battit les Francs à Helena; l'année suivante il fit la paix avec Mérovée, fils et successeur de Clodion (448).

Vers cette époque, les Huns, barbares venus de l'Asie, envahirent la Gaule sous la conduite d'Attila, surnommé le *fléau de Dieu*. A leur approche, les Parisiens effrayés voulurent quitter leur ville. Une jeune bergère de Nanterre, sainte Geneviève, réussit à les retenir, et il arriva précisément, comme elle le disait, que les Huns s'éloignèrent sans inquiéter Paris.

Soutenu par les Francs et les Wisigoths, Aétius vint attaquer Attila, qui dut lever le siège d'Orléans. Il lui infligea une défaite sanglante dans les *Champs catalauniques* [1], entre Troyes et Sens, en 451, et l'obligea à quitter la Gaule.

Mérovée mourut en 458, et son fils Childéric Ier, qui lui succéda, régna jusqu'en 481.

Cinq ans auparavant, des barbares avaient pris Rome et renversé son dernier empereur (476).

LECTURE. — Les Huns.

30. Les Huns avaient le corps trapu, la peau jaune, les membres robustes, les pommettes saillantes, le nez épaté, la tête énorme. Ils se nourrissaient de racines sauvages ou de viande crue.

Ils se fabriquaient, avec de la toile ou des peaux de rats des bois, une méchante casaque qu'ils ne quittaient que lorsqu'elle tombait par lambeaux. Ils ne mettaient pied à terre ni pour boire, ni pour manger.

Ils allaient au combat en poussant des cris effroyables et chargeaient l'ennemi avec la promptitude de l'éclair. Au moment où leur adversaire se préparait à les frapper, ils l'enlaçaient dans une courroie, qui paralysait tous ses mouvements.

Ils étaient d'une férocité incroyable. Attila, leur chef, avait coutume de dire : « L'herbe ne repousse plus sous les pas de mon cheval. »

Les Huns.

1. Les mots Champs catalauniques désignaient toute la Champagne. La bataille n'a pas eu lieu entre Troyes et Châlons, mais entre Troyes et Sens.

LEÇON. — Clovis (481-511).

31. Clovis, fils de Childéric, lui succéda comme roi des Francs en 481. Il était âgé de quinze ans à peine. Partant de Tournai, il marcha contre Syagrius, chef des Gallo-Romains, et le battit à Soissons en 486.

Quoique païen, il commença à témoigner les plus grands égards aux évêques et à rechercher leur amitié. Ceux-ci lui donnèrent leur appui; ils lui firent épouser en 493 une princesse catholique, nommée Clotilde et nièce de Gondebaud, roi des Burgondes. Clotilde s'efforça de convertir son mari à la religion du Christ.

Le vase de Soissons (487).

A quelque temps de là, les Alamans attaquèrent le petit roi franc de Cologne et Clovis vint à son secours. La bataille s'engagea en 496 à Tolbiac; comme l'issue en était douteuse, Clovis promit, s'il était vainqueur, de se convertir au Dieu de Clotilde. Les Alamans furent mis en déroute [1].

LECTURE. — Le Vase de Soissons.

32. Après la bataille de Soissons, les Francs avaient enlevé d'une église de Reims tous ses ornements et, entre autres choses, un vase d'une grandeur et d'une beauté merveilleuses. Saint Remi, évêque de cette ville envoya des messagers à Clovis pour le prier de le lui rendre.

Au moment de partager le butin, Clovis demanda le vase, en plus de sa part, et tous les guerriers donnèrent des marques d'assentiment. Un seul s'y opposa et brisa même le vase de sa francisque, en disant : « Tu n'auras que ce que le sort t'attribuera. »

Clovis garda son calme. Mais l'année suivante, passant la revue de ses troupes, il arriva devant le guerrier et lui dit d'une voix sévère : « Personne ici n'a des armes aussi mal tenues que les tiennes. » Et, lui arrachant sa francisque, il la jeta à terre.

L'homme s'étant baissé pour la ramasser, Clovis lui fendit le crâne en disant : « Ainsi as-tu fait du vase de Soissons! »

Cet acte d'autorité fit une vive impression sur les assistants.

QUESTIONNAIRE. — 31. D'où partit Clovis pour marcher contre les Gallo-Romains? — Date de la bataille de Soissons. — Par qui Clovis fut-il soutenu et qui épousa-t-il? — Dans quelle circonstance reçut-il le baptême? — 32. Racontez l'anecdote du vase de Soissons.

[1] Pour nous conformer à la tradition, nous plaçons à Tolbiac la bataille de 496, mais voici comment en réalité les choses se sont passées. Les Alamans étaient venus attaquer à Tolbiac (Zulpich, dans la Prusse rhénane) le roi de Cologne. Clovis vint à son secours et battit les Alamans, non à Tolbiac, mais sur un point encore indéterminé du cours moyen du Rhin.

LEÇON. — **Clovis seul roi des Francs.**

Bataille de Vouillé (507).

33. Après sa victoire sur les Alamans, Clovis, fidèle au serment qu'il avait fait, reçut le baptême, et les chrétiens reconnurent son autorité. Clotilde [1] et les évêques l'engagèrent à combattre les Burgondes et les Wisigoths, qui étaient ariens.

Clovis vainquit les Burgondes à Dijon en l'an 500 et les Wisigoths à Vouillé (près Poitiers) en l'an 507; le roi des Wisigoths, Alaric, fut tué de la main même de Clovis. Dès lors, celui-ci ne fut plus seulement le roi des Francs, mais le roi de la Gaule presque tout entière [2]. Il fixa sa résidence à Paris.

Il souilla malheureusement les dernières années de sa vie par d'inutiles cruautés. Jaloux des petits chefs francs de Cologne, de Thérouanne, de Cambrai et du Mans, il les fit traîtreusement assassiner. Il mourut lui-même en 511.

LECTURE. — **Conversion de Clovis.**

34. La bataille s'étant engagée entre les Francs et les Alamans, l'armée de Clovis ne tarda pas à faiblir. Ému et pleurant, Clovis leva les mains au ciel en s'écriant : « Dieu de Clotilde, toi, qui, dit-on, viens au secours de ceux qui sont en danger, j'invoque ton aide. Si tu me donnes la victoire sur mes ennemis, je croirai en toi, et je me ferai baptiser en ton nom. »

Comme il prononçait ces paroles, les Alamans commencèrent à se débander, leur chef fut tué, et ils se rendirent à Clovis qui, rentré dans ses États, reçut peu après le baptême à Reims. Lorsqu'il s'avança vers les fonts baptismaux : « Courbe le front, fier Sicambre, lui dit saint Remi, adore ce que tu as brûlé, brûle ce que tu as adoré. »

(1) Gondebaud, roi des Burgondes, avait fait mettre à mort toute la famille de Clotilde, sa nièce. Clotilde était donc désireuse de venger les siens.
(2) Moins la Bretagne, la Gascogne et la vallée du Rhône.

LEÇON. — **Les Fils de Clovis.**

35. A la mort de Clovis (511), ses quatre fils se partagèrent son héritage : Thierry fut roi de Reims [1] ; Clodomir, roi d'Orléans ; Childebert Ier, roi de Paris ; Clotaire Ier, roi de Soissons. Il y eut en Gaule quatre rois francs, au lieu d'un seul.

Clodomir, Childebert et Clotaire attaquèrent Sigismond, roi des Burgondes, qui fut vaincu et jeté dans un puits. Mais Clodomir ayant été tué à la bataille de Vézeronce (524), Childebert et Clotaire assassinèrent deux de ses fils pour s'emparer de leur héritage et achevèrent la conquête de la Bourgogne. Le troisième fils de Clodomir, Clodoald, put leur échapper : il fut rasé et fonda le monastère de Saint-Clodoald ou Saint-Cloud, près Paris.

LECTURE — **Meurtre des enfants de Clodomir.**

36. Après la mort de Clodomir, Clotilde porta toute son affection sur les fils du roi défunt. Childebert en conçut de la jalousie, et, d'accord avec Clotaire, il résolut de tuer ces enfants pour les empêcher d'arriver à la royauté. Tous deux firent dire à Clotilde : « Envoie-nous les enfants, nous voulons leur donner le royaume de leur père. »

Remplie de joie, Clotilde envoya ses petits-fils sans défiance ; mais un messager arriva bientôt, portant une épée nue et des ciseaux, et lui dit : « Très glorieuse reine, veux-tu que tes enfants aient les cheveux coupés, comme le reste du peuple, ou qu'ils soient égorgés ? » Dans son indignation, la reine s'écria imprudemment : « J'aime mieux les voir morts que rasés. »

Meurtre des enfants de Clodomir (529).

En apprenant cette réponse, Clotaire jeta à terre l'aîné de ses neveux et lui enfonça son couteau dans l'aisselle. Le second se prosterna aux pieds de Childebert, lui saisit les genoux, le supplia de le protéger. Childebert se laissa toucher ; mais Clotaire, l'accablant d'injures : « Repousse-le, dit-il, ou tu vas mourir à sa place. »

Childebert repoussa alors l'enfant et le jeta à Clotaire, qui le tua ; puis, tous deux montèrent à cheval et s'en allèrent tranquillement.

(1) La partie du royaume échue à Thierry eut d'abord pour capitale Reims, et non pas Metz.

LEÇON. — Clotaire et ses fils.

37. En 558, Clotaire, par suite de la mort de ses frères, se trouva seul roi de la Gaule franque. C'était, on le sait, un prince particulièrement cruel ; il fit brûler dans une cabane, avec sa femme et ses enfants, son fils Chramm qui s'était révolté et réfugié en Bretagne.

Quand il mourut (561), ses quatre fils (Sigebert, Chilpéric, Gontran, Caribert) se partagèrent la Gaule, mais la mort de Caribert entraîna un nouveau partage (567). Gontran fut roi d'Orléans et de Bourgogne ; Sigebert, roi d'Austrasie (1), avec Metz pour capitale ; Chilpéric, roi de Neustrie, avec Soissons pour capitale.

Sigebert épousa Brunehaut, fille du roi des Wisigoths d'Espagne. Chilpéric, voulant imiter son frère, demanda en mariage et obtint Galswinthe, sœur de Brunehaut.

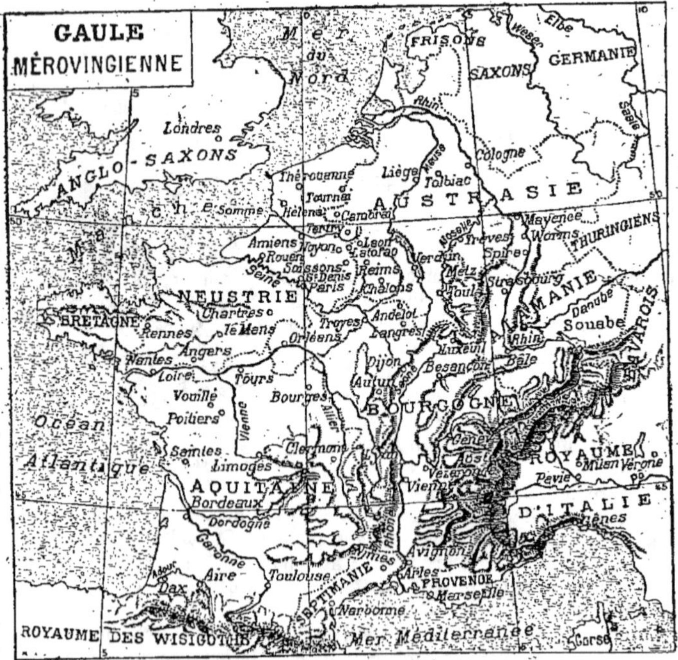

(1) L'*Austrasie* ou royaume de l'Est, comprenait la Champagne, la Lorraine, l'Alsace, les provinces rhénanes. — La *Neustrie*, ou royaume de l'Ouest, comprenait le pays entre la Meuse et la Loire.

LEÇON. — **Rivalité de Frédégonde et de Brunehaut.**

38. Parmi les servantes du palais, il y avait une femme, nommée Frédégonde, qui avait de tout temps exercé sur Chilpéric un grand ascendant. Incapable d'apprécier les qualités de Galswinthe, le roi de Neustrie fit assassiner sa femme pour épouser Frédégonde; Brunehaut ne songea plus qu'à venger la mort de sa sœur, et alors commença la longue rivalité de l'Austrasie et de la Neustrie.

Supplice de Brunehaut (613).

Sigébert fut d'abord vainqueur à Tournai, mais Frédégonde le fit assassiner (575). La guerre durait depuis bientôt dix ans, lorsque Chilpéric mourut à son tour de mort violente, peut-être à l'instigation de Frédégonde elle-même, désireuse d'exercer le pouvoir au nom de son fils (584).

Le trône de Neustrie échut à Clotaire II, fils de Frédégonde, et celui d'Austrasie à Childebert II, fils de Brunehaut. Le roi de Bourgogne, Gontran, qui s'était rapproché de Frédégonde, parce qu'il la craignait, ne tarda pas à comprendre qu'il était de son intérêt de faire alliance avec Brunehaut : il signa avec elle contre les leudes d'Austrasie et de Bourgogne, impatients du joug mérovingien, le célèbre traité d'Andelot (587).

LEÇON. — **Supplice de Brunehaut.**

39. Le rôle pacificateur de Gontran suspendit les hostilités entre Brunehaut et Frédégonde, mais celle-ci étant morte en 597, Brunehaut débarrassée de sa rivale, voulut livrer bataille à Clotaire II. Trahie par les leudes austrasiens, jaloux de sa puissance et de la faveur qu'elle avait accordée aux seigneurs d'origine gallo-romaine, elle fut livrée au roi de Neustrie.

Clotaire la fit attacher par les bras et les cheveux à la queue d'un jeune cheval indompté et ordonna qu'elle fût traînée ainsi devant toute l'armée. L'homme qui montait le cheval[1] ayant donné un coup d'éperon, la bête partit si violemment que la tête de Brunehaut vola pour ainsi dire en éclats. Le corps de la malheureuse fut ensuite traîné à travers les buissons et les épines jusqu'à ce que les membres fussent dispersés en lambeaux. — Clotaire II régna seul de 613 à 628.

(1) Nous suivons ici la version des *Chroniques de Saint-Denis.* — On désigne sous ce nom une grande collection de chroniques relatives à l'histoire de France, qui a été compilée au moyen âge par les moines de la célèbre abbaye de Saint-Denis.

LEÇON. — Dagobert (628-638).

40. Les rois mérovingiens, au lieu de s'unir, se faisaient toujours la guerre, et chaque jour ils s'affaiblissaient davantage.

Sceau de Dagobert.

Les efforts de Dagobert, fils et successeur de Clotaire II, ne retardèrent que de quelques années la ruine de la dynastie dont Clovis avait fondé la puissance.

Dagobert fit une expédition en Aquitaine et des conquêtes en Germanie. Il contraignit le duc des Bretons à lui rendre hommage.

Voyant que les seigneurs devenaient de plus en plus puissants, il s'efforça de les abaisser, même en confisquant leurs biens, mais il n'y réussit pas toujours. Il dut ainsi, sur la demande des Austrasiens, leur donner un roi particulier : son fils Sigebert.

Il veilla à ce que la justice fût bien rendue, et écouta les conseils de saint Éloi et de saint Ouen.

LECTURE. — Dagobert et Saint Éloi.

41. Dagobert fut le dernier des Mérovingiens qui sut tenir le sceptre d'une main ferme. C'était encore un barbare, mais un barbare qui avait de grandes qualités.

Sa cour était magnifique. Les seigneurs et les dames de son entourage étaient resplendissants de pierreries, d'or et de soie. Aux jours de fête, il siégeait sur un trône d'or massif, forgé par saint Éloi. Il couvrit la France de monuments religieux, parmi lesquels la basilique de Saint-Denis où furent ensevelis les rois de France.

Basilique de Saint-Denis.

Saint Éloi, évêque de Noyon, était le plus habile orfèvre de son temps, et il avait le sentiment de l'art. Généreux et équitable, il employait tous les présents du roi à soulager les infortunes, à récompenser le mérite, en un mot à faire du bien.

Son ami saint Ouen, évêque de Rouen, qui a écrit sa vie, rend pleine justice à ses qualités. « Les malheureux, dit-il, affluaient à sa maison, aussi nombreux que les abeilles à leur ruche. »

LECTURE. — Les Institutions mérovingiennes.

42. Le roi. — Les Francs étaient gouvernés par des *rois*, qui portaient les cheveux longs et flottants comme signe distinctif de leur dignité. Le Mérovingien qui, dans une circonstance quelconque, était rasé, comme Clodoald, devenait inhabile à régner. Tous les hommes libres, Francs et Gallo-Romains, devaient au roi le serment de fidélité. On les appelait *leudes*. Le plus considérable des officiers royaux était le *maire du palais*.

Chez les Saliens, la fonction royale, quoique élective, s'était fixée dans la famille des Mérovingiens.

Costume royal.
(VIIᵉ siècle.)

43. Les assemblées populaires. — Autrefois, les affaires de grande importance étaient traitées ou jugées dans l'assemblée générale de tous les hommes libres. Après leur établissement en Gaule, les Francs continuèrent bien de se réunir, une fois par an, pour les grandes revues militaires, appelées *champs de Mars;* mais les affaires du royaume furent décidées par des assemblées où ne figuraient plus que les grands et les fonctionnaires royaux.

44. La loi salique. — Les Francs Saliens avaient un code de lois appelé *loi salique.* On y trouve le tarif (*wergeld*) des sommes que le criminel devait payer en compensation à sa victime ou à la famille de sa victime. Cette somme variait suivant la nature du crime et le rang que tenait dans la société la personne tuée.

45. Les épreuves et le duel judiciaire. — Lorsque les parties ne s'entendaient pas sur le *wergeld*, l'affaire était portée devant la justice, et là il y avait plusieurs moyens de preuves, dont les plus curieux sont les *épreuves* et le *duel judiciaire.*

Lorsqu'un Franc était accusé d'un crime, il était soumis à des *épreuves* destinées à établir son innocence ou sa culpabilité; s'il pouvait tenir, sans se brûler, un fer rouge, ou plonger impunément sa main dans l'eau bouillante, on le considérait comme innocent.

Le *duel judiciaire* consistait à faire combattre en champ clos l'accusateur et l'accusé; les femmes, les enfants, les gens d'église pouvaient se faire représenter par un avoué ou champion. Le vaincu était réputé coupable. Le duel et les épreuves judiciaires étaient regardés, dans ces temps barbares, comme le *jugement de Dieu.*

QUESTIONNAIRE. — 42. Qui gouvernait les Francs? — Qu'appelait-on *leudes?* — Quel était le plus considérable des officiers royaux? Quel était le signe distinctif de la dignité royale? — Que savez-vous des assemblées populaires? — 44. Comment le pays était-il administré? — Qu'est-ce que la loi salique? — 45. Que savez-vous des *épreuves* et du *duel judiciaire?*

LEÇON. — **Les Rois fainéants.**

45. A la mort de Dagobert, le royaume fut encore partagé entre ses fils. Les leudes ayant alors la réalité du pouvoir, remplirent de moins en moins leurs devoirs d'obéissance au monarque et se déchirèrent entre eux. La lutte entre la Neustrie et l'Austrasie recommença plus violente encore qu'au temps de Frédégonde.

Un roi fainéant.

Le maire du palais de Neustrie. Ébroïn, chercha à défendre les rois contre les leudes, et réussit à s'emparer de saint Léger, évêque d'Autun. Celui-ci, un moment prisonnier à Luxeuil, était sorti de ce monastère pour se mettre à la tête des seigneurs d'Austrasie. Ebroïn lui fit couper la langue et crever les yeux ; puis, il vainquit les Austrasiens à Latofao (Lafaux, entre Soissons et Laon) (680). Mais Ebroïn, croyant pouvoir malmener les leudes, fut à son tour assassiné (681) et le duc d'Austrasie, Pépin d'Héristal, battit les Neustriens à Testry ou mieux Tertry (687). Dès lors, la dynastie mérovingienne est ruinée : ses rois n'ont aucune autorité. On les appelle *rois fainéants*.

LECTURE. — **Les Maires du palais.**

46. Les vrais maîtres du royaume, quand Dagobert mourut, ce furent les maires du palais.

Les *maires du palais* étaient à l'origine des intendants, des majordomes. Peu à peu, ils remplirent des fonctions judiciaires, devinrent très influents, et s'attribuèrent une part des revenus de la couronne. Ils en vinrent à distribuer les faveurs royales, à accorder des places, à commander aux fonctionnaires, à exercer tous les pouvoirs au nom du roi.

Les Mérovingiens n'avaient plus aucune autorité. En fait de prérogatives, ils devaient se contenter du titre de roi, de leur chevelure flottante, de leur longue barbe, et du trône où ils s'asseyaient pour représenter l'image de la royauté.

Les maires du palais avaient mis la main sur le Trésor, et le monarque ne possédait plus en propre qu'une terre d'un revenu modique, avec un petit nombre de serviteurs. S'il sortait de sa demeure, c'était sur un chariot traîné par des bœufs. Un bouvier menait ce modeste attelage, un aiguillon à la main.

LEÇON. — La Maison d'Héristal. Les Carolingiens.

48. Vainqueur à Testry, Pépin d'Héristal fut le véritable maître de la Gaule en 714. A sa mort, les Neustriens essayèrent de se révolter ; Charles, fils de Pépin, les battit et consolida ainsi la victoire des seigneurs d'Austrasie.

Tout à coup, les Arabes envahirent la Gaule, après avoir conquis l'Asie occidentale, le nord de l'Afrique et l'Espagne. Charles les vainquit entre Tours et Poitiers (732), et tua tant d'ennemis avec son marteau d'armes qu'on le surnomma *Martel*. Il mourut en 741.

Ses deux fils, Carloman et Pépin le Bref, c'est-à-dire *le petit*, se partagèrent sa puissance ; mais Carloman se retira bientôt dans un cloître (747) et Pépin resta seul. Soutenu par le clergé, il déposa

Charles Martel à Poitiers (732).

Childéric III, le dernier des Mérovingiens, et fonda une nouvelle dynastie : celle des *Carolingiens* (751).

LECTURE. — Bataille de Poitiers.

48. Les Arabes vécurent d'abord en tribus isolées dans une péninsule du sud-ouest de l'Asie. Un prophète, Mahomet, leur donna l'unité et la cohésion en prêchant une religion nouvelle : l'islamisme. D'après cette religion, les Arabes se croyaient tenus de faire la *Guerre Sainte*, c'est-à-dire de conquérir le monde et de le gouverner suivant les principes du Coran, le livre sacré qui renferme la doctrine du Prophète.

Après la mort de Mahomet, les Arabes se répandirent dans l'Asie occidentale et dans l'Afrique du nord. De là, ils conquirent l'Espagne, et, passant les Pyrénées, attaquèrent les Aquitains, dont le duc Eudes venait d'être battu par Charles Martel.

La nombreuse cavalerie arabe, vaincue d'abord à Toulouse par les Aquitains, reprit bientôt l'avantage, et Eudes, cédant à la nécessité, s'allia avec son ennemi de la veille, Charles Martel, qui accourut.

La bataille eut lieu entre Tours et Poitiers. Pendant une journée entière, les francisques et les piques des soldats de Charles Martel opposèrent une infranchissable barrière aux cavaliers orientaux. Le lendemain, les Francs s'aperçurent que leurs adversaires avaient silencieusement décampé pendant la nuit.

IIᵉ RÉSUMÉ. — LES MÉROVINGIENS.

1. *Les Francs étaient gouvernés par des rois ou chefs militaires élus. Ils se réunissaient une fois par an pour les grandes revues militaires, dites Champs de Mars; les affaires du royaume étaient décidées par des assemblées où ne figuraient que les grands et les fonctionnaires royaux. Les Francs Saliens avaient un code de lois appelé Loi salique.*

Un évêque
au vᵉ siècle.

2. *En 428, sous Clodion, les Francs s'avancèrent jusqu'à la Somme. Sous Mérovée, ils s'unirent aux Gallo-Romains et aux Wisigoths pour repousser l'invasion d'Attila, qu'ils vainquirent dans les Champs catalauniques entre Troyes et Sens (451).*

3. *Clovis, successeur de son père Childéric, battit les Romains à Soissons (486) et repoussa les Alamans à Tolbiac (496); il se convertit ensuite au christianisme, religion de sa femme Clotilde. Sa conversion lui valut l'amitié des évêques, et ceux-ci lui conseillèrent d'attaquer les Burgondes et les Wisigoths, qui étaient ariens. Il vainquit les premiers près de Dijon (500), les seconds près de Vouillé, (507) et régna sur presque toute la Gaule.*

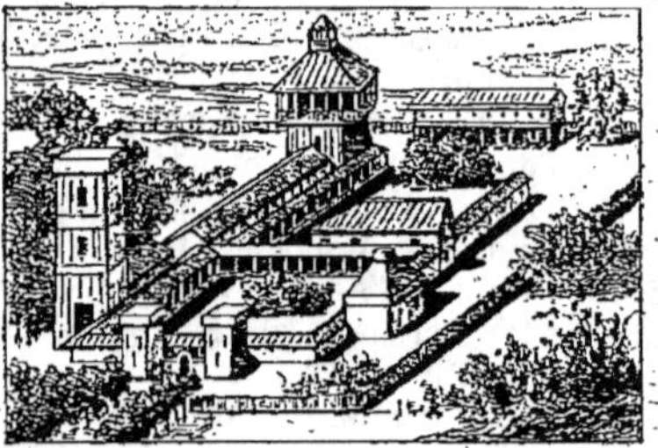

Villa mérovingienne.

4. *Les fils de Clovis se partagèrent son héritage : il y eut en Gaule quatre rois francs au lieu d'un seul jusqu'en 558. A cette date, Clotaire Iᵉʳ régna seul, mais il mourut en 561, et le royaume fut l'objet d'un nouveau partage.*

5. *Bientôt éclata une sanglante rivalité entre l'Austrasie où régnait Brunehaut et la Neustrie où dominait Frédégonde; elle*

fut signalée par une foule de crimes, et, en 613 par le supplice de Brunehaut, ordonné par Clotaire II, fils de Frédégonde.

6. A la faveur des divisions qui affaiblissaient la dynastie mérovingienne, le pouvoir échappa peu à peu aux rois francs pour passer à leurs intendants ou maires du palais.

En 687, la longue rivalité de la Neustrie et de l'Austrasie, ravivée par Ebroïn et saint Léger, se termina, à Testry (687), par le

Un duel judiciaire.

triomphe des leudes austrasiens. Dès lors, la dynastie mérovingienne, dont Dagobert et saint Éloi avaient un instant arrêté la décadence, fut représentée par des rois incapables, des rois fainéants, et finalement renversée par la famille austrasienne d'Héristal.

7. Un membre de cette famille, Charles Martel, avait repoussé, entre Tours et Poitiers (732), l'invasion des Arabes. Fort de cette victoire éclatante, le fils de Charles Martel, Pépin le Bref, soutenu par le clergé, déposa le Mérovingien Childéric III et fonda la dynastie des Carolingiens (751).

SUJETS DE RÉDACTION.

1. L'Invasion des Huns. — 2. Énumérez les victoires de Clovis et montrez la portée de chacune d'elles. — 3. Les fils de Clovis (*Meurtre des enfants de Clodomir*). — 4. Que savez-vous de la rivalité de l'Austrasie et de la Neustrie jusqu'en 613? — 5. Règne de Dagobert; son importance. — 6. Invasion des Arabes; bataille de Poitiers. — 7. Expliquez la décadence et la chute des Mérovingiens (*Puissance croissante des maires du palais après Dagobert; faiblesse des rois fainéants; prestige de la maison d'Héristal*).

CHAPITRE III. — LES CAROLINGIENS

LEÇON. — Pépin le Bref (751-768). Charlemagne (768-814).

49. Pour témoigner sa reconnaissance au clergé qui avait favorisé l'avènement de la dynastie carolingienne, Pépin passa les Alpes, défit les Lombards et donna au pape une partie de leurs terres : ce fut l'origine du pouvoir temporel des papes. Puis, il chassa les Arabes de la Septimanie (Narbonne) et il conquit l'Aquitaine, dont les ducs méconnaissaient son autorité.

Ses deux fils, Charles et Carloman, lui succédèrent en 768. Carloman mourut trois ans après, et Charles, qui régna seul jusqu'en 814, mérita par les grandes choses qu'il accomplit d'être appelé Charles *le Grand* ou *Charlemagne*.

Charlemagne inaugura son règne par la soumission définitive de l'Aquitaine. Il acheva ensuite celle de l'Italie, renversa Didier, roi des Lombards, et se proclama à sa place (774). L'écrasement des Lombards resserra les liens d'amitié qui unissaient la monarchie franque et la papauté.

Comme l'Aquitaine, la Germanie n'avait jamais été complètement soumise. Charlemagne entreprit de réduire les Saxons et de les convertir. Il lui fallut trente-trois ans de guerres et d'exécutions pour atteindre ce but (772-805). Le redoutable Witikind, chef des Saxons, avait consenti à recevoir le baptême en 785.

LECTURE. — Charlemagne.

50. Charlemagne était grand et robuste. Il aimait la chasse, la natation et l'équitation, mais il avait horreur des excès de table.

Il s'efforça de ranimer le goût de l'étude et fonda de nombreuses écoles. Passionné pour les arts et les lettres, il prit soin d'attirer dans ses États les savants les plus remarquables de tous les pays : Eginhard, Pierre de Pise, Alcuin, etc.

Visitant un jour l'école du palais, Charlemagne se fit présenter les devoirs des élèves, et, les ayant lus, il vit que les compositions des enfants pauvres étaient très soignées, tandis que celles des enfants nobles ne l'étaient pas du tout.

Le roi fit passer à sa droite ceux qui avaient bien travaillé : « Merci, mes amis, leur dit-il. Vous vous êtes efforcés de suivre mes conseils : je vous donnerai des évêchés et je vous comblerai d'honneurs. »

Se tournant ensuite vers les enfants riches, il les regarda d'un air courroucé et leur dit d'une voix tremblante de colère : « Vous qui êtes orgueilleux de votre naissance et de vos richesses, vous avez négligé l'étude pour le jeu. Mais je fais peu de cas de votre noblesse et de vos beaux habits. Si vous ne réparez pas votre paresse par un travail assidu, vous n'obtiendrez jamais rien du bon roi Charles! »

QUESTIONNAIRE.—49. Quelles expéditions fit Pépin en Italie, puis en Gaule? — Qui succéda à Pépin? — Que signifie le mot *Charlemagne?* — Date de l'avènement de Charlemagne. — Quelles guerres entreprit Charlemagne? — Quelle fut la plus longue de toutes? — Comment s'appelait le chef des Saxons? — 50. Faites le portrait de Charlemagne : sa taille, sa sobriété, son goût pour les lettres, écoles, savants, paroles qu'il adressa aux élèves de l'école du palais.

LEÇON. — **Expédition en Espagne.**

51. Charles Martel avait, par la victoire de Poitiers, arrêté l'invasion arabe. Charlemagne fit plus : il passa les Pyrénées à la tête d'une armée nombreuse (778) et alla porter la guerre en Espagne. Il rasa ou occupa plusieurs villes et soumit la Catalogne.

Au retour, l'arrière-garde, commandée par le comte Roland, fut assaillie par les Basques qui, embusqués de chaque côté du défilé de Roncevaux, précipitèrent sur les Francs d'énormes quartiers de roche. Un combat opiniâtre s'engagea et Roland périt avec tous ses guerriers. Cette catastrophe produisit une vive impression : elle devint le sujet d'un magnifique poème, la *Chanson de Roland* ⁽¹⁾.

Charlemagne réprima ensuite la révolte de Tassilon, duc de Bavière (788), et triompha des Avars (de même race que les Huns) établis en Hongrie.

LEÇON. — **Charlemagne empereur d'Occident.**

52. L'empire de Charlemagne s'étendit alors entre l'Oder, la Theiss, le Garigliano et l'Ebre. Maître de la Gaule, de l'Allemagne et de l'Italie, le roi fut aussi puissant en Europe que l'avaient été autrefois les Romains. Comme il protégeait l'Église, il fut

Roland à Roncevaux.

en l'an 800, le jour de Noël, couronné empereur d'Occident par le pape Léon III. La cérémonie eut lieu dans la basilique de Saint-Pierre de Rome au milieu des acclamations du peuple.

QUESTIONNAIRE.— 51. En quelle année Charlemagne fit-il une expédition en Espagne ? — Qu'arriva-t-il, au retour, à son arrière-garde ? — Par qui était-elle commandée ? — Qu'est-ce que la *Chanson de Roland* ? — Contre qui combattit Charlemagne en Bavière et en Hongrie ? — 52. Quelles étaient les limites de l'empire de Charlemagne ? — En quelle année et par qui fut-il couronné empereur d'Occident ?

(1) L'épée de Roland, la fameuse *Durandal*, et son *olifant* (cor) sont demeurés légendaires. Suivant la tradition, le célèbre paladin frappa de son épée un coup si terrible dans la vallée de Roncevaux qu'il fendit le rocher, et pratiqua une ouverture qui a conservé le nom de *Brèche de Roland*.

LECTURE. — Administration de Charlemagne.

53. Fonctionnaires royaux. — Charlemagne sut organiser ses États avec une grande sagesse. Le territoire était administré par des *ducs* ou *comtes*, qui représentaient le souverain dans les provinces. Chaque *duc* commandait à plusieurs comtes, et s'occupait particulièrement de tout ce qui concernait la défense du pays. En outre, les *missi dominici* (envoyés du maître) étaient chargés de surveiller les ducs et les comtes, de recevoir les plaintes des habitants, de rendre en certains cas la justice. Ils faisaient quatre tournées par an, d'un mois chacune; ils allaient deux par deux, un laïque et un ecclésiastique.

Statue de Charlemagne sur le parvis Notre-Dame (*Paris*).

54. Capitulaires. — Les *Capitulaires*, ou ordonnances applicables à toutes les parties de l'Empire, étaient soumises aux assemblées générales des grands qui se tenaient deux fois par an, en été et en automne.

55. Alleux. Bénéfices. — On donnait le nom d'*alleux* aux terres possédées en toute propriété et que les parents transmettaient par succession à leurs enfants. Il n'en était pas de même des *bénéfices* : on appelait ainsi les terres concédées aux grands en échange de certains services et pour un temps déterminé. L'alleu était un héritage, le bénéfice un bienfait du roi.

56. Service militaire. — Tous les hommes libres capables de s'armer à leurs frais étaient tenus au service militaire ou devaient armer l'un d'entre eux à frais communs. Lorsqu'une expédition se préparait, les comtes publiaient la convocation ou *hériban*, et tous les guerriers devaient se rendre à un endroit déterminé.

57. Puissance et renommée de Charlemagne. — Des liens étroits unissaient l'empereur et le pape. Aussi, Charlemagne exerça-t-il sur le clergé autant d'influence que sur les laïques. Ses victoires et sa sagesse étendirent si loin sa renommée que le calife Haroun-al-Raschid, qui régnait à Bagdad, sollicita son amitié et lui envoya des présents : les clefs du Saint-Sépulcre, une horloge sonnante, un singe, un éléphant.

Charlemagne mourut dans son palais d'Aix-la-Chapelle, où il avait l'habitude de résider pendant la paix et qu'il avait orné des marbres les plus précieux, rapportés d'Italie (814).

Alcuin.
Eginbard.
Charlemagne.
Bannière de Charlemagne.
Gardes du Palais.
Saxon.
Soldat franc.
Vaisseau normand

LEÇON. — Louis Ier le Débonnaire (814-840).

58. Le fils de Charlemagne, Louis le Débonnaire, était trop
faible pour gouverner un empire aussi vaste et maintenir dans le

Sceau et contre-sceau de Charles le Chauve.

devoir tant de peuples dif-
férents. Il avait des qualités sérieuses et de la
bonne volonté, mais il était
plus apte à s'occuper d'affaires religieuses que du
gouvernement d'un Etat :
il a mérité le surnom de
Pieux, que ses contempo-
rains lui ont décerné, mais son caractère faible et indécis l'a
fait justement qualifier de *Débonnaire*. Dans l'espoir de prévenir des querelles après sa mort, il partagea ses États entre
ses trois fils : Pépin, Louis le Germanique et Lothaire (817).

S'étant remarié avec Judith de Bavière, il eut un quatrième
fils, Charles le Chauve, et il procéda a un nouveau partage. De
là des guerres continuelles entre Louis le Débonnaire et ses
trois fils aînés, qui réussirent un moment à l'écarter du trône.

LEÇON. — Traité de Verdun (843).

59. Dès que Louis le Débonnaire fut mort (840), Lothaire voulut
obliger ses frères, Louis le Germanique et Charles le Chauve, à
le reconnaître comme empereur, mais il fut battu par eux à Fontanet [1] (841). Les vainqueurs se jurèrent alors amitié et aide
réciproque par le serment de Strasbourg (842).

Un an plus tard, en 843, les ennemis réconciliés signèrent le
traité de Verdun. Il y avait eu jusqu'ici un grand État composé de trois royaumes. Il n'y eut plus désormais d'empire
carolingien, mais trois royaumes indépendants : Lothaire eut,
avec le titre d'empereur, l'*Italie* et une longue bande de territoire entre le Rhin, la Meuse et le Rhône ; Louis fut roi de *Germanie* ; Charles le Chauve obtint la partie de la Gaule située à l'ouest
de la Meuse et du Rhône, et qui devait bientôt prendre le nom
de *France*.

[1] Fontenoy-en-Puisaye, près Auxerre (Yonne).

EMPIRE DE CHARLEMAGNE
Northmans
MER DU NORD
MER Danois
MER BALTIQUE
Écossais
Yorke
Anglo-Saxons
Londres
MANCHE
Frisons
Saxons
Hambourg
Elbe
Visiule
Oder
Paderborn
Austrasie
Aix-la-Chapelle
Francfort
Neustrie
Mayence
Trèves
Tribur
Meaux
Rouen
Attigny
Verdun
Paris
Bohême
Verden
Danube
OCÉAN
Orléans
Tours
Nantes
Loire
Bavière
Theiss
Carinthie
Avares
Aquitaine
Lyon
Genève
Milan
Vérone
Aquilée
ATLANTIQUE
Bordeaux
Venise
Drave
Save
Gascogne Toulouse
Nîmes
Arles
Pavie Pô
Ravenne
Spalato
MER ADRIATIQUE
Pampelune
Narbonne
Marseille
Raguse
Émirat de Cordoue
Saragosse Barcelone
MER MÉDITERRANÉE
Corse
Rome

DÉMEMBREMENT DE L'EMPIRE DE CHARLEMAGNE
Traité de Verdun (843)
ROYAUME DES ANGLO-SAXONS
Wendes
Hambourg
Brême
Verden
Elbe
Visiule
Warta
Rhin
SAXE
Lekques
Paderborn
Verden
Aix-la-Chapelle
ROYAUME
AUSTRASIE
Francfort
Oder
Péronne
Laon
Kiersy
Mayence
Tribur
Ratisbonne
Rouen
Soissons
NEUSTRIE
BRETAGNE
Le Mans
Reims
Verdun
ALAMANIE
Danube
Parisis
Angers
Sidosbor
DE GERMANIE
Orléans
Loire
ROYAUME
BAVIÈRE
CARINTHIE
ROY. DES AVARES
ROYAUME
Tonnerre
BOURGOGNE
Drave
DE FRANCE
Poitiers
Genève
Frioul
Eure
AQUITAINE
Lyon
Verone
Milan
Bordeaux
Garonne
CROATIE
SERBIE
Pavie Pô
Ravenne
DALMATIE
Toulouse
Arles
DE PROVENCE
Marseille
Gascons
SEPTIMANIE
Narbonne
ÉMIRAT DE CORDOUE
MARCHE D'ESPAGNE
Èbre
Barcelone
Corse
Rome

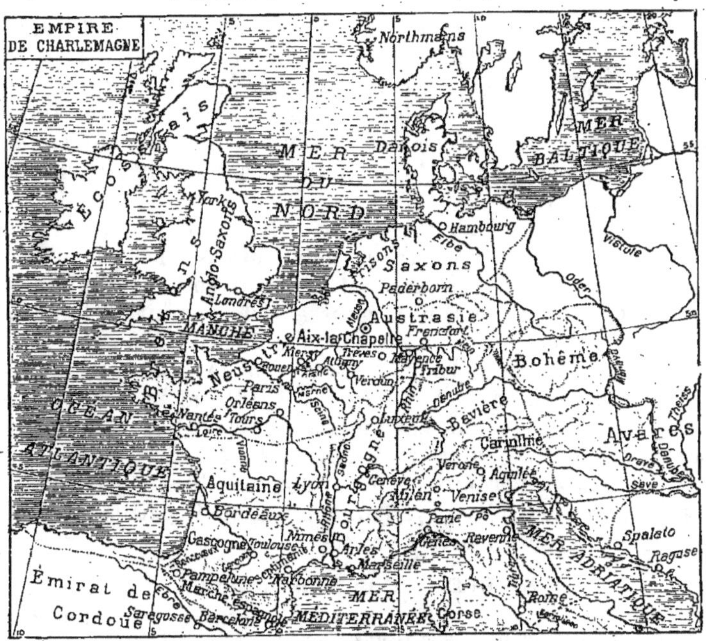

2ᵉ Liv. H. F.

LEÇON. — Charles le Chauve (843-877).

60. Le traité de Verdun donna la France à Charles le Chauve, qui devint plus tard empereur et roi d'Italie.

La population était incapable de se protéger elle-même. Charles le Chauve ordonna donc à tous ses sujets, par le capitulaire de Mersen (847), de se *recommander* à un seigneur, c'est-à-dire de se placer sous sa protection. Les seigneurs devinrent alors très exigeants.

Le capitulaire de Kiersy-sur-Oise (877) prouve que les rois avaient dû, depuis quelque temps déjà, autoriser les seigneurs à léguer à leurs enfants les terres et les hauts emplois dont on ne leur avait donné jusqu'ici que la jouissance temporaire [1]. Il devait y avoir bientôt autant de petits rois que de seigneurs.

En ce temps-là, les Normands ravagèrent les côtes de l'Atlantique. Les Normands ou hommes du Nord étaient des pirates danois ou norvégiens qui, chaque année, remontaient la Meuse, l'Escaut, la Loire, la Seine, ne laissant derrière eux que des ruines. Robert le Fort, comte d'Anjou, nommé duc du pays entre Seine et Loire, leur résista vaillamment, mais il périt en 866 au combat de Brissarthe, près du Mans.

LECTURE. — Les Normands.

61. Les Normands étaient d'un naturel si aventureux et si téméraire qu'on les appelait et qu'ils s'appelaient eux-mêmes *rois de la mer*.

Au printemps, ils quittaient leur pays inculte et trop peu fertile, sur de longues embarcations aux voiles blanches et ornées à la proue d'un dragon menaçant. Rapides comme des oiseaux de proie, ils débarquaient soudainement sur les côtes, en dépit du vent et de la tempête; ils remontaient l'embouchure des fleuves, et, quand venait la nuit, ils escaladaient les murs des couvents, les tours des châteaux, les remparts des villes; enfin, ils prenaient les chevaux des vaincus pour courir le pays et s'y livrer au pillage. Ils changeaient en désert les plus belles contrées, tuaient les enfants et les femmes ou les jetaient vivants dans les flammes des maisons incendiées, réduisaient les hommes en esclavage et revenaient à la côte chargés de butin.

Charlemagne avait prévu les souffrances que ces pirates infligeraient à son peuple. Voyant un jour des barques normandes s'avancer jusque dans un port de la Gaule narbonnaise, il les considéra longuement et ses yeux se remplirent de larmes.

« Je ne crains pas ces hommes, dit-il à ses fidèles, mais je souffre profondément en pensant que, moi vivant, ils ont été sur le point de toucher ce rivage. Aussi, j'éprouve une grande douleur en songeant aux maux dont ils accableront mes descendants. »

[1] On a dit, à tort, que le capitulaire de Kiersy avait établi l'hérédité des terres et des charges.

LEÇON. — **Les Fils et les petits-fils de Charles le Chauve.**

62. Louis II le Bègue (877-879) précipita la décadence de sa race en signant avec les seigneurs d'humiliants traités. A la mort de ses deux fils aînés, Louis III et Carloman (879-884), la couronne revenait à son troisième fils, âgé de cinq ans, Charles III le Simple. Mais les seigneurs écartèrent cet enfant du trône et donnèrent la couronne de France à Charles le Gros, fils de Louis le Germanique, qui était déjà empereur d'Allemagne et roi d'Italie. Charles le Gros ne sut pas défendre ses États.

Appelé par les Parisiens, dont la ville était assiégée par les Normands et défendue par Eudes, comte de Paris, fils aîné de Robert le Fort, il traita lâchement avec les pirates. Aussi fut-il déposé à Tribur en 887, et alors une multitude de petits États s'établirent sur les ruines de l'ancien empire carolingien. Eudes fut porté au trône, régna dix ans, et, avant de mourir, désigna pour lui succéder le Carolingien Charles le Simple (898).

LECTURE. — **Siège de Paris par les Normands.**

63. Les Normands arrivèrent devant Paris avec un si grand nombre de barques que l'eau de la Seine, au dire d'un contemporain, disparaissait sous ces bâtiments.

Le chef des Normands ayant donné le signal du combat, tous coururent vers la tour des Parisiens et dirigèrent une grêle de traits sur ses défenseurs. Les assiégés se défendirent courageusement sous la conduite du duc Eudes et de l'évêque Gozlin; ils firent tomber sur les Normands une pluie de cire, de poix et d'huile bouillantes, qui les empêcha de saper les murailles.

A la fin, voyant leurs efforts se briser contre la vaillance des Parisiens, les pirates acceptèrent l'argent que leur donna Charles le Gros, avec le droit d'occuper la Bourgogne et la Champagne. Les Parisiens, indignés de la lâche conduite du roi, poursuivirent les Normands dans leur retraite, et Eudes les écrasa dans les bois de Montfaucon (Meuse).

Siège de Paris (885-886).

LEÇON. — Le duché de Normandie.

64. Pendant les cent ans qui suivirent la déposition de Charles le Gros, les ducs de France disputèrent la couronne aux Carolingiens.

Sous Charles III le Simple (898-922), des pirates normands, conduits par Rollon, s'établirent en France d'une manière permanente. Par le traité de Saint-Clair-sur-Epte, le roi leur concéda le duché qui, de leur nom, s'appela *Normandie*, et donna en mariage à Rollon sa fille Gisèle. Le nouveau duc sut faire régner la sécurité dans ses États : il inspirait, dit-on, une telle frayeur, que des bracelets d'or demeurèrent trois ans suspendus à un chêne, sans que les voleurs osassent y toucher (912).

Guerriers normands.

Dans le même temps, les seigneurs, se révoltèrent et mirent à leur tête Robert, frère d'Eudes. Charles attaqua son rival près de Soissons et le tua de sa propre main ; mais Hugues, fils de Robert, prit le commandement des troupes et défit Charles le Simple (922). Obligé de fuir, ce dernier alla chercher un asile chez Herbert, comte de Vermandois, qui l'enferma dans la tour de Péronne où il le laissa mourir après sept ans de captivité.

LEÇON. — Chute des Carolingiens.

65. Hugues, surnommé *le Grand*, fit porter au trône son beau-frère Raoul, duc de Bourgogne (923-936), qui lutta contre les Normands et repoussa une invasion des Hongrois. Après lui, un Carolingien, Louis IV d'Outre-mer [1], fils de Charles le Simple, fut encore investi de la royauté (936-954).

Lothaire (954-986) et son fils Louis V (986-987) ne purent, malgré leurs efforts, briser l'opposition des ducs de France, et, à la mort de Louis V, en 987, Hugues Capet, fils de Hugues le Grand, fut proclamé roi par ses pairs.

On déclara les Carolingiens déchus du trône, et une nouvelle dynastie, celle des *Capétiens* ou mieux des *Robertiens* [2], remplaça la race de Charlemagne.

[1] Louis IV, surnommé d'*Outre-mer* parce qu'il venait d'Angleterre où il s'était réfugié, arriva au trône grâce à l'appui de Hugues, comte de Paris. Il lutta courageusement contre les Hongrois et les Normands. Ces derniers cependant le firent prisonnier et gardèrent quelque temps Laon et Nîmes. Il recouvra la liberté grâce à l'intervention de l'empereur d'Allemagne Otton le Grand.

[2] Hugues Capet est l'arrière-petit-fils de Robert le Fort, qui est le vrai fondateur de la dynastie.

Prise d'un château, au XIᵉ siècle.

2ᵉ Liv. H. F.

IIIᵉ RÉSUMÉ. — *LES CAROLINGIENS.*

1. Reconnaissant envers le clergé, qui avait favorisé son avènement au trône en 751, Pépin fit la guerre aux Lombards, ennemis
de la papauté, et donna au Saint-Siège une partie de leurs terres ;
ce fut l'origine du pouvoir temporel.

2. Ses deux fils, Charles et Carloman, lui succédèrent en 768 ;
Carloman mourut trois ans après, et
Charles, qui régna seul jusqu'en 814,
mérita, par les grandes choses qu'il
accomplit, d'être appelé Charles le Grand
ou Charlemagne.

Couronne de Charlemagne.

3. Charlemagne acheva la soumission
de l'Aquitaine, déjà conquise par Pépin
le Bref. Il renversa Didier, roi des Lombards et ennemi du Saint-Siège, se pro-
clama à sa place (774), et resserra ainsi les liens qui unissaient
la monarchie franque à la papauté. Après trente-trois ans de
guerre (772-805), il réduisit les Saxons, dont le chef Witikind
consentit enfin à recevoir le baptême. Il alla aussi en Espagne
pour faire la guerre aux Arabes (778).

Maître de la Gaule, de la Germanie et de l'Italie, aussi puissant
en Europe que l'avaient été autrefois les Romains, Charlemagne
fut couronné empereur d'Occident (800). Il gouverna ses États
avec une grande sagesse, publia des lois ou Capitulaires, chargea
des envoyés royaux de surveiller l'administration des provinces,
et fonda de nombreuses écoles.

4. Les successeurs de Charlemagne étaient trop faibles pour
continuer son œuvre. Louis le Débonnaire (814-840) n'avait pas
d'autorité sur les guerriers francs ; ses fils mêmes se révoltèrent
contre lui ; puis, réconciliés après la bataille de Fontanet (841)
par le serment de Strasbourg (842), ils signèrent le traité de
Verdun (843), qui démembrait l'empire de Charlemagne. Il n'y
eut plus d'empire carolingien, mais trois royaumes indépendants :
l'Italie, la Germanie, la partie de la Gaule qui devait bientôt prendre
le nom de France. La France échut à Charles le Chauve (843-877).

5. A partir de Charles le Chauve, la royauté carolingienne s'affaiblit progressivement au profit des seigneurs; cet affaiblissement se trouva hâté par les capitulaires de Mersen (847) et de Kiersy-sur-Oise (877). Les invasions des pirates normands achevèrent de déconsidérer la royauté, qui ne sut pas les repousser et laissa ce soin aux ducs de France. Les Normands étant venus assiéger Paris (886), la ville fut défendue par Eudes, fils de Robert le Fort. Charles le Gros (884-887) qui avait lâchement acheté la retraite des Normands, fut déposé dans une assemblée tenue par les grands à Tribur (887), et remplacé par Eudes. Une multitude de petits États seigneuriaux s'établirent sur les ruines de l'ancien empire carolingien.

Vaisseau normand.

6. Les Carolingiens reprirent la couronne sous Charles le Simple (898-922). Les Normands reçurent de ce prince, par le traité de Saint-Clair-sur-Epte (911), le duché qui, de leur nom, s'appela Normandie, et le royaume n'eut plus à souffrir des invasions des pirates scandinaves.

7. Les derniers Carolingiens, malgré la résistance qu'ils opposèrent aux ducs de France, se virent définitivement supplantés par eux en 987. A cette époque, Hugues Capet fonda la troisième dynastie de nos rois, celle des Capétiens.

SUJETS DE RÉDACTION.

1. Les Carolingiens avant Charlemagne (*Pépin d'Héristal, Charles Martel, Pépin le Bref*). — 2. Charlemagne conquérant (*ses guerres, étendue de son empire*). — 3. Charlemagne administrateur (*fonctionnnaires royaux, capitulaires, armée; les écoles; politique à l'égard de l'Église*). — 4. Démembrement de l'empire de Charlemagne (*Louis le Débonnaire, traité de Verdun*). — 5. Les Invasions normandes (*mœurs des pirates, siège de Paris, fondation du duché de Normandie*). — 6. Décadence et chute de la dynastie carolingienne.

Normands.
Guillaume le Conquérant.
Anglo-Saxons
GILBERT
Sarrasin.
Bouclier normand.
Marteau d'armes.
Croisé (xi° siècle).
Marteau d'armes.
Arbalète
Pot de feu grégeois.
Bricole ou catapulte.
Masses d'armes.
flèches.

Château de Coucy. — *D'après Viollet-le-Duc.*

66. Origines de la féodalité. — La féodalité est l'ensemble des lois et des coutumes qui régirent l'ordre politique et social en France depuis le xe siècle jusqu'à la fin du moyen âge. Deux éléments principaux l'ont constituée : 1° la *recommandation* ; 2° le *bénéfice*.

RECOMMANDATION. — Charles le Chauve, incapable de protéger ses sujets contre les invasions normandes, les obligea, par le capitulaire de Mersen (847), à se placer sous la protection des ducs et des comtes. L'acte par lequel un homme se mettait sous la protection d'un autre s'appelait *recommandation*. Celui qui se *recommandait* à un seigneur devenait le *vassal* de celui-ci.

BÉNÉFICE. — Pour prix de la fidélité qu'il promettait à son seigneur, le vassal reçut un *bénéfice*, consistant le plus souvent en une terre, dont les profits lui permettaient de remplir ses obligations vis-à-vis de son protecteur. De temporaires, de viagers qu'ils étaient d'abord, les bénéfices devinrent héréditaires, et, au ixe siècle, on leur donna le nom de *fiefs*. La féodalité est le régime des fiefs.

Les ducs et les comtes, qui avaient reçu des bénéfices du roi, donnaient à leur tour des terres à des seigneurs moins puissants, de sorte que la France se trouva partagée en un grand nombre de fiefs, dépendants les uns des autres. — Par suite de la recommandation et du bénéfice, il n'y a pas un homme qui ne dépende d'un autre homme, pas une terre qui ne dépende d'une autre terre.

67. Hommage et investiture. — Celui qui possédait un fief était le *vassal* de celui qui le concédait, c'est-à-dire du *suzerain*. Le vassal était donc l'inférieur du suzerain.

Avant d'être mis en possession du fief par la cérémonie de l'*investiture*, le vassal devait prêter au suzerain l'hommage et le serment de fidélité.

Le vassal ôtait sa ceinture, son épée et ses éperons; il mettait un genou en terre, et, les mains dans les mains de son futur seigneur, il disait : « Je deviens votre *homme* à partir de ce jour. »

L'investiture.

Ensuite, il jurait fidélité au seigneur : « Je suis franc et loyal, je tiendrai mes engagements vis-à-vis de vous. »

Le serment de fidélité une fois prêté, le suzerain donnait au vassal l'*investiture* du fief en lui remettant une motte de gazon, une poignée de terre ou une branche d'arbre. Alors seulement, le vassal était en pleine possession de son fief.

68. Suzerains et Vassaux. — Le vassal devait au seigneur le *service d'ost* ou service militaire, le *service de cour* ou d'assistance dans l'administration de la justice, d'*aides* ou subsides pour racheter le seigneur captif, le mettre en état de tenir campagne, de doter sa fille et d'armer son fils chevalier. Réciproquement le seigneur devait protéger son vassal en toutes circonstances. S'il refusait de remplir cette obligation, il était appelé félon ou traître, et parfois même on lui enlevait son fief.

Tout seigneur était souverain dans son fief : il pouvait avoir une armée, battre monnaie, lever des impôts, rendre la justice. Il se réservait les droits de chasse et de pêche. Il obligeait tous les gens d'un même village à faire cuire leur pain dans le même four, à moudre leur blé dans le même moulin, moyennant une rétribution. C'était le droit de *banalité*.

1. Créneaux. — 2. Mâchicoulis. 3. Échauguette.

En un mot, le roi de France n'était qu'un seigneur plus honoré que les autres, parce qu'il n'était le vassal de personne. Lorsqu'on dit que la monarchie a fondé l'*unité* française, cela signifie que les rois ont enlevé peu à peu aux seigneurs féodaux leurs droits de souveraineté, qu'ils ont centralisé ces droits entre leurs mains, et substitué un pouvoir *unique* au pouvoir divisé de l'époque féodale.

69. Les classes sociales. — On distinguait dans la société féodale quatre classes sociales : 1° d'abord les *nobles*, possesseurs de fiefs ; 2° les *clercs* ou membres de l'Église, qui pouvaient également posséder des fiefs ; 3° les *bourgeois* ou habitants des villes ; 4° les *vilains* (1) ou *roturiers*, habitants des campagnes, cultivant la terre, et ayant les conditions les plus variées, depuis le *serf* jusqu'à l'*homme libre* en passant par le *colon*, qui n'était ni tout à fait esclave ni tout à fait libre.

Les serfs ne pouvaient quitter la terre qu'ils cultivaient ; ils y étaient comme attachés. Les plus misérables d'entre eux étaient taillables et corvéables à merci, c'est-à-dire obligés aux redevances et travaux qu'il plaisait au propriétaire de leur imposer. Les serfs affranchis constituaient, parmi les roturiers, la catégorie des hommes libres.

Donjon du château de Coucy.

70. Le château féodal. — Le château féodal se dressait le plus souvent sur une colline escarpée ; il dominait les environs, commandait les passages, et les petites cabanes qui l'entouraient faisaient ressortir sa grandeur.

La porte était flanquée de tourelles et surmontée d'un corps de garde. Après avoir franchi les enceintes, les fossés, les ponts-levis, on se trouvait dans une grande cour carrée, au milieu de laquelle s'élevait le donjon. Les murailles, épaisses et solides, étaient couronnées de parapets et de tourelles, où des soldats faisaient bonne garde. Ces parapets portaient des *créneaux*. Les *mâchicoulis* étaient de larges rainures qui permettaient de jeter des pierres ou des matières enflammées sur les assaillants, dès que ceux-ci arrivaient au pied de la muraille. On donnait le nom d'*échauguettes* aux petites loges qui servaient de poste aux sentinelles.

Le mobilier se composait de bancs, de sièges mobiles, de tapis, de crédences et de dressoirs, d'une grande table fixée au plancher, de courtines devant les fenêtres. Dans la chambre à coucher, dont les murs étaient tendus de tapisseries, il y avait un lit avec ciel ou dais, une chaire, des coussins, et des bahuts qui servaient d'armoires.

Porte de Provins.
1. Pont-levis.

(1) De *villa*, domaine rural. On devrait écrire *villain*. — *Roturier*, qui rompt la terre.

71. La vie de château.

71. La vie de château. — Dès le matin, la cour se remplissait d'écuyers, de piqueurs et de pages, qui caracolaient sur leurs chevaux ou se livraient à toutes sortes d'exercices physiques. Après le dîner, fixé à midi, on jouait aux barres, aux quilles, au palet.

Intérieur du château.

Le soir, quand tout dormait dans la campagne, que la herse était levée et qu'on n'entendait d'autre bruit que le pas mesuré des sentinelles, tout le monde se réunissait dans la plus grande salle.

Assis autour du vaste foyer à la lueur des bougies de cire, les habitants du château s'entretenaient du récit de leurs exploits ou écoutaient ceux des pèlerins, des jongleurs, qui payaient ainsi l'hospitalité qu'on leur accordait. Les pages et les écuyers se groupaient devant un jeu d'échecs, ou répétaient les chansons des troubadours et des ménestrels.

Parfois, au moment où l'on s'y attendait le moins, le guetteur sonnait l'alarme : c'était quelque seigneur du voisinage qui venait brusquement donner l'attaque au château. Alors chacun courait aux armes et se préparait à repousser les efforts de l'assaillant.

72. Causes qui modifièrent le régime féodal.

72. Causes qui modifièrent le régime féodal. — Les causes qui modifièrent le régime féodal, au profit de la royauté, sont :

1° Les *Croisades*, qui éloignèrent un grand nombre de seigneurs en les obligeant à abandonner leurs prérogatives pour se procurer l'argent nécessaire à ces expéditions;

2° L'émancipation des *Communes*;

3° La transformation du service militaire, qui aboutit au xv⁰ siècle à l'établissement des *armées permanentes*;

La cour du château.

4° Les *progrès de la royauté*, qui réussit à déposséder les seigneurs de leurs droits politiques.

Louis XI poursuivit avec succès pendant tout son règne l'abaissement de la féodalité politique, et Richelieu lui porta les derniers coups; mais, au point de vue social, on peut dire que la féodalité subsista jusqu'en 1789.

CHAPITRE IV. — LES CAPÉTIENS DIRECTS

LEÇON. — Hugues Capet (987-996).
Robert (996-1031).

73. La royauté était bien faible à l'avènement de Hugues Capet (987). Hugues avait dit à Adalbert, comte de Périgord, dont il était le suzerain : « Qui t'a fait comte ? » Adalbert avait répondu : « Qui t'a fait roi ? » On voit combien le pouvoir du roi était peu respecté.

Mais Hugues Capet, protégé par l'Église, prétendit régner véritablement. Il fit sacrer son fils de son vivant pour que la couronne ne sortît pas de sa famille et il obligea à la soumis-

Monnaie de Hugues Capet.

sion Guillaume Fier à Bras, duc d'Aquitaine, ainsi que le comte de Périgord.

Hugues Capet laissa le trône à son fils, Robert le Pieux (996-1031), prince charitable et bienfaisant.

Robert épousa sa cousine, Berthe de Bourgogne ; mais, comme le mariage entre parents était défendu par l'Église, le roi de France fut frappé d'excommunication. Pour être admis de nouveau aux cérémonies du culte, il dut répudier Berthe et se soumettre aux volontés de l'Église.

LEÇON. — Henri Iᵉʳ. — La Trêve de Dieu.

74. Au moyen âge, l'un des principaux privilèges des hommes libres, c'était le droit de se faire justice par les armes, au lieu de s'en rapporter à la décision d'un tribunal. D'autre part, les seigneurs ne songeaient qu'à agrandir leurs domaines, et les guerres privées étaient permanentes.

Il en résultait des violences continuelles, qui, jointes à la famine, aux épidémies, désolaient la France et empêchaient la terre d'être régulièrement cultivée.

L'on vit des misérables déterrer des cadavres pour s'en nourrir, et, terrifiée par ces calamités sans nombre, une partie du peuple crut aux prédictions qui annonçaient pour l'an 1000 la fin du monde [1].

Sous le fils de Robert, Henri Iᵉʳ (1031-1060), l'Église établit la *Trêve de Dieu*, qui défendait tout acte de violence pendant l'Avent, pendant le Carême, et du samedi soir au lundi matin (1041). Il y eut alors un peu plus de tranquillité.

QUESTIONNAIRE. — 73. Date de l'avènement de Hugues Capet. — Hugues Capet et Adalbert. — Quels furent les premiers actes de Hugues Capet ? — Qui lui succéda ? — Parlez de l'excommunication de Robert. — 74. Quelle était la situation de la France au commencement du xiᵉ siècle ? — Qui était fils de Robert ? — Qu'est-ce que la trêve de Dieu et sous quel roi fut-elle établie ?

---

[1] La croyance à la fin du monde pour l'an 1000 fut loin d'être générale, comme on l'a souvent prétendu. (Voir notre *Troisième Livre.*)

LEÇON. — Philippe Iᵉʳ (1060-1108).

75. Le fils de Henri Iᵉʳ, Philippe, régna d'abord sous la tutelle de Baudouin, comte de Flandre. Pendant la minorité de ce roi, Guillaume le Conquérant, duc de Normandie, s'empara de l'Angleterre : il remporta sur le roi de ce pays, Harold, la victoire d'Hastings et fut proclamé à sa place (1066).

Philippe Iᵉʳ associa au trône son fils Louis le Gros, qui fit une guerre sans merci aux grands vassaux, de plus en plus jaloux de la puissance croissante de la royauté.

Sa vie scandaleuse le fit excommunier par l'Église, qui s'était imposé la tâche de mettre un frein aux excès de toute sorte des seigneurs. Au nom de la religion, elle avait institué la *Trêve de Dieu;* par la même raison, elle donna un caractère religieux à la *Chevalerie.* Tout seigneur qui voulut être armé chevalier dut promettre de protéger l'Eglise et de soutenir le faible contre les violences du fort.

LECTURE — La Chevalerie.

76. Le jeune noble qui aspirait à devenir chevalier entrait à l'âge de sept ans au service d'un gentilhomme en qualité de *damoisel* ou *varlet.*

Chevalier recevant l'accolade.

Dès qu'il avait atteint l'âge de quatorze ans, il pouvait devenir *écuyer*, c'est-à-dire porter l'épée, et enfin, à vingt et un ans, il était armé *chevalier.*

Il passait la nuit qui précédait la cérémonie à prier Dieu dans une église ou dans la chapelle du château : c'est ce qu'on appelait la *veillée des armes.* Après cette sorte de retraite, il se confessait, communiait, recevait des visites et revêtait le costume de chevalier.

Il se mettait alors à genoux et faisait serment de n'épargner ni sa vie, ni ses biens, pour la défense de la religion et la protection des opprimés. Le seigneur chargé de conférer la chevalerie posait au novice un certain nombre de questions convenues d'avance et lui donnait l'*accolade*, c'est-à-dire le frappait sur la nuque du plat de l'épée en disant : « Au nom de Dieu, de saint Michel et de saint Georges, je te fais chevalier. »

On remettait ensuite au gentilhomme un casque, un écu, une lance, et on lui amenait un cheval sur lequel il s'élançait immédiatement pour caracoler dans le voisinage et montrer sa nouvelle qualité.

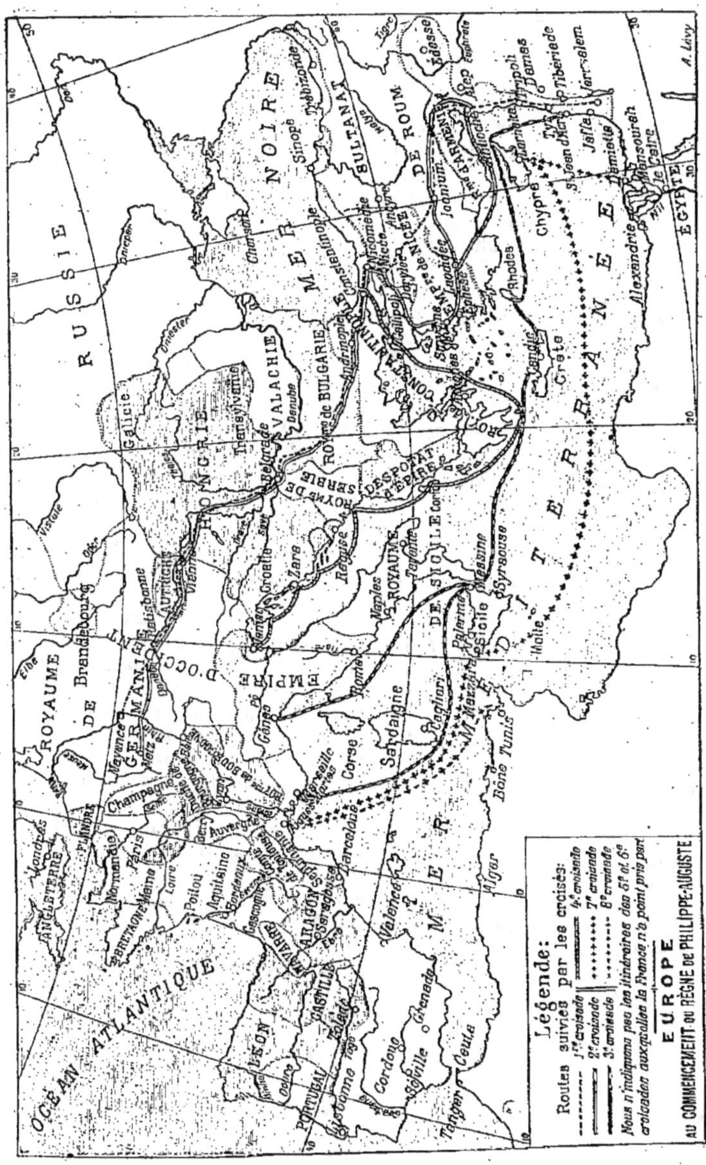
RUSSIE
MER NOIRE
HONGRIE
Transylvanie
VALACHIE
ROYme de BULGARIE
ROYME DE SERBIE
DESPOTAT d'ÉPIRE
ROYAUME
EMPIRE D'OCCIDENT
GERMANIE
ROYAUME DE Brandebourg
AUTRICHE
Ratisbonne
Vienne
Mayence
Metz
Champagne
FLANDRE
Londres
ANGLETERRE
Normandie
Paris
BRETAGNE
Poitou
Aquitaine
Bordeaux
NAVARRE
ARAGON
CASTILLE
LÉON
PORTUGAL
OCÉAN ATLANTIQUE
Lisbonne
Cordoue
Séville
Grenade
Ceuta
Tanger
ROYAUME DE SICILE
Naples
Palerme
Sicile
Messine
Syracuse
Sardaigne
Cagliari
Corse
MER MÉDITERRANÉE
Malte
Bône
Tunis
Alger
SULTANAT DE ROUM
Sinope
Trébizonde
Constantinople
Andrinople
Gallipoli
Nicée
Nicomédie
Smyrne
Éphèse
Rhodes
ARMÉNIE
Crète
Chypre
Tyr
Jaffa
Jérusalem
Tripoli
Damas
Tibériade
Édesse
Alexandrie
Le Caire
ÉGYPTE
Damiette
Mansourah

Légende:
Routes suivies par les croisés:
1re croisade
2e croisade
3e croisade
4e croisade
7e croisade
8e croisade
Nous n'indiquons pas les itinéraires des 5e et 6e
croisades auxquelles la France n'a point pris part.
EUROPE
AU COMMENCEMENT du RÈGNE de PHILIPPE-AUGUSTE
A. Lévy

LEÇON. — **Les Croisades.**

77. On appelle *Croisades* les expéditions entreprises par les peuples chrétiens de l'Europe pour enlever aux musulmans le Saint-Sépulcre ou tombeau de Jésus-Christ, qui se trouvait à Jérusalem. Ce nom vient de ce que les personnes qui prenaient part à la guerre avaient l'habitude de coudre sur leurs habits une *croix* d'étoffe rouge.

Un croisé.

78. Plusieurs papes avaient songé à la conquête de la Terre sainte, où les pèlerins étaient en butte à tous les outrages de la part des musulmans. Mais il était réservé à un pauvre moine d'Amiens, Pierre *l'Ermite*, de mettre le premier ce projet à exécution.

Pierre l'Ermite, revenant de Palestine en 1094, se présenta au pape Urbain II et lui communiqua son enthousiasme. Il parcourut l'Italie et la France et prêcha la croisade, qui fut décrétée par le pape au concile de Clermont-Ferrand (1095).

LEÇON. — **La première Croisade 1096-1099).**

79. Des milliers d'hommes se levèrent de toutes parts au cri de « Dieu le veut! » L'armée des vilains fut prête avant celle des seigneurs : elle quitta la France et l'Allemagne en 1095, sous la conduite de Pierre l'Ermite et d'un gentilhomme nommé Gautier sans Avoir. Elle fut décimée par les Hongrois et les Turcs, et taillée en pièces par les infidèles dès son arrivée en Asie.

L'armée des seigneurs, qui comptait dans ses rangs Godefroy de Bouillon, Raymond de Saint-Gilles, comte de Toulouse; Hugues de Vermandois, frère de Philippe Ier; Étienne de Blois, Bohémond, Tancrède, se mit en route l'année suivante, séjourna quelque temps à Constantinople et passa ensuite en Asie.

Les Croisés prirent Nicée (1097), battirent les musulmans à Dorylée, s'emparèrent d'Antioche après un siège de sept mois, et, quoique décimés par la maladie, emportèrent d'assaut Jérusalem (1099). Les musulmans furent massacrés, et Jérusalem devint la capitale d'un royaume féodal, ayant à sa tête Godefroy de Bouillon. Celui-ci prit seulement le titre de *baron du Saint-Sépulcre*, ne voulant pas, dit-il, porter une couronne d'or là où Jésus-Christ n'avait porté qu'une couronne d'épines.

Prise de Nicée par les Croisés, en 1097.

LEÇON. — Importance des Croisades.

80. Les Croisades coûtèrent beaucoup d'argent et beaucoup de sang, comme toutes les guerres. Elles n'atteignirent pas leur but, à savoir : la possession définitive par les chrétiens du tombeau du Christ; mais elles eurent pour la civilisation des conséquences importantes.

Elles débarrassèrent l'Europe d'une foule d'aventuriers ne vivant que de vols et de rapines. Elles donnèrent aux Français du nord et du midi l'occasion de se connaître, de se rapprocher et de s'aimer. Elles renouèrent entre l'Orient et l'Occident des relations qui avaient été rompues par les invasions barbares, et elles favorisèrent ainsi le commerce et les progrès de la géographie.

Les Européens rapportèrent d'Asie des plantes inconnues ou peu cultivées (sésame, limon, pistache, safran, melon d'eau ou pastèque), des tapis, des étoffes, des armes; ils en rapportèrent aussi divers procédés industriels.

Les Croisades forcèrent les seigneurs, obligés de se procurer des ressources pour d'aussi lointaines expéditions, à aliéner leurs domaines, à vendre à leurs serfs la liberté, à octroyer aux villes des franchises à prix d'argent et à favoriser ainsi indirectement l'abolition du servage, les progrès de la bourgeoisie et ceux de la royauté.

Elles exercèrent sur les lettres une influence à laquelle nous devons nos premières chroniques en prose française : celles de *Villehardouin* et de *Joinville*.

Elles donnèrent à la France l'occasion d'asseoir dans les pays du Levant l'influence prépondérante qu'elle y a conservée depuis.

QUESTIONNAIRE. — 80. Faites ressortir les principaux résultats des Croisades.

(1) Il n'y eut pas moins de huit Croisades. La France prit part à la première (1096-1099), à la seconde (1147-1149), à la troisième (1189-1192), à la quatrième (1202-1204), à la septième (1248-1254), à la huitième (1270).

La cinquième (1217-1221) eut pour chef Jean de Brienne, roi titulaire de Jérusalem et fut dirigée contre l'Égypte; la sixième (1228-1229) fut conduite par l'empereur d'Allemagne Frédéric II.

Les Armoiries (*à consulter*).

81. C'est à partir des Croisades que les *armoiries* devinrent héréditaires dans les familles nobles, qui les employèrent pour se reconnaître de génération en génération. Leur usage s'étendit des particuliers aux associations et aux villes.

La science des armoiries porte le nom de *blason* ou celui d'*art héraldique*.

La pièce principale de toute armoirie s'appelle *écu*. La forme de l'écu a beaucoup varié dans la suite des temps.

Les *couleurs* employées sont au nombre de sept. Elles se divisent en deux groupes : *métaux* et *émaux*. Les métaux sont : l'*or* et l'*argent;* les émaux sont : l'*azur*, le *gueules*, le *sinople*, le *sable*, le *pourpre*. Il faut y joindre les *fourrures*, c'est-à-dire l'*hermine*, le *vair*, etc. — En gravure, l'or est représenté par un pointillé ; l'argent, par un fond uni ; l'azur, par des hachures horizontales ; le gueules, par des hachures verticales ; le sinople, par des hachures obliques de gauche à droite ; le sable, par des hachures croisées ; le pourpre, par des hachures obliques de droite à gauche ; l'hermine, par des mouchetures.

L'écu est simple ou composé. L'écu composé a plusieurs couleurs, qui forment autant de divisions appelées *partitions*. Il y a quatre partitions : le *parti*, qui coupe verticalement l'écu en deux parties ; le *coupé*, qui le coupe horizontalement ; le *tranché*, qui le coupe en biais de gauche à droite ; le *taillé*, qui le coupe en biais de droite à gauche ; Ces quatres partitions combinées entre elles forment toutes les autres : *gironné*, *écartelé*, etc

Les figures héraldiques se divisent en pièces honorables et pièces ordinaires. Les pièces honorables sont : le *chef*, qui occupe le tiers supérieur de l'écu ; le *pal*, qui remplit perpendiculairement, et la *face*, qui remplit horizontalement le tiers médian ; la *bande*, posée obliquement de gauche à droite ; la *barre*, posée obliquement de droite à gauche ; la *croix*, réunion du pal et de la face ; l'*abîme* ou *cœur*, qui est au centre de l'écu ; le *sautoir*, réunion de la bande et de la barre ; le *chevron*, ouvert comme les branches d'un compas ; la *bordure*, qui fait intérieurement le tour de l'écu ; la *pointe*, pièce triangulaire dont la base est formée par le bord inférieur de l'écu ; le *pairle*, qui a la forme d'un Y ; le *gousset*, qui ne diffère du *pairle* qu'en ce qu'il est plein dans sa partie supérieure.

Les *ornements-extérieurs* de l'écu ont pour objet d'indiquer les titres, dignités ou fonctions de leurs possesseurs. Tels sont les casques ou heaumes, les couronnes, les supports, les drapeaux.

LECTURE. — **La Révolution communale.**

84. Progrès des populations rurales. — Tant que la royauté capétienne ne fut pas assez puissante pour attaquer en face les grands vassaux, au xe siècle, la condition des paysans fut misérable; de temps en temps, des révoltes éclataient, mais elles étaient facilement réprimées par les seigneurs, et les manants revenaient tristement à la charrue.

Cependant, les cabanes des laboureurs étaient groupées en divisions ecclésiastiques appelées *paroisses*, et les parois-

Bourgeois jurant la charte.

ses en se développant formèrent des communautés rurales, des *villages*. L'esprit d'association s'éveilla chez les paysans, qui se donnèrent un commencement d'organisation, c'est-à-dire d'in-dépendance.

85. Les Communes. — Dans les villes, le progrès fut plus rapide; la fin du xie siècle et le commencement du xiie furént témoins d'une transformation sociale importante, à laquelle on a donné le nom de *révolution communale*.

Lors des invasions normandes et arabes, la population des campagnes vint accroître la population des villes, où l'esprit d'union était très développé grâce à l'existence d'associations marchandes, ouvrières ou religieuses. A mesure que la féodalité s'affaiblit sous l'influence des croisades, les villes devinrent peu à peu assez puissantes pour obtenir des seigneurs, tantôt à prix d'argent comme à Saint-Quentin, tantôt par la force comme à Laon, certaines libertés. Les rois capétiens protégèrent ce mouvement hors de leurs domaines, parce qu'ils y virent un moyen de ruiner le pouvoir des vassaux, mais leur protection fut souvent éphémère.

L'indépendance et l'organisation des communes présentaient, suivant les cas, de profondes différences. Ici, la commune était presque indépendante; là, elle était administrée par des fonctionnaires royaux; ailleurs, c'était une aristocratie de quelques familles qui détenait les charges municipales. Enfin, tous les habitants d'une ville ne faisaient pas nécessairement partie de la commune.

Le beffroi de Moulins.

86. La Charte communale. — Les droits des villes émancipées ou *communes* indépendantes étaient reconnus par les seigneurs dans des *chartes*, renouvelées à chaque changement de suzerain. La commune était, en effet, dans une situation analogue à celle d'un fief; elle avait, vis-à-vis du seigneur qui lui avait octroyé la charte, des obligations de vassalité; mais à son tour elle exerçait chez elle les mêmes droits qu'un seigneur dans son fief.

Les communes voulurent avoir des signes visibles de leur souveraineté. Elles eurent chacune un sceau particulier et leur milice bourgeoise; elles s'entourèrent d'une enceinte de hautes murailles bien fortifiées; elles élevèrent sur la place un grand donjon appelé *beffroi*.

Au haut du beffroi, un guetteur sonnait la cloche pour avertir qu'un danger menaçait la commune, pour convoquer les bourgeois aux assemblées, pour indiquer le lever du soleil et le couvre-feu, pour faire connaître aux ouvriers les heures de travail et les heures de repos.

Plus tard, les bourgeois construisirent des *hôtels de ville*, où ils se réunissaient pour délibérer sur les affaires de la commune.

87. Administration des Communes. — La commune était administrée par des magistrats dont le mode de recrutement n'était pas le même partout : les uns étaient élus, d'autres étaient nommés à vie par le seigneur. Ils s'appelaient, suivant les villes, *échevins, jurés, consuls, capitouls.* Le premier de ces magistrats prenait le titre de *maire.* Certaines communes avaient deux maires.

Au Mans, à Cambrai, à Noyon, à Beauvais, à Saint-Quentin, à Laon, l'établissement du régime communal donna lieu à de sanglants épisodes.

LEÇON. — **Louis VII le Jeune (1137-1180).**

88. Louis VII le Jeune succéda à son père Louis VI en 1137. Pendant une guerre contre Thibaut, comte de Champagne, il eut la cruauté de brûler treize cents personnes réfugiées dans l'église de Vitry (1143). Accablé de remords, il entreprit une seconde croisade en Terre sainte malgré les avis de Suger, mais il n'essuya que des revers et dut revenir en France. La seconde Croisade avait été prêchée par saint Bernard abbé de Clairvaux, sur la montagne de Vézelay (Yonne), en 1146.

89. Le royaume ne souffrit pas de l'absence du roi, grâce à la vigilance de Suger, qui mérita à cette occasion le beau nom de *Père de la Patrie.*

Malgré les avis de son ministre, Louis VII répudia sa femme, Éléonore de Guyenne. Celle-ci se remaria (1152) avec Henri II Plantagenet, qui devint roi d'Angleterre, et lui apporta en dot l'Aquitaine ou Guyenne, le Périgord, le Limousin, le Poitou et l'Angoumois. Ce fut l'origine de longues guerres entre la France et l'Angleterre, car les rois de ce dernier pays demeuraient vassaux des rois de France.

LECTURE. — **La seconde Croisade.**

90. La ville d'Édesse fut reprise aux chrétiens par les infidèles en 1144, et l'on apprit que Jérusalem elle-même était menacée.

Suger n'était pas partisan d'une seconde croisade; mais le roi Louis VII, tourmenté par ses remords, céda aux conseils de saint Bernard et prit la croix. En 1147, il partit pour l'Asie, précédé par l'empereur d'Allemagne Conrad.

L'armée allemande fut entièrement exterminée. L'armée française fut d'abord victorieuse, mais elle essuya ensuite une défaite et ne gagna qu'à grand'peine Jérusalem.

Louis VII voulut néanmoins faire le siège de Damas. Il fut mis en pleine déroute, faillit perdre la vie, et dut reprendre le chemin de la France sans avoir pu rien faire pour les chrétiens.

IVᵉ RÉSUMÉ. — LES CAPÉTIENS DIRECTS.

1. La royauté était très faible à l'avènement de Hugues Capet. La France vivait sous le régime féodal, c'est-à-dire que le pouvoir, au lieu d'appartenir à un souverain unique, était partagé entre les possesseurs de fiefs.

Celui qui possédait un fief était le vassal de celui qui le concédait, c'est-à-dire du suzerain.

2. Ce régime a été produit par deux causes principales : 1° la recommandation ; 2° le bénéfice ou fief.

3. Avant d'être mis en possession du fief (investiture), le vassal devait prêter au suzerain l'hommage et le serment de fidélité. Pour avoir un fief, il fallait être noble. Les membres de l'Église ou clercs pouvaient en posséder aussi. Les non nobles comprenaient les bourgeois, habitants des villes ; 2° les vilains ou roturiers, habitants des campagnes.

4. Le roi de France n'était qu'un seigneur plus honoré que les autres, parce qu'il n'était le vassal de personne. Quand on dit que la monarchie a fondé l'unité française, cela signifie que les rois ont enlevé peu à peu aux seigneurs féodaux leurs droits de souveraineté, qu'ils ont centralisé ces droits entre leurs mains et substitué un pouvoir unique au pouvoir divisé de l'époque féodale.

5. Les causes qui modifièrent le régime féodal sont les Croisades, la révolution communale, la transformation du service militaire, les progrès de la royauté.

6. Les premiers Capétiens, dominés mais soutenus par l'Église, portèrent les premiers coups à la féodalité. Robert le Pieux (996-1031), successeur de Hugues Capet (987-996), fut excommunié par l'Église, toute-puissante sous les premiers Capétiens, et, sous Henri Iᵉʳ, fut instituée la Trève de Dieu. Sous Philippe Iᵉʳ (1060-1108), les luttes féodales ruinaient le pays : l'Église, pour en atténuer les effets, fit de la Chevalerie une institution religieuse.

7. Pendant la minorité de ce roi, Guillaume le Conquérant, duc de Normandie s'empara de l'Angleterre : il remporta sur le roi de ce pays, Harold, la victoire d'Hastings et fut proclamé à sa place (1066).

8. Les Croisades, commencées sous Philippe Iᵉʳ en 1096 et terminées sous Louis IX en 1270, eurent pour résultat de mettre en contact les hommes de l'Orient et de l'Occident ; elles leur permirent de se connaître et par suite de moins se haïr ; elles jetèrent les bases de relations suivies entre l'Asie et l'Europe. Elles rapprochèrent les nobles des roturiers. En éloignant les seigneurs, elles favorisèrent indirectement les progrès de la royauté et de la bourgeoisie.

9. *La première Croisade (1095-1099), décrétée au Concile de Clermont (1095), fut signalée par la prise de Nicée, d'Antioche et de Jérusalem. Cette dernière ville devint la capitale d'un royaume féodal ayant à sa tête Godefroy de Bouillon.*

10. *Pour résister aux excès des seigneurs, les bourgeois des villes s'associèrent ; ils arrachèrent par la force ou obtinrent à prix d'argent des chartes donnant aux communes une certaine autonomie. Les communes étaient dans une situation analogue à celle des fiefs : elles étaient vassales du seigneur qui leur octroyait une charte, mais elles jouissaient, à leur tour, de droits souverains.*

11. *Louis le Gros (1108-1137), secondé par Suger, assit solidement sa domination sur les vassaux de son domaine, et ses successeurs eurent un point d'appui solide pour résister aux ennemis de la royauté.*

Contre-sceau de Louis VII.

12. *Louis VII (1137-1180), qui entreprit la seconde Croisade (1147-1149), prêchée par saint Bernard, commit la faute de répudier Éléonore de Guyenne. Celle-ci se remaria avec Henri II Plantagenet, qui devint roi d'Angleterre et lui apporta en dot l'Aquitaine, le Périgord, le Limousin, le Poitou et l'Angoumois. Ce fut l'origine de longues guerres entre la France et l'Angleterre, car les rois de ce dernier pays devenaient vassaux des rois de France.*

SUJETS DE RÉDACTION.

1. **Exposez le système féodal** *(origines, hommage, investiture, obligations réciproques du suzerain et du vassal, classes sociales).* — 2. **Description extérieure et intérieure du château féodal.** — 3. **L'Église et les guerres privées sous les premiers Capétiens** *(faiblesse de la royauté, arrogance des grands vassaux, misères sociales, trève de Dieu, chevalerie.)* — 4. **Définir les causes des Croisades et exposer leurs résultats.** — 5. **Louis le Gros et Suger.** — 6. **La révolution communale dans les campagnes et dans les villes** *(part qu'y prit Louis le Gros).* — 7. **Racontez les deux premières Croisades.**

LEÇON. — **Philippe-Auguste (1180-1223)**.

91. Le fils de Louis VII, Philippe II, que la grandeur de son règne a fait surnommer *Auguste*, inaugura son gouvernement par l'annexion des comtés d'Amiens, de Valois et de Vermandois. Il dirigea de violentes persécutions contre les Juifs, que la population rendait responsables des calamités publiques.

Il reprit ensuite la lutte de son père contre le roi d'Angleterre Henri II et lui imposa le traité de La Colombière (Indre-et-Loire), par lequel le Vexin fit retour à la couronne de France (1189).

Henri II eut pour successeur son fils Richard Cœur de Lion. Jérusalem venait de tomber au pouvoir de Saladin, sultan d'Égypte, et les rois de France et d'Angleterre entreprirent la troisième Croisade en compagnie de l'empereur d'Allemagne Frédéric Barberousse (1189). Ils ne purent longtemps s'entendre. Après la prise de Ptolémaïs ou Saint-Jean d'Acre, Philippe-Auguste regagna son royaume, laissant l'Anglais guerroyer en Palestine (1191).

Un an après, Richard revint en Europe; mais, assailli par une tempête, il fit naufrage dans la mer Adriatique et fut pris par l'archiduc d'Autriche. Celui-ci le livra à l'empereur d'Allemagne, qui le jeta en prison.

LECTURE. — **Troisième Croisade**.

92. Saladin, sultan d'Égypte, s'était emparé de Jérusalem après avoir battu Guy de Lusignan à la bataille de Tibériade. A cette nouvelle, qui produisit une profonde impression dans tout le monde chrétien, l'empereur d'Allemagne Frédéric Barberousse, le roi de France Philippe-Auguste, et le roi d'Angleterre Richard Cœur de Lion entreprirent une troisième croisade, qui fut prêchée par Guillaume, archevêque de Tyr.

L'empereur, arrivé le premier en Asie, se noya par accident dans les eaux du Selef, petite rivière de la Cilicie. Les rois de France et d'Angleterre s'embarquèrent; le premier à Gênes, le second à Marseille; mais, à peine arrivés en Sicile, ils ne s'entendirent plus, et Philippe, laissant Richard conquérir l'île de Chypre, alla attendre son rival devant Saint-Jean d'Acre. L'armée qui assiégea la ville était formidable; elle comptait dans ses rangs les meilleurs chevaliers, les plus vaillants soldats de l'Occident. Saladin projetait de passer en Europe et de diriger à son tour une croisade contre le monde chrétien. Aussi, l'acharnement fut-il égal de part et d'autre, mais les Européens l'emportèrent et la garnison de Saint-Jean d'Acre dut capituler.

LEÇON. — Guerre contre l'Angleterre.

93. Philippe-Auguste profita de l'absence du roi d'Angleterre pour envahir la Normandie mais il échoua devant Rouen. L'année suivante, Richard, sorti de prison, accourut en France et battit Philippe à Gisors et, deux ans après, à Fréteval (1197). La guerre ne cessa qu'à la mort de Richard, qui fut tué devant le château de Chalus (Haute-Vienne) en 1199.

Richard étant mort sans enfants, son frère Jean sans Terre et son neveu Arthur de Bretagne se disputèrent sa succession. Jean n'hésita pas à faire assassiner son compétiteur (1203).

94. Arthur était vassal de Philippe pour la Bretagne, l'Anjou, le Maine et la Touraine; de son côté, Jean sans Terre, comme duc de Normandie et d'Aquitaine, avait le roi de France pour suzerain.

D'après les lois du temps, le vassal qui tuait un autre vassal était coupable de trahison à l'égard de son suzerain, qui pouvait le mettre en accusation. Philippe enjoignit donc à Jean sans Terre de venir en France pour y être jugé [1].

Jean n'ayant pas comparu fut déclaré coupable d'assassinat, condamné à mort, et ses possessions de France confisquées (1204). Aussitôt Philippe-Auguste alla s'emparer de la Normandie et du Poitou.

LECTURE. — La quatrième Croisade (1202-1204).

95. Préoccupé d'abaisser la puissance anglaise, Philippe-Auguste ne prit aucune part à la quatrième Croisade prêchée par Foulques, curé de Neuilly et dirigée par Baudoin, comte de Flandre (1202).

Les Croisés s'embarquèrent sur des navires qui leur furent fournis par la ville de Venise ; mais, au lieu d'aller en Asie, ils conquirent d'abord Zara pour le compte des Vénitiens ; puis, ils profitèrent des désordres qui déchiraient l'empire grec pour s'emparer de Constantinople. La ville fut prise après une résistance acharnée et à moitié détruite par un incendie. Néanmoins, les Croisés s'y établirent. Ils y fondèrent un grand État et choisirent pour empereur le comte de Flandre (1204).

L'empire de Constantinople fut gouverné par des princes français jusqu'en 1261.

Mort de Richard Cœur de Lion (1199).

[1] On a affirmé jusqu'ici que Jean sans Terre avait été condamné par la cour des pairs; mais on ignore en réalité comment était composé le tribunal qui condamna le roi d'Angleterre, et l'on ne sait pas davantage s'il faut rapporter à Philippe-Auguste l'institution de la cour des pairs.

LEÇON. — Coalition contre Philippe-Auguste.

Bataille de Bouvines (1214).

96. Jean sans Terre, désireux de se venger et craignant peut-être de voir Philippe-Auguste envahir l'Angleterre, forma contre le roi de France une coalition où entrèrent les comtes de Flandre et de Boulogne, soutenus par l'empereur d'Allemagne Otton IV, qui voyait avec inquiétude l'accroissement de la puissance capétienne. Il fut convenu que Jean sans Terre attaquerait les Français dans le Poitou, tandis que ses alliés envahiraient notre pays par le Nord.

Philippe-Auguste tint tête à l'orage. Les seigneurs, les chevaliers, les milices communales répondirent à son appel, et la coalition féodale fut écrasée à la bataille de Bouvines (Nord) [1214].

Cette victoire eut un grand retentissement; elle affirmait pour la première fois la puissance de la royauté capétienne.

LECTURE. — Bataille de Bouvines.

97. On combattit des deux côtés avec un acharnement incroyable. L'empereur Otton eut un cheval tué sous lui et faillit être fait prisonnier. De son côté, Philippe-Auguste, désarçonné, courut les plus grands périls.

A la fin, les Français l'emportèrent. Après six heures de combat, cette armée redoutable, qui menaçait d'envahir la France, était couchée sanglante sur le champ de bataille ou n'offrait plus que des débris épars. Le soir, lorsqu'on eut amené les seigneurs faits prisonniers, le roi se montra miséricordieux et leur accorda la vie, mais non la liberté. Il les fit enchaîner sur des chariots et on les emmena vers Paris.

Tous les habitants, écrit un ancien chroniqueur, accouraient de toutes parts pour voir un si grand triomphe. Les cloches sonnaient à carillon; les monastères étaient ornés dedans et dehors de draps de soie; les rues et les maisons des bonnes villes étaient vêtues et parées de courtines; les voiles et les chemins étaient jonchés de rameaux d'arbres verts et de fleurs nouvelles. Les paysans et les moissonneurs, interrompant leurs travaux et suspendant leur faux au cou, se précipitaient vers les chemins, pour voir enchaîné le redoutable Ferrand, comte de Flandre. Ils lui disaient que maintenant il était *ferré*, lui qui jadis ruait et levait le talon contre son maître.

LEÇON. — Administration de Philippe-Auguste.

98. Progrès de l'autorité royale. — Philippe-Auguste enleva à l'Angleterre des provinces importantes, et il obligea les grands vassaux, malgré l'appui de l'étranger, à respecter l'autorité royale.

99. L'Université. — Les écoles de Paris, qui comptaient un grand nombre d'écoliers, furent groupées et formèrent l'Université (1200). Des maîtres célèbres y enseignaient toutes les sciences de l'époque, et de l'Europe entière accouraient de jeunes étudiants.

100. Baillis et prévôts. — Philippe-Auguste divisa ses domaines en un certain nombre de *bailliages*, ayant à leur tête des *baillis*. Ces baillis rendirent la justice au nom du roi, convoquèrent les troupes, centralisèrent les revenus royaux. Ils eurent sous leurs ordres des *prévôts* pour rendre la justice aux personnes de condition roturière.

101. La Quarantaine le roi. — Philippe-Auguste, désireux de rendre les guerres privées moins fréquentes, institua, sous le nom de *Quarantaine le roi*, une trêve défendant les hostilités entre particuliers pendant quarante jours à partir du moment où l'injure avait été commise. Dans l'intervalle, le roi faisait arrêter et punir celui qui ne respectait pas la trêve.

102. Croisades des Albigeois. — Au temps de Philippe-Auguste, il y avait dans le midi de la France une secte d'hérétiques appelés *cathares* (les purs) et plus communément *Albigeois*.

Le pape Innocent III demanda au comte de Toulouse, Raymond VI, et aux autres princes du Midi d'exterminer les Albigeois. Raymond s'y refusa, et le légat Pierre de Castelnau ayant été assassiné sur ces entrefaites, le pape, secondé par les moines de Cîteaux, invita les princes de l'Europe à prendre la croix (1209).

103. Les Croisés, ayant à leur tête Simon de Montfort, attaquèrent Béziers, massacrèrent ses habitants et s'emparèrent de Carcassonne. Raymond VI, vaincu dans la plaine de Muret (1213), perdit Toulouse et se soumit à son ennemi, que le pape avait mis en possession du comté.

Les rigueurs de Simon de Montfort lui aliénèrent les populations, et Raymond VII, fils de Raymond VI, put s'emparer de Toulouse. Simon voulut tenter de reprendre cette ville, mais il fut tué d'un coup de pierre (1217).

Amaury, fils de Simon, dut, en 1224, quitter le pays et fit hommage de ses États à Louis VIII, fils de Philippe-Auguste.

104. Embellissements de Paris. — Protecteur des villes contre les seigneurs, Philippe-Auguste les fortifia et les embellit. A Paris, sa résidence, il fit paver les rues de la Cité, construire des halles, des couvents, des hôpitaux. Il bâtit le Louvre, qui ne fut d'abord qu'une grosse tour défendue par d'épaisses murailles; il entoura la capitale d'une nouvelle enceinte flanquée de hautes tours. Notre-Dame, dont la première pierre avait été posée sous le règne précédent, fut presque entièrement achevée sous celui de Philippe-Auguste.

LEÇON. — Louis VIII (1223-1226).
Saint Louis (1226-1270).

105. Louis VIII ne régna que trois ans. Il enleva aux Anglais l'Aunis, le Limousin et le Périgord; puis, après avoir accepté l'hommage d'Amaury de Montfort pour le comté de Toulouse, il alla reprendre dans le Midi la guerre des Albigeois. Il s'empara

Blanche de Castille (1185-1252).

d'Avignon et de plusieurs villes du Languedoc, y installa des garnisons et revenait à Paris, quand il mourut de maladie à Montpensier, en Auvergne (1226). Sa femme, Blanche de Castille, fut régente du royaume pendant la minorité de son fils Louis IX ou saint Louis, qui n'avait alors que onze ans.

106. La régente continua la guerre contre les Albigeois jusqu'en 1229. A cette époque, elle imposa le traité de Paris à Raymond VII, dont la fille fut fiancée à Alphonse de Poitiers, frère de saint Louis, et qui abandonna à la couronne de France une partie de ses États. Pendant toute la durée de sa régence, de 1226 à 1236, Blanche de Castille déjoua habilement les desseins des seigneurs qui auraient voulu entraver les progrès de la royauté.

107. Cependant, en 1241, Raymond VII et les barons du Poitou, soutenus par le roi d'Angleterre Henri III, prirent les armes contre saint Louis. Celui-ci marcha aussitôt contre Henri III, le vainquit à Taillebourg et à Saintes (1242), et brisa ainsi la ligue des grands vassaux.

LECTURE. — Blanche de Castille.

108. La mère de saint Louis était la fille d'Alphonse IX, roi de Castille, et d'Éléonore, fille du roi d'Angleterre Henri Ier.

Mariée à Louis VIII en l'an 1200, elle exerça toujours sur l'esprit de son époux une influence considérable. C'était une femme charitable, pieuse et en même temps une princesse ambitieuse, énergique et adroite. Elle ne fut pas plutôt investie de la régence qu'elle fit tout courber devant elle. Elle brisa la féodalité coalisée contre la royauté capétienne, et elle transmit à son fils l'héritage agrandi de Philippe-Auguste et de Louis VIII. Elle éleva de bonne heure ses enfants à lui obéir, et saint Louis, même après son mariage avec Marguerite de Provence, ne prit aucune résolution sans être d'accord avec sa mère.

LEÇON. — Septième Croisade (1248-1254).

109. Saint Louis étant tombé malade, fit vœu d'aller en Terre Sainte s'il se rétablissait. En 1248, il s'embarqua à Aigues-Mortes, laissant la régence à sa mère, et gagna Damiette, car il voulait d'abord conquérir l'Égypte sur les musulmans. Damiette fut enlevée sans difficulté, mais les Croisés eurent le tort de demeurer trop longtemps dans l'inaction, au lieu de mettre à profit l'impression produite par leur première victoire. Les musulmans purent ainsi se reconnaître, et, quand les Français voulurent marcher sur Le Caire, ils furent vaincus à Mansourah où périt Robert d'Artois, frère de saint Louis (1250).

110. Dans la retraite, le roi fut fait prisonnier; il ne recouvra la liberté qu'en restituant Damiette et en payant une énorme rançon.

Il passa en Palestine et y resta quatre ans, réparant les places maritimes encore au pouvoir des Croisés. Il ne revint en France (1254) qu'en apprenant la mort de Blanche de Castille (1252).

Celle-ci avait, pendant l'absence de son fils, étouffé la révolte des Pastoureaux (bergers et paysans), dont les bandes portaient la dévastation dans tout le royaume.

LECTURE. — Captivité de saint Louis.

111. Au milieu des calamités de toute nature qui éprouvèrent son armée, désastres militaires, privations, épidémies, saint Louis étonna ses vainqueurs mêmes par sa résignation et sa dignité.

Captif, il ne laissa échapper ni un geste d'impatience ni un mot de désespoir. Le calife lui ayant envoyé cinquante habits d'une grande richesse pour lui et les seigneurs de sa suite, il refusa de s'en revêtir en disant : « Je suis le souverain d'un royaume plus grand que l'Égypte, et je ne porterai jamais l'habit d'un prince étranger. »

Irrité de ce refus, le calife menaça son prisonnier des plus cruels supplices, mais saint Louis se contenta de répondre : « Je suis le prisonnier du calife, il peut faire de moi ce qu'il lui plaira. »

LECTURE. — Administration de saint Louis.

112. Saint Louis est la plus belle figure du moyen âge. Son administration fut réparatrice et bienfaisante ; il voulut être servi par des agents doux et équitables, faire aimer son gouvernement, pacifier les provinces. Son frère Alphonse de Poitiers, comte de Toulouse, s'efforça d'effacer les traces de la guerre des Albigeois.

113. La Cour du roi. — La Cour des premiers Capétiens s'occupait de toutes les affaires du royaume : politique, finances, justice. Elle se composa d'abord de tous les grands vassaux qui avaient prêté à la dynastie le serment de fidélité. Le nombre des affaires augmentant à mesure que s'accroissait le domaine royal, les souverains désignèrent un certain nombre de conseillers spéciaux et permanents pour les cas urgents.

Sous saint Louis, la Cour du roi tendit de plus en plus à se diviser en sections : les conseillers chargés de rendre la justice formèrent, dans le sein même de la Cour, un *Parlement* siégeant à Paris, au lieu de suivre le roi dans ses déplacements.

Saint Louis à Vincennes.

114 Les baillis. — Saint Louis se montra très jaloux de ses prérogatives royales, qu'il fit respecter par tous, clercs et laïques, grands et petits. Il réagit de son mieux contre le fléau des guerres privées.

Les *baillis* reçurent une organisation régulière, et le pouvoir judiciaire du roi prit une grande extension. Saint Louis se plaisait à rendre lui-même la justice. Assis sous un chêne, au bois de Vincennes, il écoutait ceux qui se présentaient et les jugeait l'un après l'autre. Sa renommée d'équité s'étendit si loin que l'on vit des princes étrangers le choisir pour arbitre.

Très charitable, il fonda plusieurs grands hôpitaux, notamment les *Quinze-Vingts* pour trois cents chevaliers à qui les Sarrasins avaient crevé les yeux. — Il fit élever la Sainte-Chapelle, et son ami le sire de Joinville écrivit des *Mémoires* qui sont un des premiers monuments de la langue française.

115. Établissements *dits* de saint Louis. — Saint Louis rendit deux importantes ordonnances : l'une relative à la Coutume de Touraine et d'Anjou, l'autre à la Coutume de l'Orléanais. Ces deux ordonnances furent réunies sous le nom d'*Établissements de saint Louis* en 1272 ou 1273, c'est-à-dire deux ou trois ans après la mort du roi.

QUESTIONNAIRE. — 112. Quelles furent les qualités de l'administration de saint Louis? — Qui gouverna le Midi? — 113. De qui se composa d'abord la Cour des premiers Capétiens? — Quelles étaient les attributions de cette Cour? — Comment se forma le Parlement? — 114. Saint Louis s'occupa-t-il des baillis? — Étendit-il le pouvoir judiciaire des rois? — Rendait-il lui-même la justice? — Qu'est-ce que l'institution des Quinze-Vingts? — Quel monument fit-il élever? — 115. Qu'appelle-t-on *Établissements de saint Louis?*

LEÇON. — **Huitième et dernière Croisade.**

116. La France jouissait d'une tranquillité qu'elle n'avait encore jamais connue, quand de mauvaises nouvelles arrivèrent de la Terre sainte. Charles d'Anjou, frère de saint Louis, qui régnait sur Naples et la Sicile, ayant des projets de conquête en Afrique, en profita pour décider le roi à venir attaquer Tunis, repaire de hardis pirates qui dévastaient les rivages de la Méditerranée.

Louis IX s'embarque à Aigues-Mortes.

Saint Louis, après avoir fait son testament, s'embarqua une seconde fois à Aigues-Mortes et se dirigea vers Tunis, où il attendit son frère.

Harcelés par les musulmans, exposés aux ardeurs meurtrières du climat, les Français furent décimés par la peste. Saint Louis, qui avait à cœur de visiter et d'encourager les pestiférés, fut atteint de la terrible maladie; il rendit le dernier soupir au milieu de ses soldats consternés (1270). Ses restes furent ramenés à Saint-Denis, et il fut canonisé en 1297 par le pape Boniface VIII.

LECTURE. — **Mort de saint Louis.**

117. Le roi, atteint de la peste, se fit coucher sur un lit de cendres et, sentant que la mort approchait, il appela son fils Philippe, et lui dit: « Beau fils, la première chose que je te recommande, c'est d'aimer Dieu de tout ton cœur.

Mort de saint Louis. (1270).

« Sois doux et miséricordieux pour les pauvres, pour tous ceux qui auront des peines de cœur ou des maladies, et aide-les de tes aumônes.

« Ne convoite pas le bien de ton peuple et ne l'écrase pas d'impôts.

« Aie soin de t'entourer d'hommes sages et honnêtes : fuis la compagnie des méchants.

« Si tu viens à régner, efforce-toi, comme il convient à un roi, de rendre la justice sévèrement, mais loyalement, quoi qu'il puisse advenir. Et si un pauvre est en procès avec un riche, soutiens le pauvre plus que le riche jusqu'à ce que la vérité soit connue; et quand tu sauras la vérité, prononce en conséquence.

« Aime et respecte ton père et ta mère. Observe leurs commandements, sois disposé à croire leurs conseils. »

LECTURE. — Civilisation du moyen âge.

118. État des personnes. — La *noblesse* formait une classe priviliégiée ; elle se composait de tous ceux qui naissaient gentilshommes, ou qui arrivaient à la noblesse, soit par l'achat d'un fief, soit par la volonté du roi. Elle jouissait de privilèges qui lui furent d'abord accordés en échange de la protection qu'elle devait donner au peuple, mais que rien ne justifia plus le jour où le pouvoir royal devint assez fort pour protéger lui-même la nation.

Pendant le moyen-âge, l'Europe fut un véritable camp retranché. Le seigneur ne songeait qu'à la guerre, aux tournois, aux exercices violents. Aucune culture intellectuelle n'adoucissait son âme de fer, et la science n'était cultivée que dans les monastères.

Les *clercs* ne pouvaient être jugés par les tribunaux laïques ; ils relevaient de tribunaux ecclésiastiques. Ils ne payaient aucune taxe, n'étaient assujettis à aucune corvée, ni au service militaire.

119. Les habitants des villes s'appelaient *bourgeois*, et l'on donnait le nom de *vilains* ou *roturiers* aux habitants des campagnes. Parmi les roturiers, on distinguait des hommes libres, des colons, des serfs, etc.

Les fermiers, ceux qui cultivaient un champ moyennant une redevance périodique au propriétaire, s'appelaient *colons*. Ils ne pouvaient quitter ce champ et le propriétaire ne pouvait leur en retirer la jouissance.

Les *serfs* ne pouvaient se marier sans la permission du seigneur ni disposer de leurs biens ; s'ils quittaient la terre de leur maître, celui-ci pouvait les obliger à y revenir. L'affranchissement des serfs fut favorisé par les besoins d'argent des seigneurs.

Les *hérétiques* étaient soumis à une législation rigoureuse. Les *juifs* étaient particulièrement détestés, parce qu'on leur reprochait la mort du Christ et qu'on devait s'adresser à eux pour emprunter de l'argent, l'Église défendant aux chrétiens le prêt à intérêt. Leur situation était analogue à celle des serfs, et comme les serfs ne possédaient rien en propre, on partit de là pour confisquer les biens des juifs.

120. L'agriculture, l'industrie, le commerce. — Le système féodal fut un obstacle au développement de l'*agriculture*. Constamment exposé au fléau de la guerre civile, l'homme des champs n'était pas en sécurité ; il se contentait de travailler pour vivre, sans songer à un lendemain qui ne pouvait être meilleur. Les procédés de culture des Romains furent conservés par les moines, mais on les appliquait sans les bien comprendre : il n'y avait pas d'agronomie.

121. Le sort des *artisans* était de beaucoup préférable à celui

ARMOIRIES DES CORPS MARCHANDS DE PARIS AU MOYEN AGE

  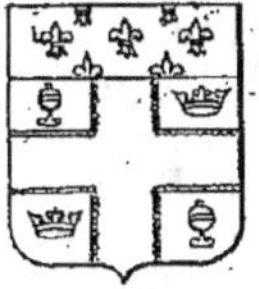  

Drapiers.   Merciers.   Orfèvres.   Pelletiers.   Bonnetiers.

des laboureurs. Tous les individus exerçant dans une ville le même métier s'étaient associés et avaient formé des *corporations*. N'était pas ouvrier qui voulait. Il fallait faire un long *apprentissage* avant de devenir *compagnon*. Les apprentis et les compagnons ne faisaient pas partie de la corporation ; ce privilège était réservé aux *maîtres*, et, pour devenir maître, il était nécessaire de faire un *chef-d'œuvre*, puis de payer un impôt spécial qui s'appelait « acheter le métier au roi ».

La corporation des *marchands de l'eau de Paris* avait le privilège de la navigation sur la Seine ; le *prévôt des marchands* de l'eau devint dans la suite le chef de la municipalité parisienne, et le vaisseau qui figure dans le sceau de la corporation se retrouve aujourd'hui encore dans les armes de Paris.

122. L'agriculture et l'industrie ne commencèrent à faire de progrès sérieux que lorsque les Croisades eurent mis en contact l'Orient et l'Occident : les Européens rapportèrent d'Asie des plantes, des produits, des procédés qu'ils ignoraient. Le moyen âge n'a pas connu la grande industrie, parce que l'on ne possédait

Armes de Paris
sous Philippe-Auguste.

pas de grands capitaux : on n'appréciait que la richesse foncière, c'est-à-dire la terre.

Les communications étaient si difficiles, les routes si rares et si peu sûres, que le commerce était bien peu développé. Les *foires*, qui avaient beaucoup plus d'importance en ce temps qu'aujourd'hui, permettaient aux habitants de la campagne de venir à jour fixe, s'approvisionner dans quelques centres principaux.

123. Langue et littérature. — Le *roman*, ou latin vulgaire, apporté en Gaule par les soldats et les marchands romains, se partagea, au ixe siècle, en deux dialectes : la langue d'*oïl*, parlée dans le nord de la France, et la langue d'*oc* ou provençal, parlée dans le midi. Les poètes de langue d'oïl s'appelaient *trouvères*, ceux de langue d'oc *troubadours*; les *jongleurs* ou *ménestrels*, chantaient les poèmes des troubadours. La langue d'oïl, à son tour, donna naissance au français.

Costume
du sire de Joinville.

La littérature romane a produit d'abord des *chansons de geste*, dont la plus célèbre est la *Chanson de Roland* (xie siècle). Lorsque le régime féodal commença à être en décadence, les poètes ne se bornèrent plus à chanter les actions d'éclat : le *Roman de Renart* et le *Roman de la Rose* critiquèrent les travers de la société, et les *fabliaux*, petits contes en vers plaisants et satiriques, firent les délices de nos aïeux.

124. Les mystères du moyen âge marquent le commencement de notre théâtre tragique, de même que les *moralités* et *soties* marquent le début du théâtre comique. Les sujets des mystères étaient essentiellement religieux : on y faisait intervenir Dieu, les saints, les anges et le diable.

Le théâtre comique, qui s'est développé un peu plus tard que les mystères, comprend les moralités et les soties. Les moralités étaient des pièces allégoriques où étaient personnifiés les défauts, les qualités les classes sociales : tel acteur personnifiait la *marchandise* (commerce), tel autre s'appelait *mange-tout*. Dans les soties, pièces satiriques, ces qualités et ces défauts étaient tournés en ridicule.

Chacun de ces genres avait sa troupe d'acteurs spéciale. Les *Confrères de la Passion* jouaient les mystères, les *Clercs de la Basoche* jouaient les moralités, les *Enfants sans-souci* exploitaient la sotie.

125. Les premières productions en prose française sont l'*Histoire de la conquête de Constantinople*, par Geoffroi de Villehardouin (1155-1213), et les *Mémoires* du sire de Joinville (1224-1319), consacrés à l'histoire de saint Louis. Mais, pendant tout le moyen âge, la langue savante fut la langue latine. C'est en latin qu'on écrit dans les monastères; c'est en latin que l'on parle dans les universités.

126. Architecture. — Au moyen âge, on construisit d'abord des églises sur le modèle des temples romains. Cette première architecture donna naissance, en se modifiant, à l'architecture *romane* (Xe siècle). Puis, du XIIe au XIIIe siècle, naquit une archi-

Maison (*Style roman*).

Église (*Style roman*).

Maison (*Style ogival*).

tecture vraiment nationale, que l'on a appelée *gothique*, et qui devrait s'appeler *française*, puisqu'elle est née dans l'Ile-de-France.

L'architecture romane est caractérisée par la voûte en *plein cintre*; l'architecture gothique ou française par l'*ogive* [1].

Le style ogival est l'expression la plus éloquente du christianisme. Il est caractérisé par l'élancement indéfini des voûtes et des colonnades, par la richesse des ornements et des sculptures symboliques, enfin par tout ce qui peut inspirer l'admiration et l'étonnement. Notre-Dame de Paris, la cathédrale de Chartres, la Sainte-Chapelle appartiennent au style ogival.

127. L'habitation romane prend jour directement sur la rue, et l'on entre dans la salle principale par un escalier extérieur. L'étage supérieur avance sur le rez-de-chaussée.

La Ste-Chapelle, à Paris.
(*Style ogival*).

Deux siècles se passent. Les Croisés ont rapporté d'Asie le goût du luxe et du bien-être matériel. Les communes se développent, les bourgeois prodiguent leur argent pour construire les immenses cathédrales où ils prient et où ils se réunissent avant d'avoir, pour délibérer, ces magnifiques hôtels de ville, symboles de leur indépendance. Au XIIe siècle, les architectes inventent l'ogive, et alors ce n'est pas seulement l'architecture religieuse qui se développe; dans les rues étroites et tortueuses des villes s'élèvent des demeures pittoresques.

[1] Dans la fenêtre *romane*, le sommet arrondi est formé par une demi-circonférence ; — dans la fenêtre *ogivale*, le sommet pointu est formé par deux arcs brisés.

LEÇON. — **Philippe III le Hardi (1270-1285).**

128. Quand Louis IX expira sur la plage de Tunis, son fils et successeur, Philippe le Hardi, conclut une trêve avec les infidèles et ramena en France les débris de l'armée. La mort d'Alphonse de Poitiers, frère de saint Louis, accrut le domaine royal du Poitou et du comté de Toulouse.

Philippe continua la politique de son père et son règne n'est, pour ainsi dire, que le prolongement de celui de saint Louis. En 1271, il fixa à quatorze ans la majorité de son fils aîné [1].

129. En 1278, il rendit une ordonnance sur le Parlement. Cette ordonnance nous apprend que la section judiciaire de la Cour du roi comprenait, sous Philippe le Hardi, une grand' chambre où chambre des plaids, une chambre des enquêtes et une chambre des requêtes.

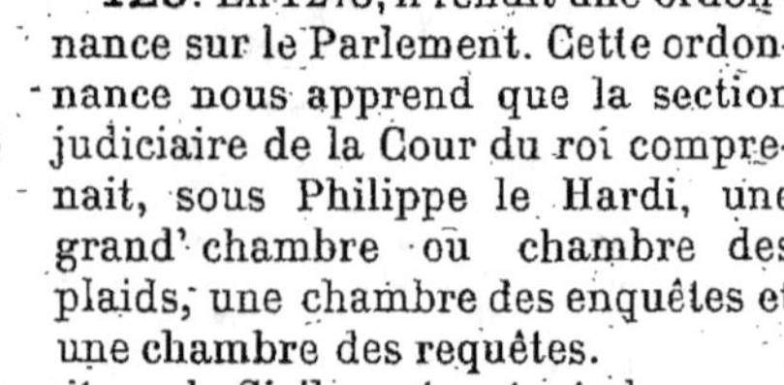

Sceau et monnaie de Philippe III.

Charles d'Anjou, qui régnait sur la Sicile, mécontenta la population par son mauvais gouvernement, et le lundi de Pâques 1282 les Français de Palerme furent massacrés (*Vêpres siciliennes*). Pierre III d'Aragon, qui convoitait la Sicile, fut considéré comme l'instigateur de ce soulèvement, et, pour venger son oncle, Philippe III passa les Pyrénées. Il échoua et mourut à Perpignan.

LECTURE. — **Les Vêpres siciliennes.**

130. Les nobles siciliens, dépouillés de leurs biens au profit des compagnons du frère de saint Louis et secrètement encouragés par le roi Pierre d'Aragon, réussirent à provoquer une vive agitation contre la domination de la maison d'Anjou. Le lundi de Pâques (30 mars 1282), à l'heure des vêpres, tous les Français habitant Palerme furent massacrés.

De toute part, les Siciliens accoururent au cri de : « Meurent les Français ! » Ils cernèrent ceux-ci dans les maisons, prirent leurs armes, et les tuèrent sans distinction d'âge, de sexe, d'état ou de condition.

L'exemple de Palerme entraîna l'île entière, et, au bout de dix jours, tous les étrangers furent massacrés, sauf deux Français qui s'étaient toujours distingués par leur modération et leurs vertus. On les renvoya dans leur pays avec leur famille sans leur faire le moindre mal.

[1] Charles V renouvela et généralisa l'ordonnance de Philippe le Hardi.

LEÇON. — **Philippe IV le Bel (1285-1314).**

131. Proclamé roi à Perpignan, Philippe le Bel, fils de Philippe le Hardi, fit la paix avec l'Aragon. Il avait épousé Jeanne de Navarre, qui lui apporta en dot la Champagne et la Brie. Dès le début de son règne, il se montra ce qu'il fut toujours depuis : l'ennemi du pouvoir féodal, le défenseur inflexible de l'autorité royale.

La Guyenne appartenait au roi d'Angleterre. Philippe s'en empara, à la suite d'une rixe entre marins français et anglais à Bayonne. Ce fut le prétexte d'une guerre qui se termina en 1298 par la restitution de la Guyenne à Édouard Iᵉʳ, roi d'Angleterre.

Le comte de Flandre, Guy de Dampierre, s'était déclaré l'allié des Anglais. Philippe IV envahit le comté et battit les Flamands à Furnes ; mais la dure tyrannie de Jacques de Châtillon, que Philippe avait nommé gouverneur de la Flandre, ne tarda pas à susciter des révoltes. Bruges, menacée de perdre ses privilèges, massacra la garnison française. Robert d'Artois, cousin de Philippe le Bel, accourut avec une armée pour châtier les rebelles et fut vaincu à Courtrai (1302). Deux ans après, Philippe vengea ce désastre en écrasant les Flamands à la bataille de Mons-en-Puelle.

LECTURE. — **Bataille de Courtrai.**

132. En apprenant que l'armée française s'avançait vers Courtrai, les Flamands s'établirent en avant de cette ville dans une position habilement choisie, protégés sur leur front par un étroit canal communiquant avec la Lys, affluent de l'Escaut. Le matin de la bataille, chacun d'eux porta à sa bouche un peu de terre, voulant dire qu'il était prêt à affranchir le sol natal ou à chercher un refuge dans son sein.

Les chevaliers français se reposaient trop sur leur courage. Ces imprudents guerriers n'avaient pas vu le canal de la Lys, au milieu des nuages de poussière que soulevait leur course effrénée. Les premiers rangs ne l'aperçurent qu'en roulant au fond avec leurs chevaux, et bientôt le lit étroit du canal fut encombré jusqu'aux bords.

Les Flamands se ruèrent alors sur les flancs de cette masse confuse, déjà vaincue par son propre désordre. Ils n'étaient point montés, mais ils avaient de bonnes lances bien aiguës, et ils désarçonnèrent les chevaliers français, qui apprirent aux dépens de leur pays que la valeur ne suffit pas pour gagner des batailles.

QUESTIONNAIRE. — 131. Comment le mariage de Philippe le Bel profita-t-il au domaine royal ? — Philippe IV favorisa-t-il la féodalité ? — Comment se termina, en 1298, la guerre entre la France et l'Angleterre ? — Pourquoi Philippe IV fit-il une expédition en Flandre ? — Par qui et en quelle année fut gagnée la bataille de Courtrai ? Celle de Mons-en-Puelle ? — Voir sur la carte, page 91, Bayonne, Bruges, Courtrai, Mons-en-Puelle. — 132. Racontez la bataille de Courtrai.

LEÇON. — Philippe le Bel et Boniface VIII.

133. Pendant la guerre de Flandre, Philippe le Bel avait voulu lever des subsides sur le clergé; mais le clergé, qui avait été jusque-là exempt d'impôts, refusa de renoncer à ses privilèges. La querelle, un moment apaisée, se raviva bientôt, et le pape Boniface VIII menaça le roi de France d'excommunication.

Monnaie de Philippe le Bel.

Philippe le Bel prétendit que le pape n'avait pas à intervenir dans les affaires intérieures de la France. Il convoqua les trois grandes classes qui formaient la nation française : la noblesse, le clergé et la bourgeoisie ou tiers état (1302). Cette assemblée, appelée *États généraux* et qui se réunit dans l'église Notre-Dame, donna raison au roi contre le pape. Le chancelier Guillaume Nogaret et Sciarra Colonna furent envoyés auprès de Boniface VIII, à Anagni, pour lui signifier sa déposition. Sciarra souffleta le pontife de son gantelet de fer. Boniface VIII mourut de chagrin, et l'un de ses successeurs, Clément V, fit la paix avec Philippe le Bel ; il vint même s'établir à Avignon.

LECTURE. — Origine des États généraux.

134. Les premiers Capétiens, comme les Mérovingiens et les Carolingiens, consultaient les grands sur les affaires importantes.

Ces assemblées générales se composèrent d'abord des grands vassaux laïques et ecclésiastiques ; Louis VII, saint Louis y appelèrent en outre des bourgeois ; peu à peu, elles s'organisèrent, et les trois ordres (noblesse, clergé, bourgeoisie ou tiers état) prirent l'habitude de délibérer séparément.

Quand Philippe le Bel sentit le besoin d'être soutenu par tous ses sujets, il donna à ces assemblées un caractère de généralité et de régularité qui leur avait manqué jusqu'ici : le nombre des députés fut fixé, ainsi que le règlement des délibérations, et les bourgeois furent désormais appelés régulièrement. C'est en ce sens qu'il est vrai d'attribuer à Philippe le Bel l'honneur d'avoir pour la première fois convoqué les États généraux.

Les États généraux, comme les assemblées générales qui les précédèrent, n'avaient pas un véritable droit de contrôle : ils se contentaient d'approuver, parfois après de timides remontrances, les décisions royales.

LECTURE. — Administration de Philippe le Bel.

135. Progrès du pouvoir royal. — Philippe le Bel fortifia considérablement le pouvoir royal. Il ne craignit pas d'affronter les foudres du Saint-Siège pour faire triompher la souveraineté politique de la couronne ; il dépouilla les seigneurs d'un grand nombre de privilèges ; il augmenta le nombre des baillis ; il consulta la nation tout entière sur les affaires de l'État en convoquant les États généraux.

136. Le Parlement. — Le Parlement ne fut pas sous Philippe le Bel détaché de la Cour du roi, comme on le dit par erreur ; il ne le fut définitivement que sous Charles V.

137. Procès des Templiers. — Philippe le Bel tient donc une grande place dans notre histoire. Malheureusement, il eut plus d'une fois recours à des moyens indignes. Il ne se contenta pas d'altérer les monnaies et de lever des taxes exorbitantes ; il fit aux Templiers un procès inique pour s'emparer de leurs richesses.

L'ordre du Temple avait été fondé après la première Croisade pour protéger les Lieux Saints. Les moines - soldats avaient acquis, non seulement en Asie, mais en Europe, des biens immenses, et ils étaient devenus peu à peu des banquiers, des commerçants, des industriels. Les rois ayant besoin de leur emprunter de l'argent leur avaient accordé de nombreux privilèges, qui, joints à leurs richesses, avaient fait d'eux l'ordre monastique le plus puissant de la chrétienté. Leurs mœurs s'étaient amollies. Le peuple les détestait : il fut heureux de voir Philippe le Bel jeter en prison, en 1307, tous les Templiers du royaume. L'instruction dura sept ans : elle fut partiale, comme la sentence qui condamna cinquante-six chevaliers à périr sur le bûcher.

Supplice des Templiers (1314).

Les condamnés, et particulièrement le grand maître de l'ordre, Jacques de Molay, moururent avec dignité, en protestant de leur innocence (1314).

Philippe le Bel ne leur survécut que quelques mois.

LEÇON. — Les Fils de Philippe le Bel.

138. Philippe le Bel laissait trois fils : Louis X le Hutin (1314-1316), Philippe V le Long (1316-1322), et Charles IV le Bel (1322-1328).

Sous Louis X, tout dévoué aux seigneurs féodaux et surtout à son oncle Charles de Valois, les conseillers de Philippe le Bel furent poursuivis et condamnés; l'intègre Enguerrand de Marigny, surintendant des finances, fut pendu au gibet de Montfaucon.

Louis X, qui ne laissait qu'une fille, Jeanne de France [1], eut pour successeur son frère Philippe V. Les seigneurs, comme les États généraux, avaient déclaré que les femmes étaient inhabiles à succéder au trône.

Philippe V étant mort sans enfant mâle, Charles IV, son frère, lui succéda. Lui aussi ne laissa en mourant qu'une fille, et la couronne fut revendiquée par Édouard III, roi d'Angleterre, dont la mère Isabelle était fille de Philippe le Bel. On objecta à Édouard III qu'il était héritier par les femmes, et le trône échut à Philippe de Valois, dont le père, Charles de Valois, était frère de Philippe le Bel.

Avec Charles IV s'éteignent les Capétiens directs (1328).

LECTURE. — La Loi salique.

139. Il y a dans la loi salique un chapitre qui exclut les femmes de la succession des alleux; mais il n'y est pas question du pouvoir royal. Les États généraux qui, à la mort de Louis X, réglèrent la loi de succession à la couronne de France ne se sont pas appuyés sur la loi salique, comme on le dit généralement.

Philippe de Valois
avant son avènement à la couronne.
(D'après son sceau.)

C'est plus tard, sous Charles V, que les légistes invoquèrent la loi franque et assimilèrent la succession au trône à un héritage ordinaire pour justifier après coup la règle établie à la mort de Louis X. La vraie loi salique porte d'ailleurs que les biens seront partagés également entre les héritiers mâles, tandis que la loi salique de la légende est une loi de primogéniture [2].

(1) *Jean Ier*, fils posthume de Louis X, né vécut que cinq jours. — 2. Qui donnait tout à l'aîné.

V° RÉSUMÉ. — *LES CAPÉTIENS DIRECTS* (fin).

1. PHILIPPE-AUGUSTE (1180-1223) entreprit sans succès la troisième Croisade pour délivrer Jérusalem. Il ne prit aucune part à la quatrième (1202-1204), qui aboutit à la fondation d'un Empire chrétien à Constantinople ; mais, sous son règne, une croisade fut décidée par les catholiques contre les Cathares ou Albigeois.

Notre-Dame de Paris.

2. A l'intérieur, Philippe - Auguste affirma pour la première fois la puissance de la monarchie capétienne en remportant la victoire de Bouvines sur les grands vassaux coalisés avec l'empereur d'Allemagne (1214). Il fortifia la royauté en enlevant à l'Angleterre d'importantes provinces, en favorisant l'émancipation des communes, en réduisant les grands vassaux à l'obéissance, en créant les baillis et les prévôts pour rendre la justice au nom du roi, en s'efforçant de rendre les guerres privées moins fréquentes par l'institution de la Quarantaine le Roi. Il fonda l'Université de Paris et embellit sa capitale.

3. LOUIS VIII (1223-1226) ne fut roi que trois ans. Son fils Louis IX ou saint Louis (1226-1270) régna d'abord sous la régence de Blanche de Castille, qui tint en respect les seigneurs. Il entreprit la septième Croisade, fut vainqueur à Damiette, vaincu à Mansourah, puis fait prisonnier.

4. De retour en France, il eut une administration réparatrice et bienfaisante, rendit le Parlement sédentaire, diminua l'influence des seigneurs en augmentant le nombre des fonctionnaires royaux, se montra très jaloux des prérogatives royales. De mauvaises nouvelles étant arrivées de Terre Sainte, il entreprit la huitième Croisade et mourut de la peste à Tunis (1270).

5. PHILIPPE III le Hardi (1270-1285) conclut une trêve avec les musulmans. Il intervint en Aragon pour venger le massacre des Vêpres siciliennes, mais il échoua et mourut de maladie à Perpignan.

6. PHILIPPE IV le Bel (1285-1314) fut constamment l'ennemi du pouvoir féodal. Il fit la guerre au roi d'Angleterre, suzerain de la Guyenne, et intervint dans les affaires de Flandre : vaincu à Courtrai (1302), il prit sa revanche à Mons-en-Puelle (1304).

7. Excommunié par le Saint-Siège pour avoir voulu, pendant la guerre de Flandre, lever des subsides sur le clergé, il prétendit que le Pape n'avait pas à intervenir dans les affaires intérieures de la France, et il convoqua pour la première fois les États généraux, qui lui donnèrent raison.

Sergents d'armes au XIIIᵉ siècle.

8. Continuant l'œuvre de ses prédécesseurs, il améliora l'organisation du Conseil du roi (Parlement, Chambre des Comptes, Grand Conseil) et dépouilla les seigneurs d'un grand nombre de privilèges. Malheureusement, il se procura de l'argent par des moyens iniques et envoya les templiers au supplice pour s'emparer de leurs richesses.

9. Philippe le Bel laissa trois fils, qui régnèrent successivement. LOUIS X le Hutin (1314-1316), PHILIPPE V le Long (1316-1322), CHARLES IV le Bel (1322-1328). A la mort de Louis X et à la mort de Charles IV, les États généraux déclarèrent les femmes inhabiles à succéder au trône. Cette déclaration ne s'appuyait pas sur la Loi salique (voir page 78). — Avec Charles IV s'éteignit la branche des Capétiens directs, et avec Philippe VI commença celle des Valois (1328).

SUJETS DE RÉDACTION.

1. Rivalité de Philippe-Auguste et des rois d'Angleterre. — 2. Bataille de Bouvines ; son importance. — 3. Administration de Philippe-Auguste. — 4. Blanche de Castille ; ses deux régences. — 5. Exposez les progrès du pouvoir royal sous saint Louis (*Taillebourg ; les baillis ; la Cour du roi ; etc.*). — 6. Racontez la Croisade contre les Albigeois. — 7. Les deux Croisades de saint Louis. — 8. Les classes sociales au XIIIᵉ siècle (V. numéro 118). — 9. Le travail au XIIIᵉ siècle (V. numéros 120-122). — 10. Les Lettres et les Arts au XIIIᵉ siècle (V. numéros 123-127). — 11. Principaux faits du règne de Philippe III. — 12. Causes et description de la bataille de Courtrai. — 13. Conflit entre le Saint-Siège et Philippe le Bel. — 14. Origine des États généraux. — 15. Administration de Philippe le Bel. — 16. La succession au trône sous les fils de Philippe le Bel.

CHAPITRE VI. — GUERRE DE CENT ANS

LEÇON. — Philippe VI de Valois (1328-1350).

140. Appelé par Louis de Nevers, comte de Flandre, qui avait été chassé par ses sujets, Philippe VI battit les communes flamandes à Cassel, et rétablit le comte (1328).

Neuf ans plus tard éclata entre la France et l'Angleterre une

Bataille navale de l'Écluse (1339).

guerre qui fut appelée *Guerre de Cent ans* [1]. La cause essentielle et lointaine de cette guerre, c'était la condition des rois d'Angleterre vis-à-vis des rois de France, dont ils étaient vassaux comme possédant des fiefs dans notre pays. La cause occasionnelle fut le ressentiment d'Édouard III, roi d'Angleterre et duc de Guyenne, qui ne pouvait pardonner à Philippe de Valois, son suzerain, d'être monté sur le trône de France.

141. Après avoir fait alliance avec le brasseur Artevelde, chef des communes flamandes révoltées, Édouard vint attaquer la flotte française dans le port de l'Écluse et l'anéantit (1339), mais il conclut l'année suivante une trève avec le roi de France.

La guerre recommença en 1344. Édouard III fit une descente en Normandie et ravagea toute la contrée jusqu'aux portes de Paris. Refoulé à travers la Picardie par l'armée de Philippe, supérieure en nombre, il recula jusqu'au delà de la Somme, et se retrancha au-dessus du village de Crécy, près d'Abbeville.

(1) La guerre de Cent ans (1357-1453) se divise en quatre périodes : 1° *revers* sous Philippe de Valois et de Jean le Bon ; 2° *succès* sous Charles V et au commencement de Charles VI ; 3° *revers* sous Charles VI et au commencement de Charles VII ; 4° *succès* sous Charles VII.

LEÇON. — Bataille de Crécy.

142. C'est à Crécy que Philippe perdit une bataille dans laquelle les Anglais firent usage pour la première fois de bombardes ou canons (1346). Les vainqueurs s'établirent à demeure en France

et allèrent mettre le siège devant Calais, dont les habitants durent capituler après une héroïque résistance. Le roi d'Angleterre exigea que six des principaux bourgeois de la ville se rendissent à discrétion, ou bien il infligerait un châtiment exemplaire. Eustache de Saint-Pierre et cinq autres généreux citoyens se dévouèrent. Peu après, la médiation du

Les bombardes anglaises à Crécy (1346).

pape amena une nouvelle trêve (1347).

Philippe VI mourut en 1350, laissant la France épuisée par des calamités de toute nature : peste noire, famine, impôts écrasants [1], ravages des bandes d'aventuriers que la trêve avait laissés sans emploi. Cependant, le domaine royal s'accrut sous ce règne du Dauphiné [2] et de la baronnie de Montpellier.

LECTURE. — Dévouement d'Eustache de Saint-Pierre.

143. Le plus riche bourgeois de la ville, Eustache de Saint-Pierre, et cinq de ses compagnons se déshabillèrent et ne gardèrent que leur chemise. Ils se mirent la corde au cou, comme le roi d'Angleterre l'avait exigé, prirent les clefs de la ville et du château, puis s'en allèrent en cet état.

Ils s'agenouillèrent devant le roi et dirent : « Gentil roi, vous voyez devant vous six bourgeois grands marchands de Calais. Nous nous donnons à vous, à votre bon plaisir, pour sauver le reste des habitants qui ont souffert mille maux. » Le roi les regarda d'un air courroucé, car il était si fort en colère qu'il ne pouvait articuler une parole.

L'héroïsme des bourgeois de Calais n'eut pas le don de l'émouvoir, et il commanda qu'on leur coupât la tête. La reine d'Angleterre se jeta alors à ses genoux et le pria humblement de faire grâce. Edouard se radoucit à cette prière : « Tenez, dit-il, je vous les donne, faites-en ce qu'il vous plaira. »

---

142. QUESTIONNAIRE. — Date de la bataille de Crécy. — Que fit Édouard III après Crécy? — Quelle condition Édouard III imposa-t-il à la ville de Calais après sa capitulation? — Quel était l'état de la France à la mort de Philippe VI? — Le domaine royal s'accrut-il sous son règne? — **143.** Racontez le dévouement d'Eustache de Saint-Pierre.

---

(1) En 1340 Philippe VI établit la *gabelle* ou monopole du sel; chaque famille devait s'approvisionner dans les greniers publics et payer le sel au prix fixé arbitrairement par l'État. La consommation du sel était donc limitée.

(2) Cette contrée s'appelait *Dauphiné* parce que le seigneur de ce pays avait un dauphin dans ses armes; le seigneur lui-même portait le titre de dauphin. En 1349 le Dauphiné fut cédé à Philippe VI par Humbert II, *dauphin* du Viennois, sous la condition que l'aîné des fils des rois de France porterait à l'avenir le titre de *dauphin*, et qu'il recevrait à sa naissance cette province en apanage.

LEÇON. — Jean II le Bon (1350-1364).

144. Jean le Bon, qui succéda en 1350 à son père Philippe VI, eut dès son avènement des démêlés avec Charles le Mauvais, roi de Navarre. Celui-ci ayant fait assassiner le connétable de La Cerda, Jean saisit ses fiefs de Normandie et, un peu plus tard, le fit arrêter.

Le frère de Charles, Philippe de Navarre, et d'autres seigneurs firent alors cause commune avec les Anglais. La France fut attaquée à la fois au nord par Édouard III et au sud par le prince de Galles[1] fils du roi d'Angleterre.

145. Les États généraux accordèrent au roi Jean des subsides, et l'armée française, forte de 50,000 hommes, se mesura avec celle du prince Noir, retranchée sur la colline de Maupertuis, près Poitiers (1356). Le roi Jean, au lieu de chercher à cerner l'ennemi, n'écouta que sa bravoure et donna le signal de l'assaut. L'armée des Anglais était six fois moins nombreuse, mais son infanterie était excellente. Criblée de traits, la cavalerie française dut reculer en désordre ; puis quand la cavalerie anglaise s'ébranla à son tour, Jean commit la faute d'ordonner aux siens de mettre pied à terre : gênés par leurs armures, les chevaliers ne purent soutenir le choc des ennemis. L'armée française fut vaincue, le roi fait prisonnier et conduit à Londres.

LECTURE. — Guerre de la Succession de Bretagne.

146. Le duc de Bretagne, Jean III, était mort sans enfants en 1341. Son héritage fut disputé entre Charles de Blois, marié à Jeanne de Penthièvre, nièce du défunt, et Jean de Montfort, frère cadet de Jean III.

Jean appela les Anglais à son secours. Charles, soutenu par son oncle Philippe de Valois, entra en Bretagne avec une armée française et fit prisonnier son compétiteur.

La guerre eût été terminée sans l'héroïsme de Jeanne de Flandre, épouse de Jean de Montfort. A force de courage et d'énergie, grâce aussi à l'arrivée des Anglais, elle repoussa Charles de Blois, qui dut lever le siège d'Hennebont (1342). Jean de Montfort parvint à s'évader en 1345, et revint se mettre à la tête de ses partisans ; mais il mourut inopinément. La bataille de Crécy (1346) ayant privé Charles de Blois du secours de son oncle, ce prince fut, à son tour, battu à La Roche-Derrien et fait prisonnier (1347).

Sa femme continua la lutte, et la guerre des « Deux Jeanne » se prolongea jusqu'en 1356. A cette époque, Charles de Blois recouvra la liberté, en donnant deux de ses enfants en otages. Il fut vaincu et tué à Auray en 1364, malgré la présence de Du Guesclin, et, par le traité de Guérande (1365), la couronne de Bretagne passa définitivement dans la famille de Montfort.

[1] Le prince de Galles était aussi appelé prince *Noir*, à cause de la couleur de son armure : il s'était déjà distingué à la bataille de Crécy. — Les héritiers de la couronne d'Angleterre portaient et portent encore le titre de *prince de Galles*.

LEÇON. — Jean II le Bon (1350-1364).

147. Pendant que Jean le Bon était conduit captif en Angleterre, son fils, le dauphin Charles, âgé de dix-neuf ans, fut
nommé régent du royaume. Le pouvoir
passa de ses mains débiles dans celles
de la bourgeoisie. Craignant pour son
autorité, Charles convoqua les États
généraux (1356). Dans cette assemblée,
le tiers état fit entendre des plaintes
contre la prodigalité des agents du roi,
et, l'année suivante, le dauphin reconnut
aux États le droit de se réunir régulièrement.

Statue d'Étienne Marcel.
(*Hôtel de ville de Paris.*)

Charles n'ayant pas tenu parole, le
prévôt des marchands de Paris, Étienne
Marcel, entra dans la voie des violences,
opposa au dauphin Charles le Mauvais,
roi de Navarre, et fit massacrer les maréchaux de Champagne
et de Normandie, conseillers du régent.

Mais la bourgeoisie abandonna le prévôt, ne voulant pas
recevoir le roi de Navarre, allié des Anglais. Étienne Marcel,
soutenu seulement par le peuple, périt sous la hache d'un
bourgeois de Paris, Jean Maillart (1358).

LECTURE. — Étienne Marcel.

148. A la honte de la défaite de Poitiers s'ajoutait la lourde charge des
rançons à payer. La consternation fit alors place à la colère, et des révoltes
éclatèrent de toutes parts.

Le dauphin, trop jeune, n'était pas homme à commander une situation aussi
difficile; le pouvoir passa à la bourgeoisie et à son chef, Étienne Marcel, prévôt
des marchands, qui, d'accord avec Robert le Coq, évêque de Laon, obligea le
dauphin à signer une *grande ordonnance de réformation*. Mais la présence
des Anglais empêcha la province de suivre Paris lorsqu'il fallut combattre
pour défendre ce qu'avaient fait les États généraux de 1356, et le dauphin révoqua son ordonnance. L'exaspération éclata aussitôt dans la capitale. Étienne
Marcel, suivi de tous les corps de métiers, se rendit auprès du dauphin et fit
massacrer les maréchaux de Champagne et de Normandie, conseillers du
régent. Comme le prince craignait pour lui-même, Marcel le rassura et lui mit
sur la tête son chaperon, mi-parti bleu et rouge, aux couleurs de Paris, et
prit le sien qu'il porta toute la journée.

Le dauphin ne tarda pas à s'enfuir pour essayer de soulever contre la bourgeoisie la noblesse de province; mais, sur ces entrefaites, éclata la révolte des
Jacques, auquel le prévôt des marchands prêta son appui. Lorsque la Jacquerie eut été écrasée, Marcel résolut de changer la branche régnante; il se rapprocha de Charles le Mauvais et le nomma capitaine de Paris, en attendant
que le roi de Navarre pût se proclamer roi de France Pour cela, il importait
que Charles le Mauvais fût maître de la capitale. Marcel se préparait à lui en
ouvrir les portes, dans la nuit du 31 juillet 1358, lorsque Jean Maillart, bourgeois de Paris, rallié au parti du dauphin, le tua d'un coup de hache, ainsi
que six de ses compagnons.

LEÇON. — Jean II le Bon (1350-1364). — Charles V (1364-1380).

149. Jean le Bon recouvra la liberté par le traité de Brétigny (1360). Le roi d'Angleterre renonçait à ses prétentions sur la couronne de France moyennant une forte rançon, mais il gardait Calais, la Guyenne, la Gascogne, et obtenait le Poitou, la Saintonge, le Limousin, l'Angoumois et le Ponthieu. Jean fut rappelé en Angleterre par la fuite de son fils, le duc d'Anjou. Celui-ci avait obtenu d'Édouard III, qui le retenait comme otage, la permission de faire un pèlerinage, mais il ne revint pas, malgré la parole donnée. Le roi d'Angleterre ayant sommé inutilement le duc d'Anjou de revenir se

constituer prisonnier, Jean le Bon retourna en Angleterre, pour négocier avec Édouard III [1]; il mourut à Londres, peu de temps après son arrivée (1364).

150. Le dauphin Charles devint roi sous le nom de Charles V. A son avènement, la France était démembrée par le traité de Brétigny, accablée par une dette énorme, déchirée par les factions, ravagée par les Jacques et par des troupes d'aventuriers qu'on appelait les Grandes Compagnies. Le nouveau roi était prudent, habile et réfléchi. Il eut de plus la bonne fortune d'être servi par un vaillant capitaine breton, Bertrand Du Guesclin, qui, par la victoire de Cocherel (1364), ruina les espérances de Charles le Mauvais.

LECTURE. — La Jacquerie.

151. Pendant la captivité du roi Jean, les Jacques (paysans) se soulevèrent contre l'oppression des seigneurs et des gens de guerre français, anglais et navarrais. Leur misère était extrême, et les Grandes Compagnies, non contentes de les dépouiller, brûlaient leurs cabanes.

De l'Ile-de-France, la révolte se propagea dans la direction du Nord et de l'Est. Armés de couteaux et de bâtons ferrés, les Jacques se jetèrent sur les châteaux, dont ils massacrèrent les habitants et auxquels ils mirent le feu, comme on avait mis le feu à leurs chaumières. Dans plusieurs villes, la bourgeoisie se joignit aux paysans, dont l'insurrection coïncidait avec la tentative révolutionnaire d'Etienne Marcel.

Etourdie d'abord et consternée, la noblesse se ravisa bientôt : Anglais, Navarrais et Français s'unirent pour venir à bout des Jacques, qui furent écrasés à la bataille de Meaux (1358). On les massacra sans pitié, on brûla leurs villages, on mit l'Ile-de-France à feu et à sang. Le chef des Jacques, Guillaume Caillet, venu en parlementaire au camp du roi de Navarre, fut décapité avec ses compagnons, après avoir été couronné d'un trépied de fer rougi au feu.

QUESTIONNAIRE. — 149. En vertu de quel traité Jean le Bon recouvra-t-il la liberté — Rappelez les clauses de ce traité? — Où mourut Jean le Bon? — 150. Quel était l'état de la France à l'avènement de son successeur? — Par qui Charles V fut-il secondé? — Quelle fut la conséquence de la bataille de Cocherel? — 151. Qu'appelle-t-on Jacquerie? — Faites le récit de cette insurrection.

---

[1] A ceux de ses conseillers qui l'engageaient à rester en France, Jean déclara, dit-on, que « *Si la bonne foi était bannie du monde, elle devrait trouver un asile dans le cœur des rois.* »

LEÇON. — Du Guesclin et les Grandes Compagnies.

152. La paix de Brétigny avait laissé sans emploi les Grandes Compagnies. Ces bandes de mercenaires, où l'amour du butin groupait des gens de toute nationalité et de toute profession, pillaient les maisons et les églises, rançonnaient les habitants, étalaient un luxe effréné et faisaient bonne chère avec le bien d'autrui. Devenu connétable de France après le traité de Guérande, Du Guesclin résolut de délivrer la France de ces misérables, qui troublaient sans cesse le repos des populations. Il les prit à sa solde et les conduisit en Espagne pour soutenir Henri de Transtamare qui disputait le trône de Castille à son frère Pierre *le Cruel*, allié des Anglais [1].

Le prince de Galles, alors à Bordeaux, accourut et prit Du Guesclin à Navarette (1367); mais, deux ans plus tard, le connétable, vainqueur à Montiel, rétablit Henri de Transtamare. Le roi de France eut ainsi un allié au delà des Pyrénées.

LECTURE. — Bertrand Du Guesclin.

153. Du Guesclin naquit vers 1314, à La Motte-Broons, en Bretagne. Il était de taille moyenne, et sa laideur était proverbiale, mais il n'avait pas son pareil pour les exercices du corps. Tout enfant, il ne rêvait que plaies et bosses, batailles et tournois.

Il n'avait que dix-sept ans lorsqu'il appela sur lui l'attention de toute la noblesse bretonne en se distinguant dans les joutes qui eurent lieu à Rennes, à l'occasion du mariage de Charles de Blois et de Jeanne de Penthièvre.

La guerre de la Succession de Bretagne lui donna l'occasion d'acquérir de la gloire. Il fit aux Anglais, alliés de la maison de Montfort, une guerre de ruses et d'escarmouches.

Un jour, déguisé en bûcheron, il s'introduisit adroitement dans le château de Fougeray, suivi de quelques partisans. Le pont-levis est à

Du Guesclin au château de Fougeray (1356).

peine abaissé qu'il se précipite sur les Anglais en poussant son cri de guerre pour appeler les hommes cachés dans le voisinage. La garnison résiste, mais le château reste au pouvoir des Français.

QUESTIONNAIRE. — 152. Les Grandes Compagnies étaient-elles une cause de ruine pour la France? Pourquoi? — Comment s'y prit Du Guesclin pour en débarrasser son pays? — Où fut-il fait prisonnier? — A la suite de quelle victoire Henri de Transtamare fut-il rétabli? — Ce rétablissement eut-il des avantages pour la France? — 153. Faites oralement ou par écrit le portrait de Du Guesclin: son enfance, son adresse dans les tournois; prise du château de Fougeray.

[1] Pierre, surnommé *le Cruel* à cause de son despotisme excessif, avait épousé Blanche de Bourbon, sœur de Jeanne de Bourbon, femme de Charles V. Il la répudia, l'emprisonna et, dit-on, la fit empoisonner.

LEÇON. — Défaite des Anglais (1369-1380).

154. Charles V avait réorganisé son royaume et fait alliance avec l'Écosse, ennemie de l'Angleterre. Prenant prétexte du despotisme des Anglais dans les provinces que leur avait laissées le traité de Brétigny, Charles cita le prince de Galles, duc d'Aquitaine, à comparaître devant lui pour répondre des plaintes portées par les seigneurs gascons; sur le refus du prince, il déclara la guerre à l'Angleterre (1369).

Les Anglais débarquèrent aussitôt à Calais, croyant remporter une nouvelle victoire de Poitiers. Mais Charles V et Du Guesclin se gardèrent bien d'attaquer en bataille rangée la redoutable infanterie d'Édouard III. Ils laissèrent l'ennemi se présenter inutilement devant les villes bien fortifiées, se fatiguer sans profit, s'affaiblir dans une guerre d'escarmouches.

Cette tactique réussit à merveille. Lorsque Du Guesclin et Charles V moururent, en 1380, les Anglais ne possédaient plus que Bayonne, Bordeaux, Brest, Cherbourg et Calais.

LECTURE. — Captivité de Du Guesclin. — Sa mort.

155. Après la bataille de Navarette, Du Guesclin fut emmené prisonnier à Bordeaux. Le bruit se répandit bientôt que le prince de Galles ne rendait pas la liberté à Du Guesclin parce qu'il le craignait. Le prince, piqué, fit venir Bertrand, et lui laissa le soin de fixer lui-même sa rançon.

« 100,000 écus d'or, » s'écria Du Guesclin. Et comme le prince s'étonnait de ce chiffre (car le Breton n'était pas riche) : « Le roi de France en payera bien la moitié, Transtamare payera l'autre. D'ailleurs, il n'y a femme ni fille en mon pays qui ne veuille gagner avec sa quenouille de quoi me tirer de prison. » Bertrand partit pour chercher sa rançon, et se rendit à Paris, fêté par tout le monde sur sa route. Au retour, il rencontra des soldats prisonniers qui n'avaient pas d'argent pour se racheter. N'écoutant que les conseils de son grand cœur, il leur distribua le prix de sa propre rançon et arriva les mains vides à Bordeaux, au grand étonnement des Anglais. Charles V, averti, lui fit porter de nouveau la somme d'écus fixée.

Quelques années plus tard, Du Guesclin fut desservi auprès du roi par les envieux. « C'est trop, dit-il, pour un homme de ma sorte, d'être une seule fois soupçonné. Je vais mourir en Espagne. »

Statue de Du Guesclin. *(Palais de Versailles.)*

Il partit, mais il s'arrêta sous les murs de Châteauneuf-Randon, qu'assiégeait son ami le maréchal de Sancerre. La soif des combats le reprit; il dirigea plusieurs assauts avec une telle vigueur que le gouverneur de la ville promit de se rendre dans la quinzaine, si d'ici là il ne recevait aucun secours. Du Guesclin mourut avant l'expiration de ce délai. Mais, fidèle à sa parole, le gouverneur apporta les clefs de la ville sur le cercueil du connétable, qui, sur l'ordre de Charles V, fut inhumé à Saint-Denis.

QUESTIONNAIRE. — 154. Avec quel pays Charles V fit-il alliance contre l'Angleterre? — A quelle occasion recommença-t-il la guerre contre Édouard III? — Quelle tactique adopta Du Guesclin pour affaiblir l'ennemi? — Quels résultats en retira-t-il? — En quelle année moururent Charles V et Du Guesclin? — 155. Racontez, oralement ou par écrit, les circonstances dans lesquelles Du Guesclin fut remis en liberté par le prince de Galles. — Où et comment mourut-il? Où fut-il enseveli?

LEÇON. — Charles VI (1380-1422).

160. Charles VI avait douze ans lorsqu'il succéda à son père Charles V. Il fut placé sous la tutelle de ses oncles : les ducs d'Anjou, de Berry, de Bourgogne et de Bourbon.

Le mauvais gouvernement des oncles du roi provoqua les révoltes des *Chaperons blancs* [1] en Flandre et des *Maillotins* [2] à Paris. Le duc de Bourgogne, Philippe le Hardi, qui avait des droits sur le comté de Flandre [3], entraîna Charles VI dans une guerre contre les communes flamandes, et l'armée française, commandée par le connétable de Clisson, gagna la sanglante bataille de Rosebecque dans laquelle périt Philippe Artevelde, fils du fameux brasseur de Gand (1382).

161. Bientôt, Charles VI se débarrassa de la tutelle pesante de ses oncles, dont les excès avaient soulevé la haine du peuple. Sur les conseils de son frère, Louis d'Orléans, il s'entoura de quelques hommes capables, qui avaient dirigé les affaires sous le règne précédent. Les courtisans, pour se moquer, les appelaient *Marmousets* (hommes de peu).

LEÇON. — Folie du roi.

162. Depuis quelque temps, le roi donnait des marques d'une altération d'esprit voisine de la folie.

Jean V, fils de Jean de Montfort, ayant donné asile à Pierre de Craon, l'assassin du connétable de Clisson, Charles VI résolut d'aller faire la guerre au duc de Bretagne.

On chercha à retarder son départ, mais il ne voulut rien entendre, et se mit en route. Dans la forêt du Mans, il vit venir au-devant de lui un homme misérablement vêtu qui lui dit d'une voix sinistre : « Roi, ne va pas plus loin, tu es trahi ! » Puis, l'homme disparut à travers les arbres.

Quelques instants après, le choc accidentel d'une armure fit tressaillir le roi : il tira son épée, poussa de grands cris et se mit à courir de tous côtés, frappant tous ceux qui se trouvaient à portée de son bras. Il était devenu fou.

<hr>

QUESTIONNAIRE. — 160. Quels furent les tuteurs de Charles VI ? — Quelle révolte entraîna le mauvais gouvernement des oncles du roi ? — Par qui Charles VI fut-il poussé à intervenir en Flandre ? — 161. Se débarrassa-t-il de la tutelle de ses oncles ? — Que veut dire le mot *marmouset* ? — 162. Pourquoi Charles VI allait-il faire la guerre en Bretagne ? — Racontez les circonstances qui précédèrent la folie du roi. — Que lui arriva-t-il dans la forêt du Mans ?

<hr>

(1) Ainsi appelés parce qu'ils avaient pour signe de ralliement un chaperon (coiffure) blanc.
(2) Les oncles du roi ayant dilapidé le trésor, il fallut avoir recours à de nouveaux impôts. Les bourgeois de Paris refusèrent de payer ; ils pillèrent l'Arsenal et s'armèrent, faute de mieux, de *maillets* de plomb, pour assommer les collecteurs d'impôts. De là le nom de *maillotins*.
(3) Il avait épousé Marguerite, fille unique et héritière de Louis de Male, comte de Flandre.

LEÇON. — Armagnacs et Bourguignons.

163. Le roi, devenu fou, ne fut plus qu'un instrument entre les mains de personnages ambitieux et la cour devint le théâtre des scandales les plus éhontés. Les oncles du roi, devenus maîtres du gouvernement, ne songent qu'à le faire servir à leurs fantaisies. La reine Isabeau de Bavière donne l'exemple du désordre, les agents de la couronne n'obéissent plus, dans les provinces, au pouvoir central, des brigands ravagent le pays : la misère est à son comble.

En 1404, le duc Jean sans Peur succéda à son père Philippe le Hardi, fondateur de la seconde maison de Bourgogne. Comme Louis d'Orléans, frère du roi, genait son ambition, il le fit assassiner (1407), et pendant quelque temps il fut le vrai maître de la France. Mais il eut à lutter bientôt contre un adversaire redoutable, le comte d'Armagnac, beau-père du fils de sa victime, Charles d'Orléans. Le comte d'Armagnac marcha sur la capitale à la tête d'une armée de routiers recrutés dans le Midi.

C'est depuis ce moment que la faction d'Orléans, opposée aux *Bourguignons*, fut désignée sous le nom d'*Armagnacs*.

LECTURE. — La Maison de Bourgogne.

164. En 877, Charles le Chauve donna à son beau-frère Richard, comte d'Autun, le duché de Bourgogne, qui échut, en 1032, à Robert, frère du roi Henri Ier. Ainsi fut fondée la maison capétienne de Bourgogne, dont le dernier représentant, Philippe de Rouvre, mourut, sans enfants, en 1361. — Le duché fut alors réuni à la couronne; mais Jean le Bon le donna deux ans plus tard, en apanage à son quatrième fils, Philippe le Hardi, celui-là même qui s'était distingué dans la malheureuse journée de Poitiers.

Les princes de la seconde maison de Bourgogne créèrent aux rois de France Charles VI, Charles VII et Louis XI de graves embarras. Louis XI réussit à triompher de ces puissants seigneurs et à annexer au domaine royal le duché de Bourgogne (1477).

TABLEAU de la *seconde maison de Bourgogne*

Philippe le Hardi, fils de Jean le Bon (1363-1404)	Philippe le Bon, fils du précédent (1419-1467)	
Jean sans Peur, fils du précédent (1404-1419)	Charles le Téméraire, fils du précédent (1467-1477)	

Un tournoi au XIVe siècle.

2e Liv. H. F.

LEÇON. — **Azincourt.**

165. Armagnacs et Bourguignons ensanglantèrent et se disputèrent Paris. La cour, qui soutint d'abord le parti d'Orléans, n'avait ni autorité ni ressources. Le duc de de Bourgogne avait pour lui tous ceux qui voulaient en finir avec les abus.

Aux États généraux de 1413, l'Université et la bourgeoisie se trouvèrent d'accord avec les petits artisans, ayant à leur tête les bouchers et leur chef Caboche. L'ordonnance réformatrice, connue sous le nom d'*ordonnance cabochienne*, fut donc adoptée; mais, aussitôt après, la bourgeoisie s'indigna des excès des cabochiens et les abandonna. La cour déchira l'ordonnance.

Isabeau de Barière.

166. Après avoir appuyé tour à tour les deux partis pour les affaiblir l'un par l'autre, Henri V, roi d'Angleterre, profitant de la guerre civile, débarqua en Normandie. Les Armagnacs, qui étaient alors maîtres du gouvernement, marchèrent contre lui avec la même témérité que les chevaliers de Crécy et de Poitiers, et furent complètement défaits à Azincourt (1415).

C'est alors que les Bourguignons, grâce à la complicité de Perrinet Leclerc, fils d'un marchand de Paris, rentrèrent dans la capitale et massacrèrent les Armagnacs. Perrinet leur avait ouvert nuitamment les portes de la ville.

LEÇON. — **Traité de Troyes.**

167. Pendant ce temps, les Anglais achevaient la conquête de la Normandie sans que le duc de Bourgogne tentât rien contre eux. Alors le prévôt de Paris, Tanneguy Duchâtel, et quelques hommes déterminés qui entouraient le dauphin, résolurent d'en finir avec un prince qui pouvait livrer le royaume à Henri V. Ils invitèrent Jean sans Peur à une entrevue à Montereau et le tuèrent sous les yeux du dauphin (1419).

Philippe le Bon, fils du duc assassiné, livra alors Paris aux Anglais, et Henri V, d'accord avec Isabeau de Bavière, fit signer au malheureux roi de France le désastreux traité de Troyes, par lequel il épousait la princesse Catherine de France et était reconnu comme successeur de Charles VI (1420). Mais il mourut deux ans plus tard et Charles VI le suivit de près au tombeau (1422).

Henri VI, fils de Henri V, fut proclamé roi de France.

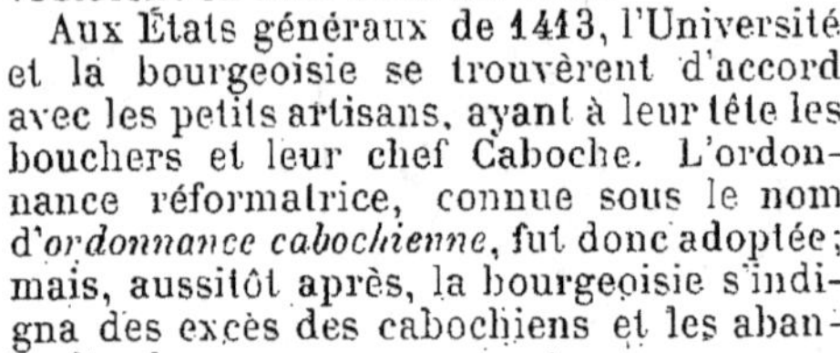

LEÇON. — Charles VII (1422-1461).

168. Exclu du trône par le traité de Troyes, Charles VII se fit cependant couronner à Poitiers, bien qu'il ne possédât que quelques villes de la Loire. On l'appelait ironiquement le *roi de Bourges*.

Les Anglais, vainqueurs à Crayant (Yonne) en 1423, à Verneuil (Eure) en 1424, et déjà maîtres des trois quarts du royaume, vinrent mettre, en 1428, le siège devant Orléans, dont la prise devait leur livrer les provinces du Centre. Pendant ce temps, Charles VII, qui tenait sa cour à Chinon, ne s'occupait que de fêtes et de plaisirs; il « perdait joyeusement son royaume », comme le lui reprochait un jour le brave La Hire.

Les meilleurs capitaines s'étaient jetés dans Orléans pour défendre la place, que les Anglais avaient entourée de bastilles. Au bout de quatre mois, la famine se fit cruellement sentir et les assiégés durent tenter une sortie pour ravitailler la ville; mais les Anglais, bien supérieurs en nombre, vainquirent les Français à la *Journée des Harengs* [1], et cette défaite vint porter le découragement chez les rares capitaines qui n'avaient pas encore désespéré de l'indépendance nationale.

C'est à ce moment qu'une jeune paysanne, nommée Jeanne d'Arc, apparut pour délivrer la France.

LECTURE. — Histoire de Jeanne d'Arc.

169. Jeanne d'Arc naquit en 1412 à Domrémy, sur les frontières de la Champagne et de la Lorraine. Son père était un brave laboureur, nommé Jacques d'Arc; sa mère s'appelait Isabelle Romée.

Elle était très vertueuse et très dévote. Elle grandit tout occupée des soins de la maison et allait quelquefois aux champs garder les troupeaux. Dans la solitude des prairies, au son des cloches, elle se livrait aux rêveries pieuses. « J'entends des voix, disait-elle, qui me commandent d'aller trouver Charles VII pour l'aider à recouvrer le royaume de France. »

Elle s'adressa à un de ses oncles qu'elle décida, non sans peine, à la conduire auprès de Robert de Baudricourt, capitaine de la ville voisine de Vaucouleurs.

Elle insista, pria, supplia, si bien que Baudricourt lui donna six hommes d'armes pour la mener à Chinon, où se trouvait Charles VII.

QUESTIONNAIRE. — 168. Quelle fut la situation de Charles VII après le traité de Troyes? — Où les Anglais furent-ils vainqueurs? — Quelle ville assiégèrent-ils? — Qu'est-ce que la *Journée des Harengs*? — 169. Racontez la vie de Jeanne d'Arc jusqu'à son voyage à Chinon.

---

[1] Les Français avaient attaqué près de Rouvrai (Eure-et-Loir) un convoi de harengs destiné aux Anglais qui assiégeaient Orléans. De là, le nom de *Journée des Harengs*.

Sceau de Philippe le Hardi,
duc de Bourgogne.
Bourgeois et écoliers.
Seigneurs du xvᵉ siècle.
Château fort
au XIVᵉ siècle.
Archer.
Francs-Archers.
Compagnie d'ordonnance

LEÇON. — Jeanne d'Arc à Orléans.

170. Admise devant Charles VII, Jeanne lui dit qu'elle avait reçu de Dieu l'ordre de secourir le roi de France, et elle lui demanda des gens de guerre. Charles la fit interroger par des docteurs de Poitiers, pour être sûr qu'il n'était pas en présence d'une aventurière; il lui donna ensuite un cheval, un harnais, une lance, un étendard avec la devise *De par le roi du ciel*, et une troupe de quatre ou cinq mille hommes.

171. Elle arriva devant Orléans, entra le soir même dans la ville (1429), où elle fut rejointe par ses compagnons d'armes, et se mit aussitôt en devoir, par des sorties répétées, de chasser les Anglais de leurs bastilles. Au bout de dix jours, Orléans était libre.

Jeanne prit ensuite une part importante à la victoire de Patay (Loiret), où le capitaine anglais Talbot fut fait prisonnier. Elle revint alors à Chinon d'où elle conduisit Charles VII à Reims. Celui qui n'avait été jusqu'ici que le *roi de Bourges* fut enfin sacré *roi de France* (1429).

LECTURE. — Histoire de Jeanne d'Arc (*suite*).

172. Après un périlleux voyage, Jeanne arriva à Chinon. A peine introduite, elle marcha droit au roi, qu'elle n'avait jamais vu, et lui dit : « Dieu vous donne bonne vie, noble prince. — Je ne suis pas le roi », dit Charles pour l'éprouver, en lui désignant un des seigneurs présents. Mais Jeanne répondit sans se troubler : « C'est vous qui êtes le roi, et non autre. »

Charles VII fit interroger Jeanne. A toutes les questions, elle répondit avec tant de sagesse que tout le monde fut émerveillé. « Je veux, disait-elle, forcer les Anglais à lever le siège d'Orléans et faire sacrer le roi à Reims. »

Elle reçut une armure complète, un étendard, une petite troupe de gens d'armes, et elle partit, accompagnée de Baudricourt, de Dunois, de La Hire, de Xaintrailles, de Richemont. Elle arriva devant Orléans et y entra malgré les bastilles ennemies.

Dès que sa petite troupe l'eut rejointe dans la ville, elle livra plusieurs combats aux Anglais. Pendant six jours, on la vit constamment à cheval, son étendard à la main, prête plus tôt que les capitaines, donnant l'assaut à toutes les bastilles l'une après l'autre; elle fut blessée d'un trait d'arbalète, mais Orléans était délivré. Les Anglais levèrent le siège le 8 mai 1429.

Jeanne revint alors à Chinon, d'où elle conduisit Charles VII à Reims; c'est dans cette ville qu'avait lieu le sacre des rois de France. Quand le cortège entra dans Reims, l'archevêque et les bourgeois accoururent à sa rencontre en criant : « Noël ! Noël ! »

Le lendemain, Charles VII fut sacré. Jeanne, mettant un genou en terre, lui dit ces paroles : « Gentil prince, la volonté de Dieu est accomplie : vous êtes le vrai roi, et celui auquel doit appartenir le royaume de France. »

QUESTIONNAIRE. —170. Comment Charles VII accueillit-il Jeanne d'Arc? — 171. Quand arriva-t-elle devant Orléans? — Délivra-t-elle cette ville? — Parlez de la bataille de Patay. — Qui y fut fait prisonnier? — Où Jeanne d'Arc conduisit-elle le roi? — Quand fut sacré Charles VII? — 172. Racontez la vie de Jeanne d'Arc depuis son départ de Chinon jusqu'au sacre du roi.

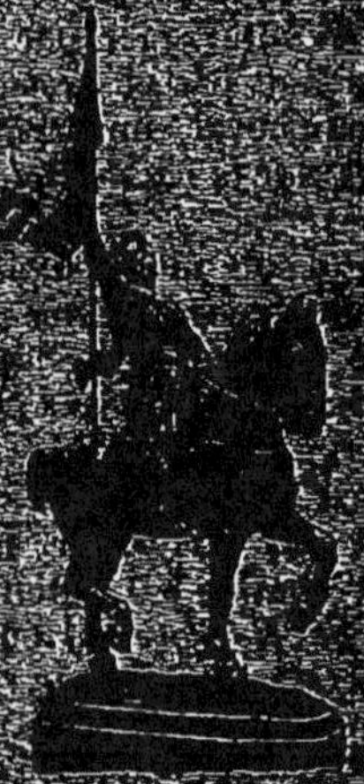

LECTURE. — Administration de Charles VII.

176. Les conseillers de Charles VII. — Lorsque Charles VII eut reconquis son royaume, il comprit qu'il avait le devoir de le rendre fort. Il s'entoura de sages conseillers, tels que son argentier Jacques Cœur.

Charles VII (1403-1461).

177. Jacques Cœur. — Jacques Cœur était un commerçant de Bourges, qui avait conçu le projet d'entrer en rivalité avec les Vénitiens pour le commerce du Levant. Il couvrit la Méditerranée de ses navires et acquit une fortune immense, dont il fit d'ailleurs le plus noble usage; c'est ainsi qu'il contribua largement à fournir au roi les ressources nécessaires pour délivrer la France du joug anglais. Charles VII en fit son *argentier*, c'est-à-dire qu'il le chargea d'administrer les revenus de la couronne, et lui donna des lettres d'anoblissement. Mais le roi fut plus tard aussi ingrat envers Jacques Cœur qu'il l'avait été envers Jeanne d'Arc : il écouta les ennemis de l'argentier, qui l'accusaient de dilapidation, et le laissa condamner à mort. Jacques Cœur ne dut son salut qu'à la fuite. Il mourut en exil.

Jacques Cœur (1400-56).

178. La Pragmatique sanction. — En 1438, Charles VII promulgua la *Pragmatique sanction de Bourges*, qui avait été adoptée par les évêques français. Cet acte, favorable au pouvoir du clergé, diminuait les prérogatives du saint-siège et celles de la royauté. Aussi Charles VII ne le signa-t-il qu'à contre-cœur.

179. L'armée permanente. Les francs-archers. — Le grand titre de gloire de Charles VII est d'avoir doté la France d'une armée permanente. Les États généraux, convoqués à Orléans en 1439, demandèrent que cette armée se composât de compagnies d'ordonnance, comptant chacune 100 *lances garnies*, à raison de 6 hommes par lance. Il y eut 15 compagnies d'ordonnance, et un impôt, dit *taille perpétuelle*, fut établi pour les entretenir.

Peu satisfaits de ces réformes, les grands ayant avec eux le dauphin Louis, complotèrent contre Charles VII : cette révolte, appelée *Praguerie*, fut promptement réprimée.

Un peu plus tard, Charles VII fonda une milice de *francs-archers* (1448). Chaque paroisse devait avoir un archer, exempt de la taille et s'exerçant tous les dimanches à tirer de l'arc. Charles VII savait que, depuis longtemps, les Anglais avaient organisé une infanterie solide, qui avait fait leur force à Crécy et à Poitiers.

Francs-archers.

Le roi, toujours en lutte contre le dauphin Louis, se laissa, dit-on, mourir de faim, craignant d'être empoisonné par ce fils rebelle (1461).

VIe RÉSUMÉ. — LA GUERRE DE CENT ANS.

1. Les rois d'Angleterre possédaient des fiefs en France : ils étaient donc vassaux de nos rois. Il en résulta une rivalité qui aboutit à la guerre de Cent ans (1337-1453). La lutte éclata à l'occasion de l'avènement de PHILIPPE VI DE VALOIS (1328-1350), qui écarta Édouard III du trône de France lorsque s'éteignit la race des Capétiens directs.

2. En 1346, Édouard III, après alliance avec les Communes flamandes, écrasa à Crécy l'armée française ; il mit ensuite le siège devant Calais, qui se rendit après une héroïque résistance. A sa mort (1350), Philippe VI laissa la France épuisée ; cependant, le domaine royal s'accrut sous ce règne du Dauphiné et de la baronnie de Montpellier.

3. Sous JEAN LE BON (1350-1364), la France fut attaquée de nouveau par l'Angleterre et vaincue à Maupertuis, près Poitiers (1356). Jean, fait prisonnier, fut conduit à Londres.

4. Pendant sa captivité, Étienne Marcel, prévôt des marchands de Paris, s'insurgea contre le dauphin Charles, lui opposa le roi de Navarre, Charles le Mauvais, et fit massacrer les maréchaux de Normandie et de Champagne. Mais les bourgeois de Paris ne voulurent pas recevoir le roi de Navarre, allié des Anglais, et Marcel périt assassiné. — La révolte des Jacques contre la noblesse, coïncidant avec la révolte de Marcel, fut sévèrement réprimée.

5. Jean le Bon recouvra la liberté par le traité de Brétigny (1360) : le roi d'Angleterre renonçait à ses prétentions sur la couronne de France moyennant une forte rançon, mais il gardait l'Aquitaine, le Poitou, l'Aunis, la Saintonge et la ville de Calais.

Jean le Bon avait laissé à Londres un de ses fils en otage. Celui-ci ayant pris la fuite, Jean revint se constituer prisonnier en Angleterre où il mourut en 1364.

6. Le dauphin Charles devint roi sous le nom de CHARLES V (1364-1380). La France était démembrée par le traité de Brétigny, accablée par une dette énorme, déchirée par les factions, ravagée par les Grandes Compagnies. Charles V, roi prudent et habile, fut servi par un vaillant capitaine, Bertrand Du Guesclin.

7. Du Guesclin ruina les espérances de Charles de Navarre par la victoire de Cocherel, et délivra la France des Grandes Compagnies en les conduisant faire la guerre en Espagne.

8. Profitant du mécontentement soulevé par la tyrannie des Anglais dans les provinces qu'ils occupaient, Du Guesclin les attaqua. Ses succès furent si décisifs qu'en 1378 les Anglais ne possédaient plus que Calais, Bordeaux et Bayonne.

9. La succession du duc de Bretagne, Jean III (mort en 1341),

fut disputée entre : 1° Charles de Blois, marié à Jeanne de Penthièvre, nièce du défunt; 2° Jean de Montfort, frère cadet de Jean III. Charles fut soutenu par les Français, Jean par les Anglais. Après des alternatives de succès et de revers, la guerre de la succession de Bretagne se termina en 1365, par le traité de Guérande, au profit de la maison de Montfort.

10. Charles V fortifia le pouvoir royal, s'entoura de conseillers sages et prudents, fixa à 13 ans la majorité des rois et décida que les apanages seraient constitués en argent. Il favorisa les travaux de l'intelligence et fonda au Louvre une bibliothèque.

11. Charles VI (1380-1422), arrivé à sa majorité, congédia ses oncles, qui étaient de mauvais conseillers. Malheureusement, il devint subitement fou (1392), ses oncles revinrent au pouvoir, la France fut désolée par la rivalité des Armagnacs et des Bourguignons. Les Anglais, à la faveur de la guerre civile, remportèrent la victoire d'Azincourt (1415), et, en vertu du traité de Troyes (1420), un roi d'Angleterre fut proclamé roi de France à la mort de Charles VI.

12. Charles VII (1422-1461), exclu du trône par le traité de Troyes, ne possédait que quelques villes des bords de la Loire, et la France allait devenir anglaise lorsque apparut Jeanne d'Arc. Jeanne délivra Orléans (1429), conduisit Charles VII à Reims pour le faire sacrer roi de France, ne put s'emparer de Paris, et, prise à Compiègne par les Bourguignons, fut livrée aux Anglais, qui la brûlèrent vive à Rouen (1431).

13. La mort de Jeanne d'Arc ne ralentit pas l'élan que l'héroïne avait donné à la défense nationale; un sentiment nouveau, le patriotisme, naquit dans les cœurs, et, en 1453, les Anglais ne possédaient plus que Calais. — Quand Charles VII eut conquis son royaume, il comprit qu'il avait le devoir de le rendre fort, et il dota la France d'une armée permanente.

SUJETS DE RÉDACTION.

1. Rapports et rivalité de la France et de l'Angleterre avant la guerre de Cent ans (conquête l'Angleterre, Brenneville, Éléonore de Guyenne, etc.). — 2. Causes de la guerre de Cent ans. — Crécy et Poitiers (insister sur les causes de nos défaites). — 4. La guerre civile sous Jean le Bon (Étienne Marcel; la Jacquerie). —5. Bertrand Du Guesclin. — 6. Administration de Charles V; jugement sur ce monarque. — 7. Rivalité des Armagnacs et des Bourguignons (origine de la maison de Bourgogne). — 8. Azincourt, ses causes et ses conséquences. — 9. Biographie de Jeanne d'Arc. — 10. Règne de Charles VII depuis la mort de Jeanne d'Arc. — 11. Administration de Charles VII. — 12. Résumé succinct de la guerre de Cent ans.

CHAPITRE VII

TEMPS MODERNES. — GUERRES D'ITALIE

LEÇON. — Louis XI (1461-1483).

180. Louis XI, fils de Charles VII, avait trente-huit ans lorsqu'il succéda à son père. Pendant sa jeunesse, il fut toujours l'ardent allié des seigneurs, mais devenu roi il se montra jaloux de son autorité. Ses premiers actes mécontentèrent à la fois le clergé, les nobles, les bourgeois, et une coalition féodale, connue sous le nom de *Ligue du Bien public*, se forma contre lui. Elle avait à sa tête le duc de Berry, frère du roi, et Charles le Téméraire, comte de Charolais, fils du puissant duc de Bourgogne.

Louis XI (1423-1483).

181. Après la bataille indécise de Montlhéry, Louis XI dut accorder aux rebelles tout ce qu'ils voulurent, par les traités de Conflans et de Saint-Maur (Seine), 1465; puis il se rendit à Péronne pour faire la paix avec Charles le Téméraire, qui avait succédé, comme duc de Bourgogne, à son père Philippe le Bon, en 1467.

Pendant que Louis XI était l'hôte de Charles le Téméraire, celui-ci apprit que le roi de France soutenait secrètement les Liégeois révoltés. Il entra dans une violente colère, et il obligea Louis XI à marcher contre les malheureux Liégeois (1468).

LECTURE. — Louis XI à Péronne.

182. Lorsque Charles le Téméraire eut appris la trahison de Louis XI, il éclata en imprécations et fit aussitôt garder les portes du château où le roi de France était logé. Louis XI conserva dans ces circonstances critiques toute sa présence d'esprit. Il commença par distribuer de l'argent à ceux qui étaient chargés de le garder, et ses adroites flatteries disposèrent en sa faveur les conseillers intimes de Charles le Téméraire; entre autres, le célèbre Philippe de Commines qui s'attacha plus tard à lui et qui écrivit l'histoire de son règne.

Un jour, voyant venir le duc, dont la voix tremblait de fureur: « Mon frère, lui dit-il d'un ton calme, ne suis-je pas en sûreté, puisque je suis votre hôte? » Le duc, surpris, dissimula sa colère; il fit signer au roi un traité par lequel celui-ci lui cédait la Champagne et quelques villes de la Somme; puis il l'obligea à marcher contre Liége pour dompter la ville rebelle. Les deux ennemis jurèrent de vivre en bonne intelligence, mais ni l'un ni l'autre n'avaient l'intention de tenir ce pacte solennel.

LEÇON. — Louis XI et Charles le Téméraire.

183. En 1472, le duc de Berry, frère du roi de France, mourut empoisonné. Charles le Téméraire déclara aussitôt la guerre à Louis XI, qu'il accusa de n'être pas demeuré étranger à cette fin tragique. Le duc de Bretagne et Édouard IV, roi d'Angleterre, devinrent ses alliés.

Le duc de Bourgogne se jeta sur la Picardie qu'il saccagea, mais il échoua sous les murs de Beauvais. Cette ville résista avec héroïsme, et les femmes mêmes prirent part à la défense. Jeanne Laisné, surnommée Jeanne *Hachette* parce qu'elle était armée d'une petite hache, se distingua entre toutes.

Charles le Téméraire
(1433-1477).

Pendant ce temps, Louis XI tenait en échec les troupes du duc de Bretagne qu'il contraignit à demander la paix. Charles le Téméraire, jusqu'alors si intraitable, accepta la trêve de Senlis, et le terrible duc alla porter la guerre dans l'Est, où il entreprit la conquête de la Lorraine et de la Suisse ; mais avant de partir, il pressa Édouard IV de faire une descente en France. Le roi d'Angleterre débarqua à Calais avec une armée magnifique, et Louis XI, fidèle à son système d'éviter les batailles, acheta la paix en comblant les Anglais de présents, et en signant avec eux le traité de Picquigny, Somme (1475).

LEÇON. — Ruine des grandes maisons féodales.

184. Charles le Téméraire fut vaincu deux fois par les Suisses, à Granson et à Morat (1476). L'année suivante il alla se faire tuer sous les murs de Nancy, en luttant contre René de Lorraine.

Débarrassé de ce redoutable ennemi, Louis XI écrasa impitoyablement ses derniers adversaires : il fit décapiter ou poignarder le duc de Nemours, le comte de Saint-Pol, le comte d'Armagnac ; il confisqua les domaines de ces seigneurs et s'empara des villes de la Somme, de l'Artois, de la Bourgogne et de la Franche-Comté, héritage du duc de Bourgogne.

Maximilien d'Autriche, après avoir épousé Marie de Bourgogne, fille du Téméraire, entreprit contre Louis XI une guerre signalée par la bataille indécise de Guinegatte (1479) et terminée par le traité d'Arras (1482), qui laissa à Louis XI ses conquêtes. Déjà, à la mort de René d'Anjou [1] (1480), Louis XI avait acquis la Provence, l'Anjou, le Maine, et acheté le Roussillon au roi d'Aragon.

C'en était fait des grandes maisons féodales.

QUESTIONNAIRE. — 183. A quelle occasion Charles le Téméraire déclara-t-il la guerre à Louis XI ? — Devant quelle ville échoua Charles le Téméraire ? — Quel traité le roi de France signa-t-il avec le roi d'Angleterre ? — 184. Où Charles le Téméraire fut-il vaincu par les Suisses ? — Où et quand fut-il tué ? — Quels furent, sous Louis XI, les agrandissements du domaine royal ?

[1] René d'Anjou, dit le *bon roi René*, était l'arrière-petit-fils de Jean le Bon ; il était duc d'Anjou et roi de Naples, mais il ne put jamais prendre possession de son royaume.

LECTURE. — Les grandes Découvertes du XV° siècle.

Il se produisit, dans le courant du xv° siècle, plusieurs découvertes d'une importance capitale au point de vue des progrès de l'humanité.

187. La poudre à canon. — Les Chinois avaient inventé la poudre, et les Arabes les armes à feu ; mais l'usage des canons ne s'introduisit en Europe qu'au xiv° siècle. Édouard III avait trois de ces engins à la bataille de Crécy.

L'emploi des armes à feu modifia, au xv° siècle, les conditions de l'art de la guerre. Il porta un coup mortel à la chevalerie, en rendant inutiles les pesantes armures de fer, en donnant à l'intelligence la supériorité sur le courage aveugle. La chevalerie disparaissant, l'infanterie, qui est le fondement d'une bonne armée, reprit la place qu'elle avait tenue dans l'antiquité. Sous Charles VIII, on vit pour la première fois des seigneurs quitter la cavalerie pour servir dans les troupes à pied.

Gutenberg (1400-1468).

188. L'imprimerie. — Jusqu'alors, il n'y avait pas eu de livres tirés, comme aujourd'hui, au moyen d'une presse, à un nombre infini d'exemplaires. Il n'y avait que des *manuscrits*, c'est-à-dire des livres écrits tout entiers à la main.

Les manuscrits coûtaient très cher, parce qu'il fallait beaucoup de temps pour les écrire et pour les orner de ces admirables

Un scribe au xv° siècle.

miniatures qui font encore aujourd'hui les délices des hommes de goût ; seuls, les gens très riches pouvaient s'en procurer. En 1436, Jean Gutenberg, né à Mayence et établi à Strasbourg, inventa l'art d'imprimer à l'aide de caractères mobiles. Dès lors, on put multiplier les livres, répandre les connaissances, faire profiter les pauvres comme les riches des chefs-d'œuvre de l'esprit humain.

La découverte de Gutenberg n'aurait pu se propager facilement si l'imprimerie n'avait eu à sa disposition que le parchemin, qui était d'un prix très élevé.

Mais, dès le commencement du xiv° siècle, l'usage s'était généralisé dans toutes les classes de la société de porter du linge de corps, des chemises, et l'on avait pu fabriquer du papier de chiffe, beaucoup moins coûteux que le parchemin.

189. La traversée de l'Atlantique. — Pendant la dernière Croisade, les Arabes firent connaître aux Européens l'usage de la boussole, inventée par les Chinois. Dès lors, de hardis marins se lancèrent à travers l'Océan à la recherche de terres inconnues.

Leurs efforts ne tardèrent pas à se porter vers la Chine et l'Inde,

LEÇON. — Charles VIII (1483-1498).

192. Charles VIII, fils de Louis XI, n'avait que treize ans quand il succéda à son père. Il était présomptueux et ignorant, mais on l'aimait pour la douceur et la générosité de son caractère. Il régna d'abord
sous la tutelle de sa sœur aînée, Anne de
Beaujeu, qui gouverna avec fermeté et
s'appuya sur les États généraux, réunis à
Tours en 1484.

Charles VIII (1470-1498).

Le duc Louis d'Orléans, cousin du roi, et
quelques autres seigneurs, comme le duc
de Bretagne, essayèrent cependant de se
révolter contre le pouvoir royal; mais ils
furent vaincus par La Trémouille à la bataille de Saint-Aubin-
du-Cormier (Ille-et-Vilaine), 1488. Le duc d'Orléans, fait prisonnier, fut enfermé à la tour de Bourges, et François II, duc
de Bretagne, dut signer un traité humiliant.

Cette révolte, vite réprimée, reçut le nom de *Guerre folle*.
Charles VIII, devenu majeur en 1491, rendit la liberté au duc
d'Orléans et épousa, sur les conseils de sa sœur, Anne de Bretagne, héritière du riche duché de ce nom.

LECTURE. — Les États généraux de 1484.

193. Les députés, réunis à Tours, en 1484, avaient une parfaite conscience
des réformes qu'il convenait d'apporter à l'administration du royaume. Ils
revendiquèrent pour chaque province le droit de voter et de répartir chaque
année les impôts. Ils demandèrent la réorganisation des
tribunaux, la rédaction des coutumes, la publicité des
ordonnances. Ils se prononcèrent pour la suppression des
taxes que payaient les marchandises lorsqu'elles passaient
d'une province dans une autre, ce qui était un obstacle à
la liberté du commerce.

Anne de Beaujeu
(1462-1522).

Le sénéchal de Bourgogne, Philippe Pot, prononça un discours remarquable sur les droits de la nation. « N'abandon-
nons pas le salut de l'État, dit-il, à l'arbitraire d'un petit
nombre; car, qui nous garantit que les princes seront toujours justes et bons? Le peuple a le droit d'administrer
le royaume par ceux qu'il a élus. J'appelle peuple, non seulement la plèbe et
les vilains, mais encore tous les hommes de chaque ordre, même les princes. »

LEÇON. — Commencement des guerres d'Italie.

194. En 1453, les Turcs, de religion musulmane, avaient pris Constantinople et s'étaient établis en Europe. Charles VIII, d'humeur aventureuse, partit pour les en chasser, et entreprit la conquête de Naples, située sur sa route. Il s'appuyait, pour faire valoir ses droits au royaume de Naples, sur le testament de Charles d'Anjou, son parent.

Avant de passer les Alpes, et pour ne pas être inquiété pendant son absence, il céda l'Artois et la Franche-Comté à Maximilien, empereur d'Allemagne, le Roussillon à Ferdinand le Catholique,

Anne de Bretagne (1476-1514).

roi d'Aragon, et acheta à prix d'argent la neutralité de l'Angleterre.

195. La guerre fut une simple marche triomphale. Maître de Naples, le roi ne songea plus à Constantinople; mais, pendant qu'il s'endormait sur ses succès, l'Empereur et le roi d'Aragon parvinrent à liguer contre lui le duc de Milan, le pape Alexandre VI et Venise. Charles battit aussitôt en retraite sur la France. Vainqueur à Fornoue (1495), il put regagner son royaume; mais les lieutenants qu'il avait laissés à Naples, attaqués par le fameux général espagnol Gonzalve de Cordoue, ne conservèrent rien de sa rapide conquête.

Charles VIII mourut en 1498, au château d'Amboise, des suites d'un accident. Les Valois directs s'éteignaient avec lui.

LECTURE. — Jeunesse de Bayard.

196. Bayard, que son courage et ses vertus firent surnommer le *Chevalier sans peur et sans reproche*, fut élevé à Grenoble, et devint à treize ans page du duc Charles de Savoie.

Étant venu à Lyon avec le duc, il sut se faire remarquer de Charles VIII, qui se l'attacha, émerveillé de son sang-froid et de sa bonne grâce. Le roi prenait un tel plaisir à le voir caracoler qu'il l'encourageait en lui disant : « Piquez, piquez toujours, mon beau page ! »

Bayard brûlait de faire ses

Bayard à Fornoue (1495).

premières armes. Lorsque Charles VIII descendit en Italie, il suivit le roi à Naples, et au retour, à la bataille de Fornoue, fit vraiment merveilles. Il conquit un étendard ennemi, qu'il présenta au souverain, et eut deux chevaux tués sous lui. Bayard n'avait alors que dix-huit ans.

LEÇON. — Louis XII (1498-1515).

197. Louis XII, duc d'Orléans, était le cousin de Charles VIII, mort sans enfants. Il gagna les sympathies de tout le monde par sa conduite généreuse. Il pardonna à ses ennemis. « Le roi de France, dit-il, ne se souvient pas des injures du duc d'Orléans. »

Il fit casser son mariage avec Jeanne de France, fille cadette de Louis XI, et rattacha la Bretagne à la couronne, en épousant Anne, veuve de son prédécesseur.

198. Belliqueux comme Charles VIII, il passa les Alpes pour conquérir le royaume de Naples et aussi le duché de Milan (1). Il soumit ce dernier État en trois semaines, et le duc Ludovic Sforza fut conduit prisonnier à la tour de Loches, où il mourut après douze ans de captivité.

Louis XII (1462-1515).

Louis XII s'entendit ensuite avec Ferdinand le Catholique pour s'emparer du royaume de Naples. L'expédition fut heureuse, mais les alliés ne purent tomber d'accord sur le partage de leur conquête et ils se déclarèrent la guerre. Vaincus par Gonzalve de Cordoue à Séminara et à Cérignoles (1503), les Français battirent en retraite. La guerre se termina par les traités de Blois (1504, 1505), très désavantageux pour la France. Heureusement, les États généraux de Tours les annulèrent en 1506.

LECTURE. — Bayard au Garigliano.

199. Un jour que Bayard s'était écarté du gros de l'armée, il aperçut une troupe de cavaliers ennemis qui menaçaient, en passant le pont du Garigliano, de cerner nos troupes prises au dépourvu. Tandis que son compagnon Pierre de Tardes va prévenir les Français, Bayard court à la tête du pont. Les quatre premiers qui avancent mordent la poussière, ainsi que leur capitaine, et Bayard se défend si vigoureusement à coups d'épée que les Espagnols hésitent à se présenter. Pendant ce temps, les Français arrivent, et, fondant sur les ennemis, les

Bayard défendant le pont du Garigliano (1503).

mettent en déroute. A lui seul, Bayard avait sauvé l'armée française.

(1) Héritier des prétentions de Charles VIII sur Naples, Louis XII revendiquait encore le duché de Milan, usurpé par les Sforza; car sa grand'mère, Valentine Visconti, qui épousa le duc d'Orléans assassiné par ordre de Jean sans Peur, était la fille du seigneur de Milan.

LEÇON. — Ligue de Cambrai et Sainte-Ligue.

200. Louis XII avait commis une faute en signant les traités de Blois ; il en commit une bien plus grande en aidant ses ennemis à vaincre Venise, sa seule alliée en Italie.

Statue de Bayard.

Par la ligue de Cambrai (1508), il s'unit avec le pape Jules II, l'Espagne et l'Allemagne pour combattre les Vénitiens, qu'il battit à Agnadel. Mais après la victoire, ses alliés se tournèrent contre lui, à l'instigation du pape : ce fut la *Sainte Ligue*, coalition formidable dans laquelle entra la moitié de l'Europe (1511).

Attaqué de toutes parts, Louis XII confia le commandement de ses troupes à son neveu Gaston de Foix, âgé de vingt-deux ans. Le jeune capitaine conjura un moment tous les dangers ; il refoula les Suisses dans leurs montagnes, délivra Bologne assiégée par les Espagnols et s'empara de Brescia après une lutte acharnée, pendant laquelle Bayard fut blessé à la cuisse d'un violent coup de pique. Malheureusement, il périt lui-même à Ravenne, enseveli dans sa victoire (1512).

LEÇON. — Invasion de la France.

201. Dès lors, la France n'éprouva plus que des revers : les Suisses, vainqueurs à Novare, envahirent la Bourgogne et assiégèrent Dijon ; Henri VIII d'Angleterre, qui venait d'entrer dans la *Sainte Ligue*, pénétra en Picardie et gagna la bataille de Guinegatte (1) ; les Espagnols s'emparèrent de la Navarre, notre alliée. Cette triple invasion força Louis XII à traiter avec ses ennemis. La paix fut signée à Dijon avec les Suisses, à Orléans avec l'Allemagne et l'Espagne (1514), enfin à Londres avec Henri VIII. La paix avec l'Angleterre fut scellée par le mariage de Louis XII, veuf

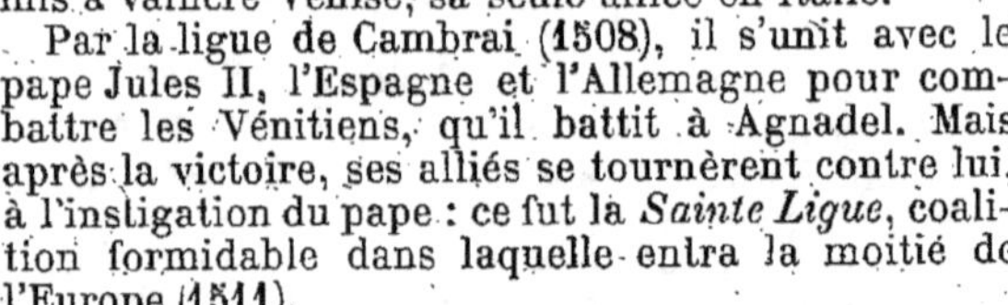

Gaston de Foix (1489-1512).

d'Anne de Bretagne, avec Marie, sœur de Henri VIII (1514).

Le roi de France mourut quelques jours plus tard, sincèrement regretté de ses sujets. Il mérita, par sa simplicité, sa bonté, son administration vigilante, le surnom de *Père du peuple*, que lui décernèrent les Etats généraux réunis à Tours en 1506. La guerre avait eu lieu surtout hors du territoire national, qui n'eut pas à en souffrir. — Louis XII fut le seul représentant de la branche des Valois-Orléans.

(1) La bataille de Guinegatte est aussi appelée *Journée des Éperons* parce qu'« on y fit plus usage des éperons que de la lance ». Bayard, ne voulant pas fuir, fut fait prisonnier à cette bataille.

MER DU NORD
Leyde
Amsterdam
Brême
Elbe
Stettin
POLOGNE
Utrecht
Zutphen
Hanovre
BRANDEBOURG
Munster
Weser
Berlin
Calais
Gravelines
Brunswick
Magdebourg
Oder
Posen
Gand
Anvers
Gueldre
Wittenberg
Gand
Ardres
Paderborn
SAXE
Cottbus
Renty
Lille
Liège
Cologne
Erfurt
Dresde
Breslau
Courtegatte
PAYS-BAS
Cambrai
Amiens
Cateau-Cambrésis
Rhin
ROYAUME
S' Quentin
Noyon
Cap.
Mézières
Wurtzbourg
Jägerndorf
Paris
Villers-Cot.
Reims
Mouzon
Moselle
Francfort
Prague
DE BOHÈME
Meaudon
Ch. Thierry
Verdun
Metz
Worms
Nuremberg
Olmütz
Seine
Fontainebleau
Toul
Nancy
Sarre
Stuttgard
Ratisbonne
EMPIRE
Troyes
Strasbourg
Danube
Augsbourg
Nevers
Dijon
Munich
Passau
Vienne
Presbourg
COMTÉ DE
Besançon
Salzbourg
BOUROGONE
Bâle
Zürich
Berne
D'ALLEMAGNE
AUTRICHE
Bresse
Fribourg
SUISSE
TYROL
Bugey
Valais
GRISONS
CARINTHIE
Gratz
Lyon
REPUB.
Trente
HONGRIE
Grenoble
SAVOIE
Novare
Bergame
DE VENISE
Drève
Rhône
Abbiategrasso
Milan
Bresse
Vérone
Padoue
CARNIOLE
Turin
Pavie
Agnadel
Trieste
Isère
Crémone
Mantoue
Venise
Fiume
Nimes
Avignon
Parme
Pô
Pola
Gênes
Ferrare
MER ADRIATIQUE
Save
Aix
Formoue
Bologne
Marseille
PROVENCE
Ravenne
BOSNIE
Toulon
Golfe
de Gênes
Florence
ÉTATS
Rimini
Zara
Livourne
S' Marin
Spalato
TOSCANE
DE
Ancône
Mostar
Sienne
L'ÉGLISE
Pérouse
Bastia
CORSE
Ajaccio
Aquila
Rome
Tibre
Sassari
Garigliano
ROYne
Capoue
Cérignoles
Aversa
Naples
Bari
Potenza
SARDAIGNE
MER
Amalfi
DE NAPLES
Cagliari
Tarente
Otrante
MER
TYRRHÉNIENNE
CALABRE
MER
MÉDITERRANÉE
Iles Lipari
Palerme
Séminara
MER IONIENNE
Marsala
Reggio
SICILE
Girgenti
Catane
Tunis
Syracuse
C. Passaro
EUROPE CENTRALE
ET ITALIE
vers le milieu
DU XVIᵉ SIÈCLE

2ᵉ Liv. H. F.

LEÇON. — François Iᵉʳ (1515-1547).

202. Louis XII eut pour successeur son cousin germain, François d'Angoulême, qui avait épousé sa fille, Claude de France.

Héritier des prétentions de Louis XII sur le Milanais, le nouveau roi François Iᵉʳ, belliqueux et chevaleresque, passa les Alpes au col de l'Argentière, descendit en Italie, et gagna la sanglante bataille de Marignan sur les Suisses au service du duc de Milan, Maximilien Sforza (1515). Celui-ci fut dépouillé de ses États, mais François Iᵉʳ lui donna une pension considérable pour aller vivre en France, et conclut avec les Suisses le traité de Fribourg, connu sous le nom de *Paix perpétuelle*.

La Pragmatique sanction de Charles VII avait été dénoncée par Louis XI. François Iᵉʳ signa avec le pape Léon X le Concordat de 1516, négocié par le chancelier Duprat, et qui fut une transaction entre le saint-siège et la royauté française.

Le roi de France fut à ce moment l'un des princes les plus puissants de la chrétienté.

• LECTURE. — Bataille de Marignan.

203. Dès que les trompettes eurent donné l'alarme, François Iᵉʳ s'élança au milieu de ses troupes en criant : « Qui m'aime me suive ! »

Les Suisses se précipitèrent en colonnes serrées et assaillirent l'avant-garde de l'armée française, malgré les ravages causés dans leurs rangs par l'artillerie de François Iᵉʳ. Tout d'abord, le sort de la bataille parut sérieusement compromis, car les Suisses se battaient avec une impétuosité incroyable.

Alors le roi de France se mit à la tête de deux mille fantassins, et commanda une charge furieuse. Il y eut une affreuse mêlée. Chacun attaquait ou se défendait au milieu de nuages de fumée et de poussière.

On combattit ainsi de quatre heures de l'après-midi jusqu'à minuit : le coucher de la lune força les deux partis à suspendre leurs coups pendant quelques heures. François Iᵉʳ passa le reste de la nuit sur un affût, tout près d'un bataillon ennemi.

François Iᵉʳ armé chevalier par Bayard (1515).

Au point du jour, les Suisses recommencèrent une lutte aussi acharnée, aussi sanglante que celle de la veille ; mais à neuf heures, quand ils entendirent derrière eux les cris de guerre des Vénitiens, alliés des Français, ils battirent en retraite et se retirèrent en bon ordre dans leurs montagnes, laissant douze mille d'entre eux sur le champ de bataille. Après la victoire, François Iᵉʳ voulut être armé chevalier par Bayard, dont la valeur avait beaucoup contribué au succès de la journée.

Le vieux maréchal de Trivulce disait : « J'ai assisté à dix-huit combats, mais ce n'était que jeux d'enfants : Marignan est un combat de géants. »

LEÇON. — Puissance de Charles-Quint.

204. En 1516 monta sur le trône d'Espagne Charles d'Autriche, qui devint si célèbre sous le nom de Charles-Quint. Il était fils de Philippe le Beau et de Jeanne la Folle.

Philippe le Beau était fils de Maximilien, archiduc d'Autriche et empereur d'Allemagne, et de Marie de Bourgogne, fille de Charles le Téméraire. *Par son père*, Charles d'Autriche possédait les Pays-Bas, l'Artois, la Franche-Comté, sans compter les provinces autrichiennes, qu'il partagea avec son frère Ferdinand Iᵉʳ. — Jeanne la Folle était fille de Ferdinand d'Aragon et d'Isabelle de Castille. *Par sa mère*, Charles d'Autriche possédait l'Espagne, le Roussillon, le royaume de Naples et une partie du nouveau monde.

Charles-Quint (1500-1558).

A la mort de l'empereur d'Allemagne Maximilien, la couronne impériale fut revendiquée par Charles d'Autriche, son petit-fils, et par François Iᵉʳ, qui n'avait d'autres titres que les mulets chargés d'or qu'il envoya aux Électeurs [1] pour acheter leurs suffrages. Mais il se vit néanmoins préférer son rival.

LECTURE. — Charles-Quint et François Iᵉʳ.

205. Esprit froid et cauteleux, diplomate retors et connaissant à fond les hommes, Charles-Quint était ferme dans les revers, profondément dissimulé, généreux par calcul, uniquement préoccupé de commander à la chrétienté et de gouverner les deux mondes. Rarement homme de génie fut plus maître de lui-même, moins sujet au découragement.

A ce monarque hautain et sombre, l'histoire oppose la figure souriante et gracieuse du roi de France. Esprit léger et inconstant, politique superficiel, François Iᵉʳ fut par contre le type du parfait gentilhomme. Il essaya de ressusciter l'ancienne chevalerie et il introduisit à la cour cette courtoisie affable qui devint l'une des marques de notre caractère national. Il y a entre les deux rivaux toute la différence qui distingue la droiture de la dissimulation, la spontanéité du calcul, la générosité de l'intérêt, la fierté simple de la noblesse dédaigneuse.

QUESTIONNAIRE. — 204. De qui Charles-Quint était-il fils ? — Quels États tenait-il de son père ? — Quels États tenait-il de sa mère ? — Par qui fut disputée la couronne impériale à la mort de Maximilien ? — Qui l'emporta ? — 205. Comparez le caractère de François Iᵉʳ à celui de Charles-Quint

[1] La couronne d'Allemagne était élective et non héréditaire. On donnait le nom d'*Électeurs* au princes et évêques qui concouraient à l'élection de l'empereur d'Allemagne.

2e LIV. H. F.   7

LEÇON. — François Iᵉʳ et Charles-Quint.

206. Les deux compétiteurs s'étaient juré de rester amis, quel que fût le résultat de l'élection. En réalité, tous deux n'attendaient qu'un prétexte pour se déclarer la guerre, qui éclata en 1520. François Iᵉʳ avait préparé une alliance avec le roi d'Angleterre Henri VIII ; l'entrevue qu'il eut avec ce prince au *Camp du drap d'or*, entre Guines et Ardres (Pas-de-Calais), ne répondit pas à son attente, et Charles-Quint, plus habile, sut gagner à sa cause le roi d'Angleterre.

La guerre eut lieu à la fois en France et en Italie. En France, les Impériaux ou soldats de l'empereur Charles-Quint vinrent assiéger Mézières (1521) ; la ville, défendue par l'intrépide Bayard, résista à toutes leurs attaques. En Italie, Lautrec, mal secondé par les Suisses, ses auxiliaires, dont il ne pouvait payer la solde, fut vaincu à La Bicoque et perdit le Milanais (1522).

Bientôt, une ligue formidable, composée de Charles-Quint, du pape Adrien VI, du roi d'Angleterre et du duc de Milan, se forma contre la France. François Iᵉʳ envoya une nouvelle armée en Italie sous le commandement de l'amiral Bonnivet. Celui-ci, présomptueux et incapable, n'essuya que des défaites. Il fut vaincu à la bataille de Rebec ou d'Abbiategrasso, où périt Bayard, et poursuivi par les Impériaux, qui envahirent la Provence sous la conduite d'un traître, le connétable de Bourbon.

LECTURE. — Bayard et Bourbon.

207. Bayard, mortellement blessé d'un coup d'arquebuse, se fit coucher sous un arbre, face aux Impériaux : « Je n'ai jamais tourné le dos à l'ennemi, dit-il, je ne veux pas commencer à la fin de ma vie. »

Comme les Espagnols approchaient, il ordonna à ceux qui l'entouraient de rejoindre l'armée pour ne pas être faits prisonniers, et il attendit la mort les yeux fixés sur la poignée de son épée, qui avait la forme d'une croix.

Le connétable de Bourbon avait trahi sa patrie pour aller servir dans l'armée de Charles-Quint. Il commandait les Impériaux et poursuivait les Français lorsqu'il aperçut Bayard. Il s'arrêta devant le chevalier sans peur et sans reproche et le plaignit de mourir dans des souffrances aussi cruelles.

« Je ne suis point à plaindre, monseigneur, répondit Bayard, car je meurs en homme de bien. C'est de vous qu'il faut avoir pitié, vous qui portez les armes contre votre roi, contre votre patrie et contre vos serments. » Et le brave chevalier expira presque aussitôt (1524).

LEÇON. — Bataille de Pavie.

208. François Iᵉʳ accourut avec une armée et obligea les Impériaux à repasser les Alpes; il commit la faute de disséminer ses forces et d'attaquer l'ennemi près de Pavie, au lieu de l'attendre dans ses retranchements. Quelques sages conseillers l'engageaient à différer la bataille. « Un roi de France, s'écria Bonnivet, ne recule jamais. » Le combat fut décidé; mais le courage du jeune monarque ne racheta pas son imprudence. Il vit tomber autour de lui ses meilleurs capitaines : La Trémouille, La Palice, Bonnivet lui-même, qui expia son erreur par une mort honorable. Blessé, désarçonné, François Iᵉʳ fut obligé de se rendre (1525). Le soir, il écrivit à sa mère une lettre dans laquelle il disait : « De toutes choses ne m'est demeuré que l'honneur et la vie, qui est sauve [1]. »

LEÇON. — Traité de Madrid. Paix de Cambrai.

209. Emmené en Espagne, François Iᵉʳ y demeura captif près d'un an et ne recouvra la liberté qu'en signant le traité de Madrid (1526), par lequel il promettait d'épouser la sœur de Charles-Quint, renonçait à Naples, Milan, Gênes, pardonnait à Bourbon et cédait la Bourgogne. A peine libre, il protesta contre ce traité, et les États de Bourgogne déclarèrent qu'ils voulaient rester Français et que le roi n'avait pas le droit d'aliéner son patrimoine.

Une deuxième guerre éclata : le connétable de Bourbon fut tué au siège de Rome, que ses soldats mirent au pillage (1527).

Lautrec reconquit le Milanais et vint assiéger Naples, que le Génois André Doria, allié de la France, bloquait par mer. Un désaccord étant survenu entre François Iᵉʳ et le célèbre amiral, celui-ci passa aux Impériaux et les Français perdirent le fruit de leurs victoires. La paix de Cambrai [2] suspendit les hostilités (1529).

1. Passage des Alpes. — 2. Bataille de Pavie (1525).

(1) De là, la phrase célèbre : Madame tout est perdu, fors l'honneur.
(2) Cette paix est aussi appelée *paix des Dames*, parce qu'elle fut signée par Louise de Savoie, au nom de François Iᵉʳ, et par Marguerite d'Autriche, tante de Charles-Quint, au nom de ce monarque.

LEÇON. — Trêve de Nice. Paix de Crespy.

210. François Iᵉʳ, qui s'était ligué avec Soliman II, sultan des Turcs, et avec les princes protestants d'Allemagne contre l'Empereur, déchira le traité de Cambrai. La

guerre reprit en 1535. Charles-Quint envahit la Provence pour la seconde fois, mais tout le pays fut dévasté par ordre du connétable de Montmorency, et les Impériaux affamés durent repasser la frontière. Les deux souverains signèrent la trêve de Nice (1538).

En ce temps, la ville de Gand essaya de secouer le joug espagnol. Charles-Quint demanda et obtint de François Iᵉʳ la permission de traverser la France pour aller châtier les rebelles, promettant en retour de donner le Milanais à

François Iᵉʳ (1494-1547)

l'un des fils du roi. Arrivé en Flandre, il refusa de tenir parole. La guerre recommença.

François Iᵉʳ attaqua les Impériaux en Italie et en Allemagne. Malgré la brillante victoire du comte d'Enghien [1] à Cérisoles, en Italie (1544), la France fut envahie au nord, et le roi obligé de signer la paix de Crespy (1544), par laquelle il renonçait à ses prétentions sur Naples, Milan, l'Artois et la Flandre. Le roi d'Angleterre, allié de Charles-Quint, qui était entré en Picardie, ne se décida à la paix qu'en 1546 : Boulogne lui fut racheté moyennant deux millions.

LEÇON. — Administration de François Iᵉʳ.

211. François Iᵉʳ mourut en 1547 au château de Rambouillet. Il avait gouverné despotiquement son royaume, n'admettant aucun contrôle et terminant ses édits par cette formule : « Tel est notre bon plaisir. »

Pour subvenir aux dépenses de ses guerres et à ses prodigalités, François Iᵉʳ se procura de l'argent par des moyens peu scrupuleux. Cependant quelques mesures utiles furent prises sous son règne. Telle est la célèbre ordonnance de Villers-Cotterets sur la réforme de la justice qui institua des registres pour l'inscription des baptèmes : c'est l'origine de l'état civil.

François Iᵉʳ divisa la France en douze grands *gouvernements*. Il fonda en Normandie le port du Havre et créa une flotte que commanda quelque temps le plus grand amiral de l'époque, le Génois André Doria. Enfin, en 1534, Jacques Cartier prit possession du Canada, qui fut colonie française jusqu'en 1762.

François Iᵉʳ a mérité le titre de *Père des lettres*, en protégeant l'imprimerie et en favorisant la Renaissance (v. p. 117.) Il fonda le Collège de France, encouragea les savants, les écrivains et les artistes, appela d'Italie les grands maîtres de la peinture, de la statuaire et de l'architecture. Il composa lui-même des vers.

Séduits par les qualités chevaleresques de l'homme, ses sujets oublièrent les défauts du monarque, en qui ils admiraient le gentilhomme le plus accompli de son temps.

[1] Le comte d'Enghien était le frère d'Antoine de Bourbon, père de Henri IV.

LEÇON. — Henri II (1547-1559).

212. Henri II, fils de François Ier, n'avait d'autre passion que celle des exercices du corps. Sous ce roi, la France fut gouvernée par les favoris.

Comme son père, Henri II voulut abaisser la puissance de Charles-Quint : il s'empara des Trois-Évêchés (Metz, Toul et Verdun). L'Empereur vint en personne assiéger Metz avec une armée de cent mille hommes; la ville, vaillamment défendue par François de Guise, résista à toutes les attaques, et les Impériaux, décimés par le froid et les maladies, durent battre en retraite (1553).

Henri II (1519-1559).

Pour venger son orgueil humilié, Charles-Quint envahit l'Artois et s'empara de Thérouanne qu'il rasa complètement; mais il fut vaincu à Renty (Pas-de-Calais) en 1554. Peu après il abdiqua [1], et son fils Philippe II lui succéda comme roi d'Espagne [2].

LECTURE. — Le Siège de Metz.

213. A la nouvelle de la prise de Metz, de Toul et de Verdun, Charles-Quint entra dans une violente colère. Il vint en personne devant Metz avec 100,000 hommes et cent pièces de canon, artillerie formidable pour cette époque.

La garnison composée de la fleur de la noblesse française et bien commandée par le duc François de Guise, qui était un grand homme de guerre, résista à tous les efforts des assiégeants.

Charles-Quint n'en pouvait croire ses yeux : « Je suis vendu et trahi, disait-il, ou pour le moins aussi mal servi que monarque saurait l'être. Par la mort Dieu! avant trois ans, je me rendrai cordelier ! »

En attendant, la garnison résistait toujours, et bientôt l'armée impériale, décimée par les maladies, par la faim, par le fer, se vit contrainte de lever le siège. Elle opéra sa retraite dans la nuit, abandonnant son artillerie, ses munitions et ses approvisionnements. Les assiégés se mirent à la poursuite des vaincus et offrirent le combat. « Eh! répondit le commandant, comment aurions-nous la force de combattre ? Il ne nous reste même pas celle de fuir! ». François de Guise, humain et généreux, fit secourir les malades délaissés par les chemins et la *courtoisie de Metz* passa en proverbe.

Du côté des Français, les privations n'avaient point manqué, et lorsque l'Empereur leva le siège, on songeait à recourir « aux ânes, mulets et chevaux, chiens, chats et rats, voire aux bottes et collets et autres cuirs, qu'on eut pu amollir et fricasser ».

Charles-Quint, découragé par son échec, s'écria : « La fortune n'aime pas les vieillards, » et quelque temps après, il abdiqua et se retira dans le monastère de Yuste, dans l'Estrémadure, province d'Espagne.

[1] En réalité, s'il abdiqua le pouvoir suprême, c'est qu'il y fut poussé par les infirmités, les fatigues, le soin de son salut et le souci de sa santé. Il ne renonça pas d'ailleurs à l'empire : de la retraite qu'il s'était fait construire dans le voisinage du monastère de Yuste, il gouverna par la plume de ses secrétaires et continua de dicter ses volontés.

[2] Le frère de Charles-Quint, Ferdinand, fut élu empereur d'Allemagne.

LEÇON. — Reprise de Calais.

214. Philippe II continua la guerre. Son général, Philibert-Emmanuel, duc de Savoie, attaqua le nord de la France et vint assiéger Saint-Quentin. Le connétable de Montmorency accourut avec une armée pour délivrer la place : il fut battu et fait prisonnier (1557). Saint-Quentin résista encore dix-sept jours, grâce à l'intrépidité de Coligny, et cette glorieuse défense donna le temps à Henri II de refaire une armée.

Fr. de Guise (1519-1563).

Le duc de Guise, rappelé d'Italie, où il avait échoué contre Naples, fut mis à la tête des troupes. Par une marche habile, il trompa les Espagnols, se jeta sur les Anglais leurs alliés, et, en huit jours, malgré les rigueurs de l'hiver, il s'empara de Calais (1558), que l'Angleterre possédait depuis 211 ans.

Les Anglais ne pouvaient croire à la perte de cette ville, qui était pour eux une porte constamment ouverte sur la France. Leur reine, Marie Tudor, ne s'en consola jamais, et en mourant, elle répétait encore : « Si l'on ouvrait mon cœur, on y trouverait gravé le nom de *Calais*. »

LEÇON. — Fin des guerres d'Italie.

215. La lutte continua quelques mois encore. Thionville tomba au pouvoir des Français ; les Anglo-Espagnols furent vainqueurs à Gravelines. Enfin les puissances, fatiguées, se décidèrent à conclure la paix de Cateau-Cambrésis qui mit fin aux guerres d'Italie. La France conservait Calais, Metz, Toul, Verdun ; en retour, elle renonçait à ses prétentions au delà des Alpes (1559).

Cette paix fut cimentée par des mariages : Philippe II, veuf de Marie Tudor, épousa Elisabeth, fille du roi de France, et le duc de Savoie obtint la main de Marguerite, sœur de Henri II. Des fêtes magnifiques eurent lieu à Paris avant le départ des princesses. On aimait encore les tournois à cette époque, et le roi de France s'y montrait fort adroit. Il voulut à la fin des joutes fournir une dernière course contre son capitaine des gardes, le comte de Montgomery.

Les deux adversaires se heurtèrent violemment et rompirent leurs lances, mais Montgomery oublia de jeter le tronçon de la sienne ; il en frappa involontairement le casque du roi et lui fit entrer dans l'œil un éclat de bois. Henri II tomba mortellement blessé et expira après onze jours d'agonie (1559).

(1) La possession des Trois-Évêchés ne fut définitivement reconnue à la France qu'en 1648 (paix de Westphalie).

La Renaissance française.

216. Origines de la Renaissance française. — Sous
François Ier et sous Henri II, les arts et les lettres brillèrent d'un vif éclat.
Depuis la chute de l'empire romain, il y avait bien eu des écrivains
et des artistes, mais leurs productions n'avaient pas égalé celles des Grecs

Jean van Eyck
(1390-1441).

Benvenuto Cellini
(1500-1571).

Léonard de Vinci
(1452-1519).

Andréa del Sarto
(1481-1531).

et des Romains. A la fin du moyen âge, les Italiens se mirent à étudier
les chefs-d'œuvre du monde antique, et, après avoir admiré, ils voulurent à leur tour être de grands artistes. Les poètes, les conteurs, les
peintres, les sculpteurs, les architectes, firent de si belles choses qu'on
assista à une nouvelle naissance, à une *Renaissance* des lettres et des arts.

Un mouvement semblable s'était produit en Flandre, où Jean van
Eyck inventa la peinture à l'huile, et la France, subissant l'influence de
ce pays, eut des artistes remarquables à Dijon et à Tours. Puis, pendant
les guerres de Charles VIII et de Louis XII, les Français subirent l'influence de l'art et de la littérature des Italiens.

Il y avait eu une Renaissance *flamande* et une Renaissance *italienne*;
il y eut aussi une Renaissance *française*, qui eut son originalité propre et
ne fut pas une simple copie.

217. Les Arts. — Les palais de l'Italie étaient caractérisés par la
simplicité et la
régularité des
lignes. Au con-
traire, les châ-
teaux d'Am-
boise, de Fon-
tainebleau, de
Chenonceaux,
de Saint-Ger-
main, de Cham-
bord, furent
marqués au
coin de la déli-
catesse et du

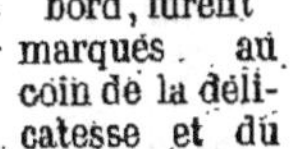

Château de Chenonceaux.

Château d'Amboise.

pittoresque. Dans les châteaux de la Renaissance, il ne subsiste rien de
l'ancien manoir féodal. Plus de donjon, plus de tours, plus de créneaux,
mais de vastes palais ouverts de toutes parts au jour et à la lumière,
faciles d'accès, entourés de magnifiques jardins, ornés à l'intérieur de
peintures et de beaux meubles, à l'extérieur de statues. La décoration
présente une infinie variété de motifs.

Le costume devient luxueux, comme l'habitation. A des mœurs nouvelles, il faut un milieu nouveau, un art approprié à des exigences auparavant inconnues.

La sculpture a son cachet particulier; elle ne vise pas au grandiose, elle se contente d'être délicate. De même, les peintres français, nourris des traditions de l'école fla-

Château de Chambord.

Château de Saint-Germain.

mande, furent rebelles au génie des Italiens. Les grands artistes que François Ier appela d'Italie (Cellini, Andrea del Sarto, Léonard de Vinci,

Jean Goujon
(1515-1572).

Philibert Delorme
(1518-1577).

Pierre Lescot
(1510-1578).

Germain Pilon
(1535-1590).

Le Primatice, etc.) n'eurent qu'une influence très restreinte sur le développement de notre art national.

Il faut retenir les noms de *Philibert Delorme*, qui éleva les Tuileries et le château d'Anet; de *Pierre Lescot*, que François Ier chargea de reconstruire le Louvre de Charles V; des sculpteurs *Jean Goujon* et *Germain Pilon*; des peintres *Jean Cousin* et *François Clouet*; du potier *Bernard Palissy*; de l'émailleur *Pierre Remond*.

218. Les Lettres. — La Renaissance n'a pas seulement renouvelé l'art : l'étude féconde de l'antiquité imprima aussi à la littérature un essor qui valut à la France tout un monde de poètes, de prosateurs et de savants.

Bernard Palissy
(1510-1590).

L'*Institution chrétienne* de Calvin, en dehors de son importance philosophique, est un monument littéraire. « C'est, à écrit Nisard, le premier ouvrage de notre langue qui offre un plan suivi, une matière ordonnée, une composition exacte. »

Rabelais, curé de Meudon, écrivit *Gargantua* et *Pantagruel*. Cette œuvre monumentale ne périra pas, parce qu'elle est puissamment originale, et qu'on y sent un vif amour de l'humanité, la passion de la justice et le culte de la vraie science.

Montaigne, philosophe et moraliste, s'est immortalisé par ses *Essais*. Son scepticisme consiste à avouer l'impuissance de la raison humaine; mais si son esprit était sceptique, son cœur ne l'était point : il croyait à l'amitié et se montrait tolérant pour les faiblesses humaines tout en ayant le culte de la vertu.

Amyot, traducteur des *Vies de Plutarque*, fut l'un des créateurs de cette belle langue du XVIe siècle, si naïve, si simple, si pittoresque. — L'auteur du *Traité de la Sagesse*, Pierre Charron, a moins de bonhomie et d'originalité que Montaigne, mais sa méthode est plus rigoureuse.

Château de Fontainebleau.

Il faut citer aussi les auteurs de *Mémoires*, comme Brantôme; les pam-

Rabelais
(1495-1553).

Brantôme
(1540-1614).

Amyot
(1513-1593).

Clément Marot
(1495-1544).

phlétaires qui publièrent contre la Ligue la *Satire Ménippée*, si profitable, par sa verve mordante, à la cause de la paix religieuse; les savants *Guillaume Budée* et *Henri Estienne*; l'historien *de Thou*; les auteurs de contes, comme *Marguerite d'Angoulême*, sœur de François Ier, qui écrivit l'*Heptaméron*.

La poésie de Clément Marot a de l'esprit et de la vivacité, mais elle manque de force dans la pensée. C'est une causerie en vers que relèvent parfois des éclairs de sensibilité et de grâce.

Ronsard
(1524-1585).

Ronsard fut le chef d'une école littéraire qui se proposa d'infuser à la langue française un sang nouveau, mais qui dépassa le but en grécisant et en latinisant notre idiome. Cependant les poésies de Ronsard, en dépit de leur obscure complication, ont un souffle inconnu jusqu'alors au vers français, une harmonie puissante et une incroyable variété de rythme.

Montaigne
(1533-1592).

Suisses.
Condottieri.
IMPRIMERIE
Presse.
Seigneurs du XVIᵉ siècle.
RENAISSANCE
Paysans.

VIIe RÉSUMÉ. — TEMPS MODERNES. GUERRES D'ITALIE.

1. Louis XI fut un grand politique. Il gouverna despotiquement et se montra sans scrupules sur le choix des moyens, mais son œuvre fut féconde. Il porta aux grandes maisons féodales un coup dont elles ne se relevèrent plus, et, dans sa lutte contre la haute noblesse, il prit son point d'appui dans la bourgeoisie.

2. Dès son avènement, les nobles mécontents formèrent la Ligue du Bien public, et, trois ans après la bataille de Montlhéry (1465), il dut faire la paix à Péronne avec Charles le Téméraire, marcher même contre ses alliés secrets, les Liégeois, qui s'étaient révoltés contre le duc de Bourgogne.

Entrevue de Péronne (1468).

3. En 1472, le duc de Berry, frère du roi de France, mourut empoisonné. Charles le Téméraire prit prétexte de cette mort tragique pour déclarer la guerre à Louis XI, qu'il accusa de n'y être pas demeuré étranger. Il se jeta sur la Picardie, mais échoua devant Beauvais, et Louis XI détacha de lui le roi d'Angleterre (traité de Picquigny, 1475).

4. Charles le Téméraire s'éloigna et entreprit la conquête de la Suisse. Vaincu à Granson et à Morat (1476), il périt sous les murs de Nancy. Débarrassé de ce redoutable adversaire, Louis XI écrasa impitoyablement ses derniers adversaires. Il annexa la Bourgogne, l'Artois, la Franche-Comté, la Provence, l'Anjou, le Maine.

5. Avec Louis XI, destructeur des grandes maisons féodales, finit le moyen âge et commencent les temps modernes. L'ère des guerres privées est close, et les rois, de plus en plus puissants dans leurs royaumes, n'auront plus à lutter contre les grands vassaux: ils se disputeront la domination de l'Europe.

6. La fin du moyen âge fut hâtée aussi par plusieurs découvertes d'une extrême importance: 1° l'emploi des armes à feu changea les conditions de la guerre; 2° l'imprimerie, inventée par Gutenberg (1436), favorisa la propagation des connaissances en permettent l'impression des livres à un nombre infini d'exemplaires; 3° la découverte de l'Amérique donna une vive impulsion au commerce maritime.

7. C'est la bourgeoisie surtout qui profita de ces trois grandes découvertes. Comme les seigneurs dédaignaient le commerce, la bourgeoisie s'enrichit de l'œuvre de Colomb; comme ils dédaignaient l'instruction, la découverte de l'imprimerie profita principalement à la classe moyenne; enfin, l'emploi des armes à feu porta un coup mortel à la chevalerie.

8. CHARLES VIII (1483-1498) régna d'abord sous la tutelle d'Anne de Beaujeu, qui triompha d'une révolte des grands (Guerre folle) (bataille de Saint-Aubin-du-Cormier, 1488). Il épousa Anne de Bretagne, héritière du riche duché de ce nom, et commença les guerres d'Italie. Il conquit le royaume de Naples, sur lequel il prétendait avoir hérité des droits de Charles d'Anjou, frère de saint Louis. Mais une ligue se forma contre lui. Vainqueur à Fornoue (1495), il put regagner la France, où il mourut trois ans après sans laisser d'enfants.

Armure de Louis XII.

9. LOUIS XII, cousin de Charles VIII et duc d'Orléans, mérita le surnom de Père du peuple (1498-1515), par la douceur de son administration. Il épousa la veuve du dernier roi et rattacha ainsi la Bretagne à la couronne. Belliqueux comme Charles VIII, il envoya ses armées au delà des Alpes, conquit le duché de Milan en trois semaines; puis, il s'entendit avec le roi d'Espagne, Ferdinand le Catholique, pour s'emparer du royaume de Naples, mais les alliés ne purent tomber d'accord sur le partage de leur conquête et se déclarèrent la guerre. Vaincus par les Espagnols à Seminara et Cérignoles (1503), les Français durent signer les traités de Blois (1505), que les États généraux ne voulurent pas approuver.

10. Louis XII commit une faute en concluant la Ligue de Cambrai contre les Vénitiens (1508), car il fut bientôt abandonné de ses alliés qui formèrent contre lui la Sainte Ligue; et, malgré la victoire de Ravenne, où périt Gaston de Foix (1512), l'Italie fut perdue pour nous après la bataille de Novare.

Claude de France
(1499-1524).

11. Héritier des prétentions de son cousin germain Louis XII sur le Milanais, FRANÇOIS Ier (1515-1547) descendit en Italie et gagna la sanglante bataille de Marignan (1515) sur les Suisses au service du duc de Milan. A la suite de cette victoire, il fut l'un des princes les plus puissants de l'Europe.

12. L'empereur d'Allemagne étant mort, sa couronne fut reven-

diquée à la fois par François Ier et par Charles-Quint, roi d'Espagne. Ce dernier l'ayant emporté, alors commença entre la France et l'Autriche une rivalité qui devait durer plus d'un siècle.

13. La rivalité de François Ier et de Charles-Quint fut signalée d'abord par la perte du Milanais et par la bataille de Pavie, où le roi de France fut fait prisonnier. François Ier n'ayant pas voulu se soumettre à la paix de Madrid, la guerre recommença jusqu'au jour où les deux monarques épuisés durent signer la paix de Cambrai (1529), suivie, après de nouvelles hostilités, de la paix de Crespy (1544).

François Ier mourut en 1547 au château de Rambouillet. Il avait gouverné despotiquement son royaume.

Louise de Savoie
(1476-1532).

14. Sous Henri II, les Français s'emparèrent des Trois-Évêchés, obligèrent Charles-Quint à lever le siège de Metz, et reprirent Calais à l'Angleterre. La paix de Cateau-Cambrésis mit fin aux guerres d'Italie : la France conservait Calais, Metz, Toul et Verdun, mais renonçait à ses prétentions au delà des Alpes (1559).

15. Les règnes de François Ier et de Henri II furent signalés par une Renaissance artistique et littéraire : pendant les guerres d'Italie, les Français subirent l'influence de l'art et de la littérature des Italiens et d'autre part, sous l'influence de la Flandre, la France avait eu des artistes remarquables à Tours et à Dijon. Il y avait eu une Renaissance flamande et une Renaissance italienne : il y eut aussi une Renaissance française, qui eut son originalité propre.

SUJETS DE RÉDACTION.

1. Rivalité de Louis XI et de Charles le Téméraire. — 2. Définir la politique et le caractère de Louis XI. — 3. Les grandes découvertes du XVe siècle et leurs conséquences. — 4. La régence d'Anne de Beaujeu. — 5. Guerres d'Italie sous Charles VIII. — 6. Les guerres d'Italie sous Louis XII. — 7. Expédition de François Ier en Italie, en 1515. — 8. Rivalité des maisons de France et d'Autriche de 1520 à 1544. — 9. Parallèle entre Charles-Quint et François Ier. — 10. Histoire de Bayard. — 11. Appréciez la politique, les guerres et l'administration de François Ier. — 12. Rivalité des maisons de France et d'Autriche sous Henri II. — 13. Raconter le siège de Metz. — 14. La Renaissance française (*ses origines, son développement, sa portée*).

CHAPITRE VIII. — LES GUERRES DE RELIGION

LEÇON. — La Réforme.

219. Sous François Ier, le moine allemand Luther s'éleva contre certains actes du pape Léon X; il se sépara de l'Eglise catholique (1520), déclarant que les règles de cette Eglise devaient être *réformées*. Ses partisans s'appelèrent *réformés* ou *protestants* [1].

La Réforme fut une révolution à la fois religieuse et politique; elle eut pour résultat de faire reconnaître par les souverains le principe de la liberté de conscience.

La doctrine de Luther ne tarda pas à se propager en Europe: la Suède et le Danemark l'adoptèrent. En Suisse, la Réforme fut prêchée par Zwingle, curé de Zurich, et par Jean Calvin, curé de Noyon, qui, obligé de quitter la France, était venu s'établir à Genève. La doctrine de Calvin se répandit en France, aux Pays-Bas et en Ecosse, tandis que le roi Henri VIII rompait avec le saint-siège et se proclamait chef de l'Eglise d'Angleterre ou *Eglise anglicane*.

Ainsi, la Réforme donna naissance à trois grandes Eglises protestantes : le *luthéranisme*, le *calvinisme* et l'*anglicanisme*.

LEÇON. — François II (1559-1560).

220. En France, la Réforme déchaîna entre catholiques et protestants les *Guerres de religion*, envenimées par la rivalité des Bourbons et des Guises qui se disputaient le pouvoir.

Dès le règne de François Ier, la secte des Vaudois fut exterminée à Mérindol et à Cabrières (Vaucluse) [1545]. Sous Henri II, Etienne Dolet, célèbre typographe, et Anne du Bourg, conseiller au Parlement, favorables aux idées nouvelles, furent brûlés vifs.

221. Henri II avait laissé quatre fils, dont trois portèrent successivement la couronne. L'aîné, François II, âgé de seize ans quand il monta sur le trône, avait épousé Marie Stuart, nièce de François de Guise.

François II (1544-1560).

François de Guise et son frère Charles, cardinal de Lorraine, chefs des catholiques, dominèrent le jeune roi et le poussèrent à persécuter les protestants, qui avaient à leur tête Antoine de Bourbon, roi de Navarre, son frère Louis, prince de Condé, et l'amiral de Coligny.

QUESTIONNAIRE. — 219. En quelle année Luther se sépara-t-il de l'Eglise catholique? — Qu'est-ce que la Réforme? — D'où vient le nom de *protestants*? — Que produisit la Réforme au point de vue politique? — Par qui la Réforme fut-elle prêchée en Suisse? — Où se répandit la doctrine de Calvin? — Combien y a-t-il d'Eglises protestantes? — 220. Qu'appelle-t-on *guerres de religion*? — 221. Qui succéda à Henri II? — Quelle était la femme de François II? — De qui François II subit-il l'influence? — Quels étaient les chefs des protestants

(1) Le nom de *protestants* fut donné en 1529 aux luthériens ou partisans de Luther qui, à la diète de Spire, *protestèrent* contre l'édit de la diète de Worms défendant toute innovation en matière religieuse.

(2) La maison de Guise est une branche de la maison de Lorraine; ses principaux membres sont : *Claude* (1496-1550), qui eut pour fils : *François* (1519-1563) et *Charles*, cardinal de Lorraine (1524-1574). — François eut pour fils : *Henri Ier*, dit le Balafré (1550-1588), *Louis*, second cardinal de Lorraine (1556-1588), le duc de *Mayenne* (1554-1611), et pour fille la duchesse de Montpensier. — Marie de Lorraine, fille de Claude, épousa Jacques V, roi d'Ecosse, et de ce mariage naquit Marie Stuart (1542-1587).

LEÇON. — François II. — Charles IX (1560-1574).

222. Les protestants, mécontents de se voir tenus à l'écart des affaires du royaume, organisèrent un complot connu sous le nom de *Conjuration d'Amboise*. Ils résolurent de s'emparer du roi pour le soustraire à l'influence de la maison de Lorraine. L'entreprise fut découverte (1560) ; mais la répression, dirigée par les Guises, fut si cruelle que Catherine de Médicis, pour faire échec aux oncles de la reine, donna les sceaux au chancelier Michel de L'Hospital. Le véritable chef de la conjuration, le prince de Condé, allait périr sur l'échafaud, quand la mort du roi vint le sauver.

Marie Stuart
(1542-1587).

Marie Stuart quitta la France pour aller régner en Écosse.

223. Charles IX était âgé de dix ans et demi lorsqu'il succéda à son frère François II. La régence du royaume échut à la reine mère, Catherine de Médicis. Habile, rusée, astucieuse, Catherine ne désirait qu'une chose : fortifier la royauté menacée. Elle entretint la discorde entre les protestants et les catholiques, de manière à user les deux partis l'un par l'autre. Elle fut toujours toute-puissante sur l'esprit de Charles IX, prince d'un caractère faible ; et tout d'abord, pour tenir tête aux Guises, elle soutint le chancelier de France, Michel de L'Hospital.

L'Hospital s'efforça de prévenir l'effusion du sang par diverses mesures de tolérance ; il réunit même à Poissy (Seine-et-Oise) un colloque de théologiens des deux partis.

LECTURE. — Michel de L'Hospital.

224. Tous les historiens sont d'accord pour louer dans L'Hospital l'étendue de l'intelligence, la rectitude du jugement, la modération du caractère, la pureté des intentions, la sévérité des mœurs.

Son ambition la plus chère fut d'empêcher l'effusion du sang et de faire prévaloir à la cour les idées de tolérance. Les Guises voulurent lui faire signer la sentence de mort rendue contre le prince de Condé :

« Je sais mourir, dit-il, mais non me déshonorer. »

Après sa disgrâce, il se retira dans son château de Vignay (1568) et se livra tout entier à la culture des lettres. Lors du massacre de la Saint-Barthélemy, une populace fanatique envahit sa demeure, et comme ses domestiques voulaient fermer les portes, il les fit ouvrir toutes grandes.

L'Hospital, âme vraiment chrétienne et généreuse, ne put se consoler de voir le crime de la Saint-Barthélemy tacher le règne du jeune monarque sur lequel il avait fondé, pour le bien du pays, les plus grandes espérances. Il ne tarda pas à mourir de chagrin.

L'Hospital (1507-1573).

(1) Les fonctions de chancelier étaient les plus élevées de la magistrature. C'est au chancelier qu'était confiée la garde des *sceaux* avec lesquels on scellait les ordonnances royales.

LEÇON. — Début des guerres de religion.

225. La conférence de conciliation tenue à Poissy n'aboutit pas, et le massacre des protestants de Vassy (Haute-Marne), par les gens du duc de Guise, fit éclater les hostilités (1562).

Charles IX (1550-1574).

La lutte fut implacable de part et d'autre ; les protestants firent appel à l'Angleterre, les catholiques à l'Espagne. Dans le Midi, le baron des Adrets et Blaise de Montluc se signalèrent par des atrocités. Dans le Nord, le duc de Guise, après avoir pris et saccagé Rouen, où périt Antoine de Bourbon, battit les protestants à Dreux (1562) et vint assiéger Orléans. Il était sur le point de s'emparer de la ville quand il fut tué d'un coup de pistolet par Poltrot de Méré, gentilhomme protestant. La paix d'Amboise termina cette première prise d'armes (1563).

LEÇON. — Paix de Saint-Germain.

226. La deuxième guerre éclata en 1567, malgré les efforts de L'Hospital. Les catholiques furent encore vainqueurs à Saint-Denis, mais ils perdirent un de leurs chefs, le connétable de Montmorency, et les hostilités furent de nouveau suspendues par la paix de Longjumeau (Seine-et-Oise), 1568. Quelques jours après, Michel de L'Hospital ayant été disgracié, la troisième guerre éclata. Les protestants furent vaincus à Jarnac (Charente), 1569, où le prince de Condé fut assassiné, puis à Moncontour (Vienne); mais, pendant ce temps, Coligny, toujours habile à réparer les revers, battait les catholiques à La Roche-Abeille (Haute-Vienne), et venait avec son armée menacer la capitale.

Catherine, désespérant de venir à bout par les armes d'un parti qui se relevait toujours de ses défaites, signa avec les protestants la paix de Saint-Germain. Ce traité leur accordait le libre exercice de leur culte et les admettait à tous les emplois (1570).

227. Après la paix de Saint-Germain, un rapprochement sincère sembla se faire entre les deux partis. Catherine de Médicis flatta les protestants et conclut même le mariage de sa fille, Marguerite de Valois, sœur de Charles IX, avec Henri de Navarre, fils d'Antoine de Bourbon et de Jeanne d'Albret [1]. Les principaux chefs protestants attirés à Paris par la reine mère furent bien reçus à la cour.

[1] Jeanne d'Albret, venue à Paris pour assister au mariage de son fils, y mourut subitement et mystérieusement quelques jours avant les noces. Catherine de Médicis fut accusée par les protestants de l'avoir empoisonnée, mais le fait n'est pas prouvé.

LEÇON. — **Massacre des protestants.**

228. Catherine de Médicis ne tarda pas à devenir jalouse de l'autorité prise sur l'esprit de Charles IX par l'amiral de Coligny. Elle s'allia avec Henri de Guise, fils de François, et parvint à persuader au malheureux roi que la mort de Coligny et de ses partisans pouvait seule rendre la paix à la France ; un massacre général fut résolu.

Dans la nuit du 24 au 25 août 1572, vers trois heures du matin, les cloches de Saint-Germain-l'Auxerrois, église voisine du Louvre, donnèrent le signal de l'extermination. Le massacre commença. Coligny fut tué, ainsi que les seigneurs les plus illustres du parti huguenot ; Henri de Navarre, pour avoir la vie sauve, dut simuler l'abjuration du protestantisme.

Coligny (1517-1572).

Ce carnage épouvantable, dont la responsabilité pèse sur la mémoire de Catherine de Médicis et du duc Henri de Guise, est désigné sous le nom de *Saint-Barthélemy*. Charles IX, à qui sa mère en avait arraché l'ordre, tomba dans des accès de sombre mélancolie et mourut deux ans plus tard. Peut-être les remords abrégèrent-ils ses jours, peut-être le souvenir obsédant du massacre détermina-t-il un ébranlement général de ses facultés, de tout temps affaiblies.

LECTURE. — **La Saint-Barthélemy.**

229. L'aube se levait, mais les rues sombres du vieux Paris étaient encore plongées dans l'obscurité, et le massacre commença à la lueur des torches. Coligny fut une des premières victimes. Les assassins pénétrèrent dans son hôtel et un Allemand de la Bohême, au service des Guises, nommé Besme, le tua ; puis ses compagnons le jetèrent dans la cour où le duc de Guise attendait que la besogne fût faite. Le duc poussa du pied le cadavre, qui fut piétiné par les assassins et pendu ensuite au gibet de Montfaucon.

Au Louvre, le massacre commença vers cinq heures. Les malheureux désignés comme victimes furent surpris un à un, désarmés, abattus sous les yeux du roi, qui, d'une fenêtre, assistait à la tuerie.

De là le carnage s'étendit par toute la ville : les maisons des huguenots avaient été marquées d'une croix blanche. Après les gentilshommes, des bandes de furieux égorgèrent les magistrats, les bourgeois, les artisans accusés d'hérésie. Des milliers de personnes furent massacrées, et parmi elles, le savant Ramus.

Les ruisseaux étaient rouges de sang et la Seine charriait des cadavres.

Les provinces imitèrent la capitale. Cependant quelques gouverneurs eurent le courage de désobéir aux ordres de la cour. Certains bourreaux mêmes, entre autres ceux de Troyes et de Lyon, refusèrent d'aider à la tuerie, disant « qu'il n'était pas de leur office d'exécuter sans qu'il y eût sentence de condamnation ».

LEÇON. — Henri III (1574-1589).

230. Henri III était roi de Pologne quand son frère Charles IX mourut. Il s'empressa de quitter Varsovie pour venir régner en France. C'était un prince indolent, dépravé, absorbé tout entier par les fêtes et les jeux les plus puérils, en compagnie de favoris que l'histoire a flétris du sobriquet de *mignons*.

Henri III (1551-1589).

Henri III arriva à Paris au moment où les protestants reprenaient les armes. Le duc de Guise remporta sur eux la victoire de Dormans (Marne), 1575, mais le roi fatigué des luttes religieuses, qui troublaient ses plaisirs, s'empressa de faire quelques concessions aux huguenots [1] par la paix de Beaulieu (Indre), 1576.

231. Les catholiques mécontents de ce roi frivole formèrent sous la direction du duc de Guise, surnommé *le Balafré*, à cause d'une blessure qu'il portait au visage, la vaste association de la *Sainte-Ligue* (1576), dont Henri III se déclara le chef dans l'espoir de supplanter son redoutable adversaire.

En 1584, le duc d'Alençon, frère du roi, vint à mourir; il avait été l'un des fondateurs du parti des *politiques*, qui prêchait la conciliation et la tolérance. Comme la branche des Valois s'éteignait en sa personne, les ligueurs firent courir le bruit que les Guises descendaient de Charlemagne et pouvaient prétendre légitimement à la couronne de France. Mais les Guises rencontrèrent un rival tenace dans Henri de Navarre, dont les droits étaient indiscutables, puisqu'il descendait de Robert de Clermont, sixième fils de saint Louis.

LECTURE. — Catherine de Médicis.

232. Catherine de Médicis, née à Florence, suivit une politique de bascule et division, se rejetant tour à tour du côté des Guises et du côté du roi de Navarre; elle voyait la royauté menacée par la guerre civile, et elle voulut user les deux partis l'un par l'autre dans l'espoir de fonder un grand parti national et royal. *Il faut diviser pour régner*, disait-elle.

Malheureusement, elle n'était pas capable de dominer la situation; elle agissait sans plan préconçu, croyant suppléer à l'esprit politique par la ruse, la fourberie, la déloyauté, qui faisaient le fond de son caractère. Un moment, elle écouta les sages conseils de L'Hospital. Le jour où ce grand homme fut disgracié, elle n'eut à côté d'elle personne pour la guider, et elle tomba dans les pires excès.

Il y a deux périodes dans la vie de Catherine de Médicis. Tout d'abord, elle s'efforce de défendre la couronne, assaillie par les Guises et par les protestants, et elle est plutôt disposée à la tolérance. Après la retraite de L'Hospital, elle est débordée par les événements : c'est la période honteuse de sa vie, celle de la Saint-Barthélemy.

[1] *Huguenot* vient de l'allemand *eidgenossen* qui veut dire : lié par serment (de *eid*, serment et *genoss*, associé). Ce nom fut appliqué en France aux partisans de Calvin.

La Louvre sous Henri III.
Ligueur.
Morion.
Arquebuse.
Pistolet.
Arquebusier huguenot.
Un bal à la cour, sous Henri III (Noces du duc de Joyeuse).
Poire à poudre.
Mortier.
Reitre.
Suisse de la garde.
Arquebusier.

LEÇON. — Henri III.

233. La Ligue refusa de reconnaître les droits d'un prince huguenot et signa un traité d'alliance avec le roi d'Espagne, Philippe II (1585).

H. de Guise (1550-1588).

C'est alors qu'éclata la guerre des *trois Henri* [1].

Le duc de Joyeuse, favori de Henri III, chargé de combattre Henri de Navarre, fut défait et tué à Coutras (Gironde), en 1587. Pendant ce temps, le duc de Guise écrasait à Vimory (Loiret) et à Auneau (Eure-et-Loir), les lansquenets allemands venus au secours des huguenots.

Ce double succès accrut la popularité du duc de Guise, qui osa braver le roi dans sa capitale. Le peuple prit parti pour le rebelle et couvrit Paris de barricades. Les délégués des seize quartiers de la ville, les *Seize*, furent les principaux meneurs de l'insurrection (1588).

234. Henri III, obligé de fuir, recourut à la ruse. Il fit mine de se rapprocher du duc de Guise, le nomma lieutenant général du royaume et convoqua les Etats généraux à Blois. Les ligueurs les plus violents composaient l'Assemblée, dont les délibérations furent aussi passionnées que peu respectueuses pour le roi. Celui-ci laissait faire, mais le 23 décembre 1588, ses gardes tuèrent le duc de Guise, et le lendemain, le cardinal de Lorraine eut le même sort. « Je suis redevenu roi de France, dit-il à sa mère, ayant fait tuer le roi de Paris. — C'est bien taillé, mon fils, répondit Catherine; maintenant, il faut coudre. »

A cette nouvelle, la capitale se souleva, et Henri III, abandonné par les catholiques, n'eut d'autre ressource que de faire alliance avec Henri de Navarre. Tous deux vinrent assiéger Paris, mais Henri III fut tué d'un coup de couteau, à Saint-Cloud, par un moine fanatique, nommé Jacques Clément (1589). — Avec lui s'éteignit la branche des Valois.

LECTURE. — Journée des barricades.

235. Le 9 mai 1588, le duc de Guise fit son entrée dans Paris. Le peuple très fanatique et très mécontent de la mauvaise administration de Henri III se précipita sur le passage du duc, poussant des cris de joie, embrassant le bas de ses habits ou le couvrant de fleurs.

Les boutiques se fermèrent, et, au son du tocsin, s'élevèrent des barricades. Les troupes royales ne pouvant venir à bout de la sédition, Henri III s'abaissa jusqu'à demander au duc de l'apaiser. « Ce sont taureaux échappés, répondit Guise, je ne puis les retenir. »

Bientôt, les séditieux se préparèrent à marcher sur le Louvre. Le roi, tremblant de peur, sortit secrètement de Paris et s'enfuit à Chartres, maudissant sa capitale qu'il ne devait jamais revoir. Guise, maître de la ville, vint visiter le premier président du Parlement, Achille de Harlay, et chercha à l'intimider. « C'est grand'pitié, répondit fièrement Harlay, quand le valet chasse le maître. »

Achille de Harlay (1536-1616).

La sœur du duc de Guise, Catherine-Marie de Lorraine, avait pris une grande part à l'émeute. Elle portait, pendus à sa ceinture, des ciseaux d'or avec lesquels elle se promettait de tonsurer le roi dès qu'il aurait été déclaré indigne du trône.

[1] Henri III, Henri de Navarre, Henri de Guise. — Tous les trois périrent assassinés.

Une procession dans Paris au temps de la Ligue.

2º Liv. H. F.

LEÇON. — Henri IV. — Arques et Ivry.

236. La couronne revenait à Henri de Navarre; mais la Ligue s'obstina à ne pas reconnaître pour roi le chef des protestants, et le duc de Mayenne fit proclamer, sous le nom de Charles X, le vieux cardinal de Bourbon, oncle du Béarnais. La Ligue résolut de faire la guerre au roi de Navarre; elle était soutenue par l'or de Philippe II, qui méditait de fonder en France une dynastie espagnole.

1. Antoine de Bourbon (1518-1562).
2. Jeanne d'Albret (1528-1572).
3. Château de Pau.

Henri de Navarre, qui n'avait qu'une poignée d'hommes, jugea prudent d'abandonner momentanément le siège de Paris et de se replier sur la Normandie où devaient le rejoindre les secours envoyés par Élisabeth, reine d'Angleterre. Mayenne le poursuivit, jurant de le ramener pieds et poings liés, mais il fut battu à Arques (Seine-Inférieure), 1589.

Après le combat, Henri IV écrivit à Crillon, l'un de ses plus vaillants capitaines : « Pends-toi, brave Crillon, nous avons combattu à Arques, et tu n'y étais pas. » Il vint ensuite tenter un coup de main sur la capitale, échoua faute de canon, se retira de nouveau, et battit encore le duc de Mayenne à Ivry (Eure), 1590.

LECTURE. — Bataille d'Ivry.

237. Après sa défaite d'Arques, Mayenne comprit la nécessité de relever sa réputation militaire, et il entreprit de délivrer les environs de Paris des garnisons royales. Henri IV, accouru du fond de la Normandie, arrêta les ligueurs, puis assiégea la ville de Dreux, au secours de laquelle marcha Mayenne, après avoir reçu du renfort de Philippe II. Henri leva le siège à son approche, non pour fuir, mais pour aller déployer son armée près d'Ivry (Eure). C'est là qu'il se mesura, le 14 mars 1590, avec l'armée des ligueurs, plus forte en nombre que la sienne.

Henri IV à Ivry (1590).

Avant l'action, un cri immense de *Vive le roi!* répondit au Béarnais, qui adressa à ses soldats cette harangue bien connue : « Mes amis, vous êtes Français, je suis votre roi, voilà l'ennemi. Si vous perdez vos cornettes, ralliez-vous à mon panache blanc, vous le trouverez toujours au chemin de l'honneur et de la victoire. »

Les deux cavaleries s'abordèrent dans un choc épouvantable. Bientôt les ligueurs crièrent *Victoire!* et les royalistes flottaient incertains entre la défense et la fuite, lorsque Henri accourut, l'épée haute, couvert de sang et de poussière : « Tournez visage, leur cria-t-il, afin que si vous ne voulez combattre, vous me voyiez du moins mourir. » Et il se lança de nouveau dans la mélée, entraînant ses troupes dans un élan qui assura la défaite des ligueurs. Henri parcourut ensuite le champ de bataille en s'écriant : « Quartier aux Français, main basse sur les étrangers. »

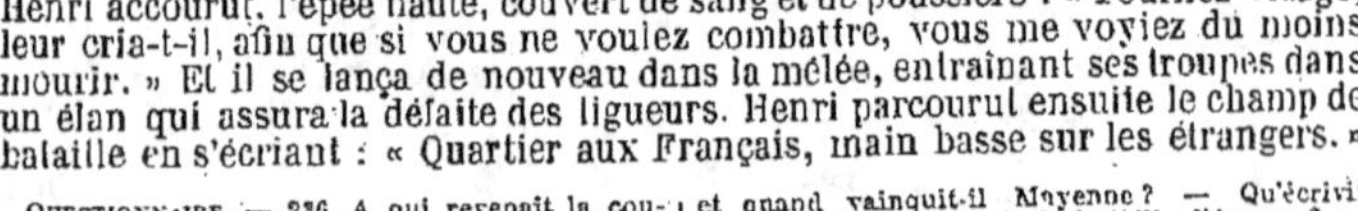

LEÇON. — Henri IV (1589-1610).

238. Henri IV vint encore une fois assiéger la capitale. La famine allait lui livrer Paris, lorsque l'arrivée des troupes espagnoles, commandées par le duc de Parme, Alexandre Farnèse, le contraignit à la retraite.

Philippe II fit alors connaître ses intentions : il demanda la couronne de France pour sa fille, l'infante Isabelle, qui devait épouser un archiduc d'Autriche.

Henri IV (1553-1610).

Cette proposition révolta tous ceux qui avaient au cœur l'amour de la France. Un pamphlet mordant et spirituel, la *Satire Ménippée*, châtia ces audacieuses prétentions comme elles méritaient de l'être, et il se produisit contre la Ligue un fort courant d'opinion.

239. Henri de Navarre n'hésita plus à réaliser un projet qu'il méditait depuis quelque temps : il se convertit au catholicisme, qui était la religion du plus grand nombre des Français (1593), et l'année suivante, il fit son entrée dans Paris. « Paris vaut bien une messe, » avait répondu le Béarnais à ceux qui lui reprochaient sa conversion.

Mayenne, appuyé par l'Espagne, essaya de se maintenir dans son gouvernement de Bourgogne. Vaincu à Fontaine-Française, il se décida à faire sa soumission (1595), et trois ans plus tard, Henri IV, après avoir repris aux Espagnols la ville d'Amiens, conclut avec eux la paix de Vervins (1598). La même année, il mit un terme aux guerres de religion en promulguant l'édit de Nantes, qui accordait aux protestants le libre exercice de leur culte.

LECTURE. — Siège de Paris.

240. Lorsque Henri IV arriva devant Paris, la population de la capitale, excitée par les ligueurs et par les Espagnols, bien défendue par les troupes du duc de Nemours, se croyait invincible. Mais la famine commençait à faire d'affreux ravages ; il n'y avait plus ni blé ni viande, et les herbes des faubourgs atteignaient sur les marchés un prix exorbitant. Après avoir sucé les vieux cuirs desséchés, dévoré les rats et les souris, mangé du suif et de l'huile rance, les malheureux broyèrent les ossements humains des charniers pour les réduire en farine.

Le peuple se prit à crier : « Du pain ou la paix ! » Paris était réduit aux dernières extrémités, et Henri IV, touché de tant de souffrances, laissa, dit-on, ses soldats donner des vivres aux assiégés. A ce moment, le duc de Parme et Mayenne arrivèrent devant la capitale, et Henri dut lever le siège.

Siège de Paris (1590).

LEÇON. — Gouvernement de Henri IV.

241. La France pacifiée, Henri IV résolut de réparer les maux de quarante ans de guerre civile. Le pays avait besoin de calme, et le roi avait déjà trouvé dans Sully, son ami et son compagnon d'armes, l'homme qui devait l'aider dans cette œuvre difficile.

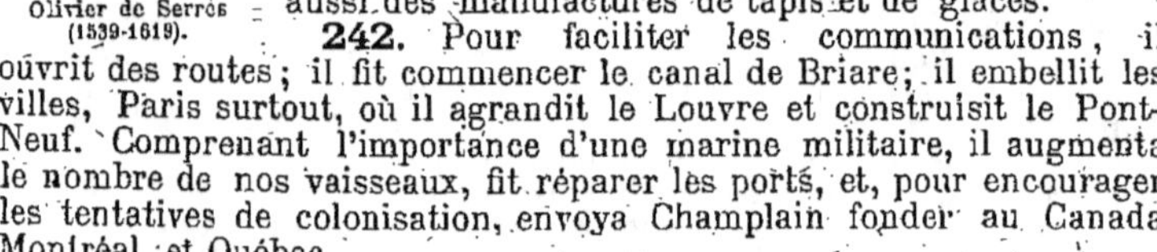

Olivier de Serrès
(1539-1619).

Le premier soin de Henri IV fut de protéger les paysans contre les gens de guerre, voulant, dit-on, que chacun d'eux pût tous les dimanches « mettre une poule au pot ».

Malgré Sully, qui regardait la terre comme la seule source de la richesse, Henri IV protégea l'industrie et le commerce. Sur ses indications, Olivier de Serres introduisit en France la culture des vers à soie, et bientôt on fabriqua chez nous des étoffes qu'il fallait auparavant faire venir de l'étranger. Henri IV fonda aussi des manufactures de tapis et de glaces.

242. Pour faciliter les communications, il ouvrit des routes ; il fit commencer le canal de Briare ; il embellit les villes, Paris surtout, où il agrandit le Louvre et construisit le Pont-Neuf. Comprenant l'importance d'une marine militaire, il augmenta le nombre de nos vaisseaux, fit réparer les ports, et, pour encourager les tentatives de colonisation, envoya Champlain fonder au Canada Montréal et Québec.

Sérieusement occupé d'assurer la grandeur de la France, Henri IV songeait à abaisser la maison d'Autriche, lorsqu'il fut assassiné dans son carrosse par un fanatique nommé Ravaillac (1610.)

Sa mort plongea la France dans la plus profonde douleur. Ses soldats l'appelaient le *roi des braves*, l'Europe lui donna le surnom de *Grand*.

LECTURE. — Sully.

243. Maximilien de Béthune, duc de Sully, naquit au château de Rosny (Seine-et-Oise), en 1560. Il échappa au massacre de la Saint-Barthélemy et s'attacha de bonne heure à la personne de Henri de Navarre.

Il l'accompagna pendant les guerres religieuses, et il s'établit entre les deux hommes, malgré la distance des rangs, une amitié dévouée.

Devenu ministre, Sully apporta dans la gestion des finances publiques une économie sévère, révoqua les employés malhonnêtes, et fit si bien qu'il économisa quarante millions après avoir payé les dettes de la France.

Sully (1560-1641).

L'agriculture fut un des principaux objets de sa sollicitude. « Le labourage et le pastourage, voilà, disait-il, les deux mamelles de la France, les vraies mines et trésors du Pérou. »

N'ayant en vue que le bien de l'État, il tint toujours tête au roi lui-même, quand il le jugeait utile aux intérêts de la patrie. Il fut, en un mot, un ministre vigilant, sévère, inflexible, et, s'il était avare de ses deniers, il ne l'était pas moins de ceux de l'Etat.

Henri IV conçut les plans, Sully sut les rendre pratiques.

VIIIe RÉSUMÉ. — LES GUERRES DE RELIGION.

1. La Réforme fut une révolution à la fois religieuse et politique; elle eut pour résultat de faire reconnaître par les souverains le principe de la liberté de conscience. Elle est inséparable de la Renaissance : elle ne s'expliquerait pas, elle n'aurait pas abouti si la Renaissance et l'imprimerie n'avaient habitué les esprits à la discussion et propagé les connaissances.

2. La Réforme, dont Luther donna le signal, fut prêchée en France par Calvin; elle donna lieu, entre catholiques et protestants, à une longue série de guerres connues sous le nom de Guerres de religion.

Calvin (1509-1564).

3. Déjà, sous François Ier et sous Henri II, des persécutions avaient été dirigées contre les non catholiques : extermination des Vaudois, supplices d'Étienne Dolet et d'Anne du Bourg. Sous François II (1559-1560), la lutte ouverte éclata entre les catholiques et les protestants; les premiers s'appuyèrent sur l'Espagne, les seconds sur l'Angleterre. La lutte fut envenimée par la rivalité des Bourbons et des Guises, qui se disputaient le pouvoir.

4. FRANÇOIS II avait épousé Marie Stuart, nièce de François de Guise et du cardinal de Lorraine. Ceux-ci, soutenus par la reine mère, Catherine de Médicis, exercèrent une puissante influence sur l'esprit du jeune roi. Ils l'emportèrent d'abord sur les protestants, dont beaucoup furent mis à mort après la conjuration d'Amboise (1560).

5. Sous CHARLES IX (1560-1574), les efforts de L'Hospital pour réconcilier les protestants et les catholiques ne furent pas secondés par Catherine de Médicis. Le colloque de Poissy n'aboutit pas, et le massacre des protestants de Vassy, par les gens du duc de Guise, fit éclater les hostilités (1562).

6. Il y eut huit guerres de religion sous Charles IX (1560-1574), Henri III (1574-1589) et Henri IV (1589-1610).

Catherine de Médicis (1519-1589).

PREMIÈRE GUERRE (1562-1563). — Massacre de Vassy. — Victoire des catholiques à Rouen et à Dreux. — Siège d'Orléans. — Assassinat de François de Guise par Poltrot de Méré. — Paix d'Amboise.

DEUXIÈME GUERRE (1567-1568). — Victoire des catholiques à Saint-Denis. — Paix de Longjumeau.

TROISIÈME GUERRE (1569-1570). — Victoires des catholiques à

Jarnac et Montcontour. — Victoire des protestants à La Roche-Abeille. — Paix de Saint-Germain.

QUATRIÈME GUERRE (1572-1573). — Saint-Barthélemy (nuit du 24 au 25 août 1572).

CINQUIÈME GUERRE (1574-1576). — Sous Henri III : victoire des catholiques à Dormans (1575), et paix de Beaulieu (1576). — Les catholiques, mécontents des concessions faites aux protestants, forment la Sainte Ligue, soutenue par l'Espagne et combattue par les politiques.

SIXIÈME GUERRE (1576-1577). — Édits de Poitiers et de Bergerac.

SEPTIÈME GUERRE (1580). — Prise de Cahors par Henri de Navarre. — Traité de Fleix.

HUITIÈME GUERRE (1585-1594). — Bataille de Coutras. — Journée des barricades suivie du meurtre du duc de Guise et de  l'alliance de Henri III avec Henri de Navarre. — Meurtre de Henri III et refus des catholiques de reconnaître HENRI IV DE NAVARRE, qui, abandonnant le siège de Paris, se replie sur la Normandie, remporte les victoires d'Arques et d'Ivry, puis revient de nouveau assiéger la capitale, qu'il doit quitter encore par suite de l'arrivée des Espagnols. Philippe II ayant demandé la couronne de France pour sa fille Isabelle,

Philippe II (1527-1598).

le sentiment patriotique se révolte (Satire Ménippée), et Henri IV se convertit au catholicisme, religion de la majorité des Français. Entrée de Henri IV dans Paris (1594). Victoire de Fontaine-Française (1595). En 1598, paix de Vervins avec les Espagnols et édit de Nantes, qui met fin aux guerres de religion.

7. La France pacifiée fut régénérée par Henri IV et par son ministre Sully. Le commerce, l'industrie, l'agriculture furent encouragés, les finances rétablies, et Henri IV se disposait à attaquer la maison d'Autriche quand il fut assassiné par Ravaillac.

————— ╫ —————

SUJETS DE RÉDACTION.

1. La Réforme en France jusqu'au colloque de Poissy. — 2. Le chancelier de L'Hospital ; son rôle et son caractère. — 3. Catherine de Médicis ; sa politique sous François II et Charles IX. — 4. La Saint-Barthélemy. — 5. Henri III ; son caractère et sa politique. — 6. La Ligue (Sa formation, les Seize, Henri de Guise, Mayenne, Satire Ménippée). — 7. La maison de Guise ; son origine ; son influence sur les guerres de religion. — 8. Henri IV ; la Ligue et l'Espagne, de 1589 à 1598. — 9. La régénération de la France sous Henri IV (Conséquences de l'abjuration du roi, édit de Nantes, rôles respectifs du roi et de Sully).

CHAPITRE IX. — LA MONARCHIE ABSOLUE

LEÇON. — Louis XIII (1610-1643).

244. Louis XIII, fils de Henri IV et de Marie de Médicis, n'avait que neuf ans lors de l'assassinat de son père. La reine mère, nommée régente par le Parlement, renonça bientôt à la politique de Henri IV : d'un caractère faible, elle abandonna le pouvoir à l'Italien Concini et à sa femme Léonora Galigaï. La Cour gaspilla les économies de Sully ; les huguenots s'agitèrent ; les États généraux, convoqués en 1614, ne furent pas écoutés, et l'on maria Louis XIII à l'infante Anne d'Autriche, ce qui signifiait un rapprochement avec l'Espagne.

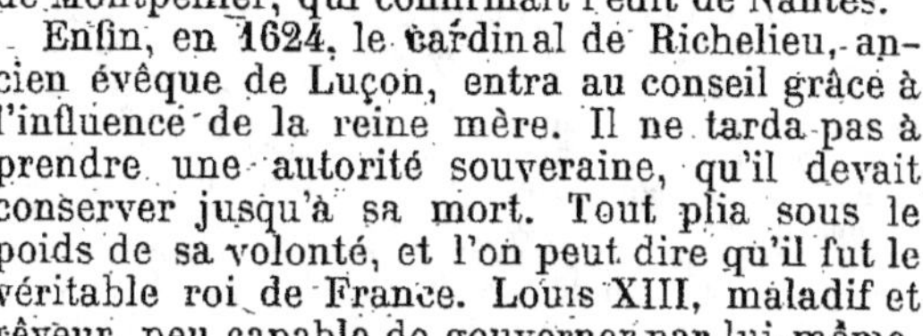
Louis XIII (1601-1643).

245. Louis XIII, déclaré majeur, aggrava encore le mal en accordant toute sa confiance à Albert de Luynes, qui n'avait d'autre talent que celui de dresser des oiseaux de proie. De Luynes s'était emparé de l'esprit du roi ; il lui avait dépeint l'intrigant Concini comme un usurpateur de la puissance royale ; et Louis XIII, effrayé, avait donné l'ordre d'arrêter son favori, avec commandement de le mettre à mort s'il résistait. Concini, qui s'était fait nommer marquis d'Ancre et maréchal de France, fut tué d'un coup de pistolet au moment où il entrait au Louvre (1617). Sa femme le suivit dans sa disgrâce ; on l'envoya au bûcher. Lorsqu'on lui demanda comment elle avait exercé sur le caractère de Marie de Médicis une influence aussi prépondérante : « Mon charme, dit-elle, fut celui des âmes fortes sur les esprits faibles. »

LEÇON. — Richelieu ministre.

246. En 1621, les huguenots se soulevèrent, et le roi soumit en personne plusieurs villes ; mais de Luynes échoua honteusement devant Montauban où il mourut de la fièvre et Louis XIII accorda aux protestants la paix de Montpellier, qui confirmait l'édit de Nantes.

Enfin, en 1624, le cardinal de Richelieu, ancien évêque de Luçon, entra au conseil grâce à l'influence de la reine mère. Il ne tarda pas à prendre une autorité souveraine, qu'il devait conserver jusqu'à sa mort. Tout plia sous le poids de sa volonté, et l'on peut dire qu'il fut le véritable roi de France. Louis XIII, maladif et rêveur, peu capable de gouverner par lui-même,

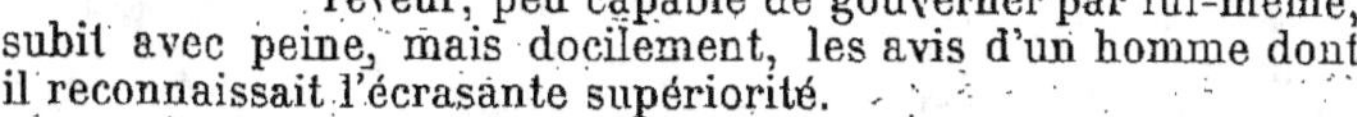
Marie de Médicis (1573-1642).

subit avec peine, mais docilement, les avis d'un homme dont il reconnaissait l'écrasante supériorité.

LEÇON. — Richelieu et les protestants.

247. Richelieu est le plus grand ministre qu'ait jamais eu notre pays. Il consacra toutes les ressources de son génie à fortifier le pouvoir royal et à rendre la France puissante en Europe.

Malgré l'édit de Nantes, qui ne leur avait garanti que la liberté de conscience, les huguenots formaient une sorte d'État dans l'État, et comme les catholiques s'étaient appuyés sur l'Espagne, les protestants firent appel à l'Angleterre. Richelieu vint mettre le siège devant La Rochelle, dernier boulevard de la Réforme. Il fit fermer le port au moyen d'une digue gigantesque, et les Rochelais, abandonnés à leurs seules ressources, ne pouvant recevoir de secours de leurs alliés, succombèrent après une défense héroïque (1627-1628). Une flotte anglaise, envoyée par Buckingham, était arrivée en vue de la ville; elle était repartie sans avoir pu rien faire contre les troupes royales.

L'année suivante (1629), Richelieu accorda la paix d'Alais aux protestants, qui furent assurés de la liberté de conscience, mais virent leur influence politique à jamais ruinée.

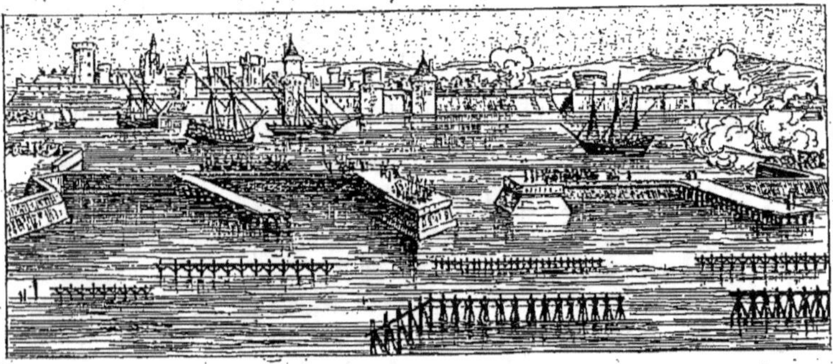

LECTURE. — Le Siège de La Rochelle (1627-1628).

248. La Rochelle était bien fortifiée, remplie d'approvisionnements, défendue par des habitants dont la foi doublait le courage. Fermement résolus à se défendre jusqu'à la mort, les Rochelais mirent à leur tête Jean Guiton, qui, en prenant possession de la mairie sur les instances de ses concitoyens : « Je serai maire, leur dit-il, puisque vous le voulez. Mais je jure d'enfoncer ce poignard dans le sein du premier qui parlera de se rendre, et je veux qu'on m'en perce moi-même si jamais je parle de capituler. »

Richelieu entoura d'abord la ville de treize forts flanqués de redoutes (1627); puis au printemps suivant, il fit fermer le port au moyen d'une digue si élevée, que les soldats s'y trouvaient à sec par les plus hautes mers. Richelieu en surveilla la construction, ayant à la main son Quinte-Curce et la description de la digue construite par Alexandre devant Tyr. Les Anglais essayèrent en vain de forcer cet obstacle formidable, et les Rochelais furent bientôt en proie à toutes les horreurs de la famine. On fit observer à Guiton que la faim aurait bientôt fauché tous les habitants : « Il suffit, reprit-il, qu'il en reste un pour fermer les portes. » Mais au bout de quinze mois de siège, l'héroïque cité fut obligée de se rendre : la moitié de la population était morte de faim.

LEÇON. — **Richelieu et les grands.**

249. Les protestants une fois réduits à l'obéissance, Richelieu résolut d'abattre la noblesse, toujours prête à négocier avec l'Espagne, toujours prête à secouer l'autorité du roi.

« Je n'entreprends rien sans y avoir bien pensé ; mais quand une fois j'ai pris une résolution, je vais à mon but, je renverse, je fauche, et ensuite je couvre tout de ma soutane rouge. » Ces paroles de Richelieu furent justifiées par tous ses actes, et surtout par la rigueur qu'il déploya contre les grands.

Le frère de Louis XIII, Gaston d'Orléans, intriguait contre l'autorité absolue du ministre, soutenu par la reine mère, qui était maintenant jalouse de son ancien protégé. Richelieu déjoua ces cabales. Un jour, le cardinal fut disgracié à la suite d'une intrigue de cour ourdie par Marie de Médicis, Anne d'Autriche, Gaston d'Orléans, et le garde des sceaux Michel de Marillac. Mais le soir même il reprit son ascendant sur l'esprit du roi. La reine mère dut bientôt partir pour l'exil, et désormais la noblesse paya de la vie ses tentatives de rébellion. On donna à ce complot le nom de *Journée des Dupes* (1630).

Dans les provinces, les gouverneurs étaient tout-puissants. Richelieu leur enleva la plus grande partie de leur autorité en augmentant le nombre des *intendants* civils, dévoués à la royauté. Ainsi, le roi fut vraiment le maître de son royaume.

LECTURE. — **Conspirateurs et Duellistes.**

250. Le comte de Chalais, qui avait préparé avec Gaston d'Orléans un plan de rébellion armée contre le cardinal, fut décapité à Nantes (1626). Le duc de Montmorency, gouverneur du Languedoc, souleva une partie de cette province : vaincu et fait prisonnier à Castelnaudary, il fut condamné à mort et exécuté à Toulouse (1632).

Le marquis de Cinq-Mars, favori de Louis XIII, voulait le titre de duc, l'entrée au conseil et l'autorisation d'épouser Marie de Gonzague, princesse de Mantoue. Richelieu fit échouer ses projets, et Cinq-Mars forma une conjuration contre le cardinal ; il signa même un traité avec l'Espagne. Richelieu, instruit de ces menées, fit arrêter Cinq-Mars avec son ami de Thou, et tous deux furent exécutés à Lyon (1642).

Un duel sous Louis XIII.

Richelieu avait fait interdire les duels, car les gens d'épée se battaient continuellement pour des raisons les plus futiles ; plus de 4 000 gentilshommes avaient ainsi péri en moins de vingt ans. Le comte de Bouteville [1] ayant tué plusieurs personnes dans des combats singuliers, s'enfuit à Bruxelles et ne put obtenir son pardon du roi. Irrité, il jura qu'il irait se battre en plein Paris, sur la place Royale, et il tint parole le 12 mai 1627 : arrêté et condamné à mort, il fut décapité malgré les sollicitations de la haute noblesse.

QUESTIONNAIRE. — 249. A qui s'attaqua Richelieu lorsqu'il eut réduit les protestants ? — Quels sont les hauts personnages qui conspirèrent contre lui ? — Que fit Richelieu pour réduire l'autorité des gouverneurs de province ? — 250. Richelieu fut-il sévère contre les conspirateurs ? — Citez quelques conspirations célèbres. — Pourquoi Richelieu interdit-il le duel ? — Qui se révolta contre cet édit ?

[1] Le maréchal de Luxembourg, qui s'illustra sous Louis XIV, était le fils du comte de Bouteville.

LEÇON. — **Richelieu et la maison d'Autriche.**

251. Après avoir fortifié le pouvoir royal, Richelieu s'attaqua à la maison d'Autriche, dont l'influence et l'ambition étaient un danger pour la France. Les Espagnols étaient en effet maîtres des Pays-Bas, de la Franche-Comté, du Roussillon, et en Italie, ils possédaient Milan et Naples.

Gustave-Adolphe
(1594-1632).

Dès 1629, Richelieu intervint en Italie pour appuyer contre les Espagnols les droits de Charles de Gonzague, duc de Nevers, à la succession du duché de Mantoue. Il força en personne le pas de Suse, en plein hiver, et imposa aux ennemis de son allié le traité de Quérasque, qui reconnut à la France le libre passage des Alpes (1631).

L'empereur d'Allemagne, Ferdinand II, voulait que tous ses sujets fussent catholiques. Cette prétention ne tarda pas à déchaîner une guerre religieuse que l'on a appelée *Guerre de Trente ans* [1], parce qu'elle dura de 1618 à 1648.

LEÇON. — **Guerre de Trente ans.**

252. Richelieu, quoique catholique et quoique cardinal, s'allia contre l'Empereur et contre les Espagnols avec les princes protestants d'Allemagne et avec le roi de Suède, Gustave-Adolphe, auxquels il fournit des subsides; puis, lorsque ce héros eut péri à Lutzen (1632), il intervint directement dans la lutte. C'est la *période française* de la guerre de Trente ans.

La fortune, d'abord indécise, se prononça en faveur de la France. La Picardie fut reprise aux Espagnols, qui l'avaient envahie (1636); l'Alsace fut conquise par notre allié, le jeune et héroïque Bernard de Saxe-Weimar (1639), l'Artois soumis (1640), le Roussillon enlevé

Richelieu force le pas de Suse (1629).

à nos ennemis (1642) ; nos armées furent partout victorieuses.

Richelieu allait assister au triomphe final de sa politique, lorsqu'il succomba à l'excès du travail et à la maladie (1642). Louis XIII le suivit peu après dans la tombe (1643),

QUESTIONNAIRE. — 251. Pourquoi Richelieu fit-il la guerre à la maison d'Autriche? — A quelle occasion éclata la guerre de Trente ans? — En combien de période divise-t-on cette guerre? — 252. A qui Richelieu fournit-il des subsides? — Quand intervint-il directement dans la lutte? — Les Français remportèrent-ils des victoires? — Quand moururent Richelieu et Louis XIII?

(1) La guerre de Trente ans se divise en quatre périodes : 1° la période *palatine* (1618-1623), pendant laquelle Frédéric, électeur palatin et roi de Bohême, fut vaincu, avec les protestants, et dépouillé de ses États; 2° la période *danoise* (1624-1629), pendant laquelle Christian IV de Danemark se mit à la tête des protestants et fut vaincu par les généraux Tilly et Wallenstein; 3° la période *suédoise* (1630-1635), au cours de laquelle Gustave-Adolphe, vainqueur à Leipzig, fut tué à Lutzen, où il fut encore vainqueur; 4° la période *française* (1635-1648) qui se termina par le glorieux traité de Westphalie.

Administration de Richelieu.

253. Richelieu a continué la politique de Henri IV et préparé celle de Louis XIV. S'il fit la guerre à l'Autriche et à l'Espagne, unies par des liens de famille, ce fut pour éviter à son pays le retour des dangers qu'il avait courus au temps de Charles-Quint, alors qu'il était enserré par un même ennemi au sud, au nord et à l'est.

Il fortifia l'autorité royale pour mettre la France à l'abri des troubles qui l'avaient ruinée sous les derniers Valois, mais il alla si loin dans cette voie qu'il aboutit à l'absolutisme. Les parlements résistaient au pouvoir royal : il les réduisit à l'obéissance. Les protestants croyaient que l'édit de Nantes leur donnait, en dehors de la liberté de conscience, une certaine indépendance politique : il les soumit. Les gouverneurs de provinces avaient un pouvoir presque absolu ; il ne créa pas les intendants, comme on le dit par erreur, mais il en augmenta le nombre, et les intendants,

Richelieu (1585-1642).

serviteurs dociles du cardinal, contrôlèrent et réduisirent à rien la puissance des gouverneurs.

Il dota la France d'une marine, qui fit ses premières preuves au siège de La Rochelle et put se mesurer avec les galères espagnoles pendant la guerre de Trente ans. Il favorisa l'expansion coloniale de la France, surtout au Canada, et il eut le premier l'idée de coloniser Madagascar.

254. Richelieu fit donc de très grandes choses, et il eut le droit de dire à son lit de mort : « Je n'ai pas eu d'autres ennemis que ceux de l'État. » Mais les nécessités de sa politique extérieure ne lui permirent pas de rétablir l'ordre dans les finances, et tous les moyens lui parurent bons pour atteindre son but. Il fut impitoyable, vindicatif, despotique. Exclusivement occupé d'abattre au dehors la domination espagnole, au dedans l'influence des grands et des protestants, il ne put se préoccuper des besoins du peuple, ni songer à entourer la royauté d'institutions qui, en contre-balançant la toute-puissance du souverain, eussent prévenu le despotisme, et par suite les révolutions violentes.

Un des érudits qui connaissent le mieux le grand cardinal a pu dire toutefois : « La position particulière de Richelieu doit être prise en considération par la justice de l'histoire. Ministre d'un roi sans caractère, en butte à des ennemis puissants, il avait à se défendre à la fois et contre la faiblesse de l'un et contre la malice des autres. Avec une puissance moins contestée, il eût été moins cruel ; il eût trouvé peut-être dans la magnanimité la force qu'il chercha dans la terreur ; et roi, il n'eût point rougi sa pourpre de tout le sang qui a taché sa robe de cardinal. »

Le Palais-Cardinal.

LECTURE. — Les Lettres et les Arts sous Louis XIII.

255. — C'est sous Louis XIII que la France entre en possession d'une littérature vraiment classique.

Malherbe
(1555-1628).

Corneille
(1606-1684).

MALHERBE ne fut pas un grand poète; il prétendit même imposer à la poésie des règles tellement sévères que ses premiers disciples, comme Racan, tombèrent dans une monotonie souvent insipide; mais il eut au plus haut degré le sentiment du rythme, de la cadence, de l'harmonie.

Dans le même temps, la duchesse de Rambouillet réunissait en son hôtel tous ceux qui se piquaient de goût littéraire. Les habitués de l'hôtel de Rambouillet ne tardèrent pas à s'ériger en tribunal; à force de vouloir affiner la littérature, ils tombèrent dans cet ensemble de défauts que Molière mit plus tard en relief dans ses *Précieuses ridicules*.

Descartes
(1596-1650).

256. Pierre CORNEILLE, fondateur de la tragédie moderne, donna au théâtre le *Cid, Cinna, Horace, Polyeucte*. Il mit en scène la lutte de la passion et du devoir; la majestueuse grandeur de son style fut une réaction contre la langue boursouflée et pédantesque qui était de mode de son temps. Et cependant son immortelle tragédie du *Cid* fut condamnée par l'*Académie française*, que Richelieu avait créée en 1635.

Poussin
(1594-1665).

Le Sueur
(1616-1655).

Cl. Lorrain
(1600-1682).

En 1637, le grand philosophe DESCARTES exposa dans le *Discours de la méthode* ses doctrines philosophiques. Il montra le parti que pouvait tirer de notre langue un prosateur qui l'employait simplement.

Le règne de Louis XIII compte aussi quelques artistes de premier ordre : Jacques DEBROSSE, qui bâtit pour Marie de Médicis le palais du Luxembourg; LEMERCIER, qui construisit l'église de la Sorbonne et le Palais-Cardinal (aujourd'hui Palais-Royal); les peintres Philippe de CHAMPAGNE,

Ph. de Champagne
(1602-1674).

Callot
(1593-1635).

LE SUEUR, Nicolas POUSSIN, Claude LORRAIN, le graveur Jacques CALLOT.

LEÇON. — Louis XIV (1643-1715).

257. Louis XIV n'avait pas cinq ans lorsqu'il succéda à son père Louis XIII, sous la régence d'Anne d'Autriche, qui eut pour premier ministre le cardinal Mazarin, ami et confident de Richelieu.

Mazarin continua la guerre contre l'Autriche et l'Espagne, et il eut la gloire de la terminer à l'honneur de la France. Le duc d'Enghien (plus tard prince de Condé), âgé de vingt-deux ans à peine, reçut le commandement des troupes chargées de repousser les Espagnols de nos frontières du Nord; il débuta d'une manière éclatante en remportant l'immortelle victoire de Rocroi, qui sauva la France de l'invasion (1643). L'année suivante, ayant sous ses ordres Turenne, il battit le célèbre général Mercy à Fribourg, occupa une partie du Palatinat et prit Mayence.

Anne d'Autriche
(1602-1666).

Bataille de Rocroi (1643)

258. Turenne, qui s'avançait au cœur de l'Allemagne, fut arrêté à Marienthal (Bavière) et obligé de battre en retraite. Condé accourut avec des renforts, attaqua les ennemis à Nordlingen et leur infligea une défaite sanglante; Mercy fut tué dans la bataille (1645).

Envoyé en Catalogne, Condé échoua au siège de Lérida (1647); mais, en 1648, il répara cet échec par ses succès en Flandre, et anéantit à Lens les restes de l'infanterie espagnole, pendant que Turenne écrasait les dernières troupes impériales dans la vallée du Danube.

Toutes ces victoires amenèrent la paix de Westphalie (1648), par laquelle l'Empereur cédait définitivement à la France ses droits sur les Trois-Évêchés et l'Alsace, moins Strasbourg, qui demeurait ville libre. L'Espagne refusa d'y accéder et resta en guerre avec la France [1].

[1] Le traité de Westphalie fit triompher le *principe de l'équilibre européen*. D'après ce principe, les États sont réciproquement garants de leur indépendance, c'est-à-dire qu'ils doivent avoir une puissance à peu près égale, afin qu'aucun d'eux ne soit tenté de vouloir absorber les autres. De même que le traité de Westphalie fit triompher ce principe contre la maison d'Autriche, de même le traité d'Utrecht (1713) le fit triompher contre l'ambition de Louis XIV, et les traités de 1815 contre Napoléon.

LEÇON. — La Fronde parlementaire.

259. Les finances publiques étaient épuisées et l'administration peu scrupuleuse de Mazarin n'était pas faite pour les rétablir. Le cardinal recourut à l'impôt : le Parlement refusa d'enregistrer les édits établissant de nouvelles taxes.

De Retz (1614-1679).

Mazarin fit arrêter trois conseillers au Parlement, dont l'un, Pierre Broussel, était très aimé du peuple parisien. Ce fut le signal d'un soulèvement, préparé par Paul de Gondi, coadjuteur de l'archevêque de Paris et plus tard cardinal de Retz. La ville se couvrit de barricades, et Mathieu Molé, président du Parlement, dut venir à la cour réclamer la liberté des prisonniers. Anne d'Autriche céda, puis quitta Paris avec le jeune roi et se retira à Saint-Germain. Alors commença une guerre civile qu'on appela *Fronde*, du nom d'un jeu d'enfants. La première partie de cette guerre fut appelée *Fronde parlementaire*, parce que le Parlement était du côté des factieux ; elle se termina par la paix de Rueil (1649) après laquelle la reine et son fils rentrèrent dans la capitale.

LEÇON. — La Fronde des princes.

260. Mais à la Fronde parlementaire succéda la *Fronde des princes,* à la tête desquels fut le prince de Condé, brouillé avec Mazarin et avec la reine. Le cardinal dut prendre le chemin de l'exil, et se retira momentanément à Cologne, tandis que Condé, battu à Gien et à Bléneau (Yonne) par Turenne, marchait sur Paris, où il entra après un combat acharné que l'armée royale lui livra à la porte Saint-Antoine. La fille de Gaston d'Orléans, Mlle de Montpensier, avait fait tirer le canon de la Bastille sur l'armée de Turenne victorieuse et l'avait contrainte à la retraite.

Mlle de Montpensier (1627-1693).

Saint Vincent de Paul (1576-1660).

Pendant les troubles de la Fronde, la misère fut extrême, mais il se trouva pour secourir les victimes de la guerre civile quelques hommes charitables dont le plus dévoué fut un simple prêtre, saint Vincent de Paul.

Condé exaspéra les Parisiens par ses exigences et sa brutalité ; il fut bientôt obligé de s'enfuir, et le vainqueur de Lens, trahissant sa patrie, passa aux Espagnols (1652).

Mazarin revint au pouvoir, plus fort que jamais (1653), et reprit la guerre contre Philippe IV d'Espagne, qui, à la faveur des troubles de la Fronde, avait pu s'emparer de Dunkerque et de Barcelone.

LEÇON. — La Paix des Pyrénées (1659).

261. Le vainqueur de Rocroi, à la tête d'une armée ennemie, vint d'abord assiéger Arras; mais Turenne l'obligea à la retraite (1654). Résolu à en finir à tout prix, Mazarin fit alliance avec Cromwell, protecteur de la République d'Angleterre, celui-là même qui, en 1649, avait fait tomber sur l'échafaud la tête de Charles Iᵉʳ, oncle de Louis XIV.

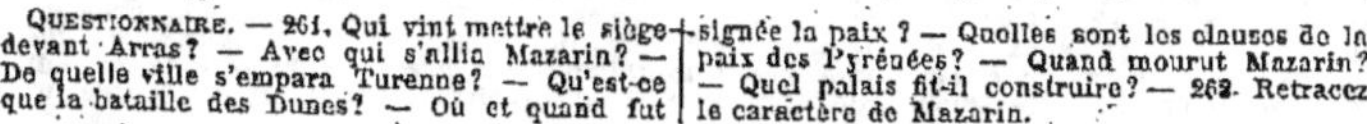

Pendant que la marine anglaise portait la guerre aux colonies espagnoles, Turenne prenait Dunkerque, malgré les efforts de Condé, sur lequel il gagna la bataille des Dunes (1658). Dunkerque resta à l'Angleterre en échange de son concours.

Cromwell (1599-1658).

L'Espagne, épuisée, se décida à traiter (1659). Par la paix des Pyrénées, signée dans l'île des Faisans, sur la Bidassoa, elle céda à la France l'Artois, la Cerdagne et le Roussillon. Louis XIV épousa l'infante Marie-Thérèse, et Condé rentra en grâce.

Mazarin mourut deux ans après (1661). C'est à lui qu'est due la fondation du collège des Quatre-Nations [1], appelé aujourd'hui palais Mazarin.

LECTURE. — Mazarin.

262. Mazarin, que Richelieu avait connu en Italie [2], remplit, pour le grand cardinal, plusieurs missions importantes. Il en fut récompensé par la barrette, et Richelieu mourant le désigna à Louis XIII pour le remplacer.

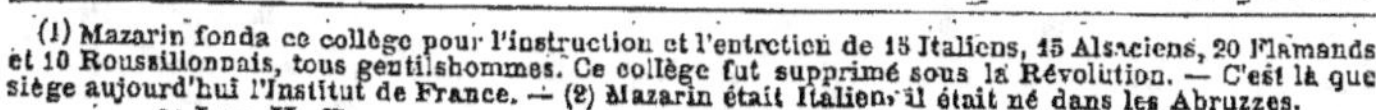

Mazarin a rendu de grands services à la France, qui lui est redevable de la paix de Westphalie et de celle des Pyrénées, c'est-à-dire, de l'abaissement définitif de la maison d'Autriche.

Mais s'il continua heureusement la politique extérieure de Richelieu, il fut à l'intérieur un ministre rapace, dilapidateur et déloyal. Il était fourbe, dissimulé, défiant. Il ne chercha jamais à soulager la misère publique, et il accrut sa propre fortune aux dépens de l'État ruiné. A sa mort, il laissa une fortune de 100 millions de livres, ce qui équivaut au double en monnaie actuelle.

De 1643 à 1661, comme premier ministre d'une reine qui lui était toute dévouée et d'un roi enfant, Mazarin exerça la plénitude du pouvoir; mais, durant plus de la moitié de sa vie, jamais autorité ne fut plus contestée que

Mazarin (1602-1661).

la sienne, malgré son envie de plaire à tous, et bien qu'il donnât où laissât prendre à pleines mains. Jamais aussi homme politique ne se montra plus tenace; il supportait tout, les injures, les quolibets, les échecs, cédant lorsqu'il était le plus faible, jetant les factieux en prison dès qu'il devenait le plus fort. — C'était un intrigant, mais un intrigant de génie.

QUESTIONNAIRE. — 261. Qui vint mettre le siège devant Arras? — Avec qui s'allia Mazarin? — De quelle ville s'empara Turenne? — Qu'est-ce que la bataille des Dunes? — Où et quand fut signée la paix? — Quelles sont les clauses de la paix des Pyrénées? — Quand mourut Mazarin? — Quel palais fit-il construire? — 262. Retracez le caractère de Mazarin.

---

(1) Mazarin fonda ce collège pour l'instruction et l'entretien de 15 Italiens, 15 Alsaciens, 20 Flamands et 10 Roussillonnais, tous gentilshommes. Ce collège fut supprimé sous la Révolution. — C'est là que siège aujourd'hui l'Institut de France. — (2) Mazarin était Italien; il était né dans les Abruzzes.

LEÇON. — **Gouvernement personnel de Louis XIV.**

263. A la mort de Mazarin, Louis XIV annonça sa volonté de régner désormais par lui-même et sans premier ministre.

Il soutint en effet pendant cinquante-quatre ans un effort de volonté et de travail dont personne ne l'avait d'abord jugé capable [1]. Il fut, il est vrai, secondé par des administrateurs comme Colbert et Louvois, des diplomates comme Hugues de Lionne, des magistrats comme Lamoignon et d'Aguesseau, dont les travaux préparèrent l'unité de notre législation.

Nicolas Foucquet
(1615-1680).

264. Il commença par briser la puissance du surintendant des finances, Nicolas Foucquet, dont les dilapidations étaient un scandale public. Foucquet avait reçu le roi dans son château de Vaux, près Melun, et le luxe qu'il avait déployé pour fêter la présence du souverain n'avait fait qu'irriter l'orgueil et la jalousie de Louis XIV.

Foucquet, arrêté à Nantes, fut condamné au bannissement. Louis XIV, aggravant la sentence, infligea à l'ancien surintendant la peine de la prison perpétuelle, et Foucquet mourut dans la forteresse de Pignerol, après dix-neuf ans de captivité.

Le duc de Beaufort
(1616-1669).

265. En prenant possession du pouvoir, Louis XIV eut la bonne fortune d'avoir à ses côtés, pour diriger sa diplomatie, le marquis Hugues de Lionne, qui réunissait toutes les qualités d'un véritable homme d'État.

Sur ses conseils, Louis XIV soutint secrètement le Portugal, adversaire de l'Espagne. Il s'efforça de gagner par des mariages l'alliance de la Toscane et de la Savoie, et il obligea le Saint-Siège à traiter avec égard notre envoyé à Rome, le duc de Créqui. En Allemagne, il protégea les princes du Rhin pour faire échec à l'empereur. Dunkerque fut racheté aux Anglais.

Le duc de Beaufort fit en 1663 et 1664 deux expéditions contre Alger, qui était un nid de pirates. Elles

De Lionne
(1611-1671).

n'amenèrent aucun résultat durable; mais en 1665, l'intrépide amiral joignit la flotte algérienne à la hauteur de Tunis et lui livra deux combats où elle fut presque anéantie.

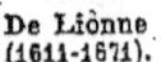

[1] Une scène célèbre montre Louis XIV, âgé de dix-sept ans, entrant le fouet à la main au Parlement pour lui défendre de délibérer sur de nouveaux édits bursaux et répondant au premier président, qui lui objectait l'intérêt de l'Etat : « L'Etat, c'est moi. » L'historien Chéruel nie l'authenticité de ces paroles; suivant lui, Louis XIV aurait bien, vêtu d'un costume insolite, froissé la compagnie par son langage hautain et cassant; mais, dès le lendemain, le premier président Pomponne de Bellièvre réconcilia le Parlement et la cour, moyennant un *présent* de 300 000 livres.

LEÇON. — Colbert.

266. Colbert, qui remplaça Foucquet à la tête de l'administration des finances, était le fils d'un drapier de Reims.

En mourant, Mazarin le recommanda à Louis XIV : « Sire, dit-il au roi, je vous dois tout, mais je m'acquitte envers Votre Majesté en lui donnant Colbert. » Le nouveau ministre avait en effet les qualités les plus solides : probité, amour du travail, ordre, économie, pratique des affaires.

Persuadé qu'il n'est pas d'État puissant sans de bonnes finances, Colbert porta d'abord ses vues de ce côté, et, sans les dépenses des guerres, il aurait laissé le Trésor dans une situation florissante.

267. Dans l'intention de protéger les produits de l'industrie nationale, il frappa de droits élevés les produits étrangers, sauf les matières nécessaires à nos

Colbert (1619-1683).

fabricants. Il encouragea le commerce en faisant construire des routes et creuser des canaux [1], en favorisant l'expansion et la mise en valeur de nos possessions coloniales, en fondant des manufactures qui rendirent célèbres les draps de Louviers, d'Elbeuf, d'Abbeville, de Sedan, les soieries de Lyon, les glaces de Saint-Gobain (près Laon), les porcelaines de Sèvres, les tapisseries des Gobelins (Paris) et de Beauvais. Enfin, il réorganisa la marine. (V. p. 157.)

Les Invalides.

LEÇON. — Louvois.

268. Louvois fut pour l'armée de terre ce que Colbert fut pour les finances et pour la marine : il peut être considéré comme le véritable créateur de l'armée française. Il soumit les soldats à une discipline sévère, établit l'uniforme par régiment, la marche au pas, qui donne plus de cohésion aux manœuvres, et pourvut l'infanterie de la baïonnette.

Il créa l'*ordre du tableau*, qui assura l'avancement d'après l'ancienneté et le mérite, et il rédigea pour tous les genres de services, en temps de paix comme en temps de guerre, d'excellents règlements.

Il fit pourvoir de pièces et de munitions toutes les places frontières ; il créa des académies où de jeunes gentilshommes allèrent se former au métier des armes ; il bâtit des casernes, des hôpitaux militaires, et entreprit la construction de l'Hôtel des Invalides.

Toutes ces mesures assurèrent la supériorité des armes françaises dans les guerres qui eurent lieu jusqu'à la mort de Louvois. Mais on peut reprocher à ce

Louvois (1639-1691).

grand ministre les actes de barbarie inutiles qu'il fit commettre, par exemple, l'incendie du Palatinat. L'administrateur est au-dessus de tout reproche : l'homme et le politique ne le sont pas.

[1] Le canal du Midi fut commencé par Riquet en 1667.

LEÇON. — **Louis XIV. Guerre de Dévolution.**

269. Louis XIV ne voulut pas seulement régner en maître absolu

Marie-Thérèse
(1638-1683).

dans les limites de son royaume, il prétendit encore imposer à l'Europe la suprématie de la France. Il força le gouvernement espagnol à reconnaître aux représentants français le droit de préséance; il obligea le pape à réparer une insulte faite à Rome à notre ambassadeur; il donna la chasse aux corsaires barbaresques; il envoya au secours de l'empereur d'Autriche, Léopold Ier, six mille hommes qui contribuèrent puissamment à la défaite des Turcs à Saint-Gothard (Hongrie) [1664]; enfin, en aidant d'abord la Hollande contre l'Angleterre, il fournit à nos marins l'occasion d'aller faire leurs premières armes sous les ordres des deux plus grands amiraux de l'époque : les Hollandais Tromp et Ruyter.

Louis XIV devant Charleroi (1667).

Congrès d'Aix-la-Chapelle (1668).

270. A la mort de Philippe IV, roi d'Espagne (1665), Louis XIV éleva des prétentions sur le Brabant au nom de sa femme Marie-Thérèse [1].

Le nouveau roi d'Espagne, Charles II, objecta que les droits de Louis XIV n'étaient pas valables; mais Louis XIV, sans attendre la fin des négociations, entra en Flandre à la tête de son armée, que commandait Turenne (1667). Charleroi, Tournai, Douai, Oudenarde, Furnes, Courtrai, Lille, tombèrent en quelques semaines au pouvoir des Français. L'année suivante, Condé fit en quinze jours la conquête de la Franche-Comté, qui appartenait à l'Espagne.

Effrayée de la rapidité de ces victoires, la Hollande, rompant avec la France, conclut avec l'Angleterre et la Suède la *Triple Alliance* de La Haye, et Louis XIV, n'osant affronter la lutte dans des conditions aussi différentes, signa le traité d'Aix-la-Chapelle (1668).

Presque toutes les villes conquises en Flandre par les Français leur restèrent, mais la Franche-Comté fut restituée à l'Espagne.

QUESTIONNAIRE. — **269.** Par quels actes Louis XIV imposa-t-il sa suprématie à l'extérieur? — Qui secourut-il contre les Turcs? contre l'Angleterre? — **270.** Quand et à quelle occasion envahit-il la Flandre? — Quelles villes prirent les Français? De quel pays Condé fit-il la conquête? — Qu'est-ce que la Triple Alliance de La Haye? — Qu'obtint la France par le traité d'Aix-la-Chapelle?

[1] Louis XIV s'appuyait sur le droit de *dévolution* qui, dans certains pays, donnait aux enfants du premier mariage, lors des secondes noces du père, la nu-propriété, et à sa mort la propriété de ses biens à l'exclusion des enfants du second lit. Marie-Thérèse était issue du premier mariage de Philippe IV, et Charles II du second.

LEÇON. — Guerre de Hollande.

271. Louis XIV garda rancune à la Hollande de s'être mise en travers de ses projets, et il s'efforça de l'isoler des Anglais. Il signa en effet avec Charles II, roi d'Angleterre, un traité d'amitié (1670), et, tranquille de ce côté, il refusa de recevoir en France les marchandises hollandaises.

La Hollande ayant riposté par des mesures analogues, Louis XIV lui déclara la guerre. Il passa le Rhin à Wesel, ayant sous ses ordres Condé et Turenne, et il prétendit imposer aux Hollandais des conditions tellement rigoureuses que ceux-ci résolurent de se défendre à tout prix (1672).

Pour chasser les Français ils ouvrirent les digues qui empêchaient la mer d'inonder leur pays, et bientôt la Hollande fut comme noyée.

Porte Saint-Denis.

Le stathouder Guillaume d'Orange fit la paix avec l'Angleterre et réussit à former contre la France la *Ligue de La Haye*, où entrèrent l'Empereur, l'Espagne et la Suède (1673).

LEÇON. — Apogée du règne de Louis XIV.

272. Louis XIV, obligé d'évacuer la Hollande inondée, se jeta sur la Franche-Comté. Condé vainquit Guillaume d'Orange à la sanglante bataille de Senef, près de Mons (1674). Pendant ce temps, Turenne luttait contre le fameux général autrichien Montécuculli, et s'immortalisait par sa belle campagne d'Alsace. Il battit les Allemands à Mulhouse, à Colmar, à Turkheim; et, par une série d'admirables manœuvres, il les obligea à repasser le Rhin. Malheureusement il fut tué par un boulet de canon à Salzbach (1675). Condé remplaça Turenne et vainquit les Allemands [1].

Mort de Ruyter à Agosta (1676).

Sur mer, Du Quesne battit la flotte de Ruyter à Stromboli (une des îles Lipari), à Agosta et à Palerme (1676). Grâce à ces succès, une paix générale fut signée à Nimègue (1678); l'Espagne nous céda la Franche-Comté et plusieurs villes de la Flandre. Louis XIV fut surnommé le *Grand* par les Parisiens qui élevèrent les portes Saint-Denis et Saint-Martin en mémoire de ses triomphes.

La paix de Nimègue marque l'apogée du règne de Louis XIV; c'est le moment le plus glorieux de la France des Bourbons, qui, à cette époque, exerça sur toute l'Europe une hégémonie incontestée.

[1] Ce fut la dernière campagne du grand Condé, qui, atteint d'infirmités, se retira dans sa magnifique résidence de Chantilly (Oise), où il mourut en 1686.

LEÇON. — Révocation de l'Édit de Nantes. — Ligue d'Augsbourg.

273. Fort de la crainte qu'il inspirait aux autres États, Louis XIV prétendit réunir à la couronne les territoires qui, à une époque quelconque, avaient relevé de l'Alsace. Louvois somma Strasbourg de se prononcer entre l'Empire et la France, et la ville se donna à Louis XIV (1681).

Bientôt après, le roi commit une grande faute : il révoqua l'édit de Nantes (1685). Le culte réformé fut interdit, et les protestants émigrèrent en foule portant à l'étranger leur industrie et leurs richesses.

Charge de la maison du roi à Steinkerque (1692).

Guillaume d'Orange se déclara le protecteur des émigrés, et, prenant prétexte des annexions faites, il forma avec l'Empereur, l'Espagne, la Savoie, etc., la *Ligue d'Augsbourg* (1686). Les Anglais, après avoir renversé Jacques II, prirent pour roi Guillaume d'Orange et adhérèrent à la ligue. Louis XIV essaya vainement de rétablir le monarque détrôné.

LEÇON. — Guerre de la ligue d'Augsbourg.

274. La guerre dura neuf ans, de 1688 à 1697. Louvois fit incendier le Palatinat. Dans les Pays-Bas, le maréchal de Luxembourg tint tête à Guillaume d'Orange et remporta les victoires de Fleurus (1690), de Steinkerque (1692), de Nerwinde [1] (1693). En Italie, Catinat s'illustra à Staffarde et à La Marsaille. Tourville essuya un échec au combat naval de La Hogue (Manche) [1692], mais il prit sa revanche au cap Saint-Vincent (Portugal), pendant que Jean Bart et Duguay-Trouin

Bataille
de Nerwinde (1693).

dévastaient les colonies anglaises.

Malgré ces succès, Louis XIV dut signer le traité de Ryswick, préférant ménager ses forces pour revendiquer la succession de Charles II d'Espagne (1697). Louis XIV reconnaissait Guillaume III comme roi d'Angleterre. — La seule clause avantageuse de ce traité fut celle qui nous mit formellement en possession de Strasbourg.

(1) Les nombreux drapeaux que Luxembourg rapporta de ces trois champs de bataille, et qui décorèrent la nef de la métropole parisienne, le firent surnommer le *Tapissier de Notre-Dame.*

Bourgeois et bourgeoise.

Foire de St-Germain.
Homme du peuple. — Bateleurs.

Le Grand escalier du palais de Versailles.

Prise de Namur.

Soldat du Régiment
de Champagne (1705).

LEÇON. — **La Succession d'Espagne.**

275. Charles II, roi d'Espagne, mort sans enfants, avait désigné pour lui succéder le petit-fils de Louis XIV, Philippe d'Anjou, mais en stipulant que les couronnes de France et d'Espagne ne seraient jamais réunies sur la même tête. Louis XIV accepta ces conditions, et Philippe partit pour Madrid (1700).

Berwick
(1670-1734).

La longue rivalité des maisons de France et d'Autriche semblait se terminer à notre profit[1].

Mais, au mépris du testament de Charles II, Louis XIV conserva à Philippe le titre de prince français et ses droits éventuels à la couronne de France.

Guillaume III rentra alors en scène et conclut le traité de La Haye, dit la *Grande Alliance*, avec la Hollande et l'Empereur (1701). La Prusse, le Portugal, la Suède, la Savoie y adhérèrent successivement. Il ne resta guère à Louis XIV d'autre allié que la Bavière.

276. Cependant, le roi de France aurait peut-être pu maintenir les

Marlborough
(1650-1722).

Le prince Eugène
(1667-1736).

Guillaume d'Orange
(1650-1702).

Heinsius
(1641-1720).

Anglais dans la neutralité; mais Jacques II étant mort à Saint-Germain, Louis XIV reconnut comme roi d'Angleterre le fils de ce prince sous le nom de Jacques III. Cette nouvelle provoqua à Londres une explosion de fureur, et la guerre éclata.

La coalition était dirigée par le duc de Marlborough, le Grand pensionnaire de Hollande Heinsius et le prince Eugène, un Français passé au service de l'Autriche. La France leur opposa Villars, Vendôme et Berwick.

Guillaume III mourut en 1702, et la fille de Jacques II, la reine Anne, qui lui succéda, hérita de sa haine pour la France.

Les débuts de la guerre furent assez heureux : Vendôme battit le prince Eugène en Italie; Villars délivra l'Alsace envahie et vainquit les Impériaux à Friedlingen et à Hochstedt (1703); mais Villars, rappelé de l'armée, fut envoyé dans les Cévennes pour combattre les Camisards (v. p. 154). Alors commença pour les armes françaises une série ininterrompue de revers.

[1] Au moment où Louis XIV embrassa son petit-fils, il lui donna des instructions que l'on a résumées par le mot célèbre, imaginé après coup : « Il n'y a plus de Pyrénées. »

LEÇON. — Guerre de la Succession d'Espagne.

277. La défaite des troupes françaises par Marlborough et le prince Eugène, à Hochstedt, nous chassa de l'Allemagne (1704). Puis le prince Eugène accourut en Italie et nous obligea à évacuer le Piémont par la bataille de Turin (1706), tandis que Marlborough battait l'inepte Villeroi à Ramillies, nous repoussant ainsi des Pays-Bas.

Les Anglais, après avoir entraîné le Portugal dans la coalition, s'emparèrent de Gibraltar (1704), et les Autrichiens envahirent l'Espagne (1705), mais Berwick les vainquit à Almanza (1707). C'est alors qu'Eugène et Marlborough vinrent assiéger Lille qui dut capituler malgré l'héroïque défense de Boufflers; puis, réunissant leurs forces, ils battirent Vendôme à Oudenarde (1708) et Villars à Malplaquet (Nord), 1709. Les rigueurs du terrible hiver de 1709 aggravèrent encore la situation; dans toute la France, la misère fut à son comble.

Boufflers (1644-1711).

Louis XIV, à bout de ressources, se décida à demander la paix, mais les alliés exigèrent qu'il détrônât lui-même son petit-fils. « Puisqu'il faut faire la guerre, s'écria le vieux roi, j'aime mieux la faire à mes ennemis qu'à mes enfants. »

LEÇON. — Traités d'Utrecht et de Rastadt.

278. La France se résigna à de nouveaux sacrifices; cette fois, Vendôme et Philippe V vainquirent les Impériaux à Villaviciosa (1710),

et Villars remporta sur le prince Eugène la victoire de Denain (Nord) [1712]. En remettant à Villars le commandement de sa dernière armée, Louis XIV avait dit au maréchal : « Si la fortune vous est contraire, je compte aller à Péronne ou à Saint-Quentin y ramasser tout ce que j'aurai de troupes, faire un dernier effort avec vous et périr ensemble ou sauver l'Etat. »

Les alliés se décidèrent à la paix, et les traités d'Utrecht (1713), de Rastadt et de Bade (1714) terminèrent cette guerre désastreuse.

Louis XIV mourut à Versailles en 1715, laissant la France plus grande qu'il ne l'avait reçue, mais tout à fait épuisée. Il était resté soixante-douze ans sur le trône : c'est le plus long règne de notre histoire.

Avant de mourir, il bénit son arrière-petit-fils, âgé de cinq ans, qui allait lui succéder, et lui dit : « Mon enfant, vous allez être bientôt roi d'un grand royaume. Tâchez de conserver la paix avec vos voisins. J'ai trop aimé la guerre; ne m'imitez pas en cela. Soulagez vos peuples le plus tôt que vous le pourrez, et faites ce que j'ai eu le malheur de ne pouvoir faire moi-même. »

Vendôme (1654-1712).

Gouvernement de Louis XIV.

279. La monarchie absolue. Louis XIV fut un monarque absolu. Il considérait les rois comme les représentants de Dieu sur la terre et comme ne devant compte de leurs actes qu'à Dieu.

L'idée qu'il se faisait de la royauté le conduisit tout naturellement à ne jamais convoquer les États généraux, à ne souffrir aucune remontrance du Parlement. La noblesse fut écartée des hautes fonctions politiques; le roi la combla de marques de considération, mais il réduisit au rôle de courtisans les représentants des plus grandes familles. Les Colbert, les Louvois, appartenaient à la classe bourgeoise, que le roi jugeait plus sûre, plus soumise à son autorité.

Louis XIV (1638-1715).

Pendant que la noblesse perdait tout pouvoir dans l'État, la bourgeoisie s'élevait donc peu à peu : elle s'enrichissait par le commerce et par l'industrie, elle envahissait toute l'administration. Mais, dans les campagnes, la misère était atroce : Vauban écrivait en 1707 que près de la dixième partie du peuple était réduite à la mendicité.

280. La Cour. La Cour réside dans le magnifique palais de Versailles. Là, l'entourage du souverain vit dans un état habituel d'obéissance passive et lui rend des honneurs qui ressemblent à un culte. Attendre le roi à son lever, ne le quitter qu'après le coucher, ne voir que par ses yeux, le suivre partout, le flatter à tout propos, telle est la vie du courtisan. Comme l'a dit Boileau : *Le courtisan n'a plus de sentiment à soi*, et cette existence entraîne, avec l'abaissement des caractères et l'effacement de la personnalité, le relâchement des mœurs. Dans ce milieu poli et raffiné, certaines femmes prennent une influence qui s'étend aux choses de la politique : telles furent Mme de Montespan et Mme de Maintenon [1].

281. La police. Pour savoir tout ce qui se passait dans sa capitale, Louis XIV créa la police en 1667. Le premier lieutenant de police, La Reynie, éclaira la nuit les rues de Paris pendant l'hiver, il organisa le service du guet, institua une compagnie de pompiers, s'efforça de rendre la ville plus propre et plus saine.

282. La politique religieuse. La politique religieuse de Louis XIV ne fut pas moins absolue. Le clergé de France, réuni en Assemblée nationale, adopta, à l'instigation de Bossuet, la *Déclaration de 1682*, qui maintenait les libertés de l'Église gallicane (Église de France); mais la *Révocation de l'édit de Nantes* (1685) priva le pays de 300 000 Français, qui portèrent à l'étranger leurs lumières et leurs rancunes, et, peu de temps après, commencèrent les *Dragonnades* : on envoyait des dragons loger chez les calvinistes; ces soldats torturaient leurs hôtes jusqu'à ce qu'ils eussent abjuré. Dans les Cévennes, les calvinistes poussés à bout se révoltèrent en 1702; Montrevel, puis Villars, réprimèrent avec une impitoyable dureté cette insurrection, qu'on appela révolte des *Camisards*, parce que les calvinistes, pour se reconnaître, étaient revêtus de blouses blanches ou chemises (*camiso*).

(1) Quelques mois après la mort de Marie-Thérèse, Louis XIV épousa secrètement Mme de Maintenon, veuve du poète Scarron (1684). C'est sous l'inspiration de Mme de Maintenon que fut fondée à Saint-Cyr (1685) l'*Institution de Saint-Louis*, maison d'éducation pour 250 jeunes filles de noblesse pauvre. — Cette institution disparut sous la Révolution, et, en 1808, Napoléon transféra dans les bâtiments de Saint-Cyr l'École militaire qui existait à Fontainebleau.

2e LIV. H. F.

LECTURE. — Les Généraux sous Louis XIV.

283. Vauban. — Louvois trouva un puissant auxiliaire dans le marquis de **Vauban**, l'un des plus illustres ingénieurs militaires du monde. Vauban dirigea 53 siéges, répara 300 places anciennes, en construisit 33 nouvelles. Notre frontière du nord fut presque tout entière fortifiée par lui. On disait couramment : « Ville assiégée par Vauban, ville prise; ville fortifiée par Vauban, ville imprenable. »

Vauban
(1633-1707).

Vauban, au contraire de Louvois, avait le respect de la vie humaine; il se préoccupait sans cesse d'épargner celle de ses semblables et de diminuer les horreurs de la guerre. Ému de la misère du peuple, il eut le courage de présenter au roi un projet de *dîme royale*, c'est-à-dire d'un impôt général du dixième; mais cette réforme ruinait les traitants; on persuada au roi qu'elle était dangereuse pour le trône, et le livre de Vauban fut condamné. Peu après mourut dans la disgrâce et le chagrin celui que Saint-Simon appelle « le plus honnête homme de son siècle ».

284. Condé. — Louis de Bourbon, prince de Condé, avait à peine vingt-deux ans lorsqu'il débuta d'une manière éclatante sur le champ de bataille de Rocroi. Son génie militaire se distinguait surtout par l'élan, la rapidité des conceptions, les manœuvres soudaines et hardies, qui changent en un instant la face des choses. Ses opérations étaient promptes, mais elles coûtaient beaucoup de sang.

Condé
(1621-1686).

285. Turenne. — Henri de La Tour d'Auvergne, vicomte de **Turenne**, fut le plus grand tacticien de son siècle. N'abandonnant rien au hasard, avare du sang des troupes, il calculait tous ses mouvements et déployait avant de combattre tout ce que l'art et l'expérience la plus consommée peuvent offrir de ressources. Moins hardi et moins brillant que Condé, son rival de gloire. mais calme et impassible, il avait plus que lui l'habileté stratégique qui prépare le succès et la prudence qui évite les revers.

Turenne
(1611-1675).

286. Luxembourg, Villars. — Après Condé et Turenne, le maréchal de **Luxembourg** est le premier homme de guerre du XVIIe siècle. Nul plus que lui ne posséda la confiance de ses troupes. Sur le champ de bataille, il avait le coup d'œil rapide et infaillible, et, au milieu des plus grandes complications, il conservait une netteté d'esprit, une sûreté de jugement auxquelles il dut de glorieuses journées.

Luxembourg
(1628-1695).

Villars
(1653-1734).

Le génie militaire de Villars, le vainqueur de Denain, se distinguait par une extrême justesse de coup d'œil, une rapidité extraordinaire dans l'exécution. La France fut heureuse, au milieu de ses revers, d'avoir un pareil général pour relever le moral des troupes.

LECTURE. — **Les Marins sous Louis XIV**.

287. Colbert et la marine. Comme ministre de la Marine, Colbert fit remettre en état nos arsenaux maritimes de Toulon et de Brest, fonda le port de Rochefort, et dota la France d'une flotte capable de disputer la mer à nos ennemis, les Anglais et les Hollandais. Mais il ne suffisait pas d'avoir des bâtiments, il fallait aussi des équipages. Jusque-là, lorsqu'on avait besoin de matelots pour le service de l'Etat, on fermait les ports, on prenait de gré ou de force tous les marins et on les embarquait sur les vaisseaux du roi. Renonçant à cet usage barbare, Colbert décida que tous les gens de mer formeraient une grande armée nationale servant tour à tour la patrie dans la guerre et dans le commerce.

Du Quesne
(1610-1688).

Ce régime, inauguré en 1665, porte le nom d'*Inscription maritime*.

288. Du Quesne. L'un des plus grands hommes de mer que la France ait vus naître est le Dieppois Abraham Du Quesne. Il remporta sur Ruyter les victoires de Stromboli, d'Agosta et de Palerme (1676); il bombarda Tripoli et Alger, nids de pirates, ainsi que Gênes qui leur fournissait des armes. Louis XIV lui offrit le bâton de maréchal s'il voulait abjurer le calvinisme; il refusa. Lors de la révocation de l'édit de Nantes, seul de tous les protestants français, il fut excepté de la commune proscription. Il fut un hardi marin et un grand caractère.

Duguay-Trouin
(1673-1736).

289. Duguay-Trouin. Les corsaires, qu'il ne faut pas confondre avec les pirates, armaient à leurs frais leurs bâtiments et combattaient en volontaires à leurs risques et périls, mais ils devaient être autorisés par le roi. Ils parcouraient les mers et ruinaient le commerce de l'ennemi en s'emparant des navires marchands qu'ils rencontraient. Duguay-Trouin, né à Saint-Malo, était un corsaire intrépide et inflexible, mais il avait un cœur excellent et une extrême modestie.

Jean Bart
(1650-1702).

290. Jean Bart. Le Dunkerquois Jean Bart personnifie le type du marin, comme Bayard incarne le type du chevalier. Il montrait autant de prudente habileté dans la combinaison de ses plans que d'héroïsme aventureux dans leur exécution. Comme Duguay-Trouin, il mourut pauvre, malgré les prises qu'il avait faites et les millions qu'il avait rapportés à l'Etat.

Tourville
(1642-1701).

291. Tourville. Tourville, né à Paris, montra toujours une héroïque bravoure, et s'il fut vaincu à La Hogue, c'est que la flotte anglo-hollandaise comptait deux fois plus de bâtiments que la sienne. « Il possédait en perfection, a écrit Saint-Simon, toutes les parties de la marine, depuis celles du charpentier jusqu'à celles d'un excellent amiral. » Sa douceur, son équité, la clarté de son commandement, sa prévoyance, son savoir, faisaient désirer de servir sous ses ordres. — Il faut aussi rappeler les noms du chevalier de Forbin, né en Provence, et de Gassart, né à Nantes.

Forbin
(1779-1841).

LECTURE. — Les Lettres.

292. Le XVIIe siècle est par excellence le siècle de la littérature française. Tous les genres sont représentés dans cette pléiade d'écrivains illustres, qui ont donné à l'époque de Louis XIV un éclat sans pareil.

Racine (1639-1699).

Racine introduisit dans la langue une ampleur, une sonorité, une harmonie qui font de son style le plus élégant et le plus riche qui se soit peut-être jamais produit sous aucune forme. Il n'est pas le peintre des héros, comme Corneille, mais le peintre des passions humaines dans *Andromaque, Britannicus, Iphigénie, Phèdre, Esther, Athalie*. En même temps sa comédie des *Plaideurs* le révèle comme un poète comique plein de verve, de malice et d'esprit.

Molière (1622-1673).

Mais le maître et créateur de la comédie en France, c'est Jean-Baptiste Poquelin, dit **Molière**. Nul ne peut lui être comparé pour le relief des caractères, la haute originalité, la verve jaillissante, la force comique, le naturel, le bon sens, la verdeur gauloise du style. Il est irréprochable dans la conduite des caractères et l'enseignement qui découle de l'action. La plupart de ses personnages sont devenus d'impérissables types dessinés avec tant de perfection et si universellement consacrés qu'ils semblent avoir eu une existence réelle. Ses principales pièces sont : les *Précieuses ridicules*, l'*École des femmes*, *Tartufe*, le *Misanthrope*, *George Dandin*, l'*Avare*, le *Bourgeois gentilhomme*, les *Fourberies de Scapin*, le *Médecin malgré lui*, les *Femmes savantes*, le *Malade imaginaire*, *Monsieur de Pourceaugnac*.

La Fontaine (1621-1695).

La Fontaine écrit en se jouant ces fables que tout le monde sait par cœur et que personne ne se lasse de lire. Aucun fabuliste n'a retrouvé sa bonhomie malicieuse, sa naïveté piquante, son naturel uni à un art si parfait.

Boileau (1636-1711).

Boileau, auteur des *Satires*, de l'*Art poétique*, du *Lutrin*, emploie le meilleur de son esprit fin, sensé et mordant à combattre l'affèterie, l'emphase, l'érudition pédantesque, le faux brillant.

Voilà pour la poésie, mais la prose n'est pas moins riche.

Bossuet, l'*Aigle de Meaux* a écrit des *Oraisons funèbres* où l'éloquence la plus haute exprime les méditations les plus élevées de la philosophie chrétienne. — A côté de lui, **Fénelon**, le *Cygne de Cambrai*, écrit le *Télémaque* et les *Dialogues des morts*. Son génie, frère de celui de Racine, a la même grâce exquise, la même douceur, et parle la même langue pure et harmonieuse. — **Fléchier**, évêque de Nîmes, **Massillon**, auteur du *Grand* et du *Petit Carême*, et **Bourdaloue**, sans atteindre à la hauteur de Bossuet, occupent un rang distingué dans l'éloquence de la chaire.

<table>
<tr><td>Bossuet
(1627-1704).</td><td>Fénelon
(1651-1715).</td><td>Pascal
(1623-1662).</td><td>Fléchier
(1632-1710).</td></tr>
<tr><td>Mme de Sévigné
(1626-1696).</td><td>La Rochefoucauld
(1613-1680).</td><td>La Bruyère
(1645-1696).</td><td>Saint-Simon
(1675-1755).</td></tr>
</table>

Le grand **Pascal**, mathématicien et philosophe, étonnera toujours par son livre des *Pensées*. C'est l'ouvrage le plus émouvant et le plus profond qui soit sorti du cœur et de la raison d'un homme.

Les *Maximes* de **La Rochefoucauld** sont l'œuvre d'un esprit sceptique et paradoxal, mais d'un écrivain ferme, délicat et précis. — **La Bruyère**, dans ses *Caractères*, cherche au contraire à moraliser l'homme par une satire mâle et hardie des défauts et des vices de son temps, qu'il présente sous forme de portraits dont chacun est un petit chef-d'œuvre. — Charles **Perrault** a écrit des *Contes* charmants d'une admirable simplicité.

Le style épistolaire trouva dans **Mme de Sévigné** une artiste incomparable. On lira ses *Lettres* tant qu'on n'aura pas perdu le goût des sentiments gracieux, des pensées fines et ingénieuses, des expansions d'une riche imagination. On lira aussi et on consultera toujours les *Mémoires* du duc de **Saint-Simon**, qui resteront comme le miroir impitoyable de cette grande et curieuse époque.

LECTURE. — **Les Arts.**

293. La production artistique est moins riche que la production littéraire. Sous le règne de Louis XIV, les peintres, les sculpteurs, les architectes, s'inspirent de l'esprit qui règne à la Cour, et leurs œuvres sont quelquefois majestueuses, trop souvent pompeuses et théâtrales. Il y a quelque chose d'officiel dans cet art.

Le Brun
(1619-1690).

Mignard.
(1605-1668).

Le peintre Charles **Le Brun** décora la galerie de Versailles et usa de son crédit pour aider au développement des institutions artistiques, telles que l'Académie de peinture et le Cabinet du roi, qui devint depuis le musée du Louvre. **Mignard** ne fut pas un artiste de génie, mais un peintre simplement habile.

Puget
(1622-1694).

Mansard
(1598-1666).

Le Nôtre
(1613-1700).

Lulli
(1633-1687).

Les sculpteurs **Girardon** et **Coysevox** n'ont ni force ni originalité : ce sont des artistes qui ne travaillent que pour plaire au maître. Par contre, Pierre **Puget**, qui fut aussi peintre et architecte, excelle à traduire les passions de l'âme et les souffrances physiques ; il est parfois incorrect, mais toujours vivant.

De nombreux monuments furent élevés pendant le règne de Louis XIV : le Val-de-Grâce, l'Observatoire, les Invalides, les portes Saint-Denis et Saint-Martin. Le Carrousel, la place des Victoires, la place Vendôme datent de cette époque. Les Tuileries et le Louvre furent embellis (Claude **Perrault** construisit la *Colonnade du Louvre*), mais Louis XIV réserva toute sa sollicitude pour Versailles : Jules **Hardouin-Mansard** construisit le palais, et **Le Nôtre** dessina le plan du parc.

A Marly s'éleva un magnifique château et une machine hydraulique conduisit les eaux de la Seine à Versailles.

La Musique eut pour représentant **Lulli**, créateur de notre opéra, et dont les livrets furent écrits par **Quinault**.

IX° RÉSUMÉ. — *LA MONARCHIE ABSOLUE.*

1. **Louis XIII** *(1610-1643)*, fils de Henri IV et de Marie de Médicis, n'avait que neuf ans lors de l'assassinat de son père. Régente du royaume, Marie de Médicis, abandonnant la politique du roi défunt, maria son fils à l'infante d'Espagne Anne d'Autriche. Elle confia le pouvoir à l'Italien Concini, qui fit une fortune scandaleuse, et les grands, relevant la tête, dilapidèrent les économies amassées par Sully.

2. *Louis XIII, déclaré majeur, disgracia Concini, mais donna toute sa confiance à Albert de Luynes, qui n'avait d'autre talent que celui de dresser des oiseaux de proie. Les protestants se soulevèrent, comme les nobles. La situation de la royauté était fort embarrassée, lorsque le cardinal de Richelieu, ancien évêque de Luçon (Vendée) et protégé de la reine mère, devint ministre du roi Louis XIII (1624).*

Palais du Luxembourg.

3. *Richelieu consacra toutes les forces de son génie : 1° à fortifier le pouvoir royal en abaissant les grands et en enlevant aux protestants tout reste de pouvoir politique ; 2° à abaisser la maison d'Autriche pour établir l'hégémonie de la France en Europe ; il continua donc la politique de Henri IV et prépara celle de Louis XIV.*

4. *Les grands intriguèrent sans cesse contre l'autorité royale. Richelieu punit sans pitié les conspirateurs, ainsi que les duellistes, et il envoya à l'échafaud le comte de Chalais, le duc de Montmorency, le marquis de Cinq-Mars.*

5. *L'édit de Nantes avait garanti aux protestants la liberté de conscience ; mais les protestants voulurent avoir en outre une certaine indépendance politique. Richelieu assiégea et prit La Rochelle, dernier boulevard du protestantisme ; il laissa aux vaincus la liberté de conscience, mais leur influence politique fut à jamais ruinée (1628).*

6. *Pour abaisser la maison d'Autriche, Richelieu intervint secrètement d'abord (subsides aux princes protestants d'Allemagne et au roi de Suède Gustave-Adolphe), puis directement dans la guerre de Trente ans. Les armées françaises prirent l'Artois, la Picardie, l'Alsace, le Roussillon ; mais Richelieu mourut avant d'avoir pu assister au triomphe final de sa politique (1642). Louis XIII le suivit peu après dans la tombe.*

7. **Louis XIV** *(1643-1715)* succéda à son père Louis XIII, sous la régence d'Anne d'Autriche, qui continua la guerre contre la maison d'Autriche. Condé battit les Espagnols à Rocroi (1643), à Fri-

bourg (1644), à Nordlingen (1645); puis, trois ans après, il acheva de les écraser dans la plaine de Lens. Toutes ces victoires amenèrent la paix de Westphalie (1648), par laquelle l'empereur d'Allemagne nous cédait définitivement les Trois-Evêchés et l'Alsace, moins Strasbourg. L'Espagne refusa de traiter et resta en guerre avec la France.

8. Pendant que nos armées se couvraient de gloire, des troubles civils éclataient à Paris. Le Trésor étant épuisé, Mazarin voulut lever de nouveaux impôts, mais le Parlement refusa d'enregistrer les édits. Mazarin ayant fait arrêter trois conseillers, Paris se souleva et le Parlement eut gain de cause sur la Cour (paix de Rueil, 1649).

9. A la Fronde parlementaire succéda la Fronde des princes, à la tête desquels fut Condé, brouillé avec la Cour, et qui passa aux Espagnols. Mazarin, qui avait dû s'exiler à Cologne, rentra tout-puissant à Paris. Grâce à la victoire remportée par Turenne aux Dunes, près Dunkerque, sur Condé et les Espagnols (1658), il obligea l'Espagne à signer la paix des Pyrénées (1659). La France obtenait l'Artois et le Roussillon, et Louis XIV épousait l'infante Marie-Thérèse. Condé rentra en grâce.

10. A la mort de Mazarin (1661), Louis XIV annonça sa volonté de régner désormais par lui-même, sans premier ministre. Il commença par briser la puissance du surintendant Foucquet et prit réellement les rênes du pouvoir. Il fut secondé par des administrateurs comme Colbert et Louvois, des diplomates comme Hugues de Lionne, des généraux comme Condé, Turenne, Luxembourg, Villars, des marins comme Du Quesne, Duguay-Trouin, Jean Bart, Tourville, des ingénieurs militaires comme Vauban, des magistrats comme Lamoignon et d'Aguesseau.

11. Louis XIV, absolu en tout, tendit sans mesure les ressorts de la monarchie : à l'intérieur, il fit tout plier sous sa volonté; à l'extérieur, il voulut rompre, à son profit l'équilibre de l'Europe, et il fut entraîné dans des guerres qui épuisèrent la France.

12. GUERRE DE DÉVOLUTION ou GUERRE DE FLANDRE (1667-1668). — Quand Philippe IV d'Espagne mourut, Louis XIV réclama le Brabant au nom de sa femme Marie-Thérèse. Ses prétentions n'ayant pas été admises sur-le-champ, il envahit la Flandre à la tête de son armée, que commandait Turenne (1667). L'année suivante, Condé fit en quinze jours la conquête de la Franche-Comté. Craignant une coalition européenne, Louis XIV consentit à signer le traité d'Aix-la-Chapelle, qui nous donna presque toutes les villes conquises en Flandre (1668).

13. GUERRE DE HOLLANDE (1672-1678). — La Hollande s'était prononcée contre la France pendant la guerre de Flandre. Louis XIV lui déclara la guerre, et, malgré la coalition de la Hollande avec l'Angleterre, l'Espagne, l'Empereur, il imposa à ses ennemis la paix de Nimègue, qui nous donna la Franche-Comté (1678).

14. GUERRE DE LA LIGUE D'AUGSBOURG (1686-1697). — Après le traité de Nimègue, Louis XIV abusa de sa toute-puissance : il révoqua l'édit de Nantes (1685), et il annexa des territoires en pleine paix. Le roi d'Angleterre, Guillaume III, forma contre lui la

Ligue d'Augsbourg (1686), et bientôt éclata une guerre signalée par les victoires de Fleurus, de Steinkerque, de Nerwinde, et par l'échec de La Hogue. La paix fut signée à Ryswick (1697).

15. GUERRE DE SUCCESSION D'ESPAGNE (1701-1713). — Le roi d'Espagne, Charles II, n'avait pas d'enfants. Il désigna pour lui succéder Philippe d'Anjou, petit-fils de Louis XIV, à la condition toutefois que les couronnes de France et d'Espagne ne seraient jamais réunies sur la même tête. Louis XIV accepta ces conditions, mais l'Europe sut qu'il ne s'y conformerait pas et lui déclara la guerre (1701).

Mme de Maintenon
(1635-1719).

Les généraux ennemis, Marlborough et le prince Eugène, vainquirent Vendôme à Oudenarde, et Villars à Malplaquet. Les rigueurs du terrible hiver de 1709 aggravèrent encore la misère publique. Louis XIV voulut traiter ; mais les alliés exigèrent qu'il détrônât lui-même son petit-fils. Les hostilités continuèrent. Cette fois, la fortune seconda nos armes : Vendôme et Philippe d'Anjou vainquirent les Impériaux à Villaviciosa (1710), Villars remporta la brillante victoire de Denain (Nord) [1712], et les traités d'Utrecht (Hollande) [1713] et de Rastadt (Allemagne) [1714] terminèrent cette guerre désastreuse.

16. Louis XIV mourut à Versailles en 1715, après être resté soixante-douze ans sur le trône. Aucun genre de gloire n'a manqué à son règne ; pourtant il laissa la royauté ébranlée et le royaume épuisé. Monarque absolu, considérant les rois comme comptables de leurs actes devant Dieu seul, il ne souffrit aucune remontrance et réduisit la noblesse à un rôle d'apparat. Son absolutisme s'étendit même aux choses de la conscience, puisqu'il révoqua l'édit de Nantes (1685). La royauté n'a plus de contrepoids : l'État se confond avec la personne du monarque.

SUJETS DE RÉDACTION.

1. Règne de Louis XIII jusqu'au ministère de Richelieu. — 2. Exposer l'œuvre de Richelieu. — 3. Apprécier le caractère et la politique de Richelieu. — 4. Rôle de la France dans la guerre de Trente ans sous Richelieu et Mazarin. — 5. Apprécier les traités de Westphalie et la paix des Pyrénées. — 6. La Fronde. — 7. Parallèle entre Richelieu et Mazarin. — 8. Les ministres de Louis XIV après Mazarin. — 9. Parallèle entre Sully et Colbert. — 10. Guerre de dévolution. — 11. Guerre de Hollande. — 12. La Ligue d'Augsbourg. — 13. Guerre de la Succession d'Espagne — 14. Jugement sur Louis XIV (*son gouvernement, sa cour*). — 15. Les grands généraux sous Louis XIV. — 16. Les grands marins sous Louis XIV. — 17. Les lettres et les arts sous Louis XIV.

CHAPITRE X. — LA MONARCHIE ABSOLUE *(Suite)*.

LEÇON. — Louis XV (1715-1774). — La Régence.

294. Louis XV n'avait que cinq ans à la mort de Louis XIV [1]. Celui-ci avait désigné par son testament le duc Philippe d'Orléans

Louis XV (1710-1774).

pour prendre la Régence, mais, à côté du Régent, un conseil devait décider les affaires importantes à la majorité des voix. Sur la demande de Philippe, le testament fut cassé par le Parlement.

La Régence est une période honteuse de l'histoire de France. Rarement les mœurs furent plus dissolues, et ceux qui avaient en mains le gouvernement donnèrent l'exemple du vice et du scandale. Le Régent appelait *roués* ses compagnons de plaisir, qui étaient, en effet, par leur manque de principes, dignes du supplice de la roue.

Le roi d'Espagne, Philippe V, avait alors pour ministre le cardinal Jules Alberoni. Ce prélat italien, fils d'un jardinier, conçut le projet de relever l'Espagne de sa décadence et de faire enlever la Régence au duc d'Orléans pour la donner à Philippe V. Il forma dans ce but, avec la duchesse du Maine et le prince de Cellamare, ambassadeur d'Espagne à Paris, une conspiration qui fut découverte (1717). Le Régent contracta aussitôt avec l'Angleterre et la Hollande une alliance à laquelle accéda l'empereur d'Allemagne, et Philippe V dut congédier Alberoni (1720).

LECTURE. — Éducation de Louis XV.

295. Louis XV eut pour précepteur Fleury, évêque de Fréjus, et pour gouverneur le maréchal de Villeroi, fin courtisan mais général incapable. Il reçut une très mauvaise éducation.

Villeroi, naturellement orgueilleux et emporté, devenait auprès de son élève d'une douceur servile. Montrant un jour à Louis XV la foule assemblée sous les fenêtres du palais : « Sire, lui dit-il bassement, tout ce peuple est à vous! »

Fleury (1653-1743).

Fleury n'était pas moins indulgent pour le jeune roi. Il ne lui enseignait jamais à réfléchir, à penser, à se rendre compte.

Il aurait pourtant fallu à Louis XV une éducation sévère, car c'était un enfant d'une grande sécheresse de cœur, violent, hautain, impertinent, indifférent aux souffrances d'autrui. Élevé à faire toutes ses fantaisies, il devint dans la suite vicieux, corrompu, méchant, et la postérité ne lui doit d'autre sentiment que le mépris.

---

[1] Le dauphin Louis, duc de Bourgogne, fils de Louis XIV et de Marie-Thérèse, était mort en 1711, et son fils Louis l'avait suivi dans la tombe en 1712, laissant pour héritier Louis, duc d'Anjou, né en 1710. C'est ce dernier qui monta sur le trône en 1715 sous le nom de Louis XV.

LEÇON. — La Régence.

296. Le Régent subissait l'influence de son ancien précepteur, Dubois, fils d'un apothicaire de Brive-la-Gaillarde. Cet homme, cynique, grossier, incapable d'honnêteté, devint à force d'intrigues et d'argent évêque, puis cardinal.

Le trésor public était épuisé, et la France se trouvait menacée de la banqueroute. Le Régent espéra prévenir cette catastrophe en écoutant les conseils du financier écossais John Law, qui prétendait décupler les recettes de l'Etat en émettant des billets de banque garantis par le produit des impôts (1716).

Law fonda une banque dont le succès fut très rapide et à laquelle il adjoignit les compagnies coloniales du Mississipi et des Indes, dont on se disputa les actions. Il se trouva bientôt maître de tous les revenus de l'Etat et se fit nommer contrôleur général des finances. Mais il émit une si grande quantité de papier-monnaie que le public, inquiet, voulut échanger ses billets contre de l'or : Law, qui n'avait pas assez d'or pour rembourser les porteurs, fut obligé de s'enfuir à l'étranger, et sa banque fut abolie (1720). Ce fut une ruine immense.

En 1723, le roi fut déclaré majeur ; Philippe, en déposant son titre de régent, conserva la réalité du pouvoir avec l'indigne Dubois pour premier ministre ; mais tous deux moururent cette même année.

LECTURE. — La Peste de Marseille.

297. La Provence, qui est en rapports fréquents avec les pays de l'Orient, a de tout temps subi des épidémies meurtrières, mais aucune ne le fut autant que la grande peste apportée à Marseille en 1720 par deux navires venus de Saïda et de Beyrouth.

Peste de Marseille (1720).

L'évêque Belsunce s'immortalisa par sa charité héroïque. On le vit, au plus fort de la contagion, parcourir toute la ville, portant de tous côtés des secours spirituels et matériels, faisant à chaque instant le sacrifice de sa propre vie. Il encourageait, plus encore par son exemple que par ses discours, comme on l'a si bien dit, son clergé, les magistrats et les habitants à le seconder dans cette œuvre bienfaisante.

Le chevalier Roze rivalisa dignement avec l'évêque. Il fit établir à ses frais un hôpital, et il parcourait les rues avec une bande de forçats pour enlever les cadavres qui empestaient l'air.

LEÇON. — **Ministère de Fleury.**

298. Le duc de Bourbon, petit-fils du grand Condé, devint premier ministre en 1723. C'était un homme sans valeur. Au risque de rallumer la guerre avec l'Espagne, il renvoya à Madrid l'infante Marie-Anne, qui était élevée à Versailles et fiancée à Louis XV, pour faire épouser au jeune monarque Marie Leczinska, fille de l'ancien roi de Pologne Stanislas [1] (1725).

Marie Leczinska
(1703-1768).

Fleury fit bientôt chasser le duc et prit le pouvoir (1726). Il avait soixante-treize ans, et sa politique se ressentit de son âge : résolu à vivre en paix, il laissa dépérir notre marine, sans songer qu'elle aurait à se mesurer bientôt avec celle de l'Angleterre.

LEÇON. — **Guerre de la Succession de Pologne.**

299. Malgré son désir d'éviter la guerre, Fleury dut soutenir les droits de Stanislas Leczinski, beau-père de Louis XV, au trône de Pologne (1735). Le roi de ce pays, Auguste II, étant mort, les Polonais avaient porté leur choix sur Stanislas, leur ancien souverain, mais Fleury n'envoya que des forces insuffisantes pour lutter contre l'Autriche et la Russie qui soutenaient les prétentions d'Auguste III, fils du roi défunt. Stanislas s'étant retiré à Dantzig, pour y attendre les secours de la France, y fut investi par 30,000 Russes. Le comte de Plélo, ambassadeur français à Copenhague, essaya, avec 1,500 hommes, de se jeter dans la ville et mourut glorieusement sous les murs de la place.

Sur le Rhin, Berwick et Villars remportèrent quelques succès. En Italie, Coigny gagna les batailles de Parme et de Guastalla, et nos alliés, les Espagnols, battirent les Autrichiens à Bitonto (Italie).

L'Empereur préféra traiter. Par la paix de Vienne (1738), Stanislas renonça au trône de Pologne, mais il obtint la Lorraine et il fut stipulé qu'après sa mort cette province serait annexée à la France. Don Carlos, fils de Philippe V, reçut les Deux-Siciles et fonda la dynastie des Bourbons de Naples.

Chevert à Prague (1741).
(Guerre de la Succession d'Autriche.)

[1] Stanislas Leczinski, détrôné par son compétiteur Auguste II, électeur de Saxe, avait cherché un asile en France. Il vivait à Wissembourg.

LEÇON. — **Guerre de la Succession d'Autriche.**

300. L'empereur d'Allemagne Charles VI, avant de mourir (1740), avait garanti sa succession à sa fille aînée Marie-Thérèse. Cependant, à peine fut-il mort que plusieurs princes revendiquèrent tout ou partie de ses États.

L'un de ces prétendants, Frédéric II, roi de Prusse, réclamait la Silésie, et, pour être plus sûr de l'obtenir, il l'envahit (1740). Les troupes autrichiennes envoyées contre lui furent battues près de Molwitz (1741). Aussitôt, tous les princes qui avaient des prétentions à la succession de Charles VI se liguèrent contre Marie-Thérèse, et la France prit parti pour l'électeur de Bavière,

Marie-Thérèse
(1717-1780).

Charles-Albert, dans l'espoir d'amener le démembrement de la maison d'Autriche (1741).

Tout d'abord, Marie-Thérèse se trouva réduite à ses propres forces, mais les Hongrois la soutinrent, et, par d'habiles négociations, elle réussit à dissoudre la coalition formée contre elle. Victorieuse au début, la France eut bientôt pour ennemies la Prusse, l'Angleterre et la Hollande; nos troupes qui, au lieu de marcher sur Vienne, avaient envahi la Bohême, en furent chassées

Frédéric II
(1712-1786).

par les Autrichiens (1742), et le roi d'Angleterre George II obligea nos soldats, vaincus près de Dettingen, à repasser le Rhin (1743).

LECTURE. — **Chevert à Prague.**

301. Lorsque les Français envahirent la Bohême, le colonel Chevert commandait les grenadiers qui devaient escalader les murailles de Prague. Il réunit ses sergents et leur dit :

« Mes amis, vous êtes tous des braves, mais il me faut ici un brave à trois poils. » Puis, se tournant vers le sergent Pascal, des grenadiers d'Alsace : « Le voilà, ce brave », ajouta-t-il.

« Camarade, monte le premier, je te suivrai. — Oui, mon colonel. — Quand tu seras sur le mur, la sentinelle criera : *Vardô.* Tu ne répondras pas. — Oui, mon colonel. — Elle tirera un coup de fusil et te manquera. — Oui, mon colonel. — Tu tireras et tu la tueras. — Oui, mon colonel. »

Tout arriva comme il avait été dit : Pascal et Chevert entrèrent les premiers dans la ville (1741).

L'année suivante, quand il nous fallut battre en retraite, le maréchal de Belle-Isle chargea Chevert de défendre Prague contre les Autrichiens avec des forces insignifiantes. Chevert fit des prodiges de valeur, et quand ses munitions furent épuisées, il écrivit au général ennemi que, s'il n'obtenait pas une capitulation honorable, il mettrait le feu aux poudres et ferait sauter la ville. On le savait homme de parole, et on le laissa sortir de Prague avec les honneurs de la guerre.

QUESTIONNAIRE. — 300. Qu'avait fait Charles VI avant de mourir ? — Qu'advint-il à sa mort ? — Que fit le roi de Prusse ? — Où triompha-t-il des Autrichiens ? — Pour qui la France prit-elle parti ? — Marie-Thérèse réussit-elle à dissoudre la coalition de ses ennemis ? — A quels adversaires la France eut-elle à faire face ? — 301. Racontez la belle conduite de Chevert à Prague.

LEÇON. — **Guerre de la Succession d'Autriche** *(Suite)*.

302. Le cardinal de Fleury mourut en 1743. Louis XV se mit alors à la tête de l'armée que le maréchal de Saxe avait  résolu de conduire dans les Pays-Bas autrichiens. Il tomba malade à Metz, et le peuple fut si affligé de cette maladie du roi, au moment même où il secouait sa torpeur pour marcher à l'ennemi, qu'il lui donna, lors de son rétablissement, le surnom de *Bien-Aimé* (1744).

Craignant de voir Marie-Thérèse reconquérir la Silésie avec l'appui des Russes, Frédéric II se rapprocha de la France et fit en Bohême une diversion qui obligea les Impériaux à quitter brusquement l'Alsace. Pendant ce temps, Maurice de Saxe battait les Anglais à Fontenoy (1745) [1], les Anglais et les Impériaux à Raucoux (1746), les Anglais et les Hollandais à Lawfeld (1747), et le comte de Lowendal, maréchal de France, s'emparait de Berg-op-Zoom (1747).

Maurice de Saxe
(1696-1750).

LEÇON. — **Guerre maritime. Paix d'Aix-la-Chapelle.**

303. La guerre continentale, malgré quelques revers, fut heureuse, mais la guerre maritime nous fut fatale. La flotte anglaise, beaucoup plus nombreuse que la nôtre, croisa sur les côtes de l'Atlantique et gagna les batailles de Belle-Isle et du cap Finistère. En Amérique, elle s'empara du Cap-Breton. Aux Indes, deux hommes de génie, La Bourdonnais et Dupleix, voulurent chasser les Anglais. Ils s'emparèrent de Madras (1746), mais ils ne purent s'entendre, et La Bourdonnais fut rappelé en France.

Resté seul, Dupleix fit des prodiges de valeur. Sa belle défense de Pondichéry le couvrit de gloire. L'Inde allait être à nous, lorsque le traité d'Aix-la-Chapelle vint nous l'enlever (1748). Ce traité mit fin à la guerre de la succession d'Autriche ; il ne nous rapporta rien, que la restitution du Cap-Breton, et François Ier, époux de Marie-Thérèse, fut reconnu empereur d'Allemagne. — L'Angleterre avait conquis la première place comme empire maritime, et la Prusse était devenue une puissance avec laquelle il faudrait compter désormais. Un autre État naissait à la même époque : la Russie, que le tsar Pierre le Grand avait façonnée à l'européenne [2].

[1] Lorsque les Anglais et les Français se trouvèrent en présence, lord Charles Hay, capitaine aux gardes anglaises, cria ; « Messieurs des gardes-françaises, tirez. » Le comte d'Auteroche, lieutenant de grenadiers, répondit : « Messieurs, nous ne tirons jamais les premiers : tirez vous-mêmes. » Les Anglais ne se le firent pas répéter : ils exécutèrent un feu roulant qui emporta notre premier rang tout entier.

[2] Pendant tout le règne de Louis XV, la Russie sollicita l'alliance française ; le tsar Pierre le Grand vint à Paris sous la Régence, et la main de sa fille Élisabeth fut offerte au roi de France. Mais le cabinet de Paris n'osa s'engager dans une politique qui l'obligeait à modifier son système d'alliances.

LEÇON. — La Guerre de Sept ans.

304. Après la guerre de la succession d'Autriche, la France jouit d'une paix de huit années pendant lesquelles notre commerce prit un heureux développement. En 1756, l'Angleterre, pour empêcher la réorganisation de notre marine et anéantir à son profit notre empire colonial, suscita un nouveau conflit. La guerre aurait pu rester purement maritime; mais Mᵐᵉ de Pompadour, alors toute-puissante sur l'esprit de Louis XV, entraîna la France dans une alliance avec l'Autriche (1756). Le roi de Prusse, craignant encore une fois de perdre la Silésie, s'allia contre nous avec l'Angleterre. Au début des hostilités, le maréchal de Richelieu prit Minorque, et La Galissonnière battit, près de cette île, l'amiral anglais Byng (1756).

Prise de Port-Mahon, capitale de Minorque (1756).

En Allemagne, le maréchal imposa aux Anglais la capitulation de Closter-Severn (1757). Mais il fut remplacé à la tête des troupes par des généraux incapables, comme Soubise, que Frédéric II écrasa à Rosbach (1757), et le général anglais Ferdinand de Brunswick nous infligea les défaites de Crevelt (1758) et de Minden (1759). Le duc de Castries remporta cependant la victoire de Clostercamp (1760), où se distingua le brave chevalier d'Assas.

LECTURE. — Mort du chevalier d'Assas.

305. La compagnie du régiment d'Auvergne que commandait le chevalier d'Assas avait été divisée en deux moitiés, qui reçurent l'ordre de tirer alternativement. La nuit était profonde, et d'Assas, par erreur, dirigea le feu sur la moitié de la compagnie que commandait son lieutenant. Celui-ci se récrie. D'Assas, arrêtant le feu, s'élance pour reconnaître les lieux, mais il est entouré d'ennemis qui lui présentent leurs baïonnettes en disant : « Si tu parles, tu es mort. » D'Assas, sans s'effrayer d'une fin certaine, s'écrie aussitôt : « Auvergne, tirez, ce sont les ennemis! » En prononçant ce mot *Tirez*, il s'offrait à la fois aux baïonnettes étrangères et aux balles françaises (1760).

LEÇON. — La Guerre de Sept ans aux colonies.

306. Choiseul, ministre des Affaires étrangères en 1758, s'efforça de reconstituer notre armée et notre marine, et, tout en restant partisan de l'alliance autrichienne, il fit conclure le *Pacte de famille* par lequel les Bourbons de France, d'Espagne et de Naples se garantissaient réciproquement leurs Etats (1761).

La guerre fut plus désastreuse encore aux colonies que sur le continent.

Le Canada tomba au pouvoir des Anglais, malgré l'habileté et le courage de Montcalm, qui périt à la bataille de Québec (1759).

Aux Indes, Lally-Tollendal, qui avait remplacé Dupleix, ne disposait pas de ressources suffisantes pour lutter contre l'Anglais Robert Clive. Assiégé dans Pondichéry par des forces bien supérieures, il dut capituler après une défense héroïque de neuf mois.

Le duc de Richelieu
(1696-1788).

307. Les Antilles, le Sénégal eurent le même sort que le Canada, et la flotte anglaise, victorieuse à Lagos (Portugal), put impunément venir croiser en vue de nos côtes.

Le traité de Paris termina la guerre, qui avait duré *sept ans* (1763). Il acheva la ruine de nos colonies, commencée par le traité d'Utrecht : le Canada, les Antilles, le Sénégal vinrent accroître les possessions anglaises. L'Espagne, qui avait pris part aux hostilités depuis le Pacte de famille, dut céder la Floride à l'Angleterre, et la France se crut obligée de lui abandonner la Louisiane en dédommagement. — L'Angleterre eut définitivement l'empire des mers [1].

La Galissonnière
(1693-1756).

Bataille de Lagos (1759).

(1) Voir, page 268, notre dernier chapitre consacré à l'histoire des Colonies françaises.

LEÇON. — Ministère de Choiseul.

308. Malgré son activité et la conclusion de l'alliance espagnole, Choiseul n'avait pas eu le temps de prévenir les conséquences désastreuses de la guerre de Sept ans. La paix signée, il s'efforça de sauver le prestige compromis de la royauté [1].

Il réorganisa l'armée et la marine, fit édicter la libre circulation des grains, annexa la Corse [2] à la France, malgré l'opposition de l'Angleterre (1768), et négocia le mariage du fils du dauphin (plus tard Louis XVI) avec Marie-Antoinette, fille de l'impératrice Marie-Thérèse, en vue de consolider l'alliance autrichienne.

Mais il tomba en 1770, et trois ans après eut lieu le démembrement de la Pologne, notre alliée, qu'il s'était efforcé d'empêcher en suscitant des difficultés à la Russie. C'est sous son ministère que la Lorraine avait fait retour à la France, à la mort de Stanislas Leczinski (1766), et que Louis XV avait supprimé l'ordre des Jésuites (1764).

Choiseul (1719-1785).

LEÇON. — Fin du règne de Louis XV.

309. Choiseul avait été renversé par le caprice de Mme Du Barry, qui avait remplacé Mme de Pompadour dans la faveur du roi. Il eut pour successeurs le chancelier Maupeou, l'abbé Terray, contrôleur des finances, et le duc d'Aiguillon, ministre des Affaires étrangères, qui formèrent une sorte de triumvirat.

Le duc d'Aiguillon ne fit rien pour empêcher le partage de la Pologne. L'abbé Terray ne marqua son passage aux Finances que par des mesures iniques et une série de banqueroutes partielles. Maupeou, voulant briser la résistance des Parlements, les supprima et les remplaça par des *Conseils du roi*.

Passage du Golo (Corse) [1769].

Le nom de l'abbé Terray demeure attaché à la honteuse opération connue sous le nom de *Pacte de famine*. C'était une société de spéculateurs, qui accaparaient les blés pour les revendre ensuite à un prix exorbitant. Terray favorisa ces spéculateurs, et le roi lui-même fut accusé d'être leur complice. La mort de Louis XV, survenue en 1774, fut donc accueillie avec une joie universelle.

QUESTIONNAIRE. — **308.** L'administration de Choiseul fut-elle réparatrice? — En quelle année eut lieu l'annexion de la Corse? — A qui fut fiancé Louis XVI? — Date de l'annexion de la Lorraine? — Date de la suppression de l'ordre des Jésuites? — **309:** Qui remplaça Choiseul au ministère? — Maupeou s'occupa-t-il des Parlements? — Qu'est-ce que le *Pacte de famine?* — Quand mourut Louis XV?

(1) Louis XV s'adonnait de plus en plus aux plaisirs. Ce monarque insouciant, égoïste et oublieux de ses devoirs avait coutume de dire : « *Les choses comme elles sont dureront bien autant que moi! Mon successeur s'en tirera comme il pourra! Après moi le déluge!* »

(2) La Corse fut cédée par les Génois à la France, qui dut combattre un an les insulaires pour les amener à la soumission. Les Corses, commandés par Pascal Paoli, furent définitivement vaincus au passage du Golo (1769).

La France à la fin du XVIIIᵉ siècle.

310. On peut dire que Louis XV emporta la monarchie dans sa tombe. La royauté fut encore pendant quelques années le gouvernement de la France; mais elle était définitivement condamnée lorsque Louis XVI monta sur le trône (1774), et il était aisé de prévoir qu'une *Révolution* allait bientôt détruire les abus.

LECTURE. — Origines de la Révolution.

311. La Révolution n'est pas un fait soudain et imprévu : elle est la conséquence naturelle de notre développement historique.

Après la chute de l'empire romain, notre pays eut à traverser une période d'anarchie pendant laquelle les Gallo-Romains et les barbares, convertis au christianisme, fondèrent la nationalité française.

Un lit de justice.

Dans les derniers temps de la monarchie carolingienne, le peuple, exposé sans défense aux excès des gens de guerre, dut se placer sous la protection des seigneurs, et ce fut un progrès : car l'autorité, même morcelée et excessive, est encore préférable à l'absence de toute autorité.

L'œuvre de la monarchie capétienne consista à reprendre lentement aux seigneurs féodaux les pouvoirs qu'ils détenaient et à les centraliser entre ses mains. Ce fut un nouveau progrès : au lieu d'avoir plusieurs maîtres la France n'en eut qu'un.

Dans ce travail d'unité, les rois s'appuyèrent sur le tiers état. Pendant que les seigneurs, déchus de leur influence politique, devenaient de simples courtisans, la bourgeoisie occupait peu à peu toutes les fonctions administratives, s'enrichissait par le commerce, s'illustrait dans les lettres, les arts et les sciences.

Mais la noblesse conservait toujours ses privilèges, que rien ne justifiait plus, puisque la nation était protégée non par les seigneurs, mais par le roi. Toutes les charges retombaient sur le peuple.

La Révolution a eu pour résultat de faire disparaître ces privilèges et de donner les mêmes droits à la noblesse, au clergé et au tiers état.

LECTURE. — **Le Gouvernement. L'Armée.**

312. La monarchie était absolue : elle n'admettait aucun pouvoir pour contrôler ses actes, et, depuis la minorité de Louis XIII, les États généraux ne furent jamais consultés. Les *parlements* avaient bien le droit de remontrance [1]; mais, quand leurs observations déplaisaient au roi, celui-ci tenait un *lit de justice* [2] pour obliger les parlements à enregistrer l'édit qui avait motivé ces observations. En un mot, il n'y avait pas de constitution : le gouvernement était bon si le roi avait de bons ministres et s'ils aimaient le peuple; il était mauvais lorsque le prince était faible et mal secondé, ou encore quand le roi était fou, comme Charles VI, ou vicieux, comme Louis XV.

313. L'armée se recrutait par engagement volontaire. Des racoleurs, que l'on désignait familièrement sous le nom de « vendeurs de chair humaine », se chargeaient de chercher des recrues. À Paris, ces étranges industriels avaient établi le siège de leur industrie près du Pont-Neuf, sur le quai de la Ferraille, dans des cabarets borgnes appelés *fours;* ils y attiraient les valets sans place, les ouvriers sans ouvrage, les fils de famille brouillés avec leurs parents, pour leur arracher un engagement par persuasion ou par contrainte. Il y avait aussi, dans les provinces,

Les racoleurs sur le Pont-Neuf.

une milice recrutée par la voie du tirage au sort : c'était un régime équitable; mais les dispenses étaient si nombreuses que les ouvriers, les petits marchands et les petits cultivateurs demeuraient seuls assujettis à la milice.

LECTURE. — **Inégalités sociales**

314. Il n'y avait pas de liberté : personne n'était à l'abri des *lettres de cachet* [3], et le gouvernement ne respectait même pas le secret des correspondances. Il n'était pas permis d'exprimer librement son opinion. Enfin, la liberté de conscience n'existait pas, puisque Louis XIV avait révoqué l'édit de Nantes.

La noblesse, qui jouissait de privilèges injustifiés, était assu-

---

(1) Les parlements avaient le droit de présenter des observations, des remontrances au roi, lorsque celui-ci leur demandait à enregistrer un édit qui paraissait blesser l'intérêt public.

(2) Lorsqu'un parlement refusait d'enregistrer un édit, en usant de son droit de remontrance, le roi pouvait l'obliger à l'enregistrement. Pour cela, il tenait une séance solennelle, qu'il présidait assis sur un siège appelé *lit de justice ;* d'où le nom donné à ces séances elles-mêmes.

(3) Lettres scellées du sceau privé du roi, que les courtisans obtenaient facilement, et au moyen desquelles ils faisaient condamner leurs ennemis, sans jugement, à l'emprisonnement et à l'exil.

jettie à la *capitation* (1), mais elle s'en faisait souvent exempter en totalité ou en partie. Le clergé, non soumis à l'impôt, faisait à l'État des dons gratuits, qu'il fixait à son gré, mais il percevait la *dîme* (dixième partie) sur les produits de la terre. Au contraire, le peuple payait à la fois la capitation, la *taille* (2), les *aides* (3), la *gabelle* (4); dans les campagnes, il était assujetti aux corvées pour la construction et l'entretien des routes.

Les emplois publics n'étaient pas accessibles à tous les Français. Pour être officier, il fallait être noble. Les charges publiques s'achetaient et se transmettaient de père en fils. Il n'y avait pas, comme aujourd'hui, des lois applicables à tout le pays. Enfin, les peines étaient barbares : les accusés étaient soumis à la *question* (5) quand ils refusaient d'avouer leur culpabilité.

315. La terre produisait suffisamment pour les besoins de la France; mais le paysan, écrasé d'impôts, était dans la situation la plus lamentable. On se rappelle ces vers de La Fontaine :

> Point de pain quelquefois, et jamais de repos;
> Sa femme, ses enfants, les soldats, les impôts,
> Le créancier et la corvée
> Lui font d'un malheureux la peinture achevée.

Par suite de l'existence des douanes intérieures, les blés ne pouvaient circuler de province à province sans payer des droits onéreux. Le commerce n'était donc pas libre. Le travail ne l'était pas davantage par suite de l'existence des corporations.

Les arts et métiers étaient le monopole d'un petit nombre de *maîtres*, réunis en *corporations*, et dont chacun pouvait seul fabriquer ou vendre les objets de sa profession. Pour acquérir la *maîtrise*, il fallait subir des épreuves longues et pénibles, et se trouver en mesure de payer des droits. Les indigents les plus capables ne pouvaient par conséquent devenir patrons.

Chaque corporation avait ses statuts particuliers, dont l'exécution était confiée à des délégués élus par les maîtres. La réunion de ces délégués ou jurés s'appelait *jurande*.

Les corporations étaient un obstacle au développement de l'industrie et à la liberté du travail : le savetier ne pouvait être que savetier, et, s'il empiétait sur les prérogatives du cordonnier, il était condamné à une forte amende; la concurrence, grâce à laquelle les produits coûtent moins chers aux consommateurs, n'existait pour ainsi dire pas.

QUESTIONNAIRE. — **314.** Pouvez-vous citer quelques-unes des inégalités sociales qui existaient sous l'ancienne monarchie? — **315.** Quelle était la situation des paysans? — Le travail était-il libre? — Que savez-vous des corporations?

---

(1) Impôt direct, taxe par tête (du lat. *caput* tête).
(2) On distinguait la taille *personnelle* ou impôt sur le revenu, et la taille *réelle* ou impôt foncier.
(3) Impôts indirects sur les boissons, le papier, les cartes, etc.
(4) Impôt sur le sol.
(5) La *question* était l'ensemble des tortures accessoires que l'on faisait subir à une personne soupçonnée ou accusée d'un crime, pour l'obliger à faire des aveux, à nommer ses complices, etc. Les instruments les plus usités étaient les verges, les brodequins, les tenailles, les fers rougis, etc. — Certaines condamnations à mort comportaient des supplices affreux. C'est ainsi que Damiens, qui donna un coup de canif à Louis XV, fut écartelé; que Calas, infortuné vieillard, faussement accusé d'avoir tué son propre fils, fut condamné à la roue, etc.

LECTURE. — Les Philosophes, les Économistes.

316. Les inégalités sociales et politiques furent attaquées par les philosophes du XVIIIᵉ siècle, Voltaire, Montesquieu, Rousseau.

Les caractères les plus saillants du génie de **Voltaire** sont la noblesse naturelle, la limpidité, l'élégance, la précision, la pureté du style. Nul écrivain n'a jamais apporté plus de grâce dans le badinage, plus de verve et plus de sel dans la raillerie, plus d'éblouissante gaieté dans la controverse. Il fit la guerre à l'intolérance et régna par son esprit sur toute l'Europe.

Voltaire
(1694-1778). — Montesquieu
(1689-1755). — Beaumarchais
(1732-1799). — Jean-Jacques Rousseau
(1712-1778).

Diderot
(1713-1784). — D'Alembert
(1717-1783). — Quesnay
(1694-1774). — Buffon
(1707-1788).

Montesquieu n'est pas un polémiste, mais un esprit grave, pondéré. Il ne combat pas les abus : il les critique et les condamne au nom de la liberté politique. Ses principaux ouvrages sont : l'*Esprit des Lois* et *De la Grandeur des Romains et de leur Décadence*.

Jean-Jacques **Rousseau**, écrivain de race, proclama des vérités incontestables à côté d'étranges paradoxes. Il préconisa surtout l'égalité et la souveraineté du peuple. Il écrivit le *Contrat social*, l'*Émile*.

De leur côté, **Diderot** et **d'Alembert** fondèrent une *Encyclopédie* destinée à dresser l'inventaire raisonné des connaissances humaines. **Condorcet** enrichit la philosophie de l'histoire de son *Esquisse des progrès de l'esprit humain*.

Pendant que les philosophes luttaient pour obtenir des réformes politiques et sociales, les économistes recherchaient les lois de la richesse publique. **Quesnay** et **Turgot** demandaient la suppression des entraves qui s'opposaient à la liberté du commerce.

LECTURE. — **Les Lettres.**

317. Les noms de Voltaire, de J.-J. Rousseau, de Diderot, de Montesquieu et de Buffon dominent toute la littérature du XVIII° siècle. **Buffon** n'est pas seulement un éminent naturaliste, c'est aussi un de nos meilleurs prosateurs.

Voltaire a brillé dans tous les genres : poésie épique et poésie légère, tragédie, comédie, roman, conte, philosophie, histoire, critique et polémique religieuse ; son poème la *Henriade* est, malgré bien des défauts, notre meilleur poème épique.

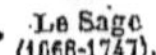

Le Sage (1668-1747).   André Chénier (1762-1794).   Florian (1755-1794).   Bernardin de St-Pierre (1737-1814).

Quelques autres, appartenant au genre didactique ou descriptif, méritent une honorable mention : ce sont *Les Saisons*, de **Saint-Lambert** ; *La Religion*, de Louis **Racine** ; *Les Mois*, de **Roucher** ; *Les Jardins*, de l'abbé **Delille**, à qui l'on doit la traduction en vers des *Géorgiques* et de l'*Enéide*. Les *Fables* de **Florian** placent leur auteur immédiatement au-dessous de La Fontaine.

C'est dans la poésie légère que le XVIII° siècle se montra véritablement supérieur avec **Bernis**, **Gentil-Bernard**, **Gresset** ; mais leur maître à tous est encore Voltaire. La poésie lyrique a de brillants représentants dans Jean-Baptiste Rousseau, **Lefranc de Pompignan**, et, vers la fin du siècle, **Gilbert**. **André Chénier** les dépasse tous.

Mérope et *Zaïre*, les deux meilleures tragédies de Voltaire, supportent la comparaison avec les chefs-d'œuvre classiques du siècle précédent. **Crébillon** est, dans le genre tragique, le seul rival sérieux de Voltaire ; **La Harpe** et **Ducis**, ce dernier surtout, par ses imitations de Shakspeare, se placent au second rang. Dans la comédie, Voltaire, malgré son esprit incisif, cède la première place à **Le Sage**, à **Gresset**, à **Marivaux**, le créateur d'un genre de pièces et d'un genre de style d'une délicatesse poussée jusqu'à l'afféterie. **Beaumarchais**, en donnant à la veille de la Révolution le *Barbier de Séville* et les *Noces de Figaro*, prélude à la comédie contemporaine.

Le Sage écrit des romans picaresques, imités de l'espagnol, dont le plus célèbre est *Gil Blas* ; Bernardin de **Saint-Pierre**, dans *Paul et Virginie* et dans la *Chaumière indienne*, montre une exquise sensibilité.

Dans la phalange des historiens, il faut citer après **Voltaire**, auteur du *Siècle de Louis XIV* et de l'*Histoire de Charles XII*, le bon **Rollin** et son *Histoire ancienne ;* **Montesquieu**, *De la Grandeur des Romains et de leur Décadence ;* **Le Beau**, *Histoire du Bas-Empire ;* **Crévier**, *Histoire des empereurs romains*

Rollin.
(1661-1741).

Le xviii° siècle fut par excellence le siècle des salons ; c'est là que l'esprit nouveau, d'où finit par sortir la Révolution, se développa plus librement encore que dans les livres. Les salons de Mme d'Épinay, de Mme Geoffrin, de Mme Du Deffant réunissaient les encyclopédistes et les philosophes. Il y avait aussi des salons purement mondains, tels que celui de la marquise de Boufflers sans compter ceux de l'aristocratie financière où trônaient Grimod de La Reynière et Samuel Bernard.

LECTURE. — Les Arts.

318. Il y eut au xviii° siècle un essaim de peintres légers, gracieux, brillants, ne relevant que de leur caprice, dédaignant la correction grave et majestueuse du règne de Louis XIV. Cette école, qu'il ne faut ni railler ni surfaire, parce qu'elle fut ce que la firent les mœurs du temps, a pour représentants Watteau, Boucher, Fragonard. — **Watteau**, en dépit de son maniérisme, mérite d'avoir rang au nombre des grands peintres. Il célébra et idéalisa les plaisirs de la société qui l'entourait, et c'est sous le titre de *peintre des fêtes galantes* qu'il fut reçu à l'Académie de peinture. **Boucher** ne s'est guère soucié de consulter la nature et ses pastorales n'ont rien que de conventionnel, mais son ima-

Watteau
(1684-1721).

Greuze
(1725-1805).

Grétry
(1741-1813).

Houdon
(1741-1828).

gination féconde et l'élégance de ses figures lui ont fait trouver grâce devant la critique. **Fragonard**, son élève, a plus de verve et de singularité. Si aimable que puisse paraître l'école de Watteau, elle a le grand défaut de ne rien devoir à l'imitation sincère de la nature. A côté de ses fantaisies séduisantes et de ses gracieux mensonges, on vit donc bientôt paraître des œuvres inspirées par la recherche d'un idéal plus modeste, mais plus humain : les scènes familières de **Chardin** et de **Greuze**, les portraits de **La Tour**, les marines de Joseph **Vernet**.

Panthéon.

Les architectes continuent de s'inspirer des règles classiques dans les édifices publics, comme le Panthéon, élevé sur les plans de **Soufflot**. Dans les hôtels particuliers, on recherche au contraire l'élégance et le confortable, on préfère aux lignes droites les lignes onduleuses, contournées, irrégulières du genre *rocaille*.

Pendant la première moitié du xviiie siècle, les œuvres de la statuaire accusent un oubli souvent trop dédaigneux de la vérité; plus tard, une réaction se produit sous l'impulsion de **Pigalle** et sous celle de **Houdon**, l'auteur de l'admirable statue de Voltaire.

La musique est représentée par **Rameau**, par **Grétry** (dont le *Richard Cœur de Lion* est encore au répertoire), par **Dalayrac**, par **Philidor**.

LECTURE. — Les Sciences.

319. C'est du xviiie siècle que date la chimie moderne, qui est une science vraiment française, car elle eut pour principal fondateur l'illustre **Lavoisier**. — **Guyton de Morveau**, **Berthollet**, **Fourcroy**, méritent d'être cités à côté de lui.

Lavoisier
(1743-1794).

Berthollet
(1748-1822).

Lagrange
(1736-1813).

Laurent de Jussieu
(1748-1836).

Denis **Papin** avait le premier, vers 1690, attiré l'attention sur la force élastique de la vapeur d'eau. Près d'un siècle plus tard, le marquis de **Jouffroy** remonta la Saône avec un bateau à vapeur (1778); en 1783, les frères **Montgolfier** inventèrent les aérostats. **Réaumur** se distingua à la fois comme naturaliste et comme physicien; les **Jussieu** (véritable tribu de botanistes) perfectionnèrent la classification des plantes; **Bichat**, célèbre anatomiste, chercha à sonder les secrets de la vie; Nicolas **Leblanc** trouva un moyen de préparer artificiellement la soude (1787); l'ingénieur Philippe **Lebon** inventa l'éclairage par le gaz. Au même moment, la découverte des courants électriques, due aux Italiens **Galvani** et **Volta**, préparait pour le siècle suivant une véritable révolution. **Buffon** écrivit une *Histoire naturelle* qui est un modèle de clarté, et qui le plaça au premier rang des écrivains comme au premier rang des naturalistes.

Laplace, l'auteur de la *Mécanique céleste*; **Monge**, le créateur de

Laplace
(1749-1827).　　　**Monge**
(1746-1818).　　　**La Pérouse**
(1741-1788).　　　**Bougainville**
(1729-1811).

la géométrie descriptive; **Lagrange**, l'auteur de la *Mécanique analytique*; **Borda**, l'un des géomètres qui ont mesuré le méridien, illustrèrent les sciences exactes.

Les savants du XVII° siècle, Descartes, Pascal, Fermat, avaient posé les lois mathématiques de la pesanteur et du mouvement des corps : les chimistes du XVIII° siècle eurent la gloire d'en découvrir les éléments constitutifs et les combinaisons.

Les sciences géographiques furent représentées par deux illustres navigateurs: **Bougainville** et **La Pérouse**. Jusqu'au XVIII° siècle, les grands voyages avaient eu le caractère de voyages de découvertes ; désormais, les explorateurs se proposent un autre but : l'étude scientifique du globe, connu dans ses grandes lignes grâce à Colomb et à ses successeurs.

Bougainville fit de 1766 à 1769 un grand voyage autour du monde. La Pérouse, chargé par Louis XVI d'un voyage de découverte, partit avec les frégates la *Boussole* et l'*Astrolabe;* il fut massacré par les naturels de Vanikoro. Les débris de ses navires furent retrouvés en 1828 par Dumont d'Urville et rapportés en France où ils figurent dans une des salles du musée de la marine, au Louvre.

Il faut aussi retenir le nom de **Parmentier**, qui introduisit en France la culture de la pomme de terre, et celui de **Brémontier**, qui eut l'idée de fixer les dunes de la Gascogne à l'aide de plantations de pins.

QUESTIONNAIRE. — 319. Quels sont les hommes qui, pendant le XVIII° siècle, contribuèrent au progrès des sciences? — Citez les inventions, les découvertes ou les ouvrages auxquels ces savants ont attaché leur nom. — Caractérisez le talent de chacun d'eux.

LEÇON. — Louis XVI (1774-1792).

Louis XVI
(1754-1793).

320. Le dauphin Louis, fils de Louis XV, étant mort en 1765, ce fut l'aîné de ses fils, le duc de Berry, qui monta sur le trône sous le nom de Louis XVI.

Les intentions du nouveau roi étaient droites et honnêtes, et il avait dit un jour : « Je veux qu'on m'appelle *Louis le Sévère*. » Malheureusement, son intelligence était médiocre, et il cachait sous une apparente brusquerie de manières un caractère timide et indécis. Il ne se plaisait qu'au milieu de ses livres ou dans son atelier de serrurerie; il étudiait la géographie ou s'occupait de travaux manuels au lieu de veiller aux affaires de l'État. Pourtant, jamais la situation de la monarchie n'avait été plus critique.

321. Choiseul, dans l'intérêt de l'alliance autrichienne, lui avait fait épouser Marie-Antoinette, fille de l'impératrice Marie-Thérèse. La jeune reine, gaie, belle, frivole, s'accommodait mal de la gravité de son mari. Elle ne rêvait que bals, fêtes et spectacles, négligeait à tout propos l'étiquette méticuleuse de la cour, et donnait lieu par son étourderie à toutes sortes de médisances.

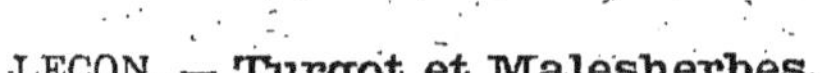

Marie-Antoinette.
(1755-1793).

Elle exerçait sur Louis XVI un grand ascendant, et comme elle subissait de son côté l'influence de Mercy-Argenteau, l'ambassadeur d'Autriche, on vit en elle l'agent secret de cet État. Le peuple la détesta; il l'appela par mépris l'*Autrichienne*.

LEÇON. — Turgot et Malesherbes.

Turgot
(1727-1781).

322. Louis XVI congédia d'Aiguillon, Maupeou et Terray. Il choisit pour premier ministre Maurepas, vieux courtisan sceptique et léger, puis manifesta ses bonnes intentions par la nomination de Turgot au contrôle général des finances, et par celle de Malesherbes au ministère de la Justice.

Turgot était un grand homme et un homme de bien. Comme intendant de Limoges, il s'était fait remarquer par son administration éclairée. Comme contrôleur général des finances, il se proposa de réaliser des économies en détruisant les abus. Il prescrivit la libre circulation des grains (1774); il abolit les jurandes et les maîtrises, et remplaça la corvée par une contribution en argent (1776).

Pendant ce temps Malesherbes s'efforçait de faire supprimer les lettres de cachet et la torture.

LEÇON. — Ministère de Necker.

323. Les réformes des deux ministres soulevèrent une vive opposition de la part de ceux qui profitaient des abus. Le roi résista quelque temps.

Malesherbes (1721-1794).

« Il n'y a, disait-il, que moi et M. Turgot qui aimions le peuple. » Mais en 1776, habilement circonvenu par les courtisans, il se sépara de ce ministre. Malesherbes s'était retiré, ne pouvant rien faire d'utile.

Louis XVI remplaça Turgot par le banquier Jacques Necker, financier habile, travailleur infatigable et honnête homme.

Necker (1732-1804).

324. Necker s'efforça de rétablir l'ordre dans la comptabilité, réduisit les dépenses de la maison du roi, supprima un certain nombre de sinécures, et institua dans les provinces quelques *assemblées provinciales* chargées notamment de répartir les impôts directs. En 1781, il publia son célèbre *Compte rendu*, où, pour la première fois, la nation était mise au courant de l'état des finances publiques.

Malheureusement Necker avait provoqué, par ses tentatives de réformes, de violentes inimitiés à la cour, et, accablé par la ligue des privilégiés, il dut rentrer dans la vie privée.

Louis XVI s'était lassé de soutenir Necker, comme il s'était lassé de soutenir Turgot. Après le départ de ce ministre, le déficit ne cessa plus de s'accroître par suite des prodigalités de la cour et d'une administration déplorable, sans parler des dépenses de la guerre d'Amérique.

LECTURE. — L'Indépendance américaine.

325. En 1776, les colonies anglaises de l'Amérique septentrionale, irritées des impôts dont la Grande-Bretagne frappait leurs marchandises, se déclarèrent indépendantes sous le nom d'*États-Unis d'Amérique*.

Rochambeau (1725-1807).

Elles furent secourues par la France, l'Espagne et la Hollande, qui virent dans leur intervention un moyen d'abaisser la puissance maritime de l'Angleterre. En France, où les idées libérales avaient fait de grands progrès sous l'influence des philosophes, l'opinion publique était favorable aux insurgés américains; de jeunes nobles, comme La Fayette et Rochambeau, franchirent les mers pour mettre leur épée

Franklin (1706-1790).

au service de la liberté; le savant Américain Franklin, l'inventeur du paratonnerre, venu à Paris pour négocier une alliance formelle, reçut un accueil enthousiaste et triompha des dernières hésitations de Louis XVI qui, en 1778, s'allia ouvertement aux Américains et à leur chef Washington.

LEÇON. — Calonne. Brienne. Rappel de Necker.

326. Le ministre Calonne (1783), intrigant sans moralité et sans scrupules ne sut qu'emprunter; il dépensait beaucoup d'argent — l'argent de l'Etat — pour paraître riche, alors que la dette immédiatement exigible dépassait 600 millions.

Calonne
(1734-1802).

Loménie de Brienne
(1727-1794).

Un moment vint où ce gaspillage porta ses fruits : les capitalistes perdirent confiance et ne voulurent plus rien prêter. Calonne, ne pouvant augmenter les impôts déjà trop lourds, convoqua une assemblée de notables, et demanda à cette réunion de privilégiés de renoncer à ses privilèges. Il n'en fallut pas davantage pour le faire tomber (1787).

La Fayette
(1757-1834).

Son successeur, Loménie de Brienne, archevêque de Toulouse, obtint de l'Assemblée une partie des concessions qu'elle avait refusées à Calonne, mais le Parlement refusa d'enregistrer les nouveaux impôts. Brienne conseilla alors au roi de rappeler Necker (1788), et de convoquer les Etats généraux, qui n'avaient pas été réunis depuis la minorité de Louis XIII. Necker fit décider que les députés du tiers seraient égaux en nombre aux députés réunis du clergé et de la noblesse.

LECTURE. — L'Indépendance américaine (*Suite*).

327. Le ministre des Affaires étrangères, Vergennes, n'eut pas besoin de la pression de l'opinion publique pour seconder les Américains; dès le début de l'insurrection, en 1774, il les appuya secrètement. S'il paraît avoir hésité, c'est qu'il voulait gagner du temps pour préparer les armements et qu'il tenait, avant de se déclarer, à négocier l'intervention de l'Espagne. Quant à Louis XVI, il redoutait la contagion des idées républicaines.

La Motte-Picquet
(1720-1791).

D'Estaing
(1729-1794).

Pendant que la noblesse française combattait aux côtés de Washington, la flotte franco-espagnole se mesurait souvent avec succès avec la flotte anglaise. La Motte-Picquet, d'Estaing, Guichen, le comte de Grasse, se distinguèrent sur les côtes d'Europe ou dans les Antilles, et le bailli de Suffren combattit héroïquement aux Indes. Deux grands faits d'armes terminèrent la lutte : les Anglais capitulèrent à Yorktown entre les mains de Washington et de Rochambeau, et la flotte anglaise de l'Hudson se rendit au comte d'Estaing. L'indépendance des Etats-Unis fut reconnue.

Par le traité de Versailles, l'Angleterre céda à la France l'île de Tabago, et lui restitua Sainte-Lucie, le Sénégal, Gorée, Chandernagor, Pondichéry, Karikal (1783). C'était une réparation partielle du traité de Paris signé vingt ans auparavant.

Xe RÉSUMÉ. — LA MONARCHIE ABSOLUE (Suite).

1. **Louis XV** (1715-1774) régna d'abord sous la régence de son cousin, le duc Philippe d'Orléans, qui subit l'influence néfaste du cardinal Dubois et appuya les projets financiers de l'Écossais John Law. En 1723, le roi fut déclaré majeur ; Philippe conserva le pouvoir avec l'indigne Dubois nommé premier ministre, mais tous deux moururent cette même année.

Le Régent (1674-1723).

2. Le duc de Bourbon devint alors premier ministre. Au risque de rallumer la guerre avec l'Espagne, il renvoya à Madrid l'infante Marie-Anne, qui était élevée à Versailles, et fiancée à Louis XV, pour faire épouser au jeune monarque Marie Leczinska, fille de l'ancien roi de Pologne Stanislas (1725).

Fleury fit bientôt chasser le duc et prit le pouvoir (1726). Il avait soixante-treize ans, et sa politique se ressentit de son âge. Cependant il dut soutenir les prétentions au trône de Pologne de Stanislas, alors que l'Autriche et la Russie appuyaient Auguste III. La guerre de la SUCCESSION DE POLOGNE se termina par la paix de Vienne (1738) : Stanislas renonça à ses prétentions et reçut la Lorraine qui, à sa mort, fut annexée à la France.

3. L'empereur d'Allemagne, Charles VI, laissa à sa fille Marie-Thérèse une couronne qui fut disputée par plusieurs princes européens. Le roi de Prusse, Frédéric II, convoitait la Silésie : il l'envahit. Marie-Thérèse fut assez habile pour gagner l'Angleterre, la Hollande et même la Prusse, satisfaite d'avoir occupé la Silésie, et la France, qui avait pris parti contre l'impératrice, se trouva aux prises avec une coalition formidable. Nos soldats furent chassés de la Bohême et des Pays-Bas autrichiens. Bientôt, Frédéric II craignit

Law (1671-1729).

de voir Marie-Thérèse reconquérir la Silésie avec l'appui des Russes ; il se rapprocha de nous et envahit la Bohême. Grâce à cette diversion, Maurice de Saxe gagna la bataille de Fontenoy (1745).

Sur mer, la guerre nous fut fatale. Aux Indes, Dupleix allait chasser les Anglais de la péninsule, quand fut signée la paix d'Aix-la-Chapelle (1748).

La guerre de la SUCCESSION D'AUTRICHE fut profitable à la domination maritime de l'Angleterre et favorisa les progrès de la Prusse.

4. L'Angleterre, jalouse du relèvement de notre marine, nous déclara une nouvelle guerre, qui dura sept ans ; elle eut la Prusse pour alliée et la France soutint l'Autriche. Les Français, commandés par Soubise, furent battus à Rosbach par le roi de Prusse. Toutefois, ils remportèrent la victoire de Clostercamp, où se distingua le chevalier d'Assas, du régiment d'Auvergne.

Aux colonies, la France n'essuya que des désastres, malgré

l'héroïsme de Montcalm au Canada et celui de Lally-Tollendal aux Indes. Le traité de Paris (1763), qui termina la GUERRE DE SEPT ANS, acheva la ruine de nos colonies et assura définitivement à l'Angleterre l'empire des mers.

5. Choiseul, devenu ministre pendant cette guerre, avait négocié le Pacte de famille par lequel les Bourbons de France, d'Espagne et de Naples s'engageaient à se soutenir mutuellement (1761). La paix conclue, il s'efforça de relever notre armée et notre marine. Il annexa la Corse, qu'il se fit céder par les Génois (1768).

Il négocia le mariage du fils du Dauphin (plus tard Louis XVI) avec Marie-Antoinette, fille de Marie-Thérèse, voulant ainsi consolider l'alliance autrichienne.

6. Malheureusement, il fut disgracié sans raison, et, après lui, Maupeou, Terray et d'Aiguillon formèrent une sorte de triumvirat, qui ne sut ni empêcher le partage de la Pologne, ni éviter la banqueroute, ni punir les honteux spéculateurs du Pacte de famine.

7. Les guerres de Louis XIV avaient épuisé la France et son absolutisme avait détaché le peuple de la royauté. Louis XV acheva de discréditer la couronne par ses fautes, sa vie scandaleuse et les revers de ses armées. Aussi les inégalités, les privilèges, les abus furent-ils attaqués par des philosophes dont les plus célèbres sont Voltaire, Montesquieu, Rousseau.

8. **Louis XVI**, arrivé au trône en 1774, avait des intentions droites, mais n'osa résister à la reine, ni aux privilégiés, et il congédia Turgot, Necker et Malesherbes. Pourtant, en vue d'amoindrir la puissance coloniale de l'Angleterre et faire quelques concessions aux idées libérales, il soutint les colons américains révoltés contre la mère patrie. L'Angleterre vaincue dut reconnaître l'INDÉPENDANCE DES ETATS-UNIS et, par le traité de Versailles, la France reprit un certain nombre des colonies qu'elle avait perdues pendant la guerre de Sept ans (1783).

9. Ni Calonne, ni Brienne ne purent décider les privilégiés à renoncer à leurs privilèges. Le déficit augmenta, et, pour le combler, Louis XVI, après avoir rappelé Necker, convoqua les États généraux.

Comme la noblesse et le clergé auraient pu s'opposer aux réformes, Necker fit décider que les députés du tiers état seraient aussi nombreux que les députés des deux autres ordres réunis.

SUJETS DE RÉDACTION.

1. Exposer la régence du duc d'Orléans. — 2. Politique extérieure du cardinal de Fleury. — 3. Guerre de la succession d'Autriche (ses causes, ses résultats). — 4. Guerre de Sept ans (ses causes, ses conséquences). — 5. Comparer, au point de vue de leurs conséquences, les traités d'Aix-la-Chapelle (1748) et de Paris. — 6. Exposer et apprécier le ministère de Choiseul. — 7. État de la France à la mort de Louis XVI (jugement sur ce roi, fautes de son règne, etc.). — 8. Règne de Louis XVI jusqu'au 5 mai 1789. — Participation de la France à la guerre de l'indépendance américaine.

Le Serment du Jeu de Paume.

2e LIV. H. F.

Costumes des trois ordres.
Clergé.
Noblesse.
Tiers état.
grenadier
Garde-française.
Régiment
suisse.
Bastille et rue Saint-Antoine.
Dons patriotiques.
Garde du corps.

CHAPITRE XI. — LA RÉVOLUTION

Mirabeau et le marquis de Dreux-Brézé (23 juin 1789).

LEÇON. — L'Assemblée constituante (1789-1791).

328. La séance d'ouverture des États généraux eut lieu à Versailles le 5 mai 1789. Un premier dissentiment éclata entre les privilégiés et le tiers état au sujet du vote par ordre ou par tête : la noblesse et le haut clergé voulaient que chaque ordre votât séparément, tandis que le tiers état, auquel se rallia le bas clergé, demandait que les délibérations eussent lieu en commun. Autrement, les deux premiers ordres réunis auraient pu s'opposer à toutes les réformes.

La conciliation n'ayant pu se faire, l'abbé Sieyès [1] proposa aux députés du tiers de se constituer en *Assemblée nationale* [2] et d'abandonner la dénomination d'*États généraux*. « Ce mot, dit-il, suppose trois ordres, trois états, et il ne doit y avoir que des représentants chargés tous au même titre de restaurer la monarchie. » La proposition de l'abbé Sieyès fut adoptée (17 juin 1789).

329. La Cour s'empressa d'assembler des troupes autour de Versailles et de fermer la salle des États ; mais Bailly réunit ses collègues dans la salle du Jeu de paume, et là, les députés jurèrent de ne pas se séparer avant d'avoir donné une constitution à la France (20 juin).

Le 23 juin, Louis XVI tint une séance royale. Il annula le serment du Jeu de paume, se déclara seul juge des réformes à opérer, et enjoignit aux députés de se séparer, après leur avoir ordonné de délibérer par ordre. La noblesse et le clergé se retirèrent, mais le tiers demeura à ses bancs. Le maître des cérémonies, M. de Dreux-Brézé, vint réitérer les ordres du monarque. « Allez dire à ceux qui vous envoient, répliqua Mirabeau, que nous sommes ici par la volonté nationale, et que nous n'en sortirons que par la force des baïonnettes. »

Questionnaire. — **328.** Quand s'ouvrirent les États-généraux ? — Quel dissentiment éclata dès le début ? — Que proposa Sieyès ? — **329.** Qu'est-ce que le serment du Jeu de paume ? — Que se passa-t-il à la séance royale du 23 juin ? — Que répondit Mirabeau à M. de Dreux-Brézé ?

---

(1) L'abbé Sieyès avait publié une brochure qui le rendit célèbre et qui avait pour titre : « Qu'est-ce que le tiers état ? *tout*; qu'a-t-il été jusqu'à présent dans l'ordre politique ? *rien* ; que demande-t-il ? à *devenir quelque chose.* »

(2) L'Assemblée prit le 17 juin le nom d'*Assemblée constituante*.

LEÇON. — Le 14 Juillet 1789.

330. Après le départ de M. de Dreux-Brézé, l'Assemblée délibéra dans le plus grand calme et maintint toutes ses décisions précédentes. Le roi, écoutant les conseils de Necker et effrayé de l'agitation populaire, ordonna aux ordres privilégiés de se réunir au tiers; mais bientôt, cédant aux récriminations de Marie-Antoinette et de son frère le comte d'Artois, il renvoya brusquement son ministre (11 juillet).

Camille Desmoulins au Palais-Royal.
(12 juillet 1789).

Paris se souleva à la voix de Camille Desmoulins; la foule promena dans les rues le buste de l'homme disgracié, et, le 14 juillet, le peuple s'empara de la Bastille, qui symbolisait à ses yeux le despotisme, le régime de l'arbitraire et des lettres de cachet.

LECTURE. — Prise de la Bastille.

331. Le 14 juillet, dès l'aube, un seul cri retentit dans les rues de Paris : *à la Bastille !*

Le gouverneur, de Launay, avait depuis plusieurs jours fait ses préparatifs de défense. Outre les treize canons braqués sur les tours, il en avait placé dans les cours intérieures, et les meurtrières, les embrasures étaient garnies de fusils de rempart. La garnison se composait de quatre-vingt-deux Invalides et de trente-deux Suisses.

Vers une heure de l'après-midi, la foule envahit la première cour, et brisa les chaînes du pont-levis qui donnait accès à la seconde, où se trouvait l'hôtel du gouverneur.

Une vive fusillade s'engagea. Le peuple mit le feu à trois charrettes de paille pour incendier les bâtiments qui masquaient la forteresse, et la fumée empêcha la garnison de diriger son tir.

Cependant, de Launay, ne recevant aucun secours, se précipita avec une mèche enflammée vers les barils de poudre de la tour de la Liberté,

Prise de la Bastille (14 juillet 1789).

résolu à faire sauter la Bastille ; mais deux sous-officiers l'en empêchèrent. Il se décida à laisser arborer son mouchoir, en guise de drapeau blanc. Bientôt les ponts s'abaissent; la foule se précipite et les prisonniers sont délivrés; l'un d'eux, le comte de Lorges, y était détenu depuis plus de quarante ans. De Launay fut massacré, et sa tête promenée au bout d'une pique. — Le peuple démolit la Bastille.

LEÇON. — **La Nuit du 4 août.**

332. Après la prise de la Bastille, le peuple s'organisa en garde nationale. La Fayette fut mis à la tête de cette nouvelle milice, en même temps que Bailly devenait maire de Paris. En donnant à Louis XVI la cocarde tricolore [1] : « Prenez-la, dit La Fayette, elle fera le tour du monde. »

Bailly (1736-1793).

Cependant l'agitation se communiquait à la province, où eurent lieu des troubles sanglants. Le 4 août au soir, le vicomte de Noailles déclara, au sein de la Constituante, que le seul moyen d'arrêter l'effervescence consistait à supprimer les abus dont le peuple souffrait et qui l'exaspéraient.

Ces abus étaient consignés dans les *Cahiers* du tiers état : droits féodaux, inégalité des impôts, vénalité des charges, corporations, exclusion des roturiers des grades militaires, etc. Touchés des misères du pays, emportés un moment par un enthousiasme sincère, les députés de la noblesse et du haut clergé, aux applaudissements du tiers, renoncèrent à leurs privilèges.

Quelques jours après (12 août), l'Assemblée vota la célèbre *Déclaration des droits de l'homme et du citoyen*, qui résume les principes de 1789.

LECTURE. — **Déclaration des Droits.**

333. Les hommes naissent et demeurent libres et égaux en droits. Les distinctions sociales ne peuvent être fondées que sur l'utilité commune.

Le but de toute association politique est la conservation des droits naturels et imprescriptibles de l'homme. Ces droits sont la liberté, la propriété, la sûreté et la résistance à l'oppression.

Le principe de toute souveraineté réside essentiellement dans la nation. Nul corps, nul individu ne peut exercer d'autorité qui n'en émane expressément.

La liberté consiste à pouvoir faire tout ce qui ne nuit pas à autrui. Ainsi l'exercice des droits naturels de chaque homme n'a de bornes que celles qui assurent aux autres membres de la société la jouissance de ces mêmes droits. Ces bornes ne peuvent être déterminées que par la loi.

La loi n'a le droit de défendre que les actions nuisibles à la société. Tout ce qui n'est pas défendu par la loi ne peut être empêché, et nul ne peut être contraint à faire ce qu'elle n'ordonne pas.

La loi est l'expression de la volonté générale. Tous les citoyens ont droit de concourir personnellement ou par leurs représentants à sa formation. Elle doit être la même pour tous, soit qu'elle protège, soit qu'elle punisse. Tous les citoyens, étant égaux à ses yeux, sont également admissibles à toutes dignités, places et emplois publics, selon leur capacité et sans autre distinction que celle de leurs vertus et de leurs talents.

Nul ne doit être inquiété pour ses opinions, même religieuses, pourvu que leur manifestation ne trouble pas l'ordre public établi par la loi.

La libre communication des pensées et des opinions est un des droits les plus précieux de l'homme : tout citoyen peut donc parler, écrire, imprimer librement, sauf à répondre de l'abus de cette liberté dans les cas déterminés par la loi.

Tous les citoyens ont le droit de constater par eux-mêmes ou par leurs représentants la nécessité de la contribution publique, de la consentir librement, d'en suivre l'emploi et d'en déterminer la quotité, l'assiette, le recouvrement et la durée.

____

(1) Au rouge et au bleu, couleurs de Paris, La Fayette ajouta le blanc, couleur de la royauté.

LEÇON. — Journées des 5 et 6 octobre 1789.

334. Cependant la Cour conspirait contre le nouvel état de choses; il fut même question d'enlever le roi, de le conduire à Metz et de combattre la Révolution avec l'appui de l'Autriche. La population parisienne, avertie par les journaux, mise en garde par les clubs, était dans une surexcitation qu'augmentait encore une cruelle disette. L'Assemblée, qui avait décidé que les évêques et les curés seraient nommés par les électeurs (*Constitution civile du clergé*), exigea que les ecclésiastiques prêtassent le serment civique : il y eut désormais un clergé *assermenté* et un clergé *réfractaire*.

Le bruit se répandit bientôt que, dans un banquet offert à Versailles aux gardes du corps, la cocarde tricolore avait été foulée aux pieds. L'idée de ramener le roi à Paris pour l'isoler de ses conseillers ne tarda pas à germer. Les 5 et 6 octobre, des milliers de femmes, conduites par l'huissier Maillard, suivies bientôt par la garde nationale, envahirent le palais de Versailles en demandant du pain.

LEÇON. — La Fédération (1790).

335. Le roi dut céder; il vint s'établir aux Tuileries (6 octobre) pendant que les privilégiés, suivant l'exemple du comte d'Artois, frère de Louis XVI, émigraient pour soulever l'étranger contre la Révolution.

L'Assemblée n'en continuait pas moins ses travaux avec fermeté, soutenue par l'opinion publique, et elle élaborait une Constitution.

Le 14 juillet 1790, jour anniversaire de la prise de la Bastille, on célébra une fête solennelle que l'on appela *fête de la Fédération*, c'est-à-dire de l'union de tous les Français. Les Parisiens convoquèrent au Champ de Mars les délégués de toutes les gardes nationales de France devant lesquels Louis XVI

Fête de la Fédération (14 juillet 1790).

jura obéissance sur l'autel de la patrie à la nouvelle Constitution. De grandes réjouissances eurent lieu, et sur la place où s'élevait jadis la Bastille, on organisa un bal signalé par cette inscription : « Ici l'on danse. »

Le serment de Louis XVI n'était pas sincère. Dans le temps même où il protestait publiquement de sa fidélité à l'œuvre de l'Assemblée, il cherchait les moyens de ressaisir le pouvoir absolu. Le plan de la Cour ne tarda pas à se préciser : la famille royale se réfugierait sur la frontière, adresserait une proclamation au peuple pour l'engager à se soumettre, et, au besoin, ferait appel aux rois de l'Europe, qu'elle croyait tous intéressés à l'échec du mouvement révolutionnaire.

LEÇON. — Fuite et arrestation de Louis XVI.

336. Louis XVI était poussé à la résistance par Marie-Antoinette et par les émigrés. La reine avait eu l'habileté de gagner Mirabeau, qui, après avoir déchaîné la Révolution, prétendait maintenant l'enrayer. Il voulait faire du gouvernement une monarchie démocratique dont il serait le premier ministre. Cette volte-face n'empêcha pas que lorsque Mirabeau mourut, le 2 avril 1791, ses restes fussent déposés au Panthéon.

Mirabeau (1749-1791).

Le 21 juin 1791, Paris se réveilla sans roi, la famille royale s'étant enfuie dans la nuit ; mais Louis XVI fut reconnu par un maître de poste, arrêté à Varennes (Meuse) et ramené dans la capitale. Un grand nombre de Parisiens se rendirent au Champ de Mars pour signer une pétition demandant la déchéance du monarque qui avait déserté son trône. La majorité de l'Assemblée voulait seulement suspendre Louis XVI jusqu'à l'achèvement de son œuvre : elle envoya la garde nationale au Champ de Mars, et La Fayette fit tirer sur les pétitionnaires (17 juillet 1791).

Le roi fut rétabli le 13 septembre, après avoir accepté encore une fois le régime politique voté par les députés. Ceux-ci se séparèrent le 30 septembre 1791, pour faire place à l'Assemblée législative.

LECTURE. — La Déclaration de Pilnitz. — L'Émigration.

337. Les princes allemands qui avaient des droits féodaux en Alsace [1], et dont les privilèges furent abolis dans la nuit du 4 août, demandèrent l'intervention de l'empereur Léopold II, qui adressa des représentations au gouvernement français.

A ces premières difficultés vinrent s'en ajouter d'autres bien plus graves. Dès le 14 juillet 1789, le comte d'Artois et la famille de Polignac avaient quitté Versailles et donné le signal de l'émigration. Après l'installation de la famille royale aux Tuileries, le nombre des émigrés s'accrut dans des proportions considérables ; de Turin, où le comte d'Artois s'était établi, ils cherchèrent à soulever le midi de la France. Mais, une conspiration ayant été découverte à Lyon, ils se fixèrent à Coblentz, formant le long du Rhin des rassemblements armés dont les fanfaronnades finirent par émouvoir l'Assemblée.

Après l'échec du voyage de Varennes, les rois prirent nettement et ouvertement le parti de Louis XVI. L'Empereur et le roi de Prusse eurent une conférence au château de Pilnitz, à quelques lieues de Dresde. Ils décidèrent de publier une *déclaration* pour faire savoir qu'ils solidarisaient leur cause avec celle de Louis XVI, et qu'ils étaient prêts à intervenir en sa faveur (27 août 1791).

Cette déclaration n'eut pas de conséquences immédiates, soit parce que les rois étrangers ne croyaient pas à la durée de la Révolution, soit parce qu'ils auraient craint, en exécutant leurs menaces, de faire courir de sérieux dangers à Louis XVI.

____

[1] Les traités de Westphalie avaient laissé subsister ces droits.

LECTURE. — L'Œuvre de la Constituante.

338. La Constitution de 1791. — La Constitution de 1791, dont la *Déclaration des droits de l'homme et du citoyen* forme le préambule, substitua à la monarchie absolue la monarchie constitutionnelle.

La nation fut déclarée souveraine. Le roi ne gouverna plus la France en son nom, mais au nom de la nation. Le pouvoir de faire des lois fut délégué à une Assemblée législative élue.

Pour devenir exécutoires, les lois votées par l'Assemblée législative durent être sanctionnées par le roi. Le roi pouvait opposer son *veto*, c'est-à-dire refuser sa sanction; mais lorsqu'une loi non approuvée par le roi était votée par deux législatures [1] successives, elle devenait obligatoire malgré l'opposition du roi.

339. Les départements. — L'ancienne France comportait une double division administrative : 1° les *gouvernements militaires*, au nombre de quarante, et qui rappelaient assez exactement les anciennes provinces dont s'était peu à peu

La nuit du 4 août 1789.

formé le royaume de France; 2° les *généralités*, à la tête desquelles étaient des intendants, au nombre de trente-cinq.

Il y avait entre chaque province des barrières séculaires provenant de la variété des lois et coutumes, de la diversité des poids et mesures, de l'inégalité des charges fiscales, de l'existence des douanes intérieures. La Constituante, désireuse d'établir l'unité administrative, supprima (15 janvier 1790) les anciennes divisions et partagea la France en *83 départements* [2], chaque département en *districts* (arrondissements), chaque district en *cantons*, chaque canton en *communes* ou municipalités.

340. La réforme de la justice. — L'Assemblée constituante créa dans chaque canton une *justice de paix* pour juger les petits procès et concilier les parties, dans chaque district un *tribunal civil*, et, pour toute la France, un *tribunal de cassation*, dont le rôle fut d'examiner si les jugements des justices de paix et des tribunaux civils étaient réguliers. Elle institua enfin un *jury* pour les affaires criminelles. Ainsi fut réalisée l'unité judiciaire, et désormais tous furent égaux devant la loi, comme tous furent égaux devant l'impôt.

Dans la famille, l'égalité fut ramenée par la suppression du *droit d'aînesse*.

341. La liberté du travail. — La Constituante supprima les corporations et les douanes intérieures, obstacles à la liberté du travail et à celle des transactions. Elle créa, par contre, des *brevets* destinés à sauvegarder les droits des inventeurs.

342. La liberté religieuse. — Avant 1789, la liberté religieuse n'existait pas : la Constituante donna à tous les citoyens les mêmes droits, quelles que fussent leurs croyances religieuses.

1. L'Assemblée législative devait être renouvelée tous les deux ans : chaque période de deux ans s'appelait *législature*.

2. Le comtat Venaissin, qui fut enlevé au pape le 23 septembre 1791, forma le département de Vaucluse. Les départements du Rhône et de la Loire, réunis d'abord en un seul, furent séparés ; celui de Tarn-et-Garonne, créé en 1808, porta le nombre des départements à 86.

LEÇON. — L'Assemblée législative (1791-1792).

343. Dans l'Assemblée législative, qui se réunit le 1er octobre 1791, la majorité appartenait aux républicains, dont les plus modérés, appelés *Girondins*, se séparèrent bientôt des plus avancés ou *Montagnards* [1]. Ce nom de Girondins vient de ce que plusieurs des chefs du parti étaient députés de la Gironde.

Mme Roland
(1754-1793).

Les Girondins (Vergniaud, Guadet, Gensonné, Barnave, Isnard, Condorcet, Roland, Barbaroux, etc.) étaient plus nombreux que les Montagnards, qui avaient leur point d'appui en dehors de l'Assemblée, dans le club des *Cordeliers* et dans le club des *Jacobins*. Le salon de Mme Roland était le rendez-vous ordinaire des Girondins.

Au moment où se réunit la Législative, la situation était grave. La Cour et l'émigration continuaient leurs complots, et la déclaration de Pilnitz indiquait assez les intentions de l'Europe.

Condorcet
(1743-1794).

Vergniaud
(1753-1793).

Roland
(1734-1793).

Barbaroux
(1767-1794).

LEÇON. — La Déclaration de guerre.

344. L'Assemblée commença par voter un ensemble de dispositions répressives : ordre aux princes de rentrer sous peine d'être déchus, ordre aux émigrés de cesser leurs rassemblements; obligation pour les prêtres réfractaires de prêter le serment civique.

Louis XVI sanctionna le premier décret; mais il opposa son *veto* aux deux derniers. Il consentit seulement à demander à l'empereur d'Allemagne, François II, la dissolution des rassemblements d'émigrés sur le Rhin, à remplacer son ministère et à constituer un ministère girondin : Roland, Clavière, Dumouriez. Mais, pendant ce temps, la Cour continuait de conspirer avec l'étranger.

La réponse de l'Empereur n'ayant pas été satisfaisante, la guerre lui fut déclarée (20 avril 1792). Les Girondins étaient partisans de l'offensive, parce qu'ils jugeaient la lutte inévitable; les Montagnards auraient préféré gagner du temps, parce qu'ils craignaient la trahison de la Cour.

[1] Les *Montagnards* étaient ainsi appelés parce qu'ils occupaient les bancs les plus élevés de l'Assemblée.

LEÇON. — La Guerre.

345. L'intervention des puissances monarchiques en faveur de Louis XVI fut tout d'abord désintéressée, mais l'indignation de la pre-

mière heure devait bientôt faire place aux anciennes convoitises ; les coalisés ne virent dans la dissolution de la monarchie française qu'une source de bénéfices : ils songèrent surtout à s'agrandir à nos dépens.

La France mit sur pied trois armées : l'armée du Nord, sous les ordres de Rochambeau ; l'armée de la Meuse ou du Centre, sous les ordres de La Fayette ; l'armée du Rhin, sous les ordres de Luckner.

L'Espagne, l'Angleterre et la Russie gardaient encore la neutralité ; les puissances qui allaient d'abord

Brunswick
(1735-1806).

lutter contre nous étaient l'Autriche, la Prusse, les États allemands et la Sardaigne. Les Prussiens, commandés par le duc de Brunswick, devaient envahir la Champagne, tandis que les Autrichiens, massés en Flandre et sur le Rhin, couvriraient le flanc de l'armée prussienne [1].

Les enrôlements volontaires (1792).

346. Dumouriez, ministre de la guerre, avait conçu un plan de campagne consistant : 1° à se tenir sur la défensive partout où la France avait des frontières naturelles ; 2° à prendre l'offensive dans les Pays-Bas, où notre territoire n'allait pas jusqu'au Rhin, et dans la Savoie où il n'allait pas jusqu'aux Alpes ; puis, ces positions occupées, à les défendre sans aller plus loin. La conquête de la Belgique paraissait facile à Dumouriez, qui comptait sur le soulèvement des patriotes de ce pays, contre la domination autrichienne.

Dumouriez
(1739-1824).

Le début de la guerre nous fut défavorable. Nos soldats se débandèrent devant Tournai et Mons, et La Fayette renonça à marcher sur Namur pour déborder la gauche des Autrichiens.

[1] Beaucoup d'émigrés servaient dans les rangs de la coalition. C'est ainsi que Louis-Joseph de Bourbon, prince de Condé (1736-1818), devint le chef d'un corps d'émigrés, à la solde de l'Autriche ; ce corps fut connu sous le nom d'*armée de Condé*.

LEÇON. — Le 20 juin et le 10 août 1792.

347. L'échec de nos armées dans le nord produisit à Paris une agitation générale, et les partis politiques s'en accusèrent réciproquement. Le refus persistant de Louis XVI de sanctionner les mesures votées contre les émigrés et le renvoi des ministres girondins exaspérèrent la foule, qui envahit les Tuileries le 20 juin 1792 et obligea le roi à coiffer le bonnet phrygien.

— Cette journée n'eut pas de conséquences immédiates ; mais, lorsque parut le manifeste de Brunswick [1], les défiances augmentèrent contre la Cour. Sous l'impulsion de la Commune de Paris, où dominait Danton, le peuple armé s'empara des Tuileries, le 10 août, après un combat acharné contre les Suisses. La famille royale se réfugia dans l'Assemblée, qui prononça la déchéance de Louis XVI et son incarcération au Temple.

L'intervention de l'étranger et les agissements de l'émigration avaient abouti à la chute de la royauté, et par contre-coup à l'attribution du pouvoir aux républicains les plus avancés. Les Girondins, qui avaient conseillé la guerre, s'étaient trouvés atteints par l'insuccès des premières opérations militaires.

LECTURE. — La Patrie en danger. — Les Volontaires.

348. Le 7 juillet 1792, la Législative rendit un décret réglant les formes d'après lesquelles la patrie serait déclarée en danger. La déclaration, ajournée jusqu'au 11 juillet, fut ainsi rédigée :

« Des troupes nombreuses s'avancent vers nos frontières. Tous ceux qui ont en horreur la liberté s'arment contre notre constitution.

« Citoyens, la Patrie est en danger !

« Que ceux qui vont obtenir l'honneur de marcher les premiers pour défendre ce qu'ils ont de plus cher se souviennent toujours qu'ils sont Français et libres. Que leurs concitoyens maintiennent dans leurs foyers la sûreté des personnes et des propriétés ; que les magistrats du peuple veillent attentivement ; que tous, dans un courage calme, attribut de la véritable force, attendent pour agir le signal de la loi, et la Patrie sera sauvée. »

La journée du 10 août 1792.

Alors, au milieu des places publiques, sont dressées des estrades ornées de couronnes et de drapeaux pour recevoir les enrôlements volontaires. Des fils uniques, des hommes mariés, s'enrôlent avec enthousiasme, et les officiers municipaux suffisent à peine à l'inscription des noms. De toutes parts affluent les dons patriotiques.

Les cadres de l'ancienne armée subsistaient encore : les volontaires vinrent les remplir et former ces troupes enthousiastes pour qui la vie ne comptait plus dès qu'il s'agissait de défendre la patrie et la Révolution.

QUESTIONNAIRE. — **347.** Que se passa-t-il à Paris le 20 juin ? — Qu'est-ce que le manifeste de Brunswick ? — Quelles conséquences eut la publication de ce manifeste ? — Parlez de la journée du 10 août ? — Entre quelles mains tomba le pouvoir ? — **348.** Que disait le décret de la Législative déclarant la patrie en danger ? — L'appel des députés fut-il entendu ? — Que firent les volontaires ?

---

[1] Le manifeste de Brunswick (25 juillet 1792) menaçait la France, et surtout Paris, d'une extermination générale si Louis XVI n'était pas rétabli dans la plénitude de son pouvoir.

LEÇON. — La Campagne de l'Argonne.

349. La journée du 10 août et l'approche de l'automne déterminèrent les généraux ennemis à mener activement les opérations militaires. Le feld-maréchal Brunswick, maître de Coblentz, de Trèves et de Luxembourg, se proposa de remonter le Rhin, de passer les Ardennes et l'Argonne, et de marcher sur Paris, pendant que les Autrichiens envahiraient la Flandre.

Longwy se rendit après un bombardement de quinze heures (22 août), et les Prussiens se trouvèrent dans la vallée de la Meuse, dont le point le plus important, Verdun, capitula sans résistance le 2 septembre. Le contre-coup de ces défaites se traduisit à Paris par le massacre des nobles et des prêtres enfermés comme *suspects* dans les prisons (journées des 2, 3, 4 et 5 septembre).

Kellermann
(1735-1820).

Bataille de Valmy (20 septembre 1792).

350. Cependant le duc de Brunswick commettait la faute de ne pas s'emparer des défilés de l'Argonne. « Ce sont là, dit Dumouriez, les Thermopyles de la France. Si je puis y être avant les Prussiens, tout est sauvé. » Cette opération, habilement conduite, réussit à merveille ; mais les Prussiens réussirent à enlever le défilé de la Croix-aux-Bois, qui leur ouvrait la route de Paris.

Dumouriez, sans perdre de temps, vint s'établir à Sainte-Menehould, sur les derrières de l'armée d'invasion. Les Prussiens se retournèrent pour l'attaquer et donnèrent l'assaut au corps de Kellermann, posté au moulin de Valmy : les Français les attendirent de pied ferme en criant : *Vive la Nation* et restèrent maîtres du champ de bataille (20 septembre 1792). Quelques jours plus tard, ceux qui avaient menacé Paris d'une exécution militaire reprirent piteusement le chemin de l'Allemagne, laissant partout sur leur passage des mourants et des morts.

Le lendemain de la victoire de Valmy, l'Assemblée législative se sépara pour faire place à la *Convention nationale*, qui avait tenu la veille sa première séance.

LEÇON. — La Convention nationale (1792-1795).

351. La Convention, réunie le 20 septembre, décréta l'abolition de la royauté et l'établissement de la République [1].

Robespierre
(1758-1794).

La lutte éclata bientôt entre les Montagnards et les Girondins. Les Montagnards avaient pour eux la Commune de Paris, toute-puissante depuis la déchéance du roi, et le parti populaire. Les Girondins s'appuyaient sur les fonctionnaires, sur les républicains modérés et sur les départements. Robespierre, Danton, Marat, étaient les chefs de la Montagne.

Au centre siégeaient des députés sans idées bien arrêtées, votant tantôt avec la Gironde, tantôt avec la Montagne. Comme ils ne manifestaient le plus souvent leurs opinions que par des rumeurs confuses, on les surnomma les *crapauds du marais*.

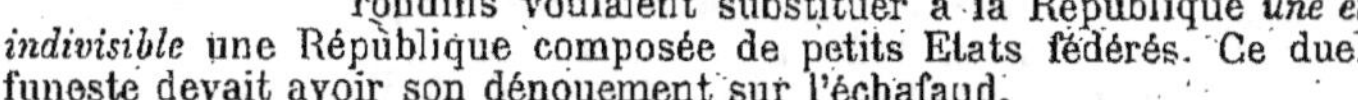

Marat
(1744-1793).

La rivalité de la Gironde et de la Montagne éclata avec opiniâtreté dès les premières séances de la Convention. Les Girondins accusèrent leurs adversaires d'aspirer à la dictature et demandèrent que Paris n'eût pas plus d'influence que chacun des départements. Les Montagnards répondirent que les Girondins voulaient substituer à la République *une et indivisible* une République composée de petits Etats fédérés. Ce duel funeste devait avoir son dénouement sur l'échafaud.

LECTURE. — La « Marseillaise ».

352. Après la bataille de Valmy, Kellermann écrivit à Servan, ministre de la Guerre, pour lui demander l'autorisation de célébrer ce succès par un *Te Deum*. « L'hymne national connu sous le nom des *Marseillais,* répondit Servan, est le *Te Deum* de la République. » Quel était donc cet hymne national?

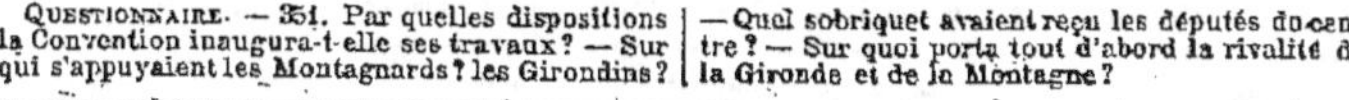

Rouget de L'Isle
(1760-1836).

Lorsque la nouvelle de la déclaration de guerre à l'Empereur arriva à Strasbourg, le maire de cette ville, Diétrich, organisa une fête patriotique qui se termina par un banquet. Au nombre des convives se trouvait un jeune capitaine de génie, Rouget de L'Isle dont les compositions poétiques et musicales jouissaient d'une certaine réputation.

Diétrich lui proposa de composer un chant de guerre « pour animer et guider nos jeunes soldats », et, sur les instances des invités, le jeune officier promit « d'essayer ». Rentré chez lui, il prit son violon, se mit à en jouer, et composa d'une seule haleine six couplets, paroles et musique.

Le lendemain matin (25 avril 1792), dès six heures, il se leva, écrivit sa composition, la montra d'abord à un officier de ses amis, puis la porta chez le maire. Diétrich, après avoir lu brièvement le manuscrit : « Montons au salon, dit-il à Rouget, que j'essaie votre air sur le clavecin. A la première vue, je juge qu'il doit être bon ou bien mauvais. »

[1] La Convention décréta le 21 septembre que « la royauté était abolie »; le lendemain 22 *septembre* que « tous les actes publics porteraient désormais la date de l'an Ier de la République française ».

LEÇON. — Jemmapes (¹). — Exécution de Louis XVI.

353. La canonnade de Valmy résonnait au moment même où se réunit la Convention. Pendant que Brunswick évacuait la Champagne,

nos soldats entraient en Savoie et dans le comté de Nice ; Custine s'emparait du Palatinat ; Lille soutenait une lutte héroïque contre les Autrichiens. Obligés de lever le siège et de rentrer en Belgique, ceux-ci furent poursuivis par Dumouriez, qui les vainquit à Jemmapes (6 novembre 1792) et fut accueilli avec enthousiasme à Bruxelles.

Pendant ce temps, la Convention décrétait la mise en accusation de Louis XVI. Les Girondins, tout en déclarant le roi coupable de trahison, auraient

Pitt (1759-1806).

voulu lui épargner l'échafaud, mais finalement ils se trouvèrent d'accord avec la Montagne pour voter la peine capitale (²). Louis XVI fut exécuté le 21 janvier 1793. « Il faut, avait dit Danton, jeter en défi à l'Europe une tête de roi. »

Cet événement creusa entre la France républicaine et l'Europe monarchique un abîme infranchissable. Notre pays se trouva bientôt aux prises avec une coalition ayant à sa tête le célèbre ministre anglais William Pitt, et où entrèrent le Saint-Siège, l'Allemagne, la Hollande, l'Espagne, le Portugal, sans parler de l'Autriche, de la Prusse et du Piémont, avec qui la Convention était déjà en guerre. Une levée extraordinaire de 300,000 hommes fut décrétée.

Membre
de la Commune.

LECTURE. — La « Marseillaise » (Suite).

354. Dès que le maire Dietrich eut déchiffré la musique, il appela une de ses nièces, lui fit jouer l'air et invita à déjeuner tous ses convives de la veille. Au dessert, Rouget de L'Isle entonna l'hymne et produisit une grande impression.

L'œuvre de Rouget de L'Isle reçut le nom de *Chant de guerre de l'armée du Rhin* et fut dédiée à Lückner qui commandait cette armée.

Des voyageurs de commerce répandirent ce chant dans toute la France. A l'approche du 10 août, Barbaroux appela de Marseille un bataillon de patriotes, qui prirent une grande part à cette mémorable journée. Sur sa route, le bataillon entonna le *Chant de guerre*, et ce fut en chantant l'œuvre de Rouget qu'il fit son entrée dans la capitale. On donna dès lors au *Chant de guerre* le nom de ceux qui lui avaient procuré une renommée si rapide et si éclatante.

La *Marseillaise* provoqua chez les armées de la République un grand enthousiasme, parce qu'elle résumait tous les sentiments, toutes les passions, toutes les généreuses aspirations de l'époque.

Le poète Klopstock, rencontrant un jour Rouget de L'Isle, lui dit : « Vous êtes un homme terrible, vous nous avez tué 50,000 braves Allemands. »

QUESTIONNAIRE. — 353. La victoire de Valmy fut-elle suivie de nouveaux succès militaires ? — Quelle bataille facilita à Dumouriez la conquête de la Belgique ? — Quel fut le sort de Louis XVI ? — Quel fut, au point de vue extérieur, le résultat de son exécution ? — Que décréta la Convention ? — 352 et 354. Racontez les circonstances dans lesquelles fut composée la *Marseillaise*.

---

(1) *Jemmappes* est l'orthographe donnée par l'annuaire officiel belge.

(2) Louis XVI fut défendu par Malesherbes, Tronchet et de Sèze. Il mourut avec courage. Target, qui avait reçu autrefois des bienfaits de Louis XVI, refusa de le défendre devant la Convention. C'est dans le discours de de Sèze que se trouvaient ces paroles célèbres : « Je cherche parmi vous des juges, et je ne vois que des accusateurs. » — Louis XVI fut condamné par 366 voix sur 721.

LEÇON. — Chute des Girondins.

355. Dumouriez, maître de la Belgique, s'était emparé de la Hollande et de la rive gauche du Rhin; mais les défaites d'Aldenhoven et de Nerwinde l'obligèrent à battre en retraite (mars 1793).

Des soupçons planaient depuis quelque temps sur le vainqueur de Jemappes. La Convention l'ayant mandé à sa barre, il jeta le masque et passa aux Autrichiens, avec lesquels il avait résolu de rétablir en France la monarchie au profit de la maison d'Orléans.

La trahison de Dumouriez coïncidait avec un recul général de nos armées et un soulèvement royaliste en Vendée. A une situation désespérée, la Convention opposa des mesures extrêmes et violentes. Elle institua le

Custine (1740-1793).

Tribunal révolutionnaire [1], chargé de juger sans appel les conspirateurs (10 mars), et le *Comité de Salut public*, sorte de gouvernement dictatorial (6 avril). Elle rendit un décret de mort contre les émigrés qui rentreraient sur le territoire français.

La garnison de Mayence sortit avec les honneurs de la guerre (23 juillet 1793).

356. La Gironde voulut s'opposer à ces mesures et fit même arrêter Marat, mais l'accusé fut acquitté par le Tribunal révolutionnaire. La Montagne, soutenue par la Commune de Paris, se déclara alors « en insurrection contre les députés corrompus »; le 31 mai et le 2 juin, la Convention fut envahie par le peuple, qui obtint l'arrestation des principaux Girondins.

Dans le même temps, la situation extérieure devint désastreuse. Au nord, les Autrichiens prirent Condé et Valenciennes (12 et 28 juillet 1793), malgré les efforts de Custine, qui, accusé de n'avoir pas fait son devoir, fut guillotiné. L'Empereur et le roi de Prusse entrèrent à Mayence, mais la garnison s'était si vaillamment défendue qu'elle sortit de la place avec tous les honneurs de la guerre (23 juillet). Dans le Roussillon, les Espagnols s'emparèrent de Bellegarde (25 juin 1793).

[1] Un *accusateur public*, créé par la loi du 11 mai 1793, fut chargé de mettre en accusation devant le tribunal révolutionnaire tous les criminels politiques. Fouquier-Tinville remplit ces fonctions avec une âpreté sinistre : il fut lui-même exécuté après le 9 thermidor.

LEÇON. — **La Guerre civile.**

357. Les difficultés croissaient à l'intérieur comme à l'extérieur. Plus de la moitié des départements se soulevaient en faveur des Girondins ; les royalistes s'insurgeaient à Lyon, à Toulon, et surtout en Vendée ; nos frontières du Nord et du Sud étaient envahies.

La Rochejacquelein (1772-1794).

Les Girondins furent rapidement vaincus, et leur armée de Caen, la seule qui eût quelque force, fut défaite à Pacy-sur-Eure. Lyon fut ruiné, un grand nombre de ses habitants guillotinés ; Toulon [1], que les royalistes avaient livré aux Anglais, eut le même sort que Lyon. En Vendée, l'insurrection avait pour chefs des nobles et des hommes du peuple : à côté de La Rochejacquelein, de Bonchamp, de Lescure, on trouvait à la tête des paysans le voiturier Cathelineau, le garde-chasse Stofflet et surtout l'ancien lieutenant de vaisseau Charette.

Charette (1763-1796).

Bonchamp (1759-1793).

Cathelineau (1759-1793).

Stofflet (1752-1796).

358. Les Vendéens se révoltèrent au mois de mars 1793 et s'emparèrent de Saumur. Nantes fut menacée par l'armée de Cathelineau sur la rive droite de la Loire, par celle de Charette sur la rive gauche. Nantes résista, et la guerre se poursuivit avec des alternatives de succès et de revers. Le 18 octobre, Kléber arriva en Vendée avec la garnison de Mayence et remporta la victoire de Cholet, où périt Bonchamp (1793).

Les chouans.

Les Vendéens, passant la Loire à Saint-Florent, résolurent de marcher vers la côte normande pour donner la main aux Anglais et aux émigrés. Ils n'y purent réussir, et la bataille du Mans, que gagna Marceau, assura le triomphe des républicains. Cependant la *chouannerie* [2] persista jusqu'en 1795, date de la première pacification de la Vendée [3] et de la soumission de Charette.

QUESTIONNAIRE. — 357. Quels soulèvement la Convention dut-elle réprimer ? — Qui se distingua devant Toulon ? — Quels furent les chefs de l'insurrection vendéenne ? — 358. Les Vendéens s'emparèrent-ils de Nantes ? — Qui gagna la bataille de Cholet ? celle du Mans ?

(1) C'est à ce siège que Bonaparte, alors capitaine d'artillerie, se distingua pour la première fois. Il contribua, plus que personne, à la reprise de Toulon sur les Anglais (1793) et fut promu au grade de général de brigade. Napoléon Bonaparte était né à Ajaccio en 1768 ou 1769, et il avait fait ses études à l'école militaire de Brienne (Aube).

(2) L'origine du mot *chouan* n'est pas encore déterminée d'une manière précise : les uns le font venir de Jean Cottereau, dit *Jean Chouan*, chef insurgé royaliste de la Mayenne ; les autres y voient une allusion à l'habitude que les bandes de paysans avaient contractée d'imiter le cri de la chouette pour se reconnaître entre eux ou se prévenir de la présence des *bleus* (soldats de la République). Le nom général de *chouannerie* fut donné aux insurrections royalistes, et celui de *chouans* à tous les partisans de cette cause dans l'Ouest.

(3) Voir page 205 pour la seconde pacification de la Vendée par Hoche.

LEÇON. — La Terreur (1793-1794).

359. Après la chute des Girondins commence le régime de la *Terreur*, pendant lequel domina Robespierre. La Convention avait d'abord voté la constitution démocratique de 1793 pour détacher les départements du parti girondin ; mais, après l'assassinat de Marat par Charlotte Corday, admiratrice des Girondins — assassinat qui coïncidait avec les revers extérieurs — elle confisqua les libertés publiques au nom de la raison d'État et de la défense nationale.

Charlotte Corday
(1768-1793).

Elle rendit la terrible *loi des suspects*, prescrivant l'arrestation de tous ceux qui seraient soupçonnés de ne pas aimer la République (17 septembre). Elle décréta le *maximum* [1] pour les denrées de première nécessité, et le cours forcé des assignats [2]. Elle fit exécuter Marie-Antoinette, Madame Elisabeth, sœur de Louis XVI, Mme Roland, etc., les plus célèbres des Girondins (31 octobre). Elle envoya dans les départements et aux armées des représentants dont plusieurs rendirent des services en stimulant le patriotisme, tandis que d'autres, comme Lebon à Arras, Collot d'Herbois à Lyon, Carrier à Nantes, Tallien à Bordeaux, exercèrent un pouvoir odieux et cruel.

LECTURE. — Les Exécutions.

Le tribunal révolutionnaire envoya à l'échafaud des milliers de personnes de toutes les conditions. La plupart des condamnés moururent avec une dignité et un sang-froid extraordinaires.

Les Girondins marchèrent à la mort en acclamant la République.

Bailly, l'ancien maire de Paris, fut arrêté et condamné. Les apprêts de son supplice furent d'une longueur excessive ; ses membres, glacés par le froid et la pluie, s'agitaient d'un mouvement involontaire. « Tu trembles, Bailly ? lui dit un des assistants. — Oui, mon ami, mais c'est de froid, » répondit-il simplement.

Lorsque Danton se sentit menacé par Robespierre, ses amis le pressèrent de fuir. « Est-ce qu'on emporte la patrie à la semelle de ses souliers ? » répliqua-t-il. Sur l'échafaud, au moment de s'incliner sous le couperet, il dit au bourreau : « Tu montreras ma tête au peuple, elle en vaut la peine. »

Charlotte Corday devant le tribunal révolutionnaire
(17 juillet 1793).

(1) C'est-à-dire qu'elle fixa un prix *maximum* pour les denrées de première nécessité, les salaires, la main-d'œuvre, etc. La disette ne fit qu'augmenter, la liberté des transactions se trouvant compromise.
(2) On donnait le nom d'*assignat* à du papier-monnaie dont le remboursement devait être garanti par le produit de la vente des biens nationaux. Les émissions successives d'assignats ayant dépassé de beaucoup la valeur des biens qui leur servaient de gage, ce papier-monnaie n'eut bientôt plus qu'une valeur nominale : personne ne voulait plus l'accepter en payement, et c'est pour cela que la Convention en décréta le cours forcé.

LEÇON. — **Le Comité de Salut public.**

361. Jusqu'au mois de juillet 1793, le Comité de Salut public eut pour véritable chef Danton. A cette date, la Convention le renouvela et la direction en passa aux mains de Robespierre.

C'est ce second Comité de Salut public qui assuma la responsabilité du gouvernement pendant la période la plus critique de la Révolution. Il se composait de douze membres : Billaud-Varenne, Collot d'Herbois et Couthon avaient dans leurs attributions la correspondance générale avec les représentants et les fonc-

Danton (1759-1794).

Barère (1755-1841).

tionnaires ; Jeanbon Saint-André s'occupait de la marine, Carnot du personnel et du mouvement des armées, Prieur (de la Côte-d'Or) de la fabrication des armes et des munitions, Robert Lindet des vivres et des subsistances, Barère des affaires étrangères. Robespierre n'avait aucune fonction déterminée ; il était comme un premier ministre.

LECTURE. — **La Stratégie révolutionnaire.**

362. Les soldats à peine enrégimentés que la France pouvait opposer à ses adversaires étaient plus impétueux que solides ; ils ne possédaient pas l'assurance calme, la fermeté patiente des troupes aguerries et disciplinées. Il importait donc de leur donner autant que possible le rôle d'assaillants, de suppléer à la tactique par la rapidité de l'attaque, de procéder par mouvements audacieux afin de dérouter les généraux ennemis, de créer enfin un nouvel art militaire approprié aux circonstances, fondé sur le tempérament national. Au lieu donc de garder ou d'attaquer à la fois toutes les positions, Carnot fit la guerre par masses. Son système consista : 1° à prendre l'offensive ; 2° à porter brusquement le plus de forces possible sur un point déterminé, tout en donnant le change par des démonstrations sur le reste de la ligne. De cette

Carnot (1753-1823).

manière, on remportait au point d'attaque un triomphe assez complet pour rendre insignifiants les avantages particls obtenus ailleurs par l'adversaire.

L'idée de cette nouvelle stratégie n'appartient en propre à personne, mais Carnot sut la rendre pratique ; aussi mérita-t-il le surnom d'*organisateur de la victoire.* « Cet homme, dit Michelet, aima tant la patrie ; il eut au cœur un désir si violent de sauver la France, que, devant cette foule où les autres ne distinguaient rien, lui, par une seconde vue, il connut, sentit les héros. »

LEÇON. — **Le 9 Thermidor.**

363. Le Comité de Salut public parut trop peu énergique à la Commune de Paris et aux partisans d'Hébert, le grossier rédacteur du *Père Duchesne*. Les hébertistes avaient établi le culte de la Raison : Robespierre, qui était déiste, les envoya à l'échafaud le 24 mars 1794 et fit reconnaître par la Convention l'existence de l'Être suprême. Il résolut ensuite de se débarrasser de Danton, qui préconisait maintenant la modération, et de Camille Desmoulins, qui l'accusait de prétendre à la dictature. Il les fit condamner par le tribunal révolutionnaire.

Camille Desmoulins
(1762-1794).

Le 20 prairial (8 juin), il présida la fête de l'Être suprême : il affecta de marcher seul, en avant de ses collègues et les accusations de dictature se multiplièrent. Il fit voter la loi du 22 prairial, qui autorisait le tribunal révolutionnaire à condamner à mort sur de simples présomptions : cette mesure inique était prise alors que nos armées étaient victorieuses et que rien ne pouvait justifier la continuation de la dictature révolutionnaire.

Les anciens dantonistes et les ennemis personnels de Robespierre s'entendirent pour mettre fin à cet état de choses, et le 9 thermidor (27 juillet 1794), la Convention décréta Robespierre d'accusation. Il fut exécuté le lendemain avec son frère, Saint-Just, Couthon et Lebas. Le régime de la Terreur avait vécu.

LEÇON. — **Hoche et Marceau.**

364. Hoche, né à Montreuil, près de Versailles, était, à l'âge de quatorze ans, palefrenier aux écuries royales; il passait une partie de ses nuits à s'instruire. Il s'enrôla dans les gardes-françaises, où sa vive intelligence, son caractère franc et élevé lui valurent les sympathies de ses camarades. Caporal quand éclata la Révolution, il devint général de division en 1794, et chacun de ses grades fut le prix d'une action d'éclat. Une intelligence pénétrante mais réfléchie, une volonté inflexible, un esprit fécond en ressources, un coup d'œil rapide sur le champ de bataille, tout concourait à faire de lui un capitaine de premier ordre. Généreux et bon, il se montrait inflexible dès qu'il s'agissait de la discipline; mais à cette sévérité il joignait un entrain qui enlevait ses soldats. Un jour, ayant eu deux chevaux tués sous lui : « Ces messieurs, dit-il en riant, voudraient me faire servir dans la ligne. »

Hoche
(1768-1797).

365. Marceau, né à Chartres, se distingua en Vendée et à Fleurus. Il commandait l'armée de Sambre-et-Meuse, lorsqu'il fut blessé mortellement dans le défilé d'Altenkirchen. Les hussards autrichiens, qui, en plus d'une occasion avaient appris à connaître par eux-mêmes la valeur de Marceau, voulurent ramener son corps à l'armée de Sambre-et-Meuse. Le jour des funérailles, il y eut suspension d'armes, et les salves de l'artillerie autrichienne répondirent à celles de l'armée républicaine rendant les derniers honneurs. Le grand poète anglais Byron a fait l'éloge de ce vaillant dans des termes pleins d'éloquence. « Sur sa jeune tombe, plus d'un rude soldat versa des larmes, déplorant, mais enviant une pareille mort. Il fut pleuré par deux armées, ses amis et ses ennemis. Il fut le champion de la liberté. Il sut garder son âme sans tache, et pour cela les hommes ont pleuré sur lui. »

Marceau
(1769-1796).

LEÇON. — Les Victoires de la Convention.

366. L'intelligente activité de Carnot, le patriotisme des généraux, l'enthousiasme des troupes sauvèrent la France.

Carnot à Wattignies (1793).

Après la perte de la Belgique et la trahison de Dumouriez, le prince de Cobourg s'était emparé de Condé et de Valenciennes, et l'on pouvait craindre qu'il ne marchât sur Paris, de concert avec les Anglais. Mais ceux-ci convoitaient Dunkerque ; ils vinrent donc assiéger cette place, pendant que les Autrichiens allaient bloquer Maubeuge. Cette séparation fut fatale aux alliés : Houchard défit l'armée anglaise à Hondschoote (8 sept. 1793) ; Jourdan et Carnot battirent les Autrichiens à Wattignies (17 oct. 1793) : Dunkerque et Maubeuge furent ainsi débloquées. Un peu plus tard, Hoche délivra Landau (26 déc. 1793).

LECTURE. — Le « Vengeur ».

367. En mai 1794, un grand convoi de grains venant des États-Unis était en route pour la France. La disette, qui sévissait chez nous, rendait ce convoi doublement précieux, et une flotte de vingt-six vaisseaux, commandée par l'amiral Villaret-Joyeuse, sortit de Brest pour protéger son arrivée. Elle rencontra presque aussitôt la flotte anglaise ; un premier engagement eut lieu le 9 prairial an II (29 mai 1794) et se termina à l'avantage des Français, malgré l'inexpérience de nos marins: Ce n'était qu'une escarmouche.

Le 13 prairial (2 juin), les deux flottes furent de nouveau aux prises. L'issue du combat nous fut fatale, mais pendant que nos matelots se mesuraient avec les équipages de l'amiral Howe, le convoi de grains put entrer à Brest, apportant la vie à plusieurs milliers de citoyens.

Parmi les vaisseaux qui se signalèrent dans cette journée mémorable, il faut citer en premier lieu le *Vengeur*, commandé par le capitaine Renaudin. Le *Vengeur* avait essuyé déjà le feu de deux vaisseaux ennemis, lorsque le *Brunswick* l'accrocha avec son ancre. Un combat furieux s'engagea dans lequel les Anglais eurent le dessous. On ne voyait plus personne debout sur le pont du *Brunswick*, où le feu s'était déclaré en deux endroits ; les Français, sautant à l'abordage, allaient se rendre maîtres du bâtiment ennemi. A ce moment, le *Brunswick* fut secouru par deux navires anglais, qui parvinrent à le dégager.

Le *Vengeur* avait perdu tous ses mâts et le tiers de son équipage : l'eau, pénétrant par les soutes, gagnait de toutes parts. Il n'y avait plus à résister : Renaudin fit amener son pavillon. La moitié de l'équipage put s'embarquer dans les canots anglais arrivés le long du bord ; mais deux cent six malades et blessés restèrent sur le *Vengeur* qui allait sombrer. Ces malheureux, que les efforts de l'ennemi n'avaient pas effrayés, eurent un moment de découragement en songeant à la mort terrible qui les attendait ; mais, reprenant bientôt toute leur force d'âme, ils voulurent que leur dernier vœu fût pour la patrie, et ils disparurent dans les flots en criant : « Vive la nation ! Vive la République ! »

LEÇON. — **Victoire de Fleurus.**

368. Les années 1794 et 1795 furent signalées par de nouveaux succès. Tout d'abord, les Autrichiens obtinrent quelques

avantages et réussirent, malgré les efforts de Pichegru, à couper l'armée de la Sambre.

Carnot la fit alors renforcer par l'armée de la Moselle que commandait Jourdan, et l'armée de Sambre-et-Meuse ainsi formée parvint à franchir la Sambre, s'empara de Charleroi et remporta sur Cobourg la brillante victoire de Fleurus (26 juin). Par ordre de Jourdan, un aéronaute s'éleva au-dessus du champ de bataille et se maintint à une certaine hauteur; au moyen de billets qu'il laissait tomber, il instruisait le général en chef de tous les mouvements de l'ennemi.

Pichegru (1761-1804).

Jourdan (1762-1833).

Le mois suivant, Pichegru et Jourdan étaient à Bruxelles.

LEÇON. — **Conquête de la Hollande. — Paix de Bâle.**

Prise de la flotte hollandaise (1794).

Fleurus (1794).

369. Les rigueurs de l'hiver n'arrêtèrent pas nos soldats, vêtus de haillons, chaussés de sabots, ou souvent même dépourvus de toute chaussure. Pichegru entra à Amsterdam et à La Haye (janvier 1795), et ses hussards s'emparèrent de la flotte hollandaise, prise dans les glaces du Zuyderzée. Aux Alpes, les Piémontais n'étaient pas plus heureux que les Autrichiens, et dans les Pyrénées, le général Dugommier chassait les Espagnols du Roussillon. En présence de ces victoires, la coalition ne tarda pas à se dissoudre. La Hollande en sortit la première par le traité de La Haye; la Prusse et l'Espagne suivirent cet exemple (traités de Bâle, 5 avril 1795); la Prusse s'engagea à ne plus se liguer contre nous et à ne pas s'opposer à ce que le Rhin devînt notre frontière.

LEÇON. — La Réaction thermidorienne.

370. Au règne de la Gironde avait succédé le règne de la Montagne ; maintenant, la Révolution va entrer dans sa période de décroissance. Le 1er prairial an III (20 mai 1795), les révolutionnaires, poussés par la misère et par les provocations des royalistes, envahirent la Convention en demandant du pain et la mise en vigueur de la constitution de 1793. Le député Ferraud fut tué, et sa tête, mise au bout d'une pique, présentée à Boissy d'Anglas, qui présidait la séance. Boissy, sans se

Affaire de Quiberon (1795).

laisser intimider par les clameurs de la foule, se découvrit respectueusement. Peu après, la garde nationale chassa les révolutionnaires et sévit contre les derniers Montagnards.

LEÇON. — Pacification de la Vendée.

371. De leur côté, les royalistes s'agitaient : dans les départements, les *Compagnons de Jéhu* et *du Soleil* massacraient sans pitié les républicains. Dans l'Ouest, les troubles recommençaient. Des émigrés, poussés par l'Angleterre et conduits par le comte de Puysaye, débarquèrent dans la presqu'île de Quiberon, où ils furent rejoints par des bandes de chouans. Les républicains les tuèrent ou les précipitèrent dans la mer (juillet 1795). Charette et Stofflet, comptant sur une seconde armée de débarquement, reprirent alors les armes, mais ils payèrent de la vie leur rébellion. — Le mérite de la seconde pacification de la Vendée revient au général Hoche.

Le 13 vendémiaire (1795).

La Convention, par défiance, vota alors la constitution de l'an III et décida qu'un tiers de ses membres devrait faire partie de la prochaine Assemblée législative. Les royalistes de Paris marchèrent contre la Convention : ils furent dispersés dans la rue Saint-Honoré, devant l'église Saint-Roch, par le général Bonaparte[1] (13 vendémiaire an IV, 5 oct. 1795). — La Convention se sépara vingt jours après (26 octobre)

1. La journée du 13 vendémiaire mit Bonaparte en relief, et le plan qu'il soumit au Directoire lui fit bientôt donner, grâce à l'appui de Carnot, le commandement en chef de l'armée d'Italie.

GUERRES
de la
RÉVOLUTION
de 1792 à 1804
Mer du Nord
DANEMARK
Mer Baltique
Lubeck
Hambourg
PRUSSE
Bergen
Magdebourg
oBerlin
Rhin
EMPIRE GERMANIQUE
Leipzig
Elbe
Dresde
Oder
Londres
Bruxelles
Neerwinde
Aldenhoven
Altenkirchen
Tœplitz
Tournay
Lille
Namur
Coblentz
Mayence
Prague
Olmütz
Valenciennes
Jemappes
Manche
Amiens
Luxembourg
Trèves
Wurzbourg
Caen
Pacy
Chantilly
Varennes
Longwy
Metz
Bade
Danube
Vienne
Granville
Versailles
Paris
Verdun
Strasbourg
Hochstædt
Hohenlinden
Le Mans
Chartres
Valmy
Lunéville
Munich
Quiberon
Nantes
St-Florent
Brienne
Stockach
Beaupreau
Torfou
Cholet
Saumur
Laben
Loire
Saône
Zurich
SUISSE
Campo Formio
FRANCE
Limoges
Lyon
Mt St-Bernard
Venise
Trieste
Bordeaux
Garonne
Milan
M. Adriatique
Santander
Bayonne
Toulouse
Valence
Turin
Po
Bilbao
Pyrénées
Fréjus
Nice
Gênes
Florence
ITALIE
Burgos
Bellegarde
Toulon
Elbe
ESPAGNE
Saragosse
Barcelone
Bastia
Corse
Rome
Madrid
Ebre
Mer Méditerranée
Sardaigne
Naples
40
Annecy
Mt St-Bernard
Adda
Trente
Belline
Campo Formio
Chambéry
Magnano
Bergame
Bassano
Trieste
Turbigo
Milan
Cassano
Rivoli
Vicence
Magenta
Lonato
Vérone
Melegnano
Castiglione
Arcole
Padoue
Venise
Vercelli
Lodi
Solférino
la Favorite
Grenoble
Turin
Palestro
Mantoue
Alexandrie
Chone
Mer Adriatique
FRANCE
Marengo
Po
Tortone
Plaisance
Parme
Novi
Montebello
Millesimo
Dego
Modène
Bologne
Reno
Mondovi
Montenotte
Carrare
Savone
Durance
Lucques
Florence
Nice
Golfe de Gênes
Pise
Arno
Fréjus
Livourne
Sienne
NORD DE L'ITALIE

2ᵉ Liv. H. F.

LECTURE. — Les Institutions de la Convention.

372. La Convention n'a pas seulement délivré la France de l'invasion; les violences du gouvernement révolutionnaire ne doivent pas faire oublier les grandes créations par lesquelles il s'est honoré.

373. L'enseignement public. — La Convention organisa l'enseignement à tous les degrés. Elle décréta l'établissement d'une école primaire par mille habitants, d'une école centrale (secondaire) par trois cent mille habitants, et d'un grand nombre d'écoles spéciales : École normale, École polytechnique, École des ponts et chaussées, Conservatoire des arts et métiers, Conservatoire de musique, etc. On lui doit la création du Muséum d'histoire naturelle et du Bureau des longitudes, et elle groupa, sous le nom d'*Institut de France*, les anciennes Académies réorganisées.

Lakanal
(1762-1845).

Le conventionnel Lakanal s'occupa spécialement de tout ce qui concernait l'enseignement.

374. Les poids et mesures. Le calendrier. — La Convention décréta l'unité des poids et mesures métriques. Elle adopta un nouveau calendrier purement civil; l'année était divisée en douze mois de trente jours chacun, plus cinq ou six jours complémentaires; le mois se partageait en trois décades ou fractions de dix jours. Le commencement de la nouvelle ère fut fixé au 22 septembre 1792. Les noms des mois étaient tirés de la température ou de la récolte de l'époque correspondante : *vendémiaire* (vendanges), *brumaire* (temps des brouillards et des brumes), *frimaire* (frimas), *nivôse* (neiges), *pluviôse* (pluies), *ventôse* (vents et giboulées), *germinal* (germination), *floréal* (fleurs), *prairial* (prairies), *messidor* (moisson), *thermidor* (temps de la chaleur et des bains), *fructidor* (fruits). Les jours de la décade s'appelaient *primidi* (premier jour), *duodi, tridi, quartidi*, etc.; les jours complémentaires, nommés *sans-culottides*, étaient consacrés à des fêtes nationales. Ce calendrier fut en vigueur jusqu'au 1er janvier 1806.

Cambon
(1754-1820).

375. Le Grand-Livre de la dette publique. — Le 24 août 1793, Cambon fit voter par la Convention une loi portant création d'un Grand-Livre de la dette publique. Sur ce livre furent inscrits tous les créanciers de l'État pour une somme représentant la rente à 5 pour 100 de leur capital; chaque créancier n'eut qu'un seul compte, quelle que fût la diversité de ses créances. La dette publique se trouva ainsi unifiée.

376. Projet de Code civil. — La Convention songea à donner à la France l'unité de législation, et Cambacérès présenta en 1793 un projet de Code civil. L'Assemblée ne le trouva pas assez novateur; mais les travaux de Cambacérès préparèrent et

Cambacérès
(1753-1824).

facilitèrent ceux qui eurent lieu sous le Consulat en vue de doter la France de lois civiles uniformes.

377. Abolition de l'esclavage dans les colonies. — L'esclavage fut aboli dans les colonies, et les hommes de couleur reconnus comme citoyens.

Armée de Condé.
Membre du
Conseil
des Anciens.
Directeur.
Général
Chouan.
Vendéen.
Chef vendéen.
Hussard.
Mayençais.
Merveilleuses.
Incroyable.
Soldat d'Augereau.
Compagnon
de Jéhu.

LEÇON. — Le Directoire (1795-1799).

378. La Constitution de l'an III, votée le 5 fructidor (22 août 1795), confiait le pouvoir exécutif à un *Directoire* de cinq membres, renouvelable partiellement chaque année par le remplacement de l'un des cinq *Directeurs*.

Retraite de Moreau.

Elle instituait le suffrage à deux degrés : tous les Français âgés de vingt et un ans et payant une contribution se réunissaient dans leur canton en *assemblée primaire* pour nommer les électeurs chargés d'élire les députés au Corps législatif.

Le Corps législatif se composait de deux assemblées : 1° le *Conseil des Cinq-Cents* (500 membres); 2° le *Conseil des Anciens* (250 membres). Le Conseil des Cinq-Cents avait seul le droit de prendre l'initiative des propositions de loi, et le Conseil des Anciens était libre d'approuver ou de rejeter ces propositions.

Le Corps législatif nommait les cinq *Directeurs*; il était renouvelé annuellement par tiers.

Mort de Marceau (1796).

LEÇON. — Campagne d'Allemagne.

379. Les premiers Directeurs furent Larévellière-Lépeaux, Rewbell, Barras, Letourneur et Carnot. Le traité de Bâle n'avait pas rétabli la paix générale : la France avait encore à combattre l'Autriche et l'Angleterre.

Par ordre de Carnot, trois armées se disposèrent à marcher sur Vienne : celle de Sambre-et-Meuse, commandée par Jourdan; celle de Rhin-et-Moselle, commandée par Moreau; celle d'Italie, confiée à Bonaparte.

Moreau (1763-1813).

L'armée de Sambre-et-Meuse et l'armée du Rhin commirent la faute de s'avancer parallèlement au lieu de faire leur jonction. Profitant de cette circonstance, l'archiduc Charles, qui commandait l'armée autrichienne, battit Jourdan à Wurzbourg, puis à Altenkirchen, où fut tué Marceau. A la nouvelle de ces échecs, Moreau, numériquement trop faible, se décida à opérer une retraite qui fut un chef-d'œuvre, puisqu'elle ne nous coûta ni un homme ni un canon. En revanche, l'armée d'Italie ne remporta que des succès sur les Autrichiens et les Sardes coalisés.

Rivoli (1797).

Arcole (1796).

LEÇON

Campagne d'Italie.

380. Après avoir isolé les Sardes des Autrichiens par les victoires de Montenotte, de Dego, de Millesimo et de Mondovi, Bonaparte défit successivement tous les généraux autrichiens envoyés contre lui : le général Beaulieu à Lodi, le général Wurmser à Lonato et Castiglione, le général Alvinzi à Arcole (1796), où Bonaparte s'élança sur le pont un drapeau à la main, pour entraîner ses soldats décimés par la mitraille, et au plateau de Rivoli (1797).

Bonaparte
(1769-1821).

La victoire de La Favorite et la prise de Mantoue, succédant à l'écrasement des forces ennemies, permirent au vainqueur d'envahir l'Autriche. Malgré les efforts de l'archiduc Charles, il arriva bientôt à Leoben, à vingt-cinq lieues de Vienne, et c'est dans ce village que furent signés les préliminaires de la paix définitive conclue à Campo-Formio le 17 octobre 1797.

Soldats de l'armée d'Italie.

Les Pays-Bas autrichiens et les îles Ioniennes étaient cédées à la France; la Lombardie était reconnue indépendante sous le nom de *République cisalpine*. A titre de compensation, l'Autriche prenait Venise, qui s'était cependant déclarée pour les Français.

Bonaparte, revenu à Paris, fut l'objet de l'admiration générale. Son ambition s'accrut avec le succès.

LEÇON. — **Situation intérieure.**

381. A l'intérieur, la situation était beaucoup moins brillante.

Le Trésor étant à sec, le Directoire, après avoir recouru à divers expédients, fit une banqueroute partielle en réduisant des deux tiers le Grand-Livre de la dette publique.

Le gouvernement avait contre lui les Montagnards et les royalistes. Il réprima facilement le complot socialiste de Gracchus Babeuf, mais il dut sortir de la légalité pour triompher des contre-révolutionnaires.

Les élections de mai 1797, pour le renouvellement d'un tiers du Corps-législatif, avaient envoyé à Paris deux cent cinquante royalistes, qui conspiraient ouvertement contre la République ; les émigrés accouraient en foule, et le général Pichegru était entré en relations avec le comte de Provence, frère de Louis XVI.

Membre du
Conseil des Cinq-Cents.

Augéreau (1757-1816).

Joubert (1769-1799).

Championnet (1762-1800).

Masséna (1758-1817).

LEÇON. — **Le 18 Fructidor et le 22 Floréal.**

382. Le 18 fructidor an V (4 septembre 1797), le Directoire fit envelopper les Tuileries et le Manège, où siégeaient le conseil des Cinq-Cents et le conseil des Anciens ; il annula les opérations électorales de plus de la moitié des départements ; il déporta à Cayenne un certain nombre de députés royalistes ; il mit l'opinion de son côté en révélant la trahison de Pichegru.

Les nouvelles élections ayant été favorables aux républicains avancés, le Directoire, qui ne voulait pas plus s'appuyer sur les Montagnards que sur les royalistes, annula encore une fois les résultats du scrutin. C'est ce que l'on a appelé le coup d'État du 22 floréal an VI (11 mai 1798).

Les républicains modérés dominèrent désormais dans le conseil des Cinq-Cents et le conseil des Anciens.

LEÇON. — Campagne d'Égypte.

383. Depuis la paix de Campo-Formio, l'Angleterre seule continuait à nous tenir tête. Bonaparte résolut de la frapper en Egypte, point intermédiaire entre l'Europe et l'Asie, clef du commerce du Levant et des Indes. Il partit de Toulon à la tête d'une armée excellente, avec Kléber et Desaix pour lieutenants (19 mai 1798).

Bonaparte débarqua à Alexandrie, gagna la bataille des Pyramides (21 juillet), entra au Caire, et organisa l'*Institut d'Egypte*, composé des savants qui avaient accompagné l'expédition. Mais l'amiral anglais Nelson détruisit à Aboukir notre flotte commandée par Brueys, et Bonaparte se trouva pour ainsi dire prisonnier en Egypte; il se

Soldat français du régiment des Dromadaires, en Egypte.

jeta sur la Syrie (1799), prit Jaffa, gagna la bataille du Mont-Thabor, échoua devant Saint-Jean-d'Acre, et, revenant brusquement en Egypte, écrasa les Anglais et les Turcs débarqués à Aboukir (25 juillet 1799).

LEÇON. — Le 18 Brumaire.

384. Pendant ce temps, l'Angleterre formait contre la République française une seconde coalition où entrèrent l'Autriche, la Russie, la Turquie, les rois de Naples et de Sardaigne. En Italie, Championnet s'empara d'abord du royaume de Naples et l'organisa en *République parthénopéenne* (janvier 1799); mais sur le Rhin, Jourdan fut battu à Stokach par l'archiduc Charles (mars 1799), et bientôt après l'armée austro-russe, commandée par Souvarof, nous chassa du Milanais; vaincus à Magnano, à Cassano, à la Trebbia, à Novi, où périt Joubert, les Français ne conservèrent plus que Gênes et le comté de Nice.

La France était menacée d'une invasion étrangère, lorsque la victoire de Bergen (Hollande), remportée par Brune sur les troupes anglo-russes, et celle de Zurich, gagnée par Masséna sur les Russes, sauvèrent la frontière du Rhin et la frontière des Alpes (septembre 1799).

Bonaparte, laissant alors à Kléber l'armée d'Egypte, débarqua à Fréjus sans que le Directoire l'eût relevé de son commandement. D'accord avec Sieyès, Roger Ducos et la majorité du conseil des Anciens, il envahit avec ses grenadiers le conseil des Cinq-Cents qui siégeait à Saint-Cloud. Il renversa le Directoire; la Constitution de l'an III fut supprimée et le gouvernement confié à trois consuls provisoires : Bonaparte, Sieyès et Roger Ducos. C'est le coup d'Etat du 18 brumaire (9 novembre 1799).

LECTURE. — La Société pendant la Révolution.

CONSIDÉRATIONS GÉNÉRALES.

386. La Révolution de 1789 fut d'autant plus violente que la transformation des institutions était depuis plus longtemps devenue nécessaire. Le peuple n'avait aucun droit régulièrement reconnu et la royauté n'était régulièrement obligée à aucun devoir. Le conflit, envenimé par la résistance des privilégiés, se dénoua par la force.

La conséquence essentielle de la Révolution fut de supprimer toute distinction entre les diverses classes sociales, et par suite de mettre les individus sur le pied d'égalité. Il n'y eut plus de nobles et de roturiers, mais seulement des citoyens. Cette appellation de *citoyen* remplaça même celle de *monsieur* à partir de 1792 et fut universellement employée jusqu'à la fin du Consulat. Le nom d'*aristocrate* devint par contre une épithète injurieuse, une invective prodiguée par les *patriotes* à tous ceux, nobles ou non, qui passaient pour ennemis de la Révolution.

L'Éloquence.

387. Toute l'activité des citoyens se trouvait nécessairement absorbée par les choses de la politique : c'est dans la rue, sur les places publiques, dans les lieux de réunions et dans les assemblées que se concentra la vie nationale.

Ce ne fut pas seulement à l'Assemblée constituante, à la Législative, à la Convention, que Mirabeau, les Girondins, Danton et tant d'autres prononcèrent des discours sans

Une séance du club des Jacobins.

contredit admirables. L'éloquence se développa aussi dans les *clubs*, ces sociétés d'hommes réunis sans mission officielle pour délibérer sur les questions à l'ordre du jour.

Chaque parti voulut avoir son club. Le premier en date fut le *club Breton*, fondé en 1789 par les députés de la Bretagne, et qui se rendit célèbre dans la suite sous le nom de *Club des Jacobins*. Au plus fort de la Révolution, il forma, sous l'impulsion de Robespierre, un véritable conseil de surveillance, contrôlant de sa propre autorité les actes des hommes politiques. Le *club des Feuillants*, qui défendait les idées royalistes-constitutionnelles, n'eut jamais une grande influence; mais il n'en fut pas de même du club des Jacobins, ni du *club des Cordeliers*, ouvert à tous, délibérant portes ouvertes. Les Jacobins prétendaient diriger le peuple ; aux Cordeliers, c'était le peuple lui-même qui s'agitait sous l'impulsion de Danton, de Marat, d'Hébert, de Chaumette. Les premiers discutaient gravement, les seconds agissaient, et on les trouvait à l'avant-garde de tous les mouvements populaires.

Mirabeau et Danton sont, avec les chefs du parti girondin, les plus célèbres orateurs de l'époque. L'éloquence de MIRABEAU était emportée et hautaine, mordante et ironique, enflammée et troublante. Son âme, quand il parlait, semblait « bouleversée dans ses derniers replis et agitée de toutes les passions ». Il laissait tomber sa parole avec un mépris superbe, il savait trouver avec un tel à-propos l'image frappante ou le mot décisif qui enthousiasmait l'auditoire. Et alors même que l'opposition le couvrait d'invectives, cet homme extraordinaire restait impassible, encore qu'il parût débordé par sa fougue naturelle.

Jacobin.

Avec sa voix éclatante, ses gestes impétueux et les figures hardies de ses discours, DANTON était l'homme qu'il fallait pour dominer les orages de la multitude. Il comprenait le peuple, il en parlait la langue, il en avait toutes les passions. Sa stature athlétique et les éclats de sa voix tonnante, joints à une éloquence forte, originale et comme monstrueuse, faisaient de lui le véritable tribun du peuple, et s'il avait eu le génie de l'intrigue, Robespierre eût été renversé bien avant le 9 Thermidor.

Les Journaux.

388. C'est de la Révolution que date, à proprement parler, la presse politique. « Les journaux, dit un contemporain, pleuvent tous les matins comme la manne du ciel, et cinquante feuilles viennent chaque jour éclairer l'horizon. » Il y eut, en effet, à partir de la réunion des États généraux, une véritable pluie de feuilles de toute opinion. *Le Moniteur*, devenu promptement officiel, donna le résumé des débats politiques. Mirabeau rédigea le *Courrier de Provence*, Prudhomme les *Révolutions de Paris*, Camille Desmoulins les *Révolutions de France et de Brabant* et le *Vieux Cordelier*, Marat le terrible *Ami du Peuple*, Hébert le cynique et grossier *Père Duchesne*, Robespierre le *Défenseur de la Constitution*. La plupart des journaux royalistes, la *Lanterne*, les *Actes des Apôtres*, etc., succombèrent après la journée du 10 août.

Marchand de journaux.

Le Théâtre. Les Fêtes.

389. Les théâtres furent très fréquentés pendant la Révolution. On y jouait des pièces de circonstance, des pièces patriotiques fourmillant d'allusions. Au début, les applaudissements royalistes de la Comédie-

Française répondirent aux bravos républicains du Palais-Royal. Marie-Joseph CHÉNIER, l'auteur du *Chant du Départ*, FABRE D'ÉGLANTINE, qui trouva les appellations du *Calendrier républicain*, LAYA, François de NEUFCHATEAU, Sylvain MARÉCHAL, furent les principaux écrivains dramatiques de l'époque. La seule énumération des pièces en vogue tiendrait un volume, mais il suffit de connaître les titres pour deviner les sujets : *les Peuples et les Rois, le Républicain à l'épreuve, la Liberté des nègres, l'Intérieur d'un ménage républicain, le Corps de garde patriotique,* etc.

Fabre d'Églantine.
(1752-1794).

Marie-Joseph Chénier
(1764-1811).

Parmi les fêtes publiques célébrées pendant la Révolution, il faut citer la fête de la Fédération (1790), la fête de la Liberté (1792), la fête de la Fraternité (1793), la fête de la Raison (1793), la fête de la Victoire (1793), la fête de l'Être suprême (1794). Plusieurs de ces solennités, entre autres la fête de la Fédération, qui était commémorative de la prise de la Bastille et se célébrait le 14 juillet, restèrent en honneur sous le Consulat et ne furent abrogées que sous l'Empire.

Fête de l'Être suprême (1794).

Les Arts.

— **390.** Louis DAVID fut le peintre par excellence de la Révolution, dont il célébra avec son pinceau les événements les plus mémorables. Il eut pour ainsi dire la dictature des arts, organisa la plupart des fêtes nationales, exerça son influence sur le costume, le mobilier, l'ornement et la décoration.

Dessinateur austère et savant, formé par l'étude de l'antique, David chercha à ramener l'art français aux sujets académiques. Ses œuvres dénotent une science profonde de la composition, sans parler de la pureté des lignes, de la fermeté remarquable du modelé.

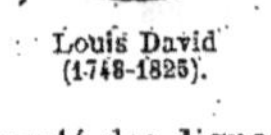

Louis David
(1748-1825).

XIᵉ RÉSUMÉ. — LA RÉVOLUTION.

1. Les États généraux se réunirent à Versailles le 5 mai 1789. Le tiers état demandait le vote par tête, la noblesse et le clergé le vote par ordre. La Cour ayant soutenu les privilégiés, le tiers prêta, au Jeu de Paume, le serment de ne pas se séparer avant d'avoir donné une Constitution à la France (20 juin). De là le nom d'**Assemblée nationale constituante** pris par les États généraux.

2. Le renvoi de Necker et l'hostilité de la Cour furent le signal d'une insurrection qui aboutit à la prise de la Bastille (14 juillet). Le peuple s'organisa en garde nationale, avec La Fayette pour commandant; Bailly devint maire de Paris, et Louis XVI dut arborer la cocarde tricolore. L'agitation gagnait la province : pour la faire cesser, la noblesse renonça à ses privilèges dans la nuit mémorable du 4 août 1789.

Soldat de la garde nationale.

3. Après les journées des 5 et 6 octobre, le roi et l'Assemblée vinrent à Paris. Le jour de la fête de la Fédération (14 juillet 1790), Louis XVI prêta serment à la Constitution; mais circonvenu par Marie-Antoinette, il essaya de passer à l'étranger : il fut arrêté à Varennes et ramené à Paris. Il accepta encore une fois la Constitution et la Constituante fit place à l'Assemblée législative.

4. L'Assemblée constituante consigna ses principes dans la Déclaration des droits de l'homme et du citoyen. Elle proclama l'admissibilité de tous aux emplois, l'égalité des Français devant la loi, la liberté du travail, des croyances et des opinions, et remplaça la division de la France en provinces, par une nouvelle division en départements.

5. Lorsque se réunit la **Législative**, la situation était grave : Marie-Antoinette et les émigrés conspiraient avec l'étranger pour rétablir la royauté absolue, et la France était menacée d'une invasion étrangère. La Législative prit les devants : la guerre fut déclarée à l'Autriche; elle nous fut d'abord défavorable, et nos revers entraînèrent la chute de la royauté (journées du 20 juin et du 10 août 1792).

6. L'intervention armée de l'étranger fit passer le pouvoir aux républicains avancés, car la Gironde, qui avait conseillé la guerre, s'était trouvée atteinte par le début malheureux des opérations militaires. La patrie fut déclarée en danger, les volontaires vinrent en foule emplir les cadres presque vides de l'ancienne armée, et le jour même où se réunissait la Convention la victoire de Valmy (22 septembre 1792) délivrait la France de l'invasion prussienne.

7. La Convention, qui remplaçait la Législative, proclama la République et vota la mort de Louis XVI. L'exécution du roi creusa un abîme entre la France et les monarchies européennes. La Convention se trouva bientôt aux prises avec une coalition dirigée par l'Angleterre.

8. A la guerre étrangère et aux insurrections royalistes (Lyon,

Vendée, Bretagne), la Convention répondit par la création du Comité de Salut public et du Tribunal révolutionnaire. Après la mort des Girondins commença le régime violent de la Terreur, qui dura jusqu'au 9 Thermidor (27 juillet 1794), date de la chute de Robespierre.

Représentant en mission.

La Convention vint à bout de ses ennemis intérieurs et extérieurs. Carnot dirigea le mouvement des armées, qui furent commandées par Hoche, Marceau, Jourdan. Les victoires de Hondschoote, de Wattignies, de Fleurus, amenèrent la dissolution de la coalition, et la paix de Bâle marqua le premier triomphe diplomatique de la Révolution (1795).

9. Les violences que l'on reproche à la Convention ne doivent pas faire oublier qu'elle s'est honorée par des institutions utiles et qu'elle a, par son énergie, délivré la France de l'invasion. Elle a organisé l'enseignement public, décrété l'unité des poids et mesures, aboli l'esclavage dans les colonies.

10. La Convention fit place à un **Directoire** de cinq membres, assisté de deux Assemblées Législatives : le Conseil des Cinq-Cents et le Conseil des Anciens. Les traités de Bâle n'avaient pas rétabli la paix générale : la France avait encore à combattre l'Autriche et l'Angleterre. Bonaparte passant en Italie, isola d'abord les Autrichiens des Sardes leurs alliés. Il vainquit ensuite les Autrichiens à Lodi, à Arcole, à Rivoli, etc., et leur imposa la paix de Campo-Formio (1797).

11. L'Angleterre seule continuant à nous tenir tête, Bonaparte résolut de la frapper en Égypte, clef du commerce des Indes. Il partit de Toulon à la tête d'une armée excellente, avec Kléber et Desaix pour lieutenants.

Débarqué à Alexandrie, Bonaparte entra au Caire après la bataille des Pyramides, mais la défaite de notre flotte à Aboukir l'obligea à se jeter un moment sur la Syrie. A son retour, il vainquit précisément à Aboukir les Turcs et les Anglais (1799).

L'Angleterre prit alors l'initiative d'une coalition contre la France, qui se trouva menacée d'une invasion étrangère. Bonaparte revint à Paris, et, profitant des embarras du Directoire, fit le coup d'État du 18 brumaire (9 novembre 1799).

SUJETS DE RÉDACTION.

1. Quelles sont les grandes dates de la Révolution sous la Constituante ; préciser l'importance des faits signalés. — 2. Prise de la Bastille. — 3. Exposer et apprécier l'œuvre de la Constituante. — 4. L'Assemblée législative. — 5. Histoire intérieure de la France depuis le début de la Convention jusqu'au 9 Thermidor. — 6. Histoire militaire de la Révolution depuis la déclaration de guerre, en 1792, jusqu'à la paix de Bâle. — 7. Exposer et apprécier l'œuvre de la Convention. — 8. Le Directoire (*histoire politique*). — 9. La campagne d'Italie. — 10. La campagne d'Égypte.

CHAPITRE XII. — CONSULAT ET EMPIRE

LEÇON. — Le Consulat (1799-1804). — Marengo.

391. On donne le nom de Consulat à la période de notre histoire qui s'étend du 18 brumaire an VIII (9 novembre 1799) à l'établissement de l'Empire (18 mai 1804).

Desaix (1768-1800).

Bonaparte s'empressa de faire à l'Autriche et à l'Angleterre d'inutiles propositions de paix. L'héroïque résistance de Masséna, dans Gênes lui donna le temps de passer les Alpes qu'il franchit au mont Saint-Bernard. Le 9 juin 1800, Lannes défit les Autrichiens à Montebello, et le 14, Bonaparte les écrasa à Marengo, où périt le général Desaix qui avait puissamment contribué à la victoire. De son côté, Moreau, vainqueur en Allemagne, à Hohenlinden (3 décembre), arriva aux portes de Vienne [1]. L'Autriche dut signer la paix de Lunéville (9 février 1801), qui confirmait le traité de Campo-Formio et cédait définitivement à la France la rive gauche du Rhin.

392. L'Angleterre se retrouva seule en face des Français. Après le départ d'Egypte de Bonaparte, Kléber avait pris le commandement, battu les Turcs à Héliopolis et reconquis la ville du Caire, mais un fanatique l'avait assassiné (1800). Le général Menou, qui lui succéda, n'essuya que des défaites et dut signer la capitulation d'Alexandrie (1801). L'Egypte était perdue pour la France. Le ministre anglais Pitt aurait voulu continuer la guerre : l'opinion publique se déclara contre lui, il tomba du pouvoir, et la paix fut signée à Amiens le 25 mars 1802.

1. Passage des Alpes par Bonaparte (1800). — 2. Mort de Desaix à Marengo (1800).

QUESTIONNAIRE. — 391. Qu'appelle-t-on *Consulat?* — Donnez les noms et les dates des victoires qui obligèrent l'Autriche à signer la paix de Lunéville. — Quel accroissement territorial nous assura cette paix? — 392. Que se passa-t-il en Egypte après le départ de Bonaparte? — Date de la paix d'Amiens.

---

[1] Pendant cette campagne fut tué à Oberhausen (1800) le célèbre La Tour d'Auvergne, qui servait sous Moreau. Il ne voulut accepter aucun grade et refusa le titre de *premier grenadier de la République* que Bonaparte voulut lui donner et que la postérité a conservé. Ses restes reposent au Panthéon.

LECTURE. — Les Institutions du Consulat.

393. Constitution de l'an VIII. — Cette Constitution, élaborée par Sieyès et revisée par Bonaparte, confiait le gouvernement à trois consuls, dont le premier (Bonaparte) réunissait tous les pouvoirs entre ses mains.

Sieyès (1748-1836).

Les lois, proposées par le gouvernement et préparées par le *Conseil d'État*, étaient soumises à une assemblée de cent membres, le *Tribunat*, qui les discutait. Elles étaient ensuite acceptées ou rejetées sans débats par le *Corps législatif* (300 membres); enfin le *Sénat conservateur* avait pour mission d'annuler la loi quand elle était contraire à la Constitution.

394. Organisation administrative, judiciaire et financière. La Banque. — L'administration départementale fut organisée par la loi du 28 pluviôse an VIII (17 fév. 1800). Un *préfet*, assisté d'un *Conseil de préfecture* et contrôlé par un *Conseil général*, administra chaque département; un *sous-préfet*, assisté d'un *Conseil d'arrondissement*, administra chaque arrondissement; un *maire*, assisté d'un *Conseil municipal*, fut placé à la tête de chaque commune.

Les magistrats furent désormais nommés par le Premier Consul; une fois nommés, ils devenaient inamovibles. Il y eut par arrondissement un *tribunal de première instance*, et l'on put appeler des jugements de ces tribunaux devant les *tribunaux d'appel*. La *Cour de cassation* et les *justices de paix* furent maintenues.

La *Banque de France*, créée en 1800, reçut en 1803 le privilège exclusif d'émettre à Paris des billets payables au porteur et à vue.

395. Le Concordat. — En 1801, le Premier Consul signa avec le pape Pie VII un traité, *le Concordat*, réglant les rapports de l'Église catholique et de l'État en France. Bonaparte, en se réconciliant avec la papauté, voulait rallier à sa cause tous ceux que la politique religieuse de la Révolution avait éloignés du gouvernement.

396. Le Code civil. — Toutes les lois relatives au droit privé des citoyens furent réunies sous le nom de *Code civil* [1] (1804). Ce grand ouvrage, qui donna une forme définitive aux travaux des assemblées révolutionnaires, repose sur les principes suivants : respect de la liberté individuelle et de la propriété, égalité de tous les Français devant la loi.

Portalis (1745-1807).

Le Code traite d'abord des *personnes*, détermine les conditions qu'il faut remplir pour jouir de ses droits civils, rend obligatoire l'enregistrement des naissances, mariages et décès, règle la constitution de la famille. Il s'occupe ensuite des *biens*, c'est-à-dire de toutes les choses qui peuvent devenir la propriété exclusive d'une personne et constituer son patrimoine. Enfin, il règle les conditions auxquelles les biens peuvent être acquis ou transmis.

397. La Légion d'honneur. — La Révolution avait supprimé tous les ordres de chevalerie. Le Premier Consul créa un ordre civil et militaire, la *Légion d'honneur*, pour récompenser les services rendus à l'État.

[1] Le *Code civil* a été élaboré par les jurisconsultes Tronchet, Portalis, Bigot-Préameneu et Malleville.

LEÇON. — **Fin du Consulat.**

398. A l'intérieur, Bonaparte, dont le pouvoir personnel devenait chaque jour plus absolu, rencontra quelque résistance. Le 24 décembre 1800, au moment où il se rendait à l'Opéra, une *machine infernale* (tonneau rempli de poudre et de projectiles) fit explosion sous sa voiture; il soupçonna les républicains et en déporta cent trente de sa propre autorité, sans jugement.

Après le traité d'Amiens, la France était en paix avec toute l'Europe. Fort de sa gloire militaire, le Premier Consul se fit déférer le Consulat à vie avec faculté de désigner son successeur (1802).

L'Angleterre ayant refusé d'évacuer l'île de Malte, conformément à la paix d'Amiens, et d'interdire aux Bourbons le territoire britannique, les rapports de Bonaparte et du gouvernement anglais ne tardèrent pas à se tendre. Le Premier Consul

Exécution du duc d'Enghien (1804).

résolut de traverser la Manche et de porter la guerre en Angleterre; il concentra dans ce but des troupes et une flotte à Boulogne.

LEÇON. — **L'Empire. — Napoléon Ier (1804-1814).**

399. Effrayé, le gouvernement britannique prêta la main à des conspirations contre Bonaparte. Un émigré, réfugié en Angleterre, Georges Cadoudal, et le général Pichegru, déporté au 18 fructidor, vinrent secrètement à Paris pour y tenter le rétablissement des Bourbons. Le complot fut découvert : Cadoudal et onze de ses complices périrent sur l'échafaud; Pichegru, emprisonné au Temple, s'étrangla, et le Premier Consul, voulant frapper l'esprit des royalistes, fit saisir sur le territoire de Bade et fusiller dans les fossés de Vincennes le malheureux duc d'Enghien (21 mars 1804).

Quelques jours après, le Sénat conféra à Bonaparte la dignité et le titre d'empereur, transmissibles à ses descendants. Il n'y eut qu'un seul opposant : Carnot (18 mai 1804). Le pape vint à Paris pour sacrer à Notre-Dame (2 décembre) le nouveau souverain proclamé sous le nom de Napoléon Ier. Au moment où Pie VII allait mettre la couronne sur la tête de l'empereur, celui-ci l'enleva brusquement au pape et se couronna lui-même; il prit ensuite celle qui était destinée à sa femme Joséphine et la posa sur le front de l'impératrice.

La Révolution avait d'abord combattu pour défendre ses frontières; maintenant, elle devenait conquérante, et les chefs d'armée se trouvaient maîtres de la situation. La coalition avait exaspéré l'esprit révolutionnaire et produit la Terreur, qui à son tour avait produit la réaction; or, celle-ci devait prendre fatalement la forme du despotisme militaire.

LEÇON. — **Austerlitz.**

400. Napoléon, après avoir formé le camp de Boulogne, se disposa
à passer la Manche et à transporter en Angleterre les troupes qu'il
avait réunies sur la côte. Mais l'amiral Villeneuve, qui devait protéger
le débarquement, se laissa bloquer dans Cadix, et l'Angleterre réussit
à entraîner l'Autriche et la Russie dans une troisième coalition (1805).

Levant en toute hâte le camp de Boulogne, l'empereur se mit à la
tête de la Grande Armée [1] pour arrêter les Autrichiens. Ney gagna
sur le général Mack la bataille d'Elchingen, et le rejeta dans Ulm
où Napoléon l'obligea à capituler avec 30,000 hommes. Le vainqueur
fit son entrée dans Vienne, mais il n'y séjourna pas et se porta auda-
cieusement à la rencontre des empereurs d'Autriche et de Russie,
François II et Alexandre Ier.

La bataille se livra à Austerlitz. La prise du plateau de Pratzen
décida du sort de la journée; les Russes, culbutés, s'enfuirent en
désordre vers les étangs voisins, où ils s'engouffrèrent. Cette victoire
mémorable, due aux savantes combinaisons de Napoléon, reçut aussi
le nom de *bataille des trois empereurs* (2 décembre 1805).

Bataille d'Austerlitz (2 décembre 1805).

LEÇON. — **Paix de Presbourg.**

401. François II signa alors la paix de Presbourg (26 décembre 1805).
Le Piémont, Parme, Plaisance et la République Ligurienne (Gênes)
étaient définitivement dévolus à la France; — Venise, l'Italie et la
Dalmatie, cédées à l'Autriche par les traités de Campo-Formio et de
Lunéville, étaient réunies au royaume d'Italie, dont Napoléon était
reconnu roi; — François II renonçait à son titre d'empereur d'Allemagne pour prendre celui d'empereur d'Autriche, et l'Allemagne, réorga-
nisée, forma en 1806 la *Confédération du Rhin*, sous le protectorat de
Napoléon. La Prusse en était exclue.

La campagne de 1805 avait été attristée au début par le désastre maritime de Trafalgar (21 octobre), où la flotte franco-espagnole fut détruite
par l'amiral anglais Nelson, qui périt dans la bataille.

[1] On appela ainsi l'armée que Napoléon commanda lui-même de 1804 à 1814, et particulièrement
celle qui fit l'expédition de Russie en 1812.

LEÇON. — Iéna, Auerstaedt.

402. Le traité de Presbourg ne rétablissait pas la paix. La France restait toujours aux prises avec l'Angleterre et la Russie, auxquelles vint se joindre la Prusse qui, depuis 1795, avait gardé la neutralité. William Pitt étant mort, on crut cependant à la fin des hostilités, le nouveau ministre anglais, Fox, ayant entamé des négociations avec le désir sincère de les voir aboutir. Malheureusement, Fox mourut bientôt lui-même; les partisans de la guerre reprirent le pouvoir, et la quatrième coalition ne tarda pas à se former.

Davout (1770-1823).

Les défiances de l'Europe s'étaient d'ailleurs accrues lorsqu'on avait vu Napoléon ériger la Hollande en royaume pour son frère Louis, donner à son frère Joseph le royaume de Naples, le grand-duché de Clèves à son beau-frère Murat, en un mot, créer en Europe des États vassaux.

Dès que la Prusse eut fait défection, Napoléon marcha sur elle pour l'anéantir avant que la Russie pût venir à son secours. Il envahit la Saxe, culbuta les premiers corps prussiens, écrasa l'armée du prince de Hohenlohe, à Iéna (14 octobre 1806); le même jour, à quelques lieues de là, Davout gagnait la bataille d'Auerstaedt sur le roi de Prusse et le duc de Brunswick, qui fut mortellement blessé pendant le combat. Berlin tomba aux mains des vainqueurs, et Napoléon ceignit l'épée du grand Frédéric, dont il venait en quelques jours d'anéantir l'œuvre.

LEÇON. — Eylau, Friedland. — Paix de Tilsit.

403. De Berlin, l'empereur décréta le *blocus continental* [1], destiné à ruiner le commerce de l'Angleterre en lui fermant tous les ports de l'Europe (novembre 1806). Puis, après avoir promis aux Polonais la restauration de leur indépendance, il accourut sur la Vistule, battit les Russes à Eylau (8 février) et les écrasa à Friedland (14 juin 1807).

Napoléon et le tsar eurent alors, sur le Niémen, une entrevue, d'où sortit, le 7 juillet 1807, le traité de Tilsit. La Prusse, grâce à l'intervention de la Russie, n'était pas complètement anéantie, mais elle était réduite à cinq millions d'habitants; le royaume de Westphalie était constitué, à son détriment, en faveur de Jérôme autre frère de Napoléon. La Pologne prussienne formait le grand-duché de Varsovie sous la souveraineté du roi de Saxe. En un mot, la paix se fit aux frais de la Prusse, et fut suivie d'une ébauche d'alliance franco-russe.

QUESTIONNAIRE. — 402. Le traité de Presbourg rétablit-il définivement la paix? — Comment Napoléon avait-il excité les défiances de l'Europe? — Nommez, avec leurs dates, les deux grandes batailles qui ouvrirent aux Français les portes de Berlin. — 403. Qu'est-ce que le blocus continental? — Où furent vaincus les Russes en 1807? — Que savez-vous de la paix de Tilsit?

(1) Les Anglais ayant répondu au blocus continental par le bombardement de Copenhague (septembre 1807), Napoléon rendit le blocus plus rigoureux encore par le décret de Milan (17 déc. 1807). Ce décret considérait comme ennemi tout bâtiment qui aborderait dans un port de l'Angleterre ou de ses colonies.

LEÇON. — Guerre d'Espagne.

Lannes (1769-1809).

404. Après la paix de Tilsit, le Portugal, qui refusait d'adhérer au blocus continental, resta le seul allié de l'Angleterre. De concert avec l'Espagne, Napoléon lui déclara la guerre. L'armée française commandée par Junot entra sans coup férir à Lisbonne, pendant que la famille royale s'embarquait pour le Brésil (novembre 1807).

Mais Napoléon songeait déjà à détrôner Charles IV d'Espagne et à conquérir la Péninsule tout entière; Murat, sous prétexte de couvrir l'armée qui occupait le Portugal, vint s'établir à Madrid. Le roi Charles IV et son fils Ferdinand vivaient désunis : Napoléon les attira à Bayonne, leur arracha l'abandon de leurs droits, et donna la couronne d'Espagne à son frère Joseph, que Murat remplaça sur le trône de Naples (juin 1808.) A cette nouvelle, tout le pays s'insurgea. Les Français allaient avoir contre eux, non plus une armée, mais une nation résolue à mourir pour son indépendance. La lutte fut implacable; elle se poursuivit pendant cinq années consécutives, et dévora les meilleures troupes de l'empereur.

LEÇON. — Prise de Saragosse.

405. Le général Dupont envahit l'Andalousie, mais il se laissa cerner et signa la déplorable capitulation de Baylen (juillet 1808) qui envoya ses dix-huit mille hommes mourir de misère et de faim sur les pontons de Cadix ou sur l'âpre rocher de Cabrera (Baléares). En même temps les Anglais, débarquant en Portugal sous la conduite de Wellington, bloquèrent Junot dans Lisbonne et lui imposèrent la capitulation de Cintra. Les Français furent rejetés vers l'Ebre, Joseph dut quitter Madrid.

Siège de Saragosse (1808-1809).

Napoléon accourut avec de nouvelles troupes, non sans avoir eu soin de se rapprocher de nouveau du tsar Alexandre au congrès d'Erfurt. Il défit les Espagnols à Burgos, Espinosa, Tudela, Sommo-Sierra, et rétablit Joseph sur le trône, tandis que le maréchal Soult obligeait les Anglais à se rembarquer à la Corogne.

Malgré ces victoires la Péninsule était loin d'être soumise. De redoutables guérillas s'organisèrent sur tous les points du territoire, épuisant nos troupes et les dispersant. Saragosse, assiégée par l'intrépide maréchal Lannes et défendue par le brave Palafox, ne se rendit qu'après un siège terrible; nos soldats durent prendre une à une les maisons que les habitants, même les femmes, défendaient avec un héroïque acharnement (juillet 1808 — février 1809).

LEÇON. — Wagram. — Paix de Vienne.

Bataille de Wagram (6 juillet 1809).

406. L'intrépide résistance des Espagnols produisit en Europe une profonde impression. L'Angleterre en profita pour entraîner l'Autriche dans une cinquième coalition contre la France (1809).

Napoléon, laissant l'Espagne, arriva sur le Danube, battit l'archiduc Charles à Abensberg et à Eckmühl, s'empara de Ratisbonne, où il fut blessé [1], et, pour la seconde fois, entra dans la capitale de l'Autriche.

Pie VII (1742-1823).

L'archiduc Charles reparut alors sur la rive gauche du Danube avec une nouvelle armée ; Napoléon lui livra la sanglante bataille d'Essling [2] (21 et 22 mai 1809), sans pouvoir passer le fleuve ; mais, un mois plus tard, la belle victoire de Wagram obligea François II à signer la paix de Vienne (14 octobre 1809). L'Autriche cédait les provinces illyriennes à la France, la Galicie à la Russie, et elle reconnaissait Joseph comme roi d'Espagne.

Napoléon blessé à Ratisbonne (1809).

Les Anglais, pour faire diversion aux succès de Napoléon en Autriche, avaient occupé l'île hollandaise de Walcheren : le maréchal Bernadotte les obligea à l'évacuer (août 1809).

Pie VII avait refusé de fermer ses ports au commerce britannique : Napoléon annexa ses États (1809), fit enlever le pape et le retint prisonnier à Fontainebleau jusqu'en 1813. Louis ne voulait pas, lui non plus, appliquer le blocus continental, qui ruinait le commerce hollandais : l'empereur força son frère à abdiquer et annexa la Hollande.

QUESTIONNAIRE. — 406. Quelles victoires Napoléon remporta-t-il sur le Danube ? — Date de la bataille d'Essling. — Qui périt dans cette bataille ? — Quelle victoire amena la paix de Vienne ? — Clauses de la paix de Vienne ? — Les Anglais purent-ils se maintenir à Walcheren ? — Quelles mesures rigoureuses Napoléon prit-il contre le pape et contre son frère Louis ?

[1] Napoléon fut blessé par une balle qui lui effleura le talon. Il fut pansé sur le champ de bataille même par Larrey, le célèbre chirurgien de la Grande Armée.
[2] C'est là que fut tué le brave maréchal Lannes, un des meilleurs lieutenants de Napoléon.

LECTURE. — La France sous le Premier Empire.

407. Puissance de Napoléon. La victoire de Wagram et la paix de Vienne marquent l'apogée de la puissance impériale. Napoléon, empereur des Français et roi d'Italie, est le maître de l'Europe ; il a cinquante millions de sujets ; ses

Napoléon Ier
(1769-1821).

États comptent cent trente départements et s'étendent du Tibre à l'Elbe, englobant la France, les Pays-Bas, une partie de l'Allemagne et de l'Italie. Paris, sa capitale, se couvre de monuments. L'autorité de Napoléon est obéie dans les royaumes de Naples, d'Espagne, de Wurtemberg, de Bavière, de Westphalie où règnent ses parents ou ses protégés. Un de ses compagnons d'armes, Bernadotte, est adopté comme héritier présomptif par le roi de Suède ; il n'a qu'une ennemie, l'Angleterre, et le pape est son prisonnier. Enfin, il ne se contente pas de dicter sa volonté aux souverains de la vieille Europe, si fiers de leur race : il veut leur être uni par des liens de famille. Il répudie Joséphine de Beauharnais[1] pour épouser Marie-Louise, et dix-sept ans après l'exécution de Marie-Antoinette, une autre archiduchesse d'Autriche vient s'asseoir sur le trône de France aux côtés d'un soldat issu de la Révolution [2] (1810).

Joséphine
(1763-1814).

Marie-Louise
(1791-1847).

A ce puissant monarque, il faut une cour brillante, et la noblesse héréditaire est rétablie. Aux Tuileries, l'empereur est entouré de ducs et de comtes, dont quelques-uns ont voté la mort de Louis XVI. Aux armées, il est accompagné de maréchaux et de généraux qui du moins ont conquis sur le champ de bataille leurs parchemins et leurs dotations : *Masséna, Lannes, Ney, Murat, Soult, Davout, Oudinot, Brune, Augereau, Drouot, Bessières, Mortier, le prince Eugène, Moncey, Gouvion-Saint-Cyr, Bertrand, Berthier, Victor, Duroc, Rapp, Macdonald, Lefebvre, Junot, Sébastiani, Lecourbe, Sérurier, Marmont, Lobau, Gourgaud, Montholon, Lasalle,* etc.

---

(1) Joséphine Tascher de La Pagerie, née à la Martinique en 1763, épousa en 1779 le vicomte de Beauharnais et en eut deux enfants, Eugène et Hortense (*celle-ci fut la mère de Napoléon III.*) Son mari étant mort sur l'échafaud en 1794, elle épousa deux ans après le général Bonaparte dont elle partagea les hautes destinées. Après le divorce, elle se retira au château de la Malmaison (Seine-et-Oise) où elle mourut en 1814. — Son fils Eugène, que Napoléon avait adopté, était devenu général, prince et vice-roi d'Italie ; il se distingua pendant toutes les guerres du Consulat et de l'Empire.

(2) Un an après cette union, en 1811, un fils naquit à Napoléon ; il reçut au berceau le titre de *roi de Rome* (V. la note de la page 254.)

La centralisation administrative est complétée et étendue : c'est comme un immense réseau dont tous les fils viennent aboutir à l'empereur ou à ses agents immédiats. Les grands corps de l'État ont perdu toute indépendance et sont à la discrétion du souverain. Napoléon est aussi puissant que Louis XIV à l'apogée de sa gloire ; mais comme Louis XIV son ambition finit par le perdre et ruine la France avec lui.

Les peuples avaient appris de nous le principe des nationalités ; les soldats de la Révolution leur avaient dit et répété qu'une nation ne doit avoir rien de plus cher que son indépendance. Ils furent donc surpris de voir Bonaparte, qui s'était donné à l'Europe comme le porte-drapeau de ce principe, comme le défenseur des peuples contre les rois, se couronner à son tour, gouverner despotiquement les peuples et ne tenir aucun compte des vœux des nations. Napoléon sema en Europe des haines dont il fut la première victime et qui sont encore vivaces dans certains pays.

Mme de Staël (1766-1817). — Chateaubriand (1768-1848). — Geoffroy-St-Hilaire (1772-1844). — Cuvier (1769-1832).

LECTURE. — Les Lettres.

408. Cette période est une des plus vides de notre histoire littéraire. Le despotisme de Napoléon pèse sur les esprits et semble étouffer l'inspiration poétique. On ne la retrouve que chez les rares génies qui ont su rester indépendants : **Chateaubriand**, dans *les Martyrs*, *le Génie du Christianisme*, *Renée*, *Atala*, *le Dernier des Abencerages* ; **Mme de Staël**, dans *Corinne* et *De l'Allemagne*.

Au théâtre, la censure empêche la représentation du *Tibère* de **Marie-Joseph Chénier**, œuvre remarquable qui eût fait briller la tragédie classique d'un dernier éclat. Les pâles productions de **Ducis**, de **Luce de Lançival**, de **Jouy**, de **Népomucène Lemercier**, de **Raynouard**, sont presque tombées dans l'oubli. Sur la scène comique, **Andrieux**, **Collin d'Harleville**, firent représenter quelques œuvres estimables. La muse officielle de **Baour-Lormian**, **Fontanes**, **Lebrun**, ne leur inspira que des productions lyriques des plus médiocres.

La presse est muette sous l'Empire, qui ne laisse subsister que le *Moniteur*, pour enregistrer les Bulletins de Napoléon, et le *Journal des Débats*, sévèrement surveillé. Le salon de Mᵐᵉ de Staël essaye assez timidement d'être un foyer d'opposition, et Mᵐᵉ de Staël est aussitôt exilée à Coppet (Suisse).

LECTURE. — Les Arts.

409. Après avoir été le peintre de la Révolution, **Louis David** fut le premier peintre de Napoléon Iᵉʳ. Sa situation officielle lui permit de donner l'impulsion à la réforme qu'il avait conçue ; mais ses élèves voulurent imiter trop servilement le beau antique ; ils sacrifièrent trop souvent le coloris au fétichisme de la forme. **Gérard, Gros, Girodet** et surtout **Prud'hon** réagirent contre ces tendances, qui s'étaient manifestées aussi dans la statuaire.

Chaptal (1756-1832).   Gros (1771-1835).   Prud'hon (1760-1823).   Jacquard (1752-1834).

LECTURE. — Les Sciences et l'Industrie.

410. Le premier Empire a vu naître une science admirable, la *paléontologie*, créée par **Cuvier** et **Geoffroy Saint-Hilaire**. Georges Cuvier put déterminer des espèces animales inconnues, d'après quelques os brisés, et ressusciter pour ainsi dire les espèces détruites au cours des révolutions du globe. Les travaux d'Etienne Geoffroy Saint-Hilaire se rattachèrent tous à cette grande idée : l'unité de composition organique. Il faut citer aussi le minéralogiste **Haüy**, le médecin **Bichat**, les géomètres **Legendre** et **J.-B. Fourier**.

Le jour où Napoléon décréta le blocus continental, il reconnut la nécessité d'encourager la production nationale, l'application des sciences à l'industrie. Le chimiste **Chaptal** trouva des procédés pour fabriquer de l'alun et du salpêtre, pour blanchir à la vapeur, pour teindre le coton en rouge. **Oberkampf** fonda la première manufacture de toiles peintes ; **Richard** et **Lenoir** installèrent les premiers ateliers pour le filage et le tissage du coton ; **Jacquard** inventa le précieux métier qui porte son nom. L'horloger **Bréguet** fabriqua d'utiles instruments de précision.

Tous ces hommes furent les initiateurs de l'industrie moderne.

Le Roi de Rome
Hussard de la Garde
Réception aux Tuileries
N
Dragon. Cuirassier. Voltigeur. Officier de la ligne. Carabinier. Grenadier.

LEÇON. — Campagne de Russie.

Bataille de la Moskova (7 septembre 1812).

411. L'alliance franco-russe, ébauchée à Tilsit et confirmée à Erfurt, aurait pu contenir l'Angleterre, qui seule faisait obstacle à la toute-puissance de Napoléon. Mais cette alliance ne pouvait qu'être éphémère.

D'abord, si le tsar était personnellement favorable à l'alliance française, sa cour et ses diplomates lui faisaient sur ce point une sourde opposition. Ensuite, Napoléon avait, avant Tilsit, dans le but de faire échec à la Russie, pris parti pour les Polonais et pour les Turcs. Maintenant qu'il était l'allié d'Alexandre, il n'osait supprimer le grand-duché de Varsovie et s'aliéner les Polonais qui servaient dans ses armées; il ne pouvait davantage abandonner les Turcs de peur de les jeter dans les bras des Anglais. Or, la Russie ne voulait ni favoriser les Polonais ni renoncer à s'agrandir aux

Ney (1769-1815).

dépens de la Turquie. Dès 1810, l'alliance française était condamnée dans l'esprit d'Alexandre.

Napoléon prit les devants. Le tsar ayant refusé d'appliquer avec rigueur les prescriptions du blocus continental, Napoléon réunit une armée de 500 000 hommes de toute nationalité, franchit le Niémen à Kovno (24 juin 1812), dispersa l'ennemi à Mohilev, Ostrovno, Smolensk, et se dirigea vers Moscou, où il comptait livrer une bataille

Passage du Niémen (24 juin 1812).

décisive. Il rencontra en effet l'armée russe sur les bords de la Moskova (7 septembre) et remporta sur elle la grande victoire de Borodino, due principalement à la valeur du maréchal Ney.

LEÇON. — **Retraite de Russie. Évacuation de l'Espagne.**

Le maréchal Ney pendant la retraite de Russie (1812).

412. Après sa victoire, Napoléon s'établit au Kremlin (palais des tsars), attendant les propositions de paix. Tout à coup, Moscou brûle, embrasé par les ordres du gouverneur Rostopchine.

Napoléon, trompé par des négociations perfides, espère encore qu'Alexandre se décidera à traiter. Il attend jusqu'à ce que la saison le chasse de ce pays en ruine, et il se résigne à la retraite (19 octobre). Harcelée par les Cosaques, la Grande Armée marche au milieu des neiges, décimée par le froid, affamée et démoralisée, obligée cependant de battre continuellement l'ennemi pour se frayer un chemin. Elle arrive sur la Bérésina, dont le passage, sous le feu des Russes, dura trois jours. C'est l'épisode le plus triste de la campagne ; c'est aussi le plus mémorable par les malheurs et l'héroïsme qui le signalèrent.

A Smorgoni, Napoléon abandonna la Grande Armée, réduite à quarante mille hommes, et courut à Paris, où le général Malet conspirait contre lui. Il le fit fusiller.

Nos malheureux soldats, conduits par Ney, qui mérita bien dans ces circonstances navrantes le surnom de « Brave des braves », repassèrent le Niémen à Kovno, et furent ensuite rejetés en Allemagne.

Passage de la Bérésina (du 26 au 29 novembre 1812).

A ces revers irréparables étaient venus s'ajouter des désastres répétés en Espagne. Masséna avait échoué devant les lignes de Torres Vedras (1811) et la défaite des Arapyles (juillet 1812) avait encore une fois chassé Joseph de Madrid. L'année suivante, nos troupes durent évacuer la Péninsule après la bataille de Vittoria (1813).

2ᵉ Liv. Ifᵉ F.   14

LEÇON. — Campagne d'Allemagne.

413. Nos désastres en Russie et en Espagne furent le signal d'une explosion de haine contre Napoléon. La Prusse, qui depuis Iéna avait dissimulé ses humiliations et ses rancunes, ne respirait que la vengeance, et elle forma avec le tsar une alliance offensive et défensive. De son côté, la Suède se rapprocha des ennemis de la France. Seul le Danemark, se souvenant de l'odieux bombardement de Copenhague et menacé par la Suède, se déclara pour Napoléon. Ce fut la sixième coalition.

Mort de Poniatowski (1813). — Bataille de Hanau (1813).

414. La France était épuisée : elle combattait depuis plus de vingt ans. Elle fournit cependant à l'empereur trois cent mille hommes qui vainquirent les coalisés à Lutzen et à Bautzen (mai 1813). L'Autriche offrit sa médiation au Congrès de Prague, mais Napoléon rejeta les propositions qui lui furent faites et l'empereur d'Autriche, oubliant que sa fille régnait à Paris, envoya ses troupes grossir les rangs des armées coalisées.

Une bataille se livra sous les murs de Dresde (août) pendant laquelle fut tué Moreau, le vainqueur de Hohenlinden, revenu d'Amérique pour servir dans le camp ennemi. Les alliés, toujours battus, malgré leur nombre, renoncèrent à lutter contre leur adversaire invincible pour ne s'attaquer qu'à ses lieutenants. Ils remportèrent en effet quelques succès sur ces derniers et Napoléon rassembla alors toutes ses forces autour de Leipzig. C'est là que les armées réunies de la coalition, deux fois supérieures en nombre à celles des Français, vinrent engager un combat suprême. La lutte dura trois jours [1] (du 16 au 18 octobre) et nous ne fûmes vaincus que par suite de la trahison des Saxons, nos alliés, qui passèrent à l'ennemi sur le champ de bataille.

Napoléon se replia sur la France, par Hanau, où il culbuta les Bavarois qui voulaient lui couper la retraite, et arriva à Mayence avec des lambeaux de troupes. Depuis un an, trois armées françaises avaient été anéanties.

[1] Ce fut à cette bataille que périt le général polonais Poniatowski. Il se noya dans l'Elster.

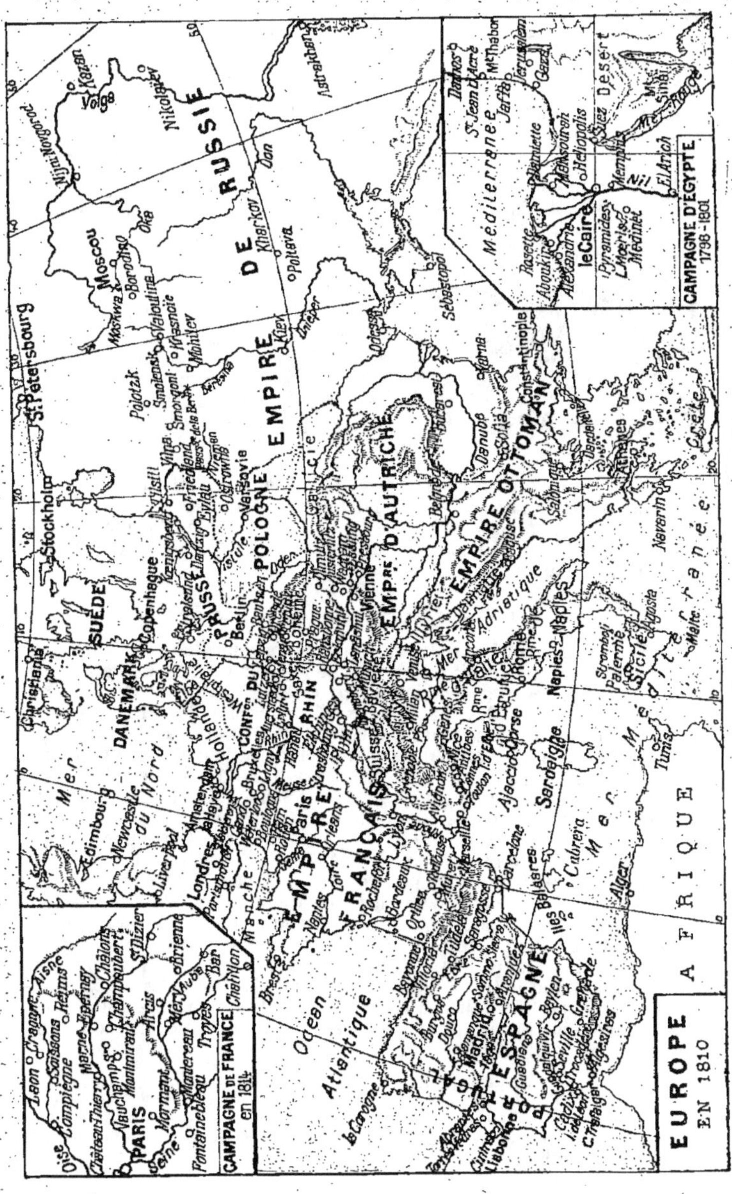
EMPIRE DE RUSSIE
POLOGNE
EMPIRE FRANÇAIS
EMPIRE D'AUTRICHE
EMPIRE OTTOMAN
SUÈDE
DANEMARK
PRUSSE
ESPAGNE
AFRIQUE
CONF<on> DU RHIN
SUISSE
ITALIE
Mer du Nord
Océan Atlantique
Mer Méditerranée
Mer Adriatique
Manche
Moscou
St Pétersbourg
Stockholm
Christiania
Copenhague
Berlin
Vienne
Constantinople
Paris
Londres
Edimbourg
Liverpool
Newcastle
Amsterdam
La Haye
Bruxelles
Madrid
Lisbonne
Cadix
Séville
Grenade
Rome
Naples
Palerme
Sardaigne
Corse
Alger
Tunis
Volga
Don
Dnieper
Danube
Sébastopol
Kiev
Sofia
CAMPAGNE DE FRANCE
en 1814
PARIS
Oise
Aisne
Compiègne
Soissons
Reims
Chalons
Epernay
St Dizier
Brienne
Montmirail
Troyes
Arcis
Fontainebleau
Bar
Châtillon
CAMPAGNE D'ÉGYPTE
1798-1801
Méditerranée
le Caire
Nil
Suez
Désert
Rosette
Aboukir
Alexandrie
Pyramides
Héliopolis
Jaffa
Jérusalem
Mt Sinaï
EUROPE
EN 1810

LEÇON. — Invasion de la France.

415. Malgré nos pertes, les souvenirs de la Révolution rendaient prudents les princes alliés. Réunis à Francfort, ils chargent Metternich, chancelier de l'empire d'Autriche, de négocier avec l'empereur une paix qui laisserait à la France ses frontières naturelles (Rhin, Alpes, Pyrénées). Napoléon refuse.

Résistance de Paris en 1814.

Alors la débâcle commence et la France est envahie de toutes parts. Les Prussiens sont acclamés en Hollande et Joseph est chassé d'Espagne.

Bientôt, Murat passe aux alliés pour conserver son trône ; le Danemark, isolé, est obligé de faire la paix avec la Russie et l'Angleterre, et Napoléon reste seul avec soixante mille hommes en face de la coalition la plus formidable qui eût jamais menacé l'existence d'une nation. Aux Pyrénées, aux Alpes, au Nord-Est, partout la France est assaillie.

LEÇON. — Campagne de France.

416. On reste confondu devant le génie extraordinaire que déploya Napoléon pour sortir vainqueur des dangers suprêmes déchaînés par son ambition. Il quitte Paris le 24 janvier 1814. Il bat Blücher à Champaubert, à Montmirail, à Vauchamps ; il triomphe des Prussiens, des Suédois et des Russes, commandés par Bernadotte à Craonne et à Reims ; il écrase les Autrichiens à Montereau et les rejette sur Troyes. Il frappe des coups si décisifs que les alliés désorganisés par cette victorieuse défense entament des négociations à Châtillon, mais les manœuvres de l'Angleterre font échouer le Congrès.

Les ennemis, concentrés à Châlons, marchent sur Paris par les vallées de la Seine et de la Marne. Napoléon songe un moment à porter en Allemagne le théâtre de la guerre ; ses généraux l'en empêchent. Il veut arriver alors à Paris avant les alliés pour leur livrer bataille : il est tout près de la capitale quand il apprend qu'elle vient de se rendre (30 mars 1814), malgré la résistance héroïque de Moncey à la barrière de Clichy. Ses maréchaux l'abandonnent ; le Sénat prononce sa déchéance, et, par le traité de Fontainebleau (11 avril), les alliés l'obligent à abdiquer [1]. Il fait des adieux touchants à sa vieille garde, puis s'embarque pour l'île d'Elbe avec les généraux Bertrand, Drouot, Cambronne, et un petit nombre de soldats.

[1] La veille, Soult avait livré à Wellington contre des forces quadruples la glorieuse bataille de Toulouse, restée indécise.

LEÇON. — **La première Restauration.**

417. Le comte de Provence, frère de Louis XVI, fut appelé à régner sous le nom de Louis XVIII [1]. Le traité de Paris, signé le 30 mai 1814, restreignit la France à ses frontières de 1792.

Louis XVIII se fit précéder dans la capitale par la célèbre *Déclaration de Saint-Ouen* qui promettait aux Français certaines garanties constitutionnelles, et, après son entrée dans Paris, il octroya le 4 juin la *Charte de 1814.*

La Charte établissait un gouvernement représentatif composé du roi et de deux Chambres : la Chambre des députés et la Chambre des pairs. Louis XVIII data la Charte de la dix-neuvième année de son règne, faisant

Napoléon débarque au golfe Jouan (1ᵉʳ mars 1815).

ainsi remonter son avènement à la mort de Louis XVII, fils de Louis XVI, comme pour supprimer d'un trait de plume la Révolution et l'Empire.

LEÇON. — **Retour de Napoléon.**

418. La France, ruinée par les longues guerres, avait besoin de repos; mais les maladresses commises par le nouveau gouvernement n'étaient

Les troupes passent à Napoléon (1815).

pas faites pour le lui assurer : le drapeau blanc remplaça le drapeau tricolore; les officiers furent renvoyés en demi-solde dans leurs foyers; les faveurs et les emplois furent distribués aux émigrés; on tenta de rétablir les anciens privilèges; enfin l'entourage de Louis XVIII rendit le gouvernement si impopulaire que Napoléon, profitant du mécontentement général, quitta l'île d'Elbe, débarqua au golfe Jouan, près d'Antibes, et rentra à Paris le 20 mars 1815. Les troupes envoyées contre lui avaient abandonné le drapeau blanc pour les trois couleurs.

Pendant que Louis XVIII se réfugiait à Gand, Napoléon publiait l'*Acte additionnel aux Constitutions de l'Empire* pour rassurer à l'intérieur le parti libéral, et il essayait de persuader aux puissances qu'il était résolu à observer le traité de Paris.

QUESTIONNAIRE.— 417. Qu'est-ce que la *Déclaration de Saint-Ouen?* — Quelles étaient les dispositions contenues dans la Charte de 1814? — 418. Pourquoi Napoléon quitta-t-il l'île d'Elbe? — Où débarqua-t-il? — Que fit-il en rentrant à Paris. — Où se réfugia Louis XVIII?

---

(1) Le dauphin Louis, fils de Louis XVI et de Marie-Antoinette, était mort dans la prison du Temple, le 8 juin 1795. Lors de l'exécution de son père, il avait été proclamé roi par les princes émigrés, sous le nom de Louis XVII.

— LEÇON. — **Les Cent Jours.** — **Waterloo.**

419. L'Empire rétabli devait durer cent jours. Les puissances européennes réunies en Congrès à Vienne n'écoutèrent même pas les propositions de l'empereur. Blücher et Wellington, à la
tête des Prussiens et des Anglais, se concentrèrent
en Belgique, attendant que les Autrichiens et les
Russes fussent arrivés sur notre frontière de l'Est.

Wellington (1769-1852).

Napoléon prit aussitôt l'offensive pour empêcher
la jonction des Anglais et des Prussiens. Il battit ces
derniers à Ligny (16 juin 1815), ordonna au général
Grouchy de les poursuivre et prit ses dispositions
pour livrer bataille aux Anglais. Dans la journée du
17 juin, un violent orage rendit les routes impraticables et retarda la marche de l'armée, qui, sous
un déluge d'eau arriva, à la chute du jour, au pied du célèbre plateau
du Mont-Saint-Jean, près Waterloo. Wellington, parti plus tôt,
avait eu le temps de s'établir dans des positions où l'élévation du
sol préserva ses troupes des souffrances endurées par nos soldats. Le
lendemain, 18 juin, eut lieu cette mémorable bataille de Waterloo, qui
restera l'un des souvenirs les plus poignants de notre histoire. Elle
paraissait devoir se terminer au profit de Napoléon, lorsque l'arrivée
subite de Blücher et des Prussiens vint assurer le triomphe des alliés [1].

Napoléon, vaincu, accourut à Paris pour demander aux Chambres
de nouveaux soldats et de nouvelles
ressources. Les Chambres l'obligèrent
à abdiquer pour la seconde fois (22 juin
1815). Confiant dans la générosité des
Anglais, il se constitua leur prisonnier,
mais ceux-ci l'exilèrent dans l'île Sainte-
Hélène où il mourut en 1821.

Waterloo [le carré de la garde] (18 juin 1815). — Napoléon à Sainte-Hélène (1815-1821).

[1] Les efforts de l'ennemi furent longtemps paralysés par la résistance héroïque de la vieille garde,
commandée par Cambronne. La réponse fameuse et réaliste de l'illustre général a été traduite dans
les termes suivants : « La garde meurt et ne se rend pas ! »

XIIᵉ RÉSUMÉ. — *LE CONSULAT ET L'EMPIRE.*

1. Sous le Consulat, la France imposa la paix de Lunéville (1801) à l'Autriche, vaincue à Hohenlinden par Moreau et à Marengo par Bonaparte. L'année suivante, le Premier Consul signa la paix d'Amiens avec l'Angleterre (1802).

2. Du Consulat datent la Constitution de l'an VIII, l'organisation administrative et judiciaire, la Banque, le Concordat, le Code civil, la Légion d'honneur.

3. Après la paix d'Amiens, la France était en paix avec toute l'Europe. Fort de sa gloire militaire, Bonaparte se fit déférer le Consulat à vie avec la faculté de désigner son successeur (1802); c'était un acheminement vers l'Empire, qui fut proclamé le 18 mai 1804.

Kléber (1753-1800).

4. Aussitôt après la proclamation de l'Empire, l'Angleterre forma avec l'Autriche et la Russie une troisième coalition (1805). Napoléon, abandonnant son projet de descente en Angleterre, quitta le camp de Boulogne, écrasa à Austerlitz les empereurs d'Autriche et de Russie et imposa à l'Autriche la paix de Presbourg (1805). Sur mer, notre flotte avait subi le désastre de Trafalgar au début de la campagne.

Murat (1771-1815).

5. Rompant la neutralité qu'elle gardait depuis 1795, la Prusse se joignit à l'Angleterre et à la Russie. Napoléon la vainquit à Iéna, à Auerstaedt (1806), et, de Berlin, décréta le blocus continental. Accourant alors sur la Vistule, il écrasa les Russes à Eylau et à Friedland (1807), après quoi il se rapprocha du tsar à l'entrevue de Tilsit (1807).

Entrevue de Tilsit (25 juin 1807).

6. Napoléon ayant placé son frère Joseph sur le trône d'Espagne, tout le pays s'insurgea, et, pendant cinq années consécutives, la Péninsule dévora nos meilleures troupes. Le général Dupont dut capituler à Baylen, et Saragosse ne se rendit à Lannes qu'après un siège héroïque (1809).

Les guérillas.

7. L'intrépide résistance des Espagnols produisit en Europe une profonde impression : l'Angleterre en profita pour entraîner de nouveau l'Autriche. Napoléon entra à Vienne, gagna les batailles d'Essling et de Wagram et imposa la paix de Vienne, qui marque l'apogée de la puissance impériale (1809).

8. A ce moment, en effet, Napoléon Ier est vraiment le maître de l'Europe; il a cinquante millions de sujets : ses États comptent cent trente départements et s'étendent du Tibre à l'Elbe; son autorité est obéie dans les royaumes de Naples, d'Espagne, de Wurtemberg, de Bavière, de Westphalie, où règnent ses parents ou ses protégés. Il n'a qu'une ennemie,—l'Angleterre, et le pape est son prisonnier. La centralisation administrative est complétée et étendue, les grands corps de l'État perdent toute indépendance.

Enfin il répudie Joséphine de Beauharnais pour épouser Marie-Louise, fille de l'empereur d'Autriche (1810).

9. Mais l'ambition de Napoléon finit par le perdre et perdit la France avec lui. Prévoyant la rupture de l'alliance franco-russe, l'empereur déclara la guerre au tsar Alexandre Ier : après la victoire de Borodino, sur les bords de la Moskova (1812), il s'établit à Moscou; mais cette ville fut incendiée par le gouverneur et la Grande Armée dut à l'approche de l'hiver opérer une retraite désastreuse, dont l'épisode le plus douloureux est le passage de la Bérésina. — Dans le même temps nos troupes épuisées devaient évacuer l'Espagne (1813).

Bernadotte
(1764-1844).

10. Nos désastres en Russie et en Espagne furent le signal d'une coalition générale. Napoléon, vainqueur à Lutzen, à Bautzen et à Dresde, perdit la bataille de Leipzig (1813), et la France fut envahie (1814).

11. *Dans cette crise formidable, Napoléon déploya un génie extraordinaire. A Champaubert, à Montmirail, à Montéreau, il frappa des coups décisifs, mais Paris dut capituler et Napoléon, obligé d'abdiquer par le traité de Fontaine-bleau (1814), s'embarqua pour l'île d'Elbe.*

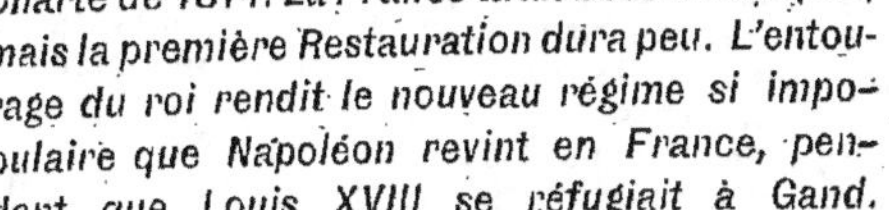

12. *Les Bourbons montèrent sur le trône avec Louis XVIII, qui octroya aux Français la Charte de 1814. La France avait besoin de repos, mais la première Restauration dura peu. L'entourage du roi rendit le nouveau régime si impopulaire que Napoléon revint en France, pendant que Louis XVIII se réfugiait à Gand. L'Empire rétabli dura cent jours (du 20 mars au 28 juin 1815).*

Blücher (1742-1819).

13. *Les alliés refusèrent de négocier avec Napoléon, et, vaincu à Waterloo, l'Empereur dut abdiquer pour la seconde fois (1815). Il mourut en 1821 à Sainte-Hélène, prisonnier des Anglais.*

SUJETS DE RÉDACTION.

1. Parler de la campagne contre l'Autriche en 1800 et de la paix qui la termina. — 2. Exposer les institutions du Consulat. — 3. Campagne d'Austerlitz. — 4. Guerre contre la Prusse et la Russie, de 1806 à 1807. — 5. Campagne d'Autriche en 1809. — 6. Exposer l'état puissant de la France en 1810. — 7. Parler des lettres, des arts, des sciences et de l'industrie sous le 1er Empire. — 8. Campagne d'Espagne de 1807 à 1813. — 9. Campagne de Russie. — 10. Campagne d'Allemagne en 1813. — 11. Campagne de France. — 12. La Première Restauration et les Cent-Jours.

SOUVENIRS HISTORIQUES.

Montrez sur les cartes, page 233, les mots suivants et dites quels souvenirs historiques rappelle chacun d'eux :

1. Gênes, Montebello, Marengo, Hohenlinden, Lunéville, Héliopolis, Alexandrie, Amiens. — 2. Boulogne, Cadix, Elchingen, Ulm, Vienne, Austerlitz, Presbourg, Trafalgar. — 3. Iéna, Auerstaedt, Berlin, Eylau, Friedland, Tilsit. — 4. Lisbonne, Bayonne, Baylen, Cabrera, Cintra, Erfurt, Burgos, Tudela, Sommo-Sierra, La Corogne, Saragosse, Torres-Vedras, Vittoria. — 5. Abensberg, Eckmühl, Ratisbonne, Essling, Wagram, Vienne, Walcheren, Fontainebleau. — 6. Mohilev, Smolensk, Borodino, Moscou, Bérésina, Smorgoni. — 7. Lutzen, Bautzen, Prague, Dresde, Leipzig, Hanau. — 8. Francfort, Champaubert, Montmirail, Vauchamps, Craonne, Reims, Montereau, Châtillon, Paris, Toulouse, Fontainebleau. — 9. Ile d'Elbe, Antibes, Gand, Ligny, Waterloo.

CHAPITRE XIII. — PÉRIODE CONTEMPORAINE

LEÇON. — La seconde Restauration.

420. Les alliés entrèrent à Paris le 5 juillet 1815, suivis trois jours après par Louis XVIII. A ce moment, la situation de la France était

Louis XVIII
(1755-1824).

terrible : le second traité de Paris (20 novembre 1815) nous ramenait aux frontières de 1789, nous obligeait à payer une indemnité de sept cents millions et à entretenir cent cinquante mille soldats ennemis pendant cinq ans. Ces étrangers, campés sur nos places, nourris et logés chez les habitants, leur imposaient mille vexations, pillaient nos musées et nos monuments.

En même temps, les royalistes rendaient responsables de ces malheurs les hommes de la Révolution et de l'Empire. Dans le Midi, ils se livrèrent à des excès que l'on a désignés sous le nom de *Terreur blanche;* les *Verdets,* ainsi nommés à cause de la couleur verte de leur costume, se rendirent coupables d'atrocités sans nom. A Avignon, le maréchal Brune fut assassiné, et le général Ramel eut le même sort à Toulouse. Des bandes d'exaltés mirent le département du Gard à feu et à sang.

LEÇON. — Louis XVIII (1815-1824).

421. Louis XVIII poussé par la majorité ultra-royaliste de la Chambre des députés que dirigeait le comte de Villèle et que l'on appelait par ironie la *Chambre introuvable,* avait remplacé le ministère souple et conciliant de Talleyrand par celui beaucoup plus

Talleyrand
(1754-1838).

autoritaire du duc de Richelieu. Aussi le gouvernement ferma-t-il les yeux sur les crimes de ses partisans, plus royalistes que le roi.

La censure fut établie pour les journaux. Les *cours prévôtales,* instituées dans les départements, eurent le droit de traduire à leur banc tous les citoyens et de rendre des arrêts exécutoires sans appel dans les vingt-quatre heures. Le maréchal Ney, coupable d'avoir embrassé la cause de Napoléon lors de son retour de l'île d'Elbe, fut condamné à mort par la Chambre des pairs et fusillé (1815).

Louis XVIII finit par être effrayé des violences du parti ultra-royaliste. Il prononça la dissolution de la *Chambre introuvable;* puis, grâce à l'influence du ministre Decazes, les cours prévôtales furent supprimés et le gouvernement concéda des mesures plus libérales.

En 1818 le duc de Richelieu avait obtenu des puissances, réunies à Aix-la-Chapelle, l'évacuation définitive du territoire français par les troupes alliées.

Le duc de Richelieu
(1766-1822).

QUESTIONNAIRE. — 420. Quelle était la situation de la France lors de la seconde Restauration ? — Qu'est-ce que la *Terreur blanche ?* — 421. Qu'appelle-t-on *Chambre introuvable ?* — Quelles étaient les attributions des *cours prévôtales ?* — Quand fut dissoute la Chambre introuvable ? — Qu'obtint le duc de Richelieu au Congrès d'Aix-la-Chapelle ?

LEÇON. — Mesures réactionnaires. Conspirations.

422. Le 13 février 1820, le duc de Berry, second fils du comte d'Artois [1], fut assassiné par un ouvrier sellier nommé Louvel, au moment où il sortait de l'Opéra. Cet événement provoqua la fureur des ultra-royalistes, qui accusèrent de complicité dans le crime tous les libéraux. Decazes donna sa démission et le duc de Richelieu fut une seconde fois appelé au pouvoir.

Decazes (1780-1860).

La liberté individuelle et la liberté de la presse furent de nouveau supprimées, la loi électorale refondue donna la majorité aux royalistes les plus exaltés : on eut alors la *Chambre retrouvée*, qui obligea le duc de Richelieu à céder la place au comte de Villèle, tout dévoué au comte d'Artois et à la *Congrégation* [2].

Du côté des libéraux, il se forma de nombreuses sociétés secrètes, dont la plus célèbre est celle des *Carbonari* [3], et plusieurs conspirations furent découvertes. La plus connue est celle des quatre sergents de La Rochelle (Bories, Goubin, Pomier et Raoulx), qui, prévenus d'avoir conspiré contre la dynastie, furent exécutés à Paris (1823).

LEÇON. — Campagne d'Espagne.

423. Pendant ce temps, les Espagnols révoltés avaient imposé à leur roi Ferdinand VII une constitution libérale. Les monarques européens, qui avaient signé en 1815 le traité de la Sainte Alliance pour la défense commune de la monarchie, se réunirent en congrès à Vérone (octobre 1822), et déclarèrent qu'il fallait intervenir pour rétablir en Espagne la monarchie absolue.

Prise du Trocadéro (1823).

Villèle n'était pas personnellement partisan d'une intervention, mais la majorité décida qu'une armée française franchirait les Pyrénées. Le duc d'Angoulême, fils aîné du comte d'Artois, fut mis à la tête du corps expéditionnaire; il passa la Bidassoa, arriva sans difficulté sous les murs de Madrid, d'où les Cortès (Assemblées législatives de l'Espagne) s'étaient réfugiées à Cadix, emmenant avec elles Ferdinand VII. Les Français attaquèrent immédiatement les batteries de l'île de Léon, emportèrent le fort du Trocadéro, reçurent la soumission des Cortès et délivrèrent Ferdinand (1823).

(1) Le comte d'Artois, frère de Louis XVI et de Louis XVIII, devint roi sous le nom de Charles X.
(2) La *Congrégation* était une sorte d'association à la fois religieuse et politique, qui recevait l'impulsion occulte des jésuites et luttait contre les idées libérales.
(3) Le *Carbonarisme* fut fondé en Italie, d'où il se répandit dans d'autres pays, et notamment en France. Les *Carbonari* étaient répartis en sections appelées *ventes*.

LEÇON. — Charles X (1824-1830).

Bataille de Navarin (20 octobre 1827).

424. Louis XVIII mourut le 16 septembre 1824. Son frère, le comte d'Artois, qui lui succédait, à soixante-sept ans, sous le nom de

Charles X (1757-1836).

Charles X, n'avait jamais voulu faire la moindre concession aux idées libérales; il personnifia sur le trône les idées les plus outrées des anciens émigrés. Il se fit sacrer à Reims, entouré de tout l'ancien appareil de la majesté royale.

Villèle dut tout accorder à ses anciens amis. Plus il leur faisait de concessions, plus les ultra-royalistes montraient d'exigences. C'est ainsi qu'il fut obligé de faire voter une indemnité d'un milliard aux émigrés et la *loi du sacrilège*, qui punissait de mort le vol et la profanation des objets sacrés (1825).

425. L'opinion fut vivement émue. La Chambre des pairs, où dominait Chateaubriand, se montrait hostile à tous les projets du gouvernement.

La Chambre des députés fut dissoute. Contrairement à l'attente du ministre, les libéraux l'emportèrent aux nouvelles élections, et Villèle dut se retirer (1827).

Villèle (1773-1854).

Cette même année, la France et l'Angleterre s'étaient jointes à la Russie pour obliger la Porte à reconnaître l'indépendance de la Grèce, insurgée contre la domination turque. Les flottes des trois puissances battirent la flotte turco-égyptienne dans la baie de Navarin, et ainsi fut délivrée d'une oppression séculaire la patrie d'Homère, d'Aristote et de Démosthène.

LEÇON. — Ministère Martignac. — Ministère Polignac.

426. Le ministère Martignac (1828) essaya vainement de réconcilier la nation avec la monarchie.

Les mesures qu'il prit irritèrent les royalistes, et les libéraux répugnèrent à soutenir le cabinet, croyant impossible tout accord sincère entre le trône et le libéralisme. Charles X profita de l'échec de deux projets de loi présentés par le ministère pour congédier M. de Martignac.

Martignac
(1776-1832).

La nomination du prince de Polignac, représentant des ultra-royalistes, parut un défi à l'opinion publique (1829). L'agitation redoubla, les sociétés secrètes se multiplièrent, la Chambre vota la fameuse *Adresse des 221*, c'est-à-dire signée par 221 députés, qui faisait remarquer au roi que la composition de son ministère était menaçante pour la liberté (mars 1830).

Quelques jours après eut lieu la prise d'Alger [1]. Le gouvernement comptait sur ce succès militaire pour obtenir des élections favorables, mais son espoir fut déçu, car les libéraux revinrent plus nombreux à la Chambre.

LEÇON. — Révolution de 1830.

Polignac
(1780-1847).

427. Charles X pensait que Louis XVI était mort pour avoir fait trop de concessions ; aussi ne voulait-il en faire aucune. S'appuyant sur un article de la Charte, qui autorisait le roi à rendre des ordonnances pour le salut de l'Etat, le gouvernement fit paraître les *Ordonnances* du 26 juillet, qui suspendaient la liberté de la presse, annulaient les dernières élections et créaient un nouveau système électoral.

Aussitôt parut la *protestation des journalistes*, rédigée par Thiers ; la guerre civile éclata, et les Parisiens se battirent au cri de : Vive la Charte ! Le maréchal Marmont ne put réprimer l'insurrection, définitivement victorieuse après les trois journées des *27, 28 et 29 juillet*.

L'insurrection s'empare du Louvre (juillet 1830).

Charles X, réfugié à Saint-Cloud, voulut retirer les ordonnances : il était trop tard. Il se décida à abdiquer en faveur du duc de Bordeaux [2], mais les Chambres donnèrent la couronne au duc d'Orléans.

(1) Voir notre dernier chapitre consacré à l'historique des Colonies françaises (page 274).
(2) *Henri-Charles-Ferdinand*, duc de Bordeaux et comte de Chambord, était fils de Charles-Ferdinand, duc de Berry, second fils de Charles X ; on lui donna le nom de *Henri V*.

LEÇON. — Louis-Philippe Ier (1830-1848).

428. Le duc d'Orléans, fils de Philippe-Egalité [1], devint roi des Français sous le nom de Louis-Philippe Ier. Il avait pris une part glo-

Louis-Philippe Ier
(1773-1850).

rieuse aux batailles de Valmy et de Jemappes; puis, obligé d'émigrer sous la Terreur, il n'était rentré en France qu'après la première Restauration. Louis-Philippe prêta serment à la Charte de 1814 modifiée. Le suffrage universel n'existait pas alors dans notre pays. Pour pouvoir voter, comme pour pouvoir être élu membre d'une assemblée, il fallait avoir une certaine fortune. Les pauvres étaient écartés du *pays légal* [2]; il n'y avait guère que deux cent mille électeurs [3].

L'avènement de Louis-Philippe frappa d'inquiétude les souverains de l'Europe. Ils n'avaient aucune confiance dans une monarchie issue de la révolution de 1830, et ils se demandaient s'ils n'allaient pas assister à une reprise des guerres auxquelles avait mis fin la chute de Napoléon. Louis-Philippe, dont les idées étaient très pacifiques, s'employa à rassurer les monarques, qui le considéraient comme un usurpateur.

LEÇON. — Ministère Laffitte. Ministère Casimir Perier.

429. La monarchie de Juillet [4] se trouva aux prises avec de grandes difficultés; elle avait à combattre deux sortes d'adversaires: les légitimistes et les républicains. Le ministre Laffitte ne se montra pas assez énergique pour rétablir l'ordre; il fut remplacé par Casimir

Laffitte
(1767-1844).

Perier qui suivit une politique de résistance et réprima rigoureusement l'insurrection ouvrière de Lyon (novembre 1831); cependant les idées socialistes commençaient à faire des progrès considérables dans les classes laborieuses.

A la mort de Casimir Perier, emporté par le choléra en mai 1832, les partis s'agitèrent. La duchesse de Berry chercha à susciter une insurrection vendéenne; mais elle fut arrêtée à Nantes et gardée quelques mois au fort de Blaye; d'autre part, une grande manifestation républicaine, qui dégénéra en émeute, eut lieu à Paris, à l'occasion des funérailles du général Lamarque, l'orateur populaire de l'opposition à la Chambre

Casimir Perier
(1777-1832).

des députés; le gouvernement en vint à bout après un combat acharné dans le quartier Saint-Merry (5 et 6 juin 1832).

[1] *Philippe-Egalité*, mort sur l'échafaud en 1793, était l'arrière-petit-fils de Philippe d'Orléans, régent pendant la minorité de Louis XV.

[2] *Pays légal*, ensemble des personnes qui exercent les droits politiques dans un pays où le suffrage universel n'est pas en vigueur.

[3] Sous Louis XVIII et Charles X, pour pouvoir être candidat à la députation, il fallait avoir quarante ans et payer 1,000 francs de contributions; pour être électeur, il fallait avoir trente ans et payer 300 francs de contributions. — Sous Louis-Philippe, la limite d'âge fut abaissée à trente ans pour les députés et à vingt-cinq ans pour les électeurs; la loi du 19 avril 1831 abaissa le cens à 200 francs pour les électeurs et à 500 pour les éligibles.

[4] Le gouvernement de Louis-Philippe est aussi désigné sous le nom de *monarchie de Juillet*, parce qu'il est issu de la révolution de juillet 1830.

LEÇON. — **Le Ministère du 11 octobre 1832.**

430. La mort de Casimir Perier avait disloqué le cabinet, qui fut reconstitué le 11 octobre 1832, sous la présidence du maréchal Soult, avec Thiers, Guizot, le duc de Broglie. Les républicains, malgré leurs échecs, tentèrent de nouveau le sort des armes à Paris, Lyon et quelques autres villes (avril 1834). La répression sanglante de ces mouvements fut suivie de mesures réactionnaires qui produisirent une agitation des plus graves. Louis-Philippe faillit périr victime de la machine infernale de Fieschi, qui tua un grand nombre de personnes de son entourage (1835). Cet attentat provoqua de sévères lois de répression connues sous le nom de *lois de septembre*.

Soult
(1769-1851).

Le maréchal Soult avait cédé la présidence du ministère au duc de Broglie. A la Chambre des députés, l'opposition devenait de plus en plus ardente : le gouvernement, soutenu par Guizot, n'avait pas seulement contre lui les membres de la gauche, mais encore un autre parti, dirigé par Thiers.

LEÇON. — **Chute de la monarchie.**

431. A partir de 1840, Guizot, chef des *doctrinaires* [1], fut le premier ministre de Louis-Philippe, bien qu'il n'en eût pas toujours le titre. D'accord avec le roi, il s'obstinait à refuser la réforme électorale.

Profitant du mécontentement général, le prince Louis-Napoléon, qui avait essayé en 1836 de soulever la garnison de Strasbourg, débarqua à Boulogne pour tenter une insurrection ; il fut arrêté, condamné par la Chambre des pairs et retenu prisonnier à Ham (Somme).

Louis-Philippe voulait la paix à tout prix. Sous son règne, le commerce et l'industrie prirent un grand essor. D'après une loi promulguée en 1833 à l'instigation de Guizot, toute commune était obligée d'entretenir une école où l'instruction devait être gratuite pour les enfants pauvres, tandis qu'une école normale, destinée au recrutement des instituteurs, était établie dans chaque département.

Le duc de Broglie
(1785-1870).

Mais les adversaires du roi lui reprochaient précisément de maintenir la paix aux dépens de notre dignité et de faire à l'alliance anglaise des concessions blessantes pour l'amour-propre national.

La situation du gouvernement ne se consolidait donc pas. La majorité du pays demandait toujours la réforme électorale, et les partisans de l'extension du droit de suffrage faisaient une active propagande. Le gouvernement ayant interdit un banquet réformiste, qui devait avoir lieu à Paris le 23 février 1848, une violente émeute éclata. Les Tuileries furent envahies (24 février), et Louis-Philippe, qui avait quitté la capitale, après avoir abdiqué en faveur de son petit-fils, le comte de Paris, dut s'embarquer pour l'Angleterre.

QUESTIONNAIRE. — 430. Quels furent les principaux ministres du cabinet du 11 octobre 1832 ? — Pourquoi furent votées les *lois de septembre* ? — 431. Quel fut le chef du gouvernement à partir de 1840 ? — Qu'est-ce que la loi de 1833, sur l'enseignement primaire ? — Guizot était-il partisan d'étendre le droit de suffrage ? — Quelle fut la cause principale de la Révolution de 1848 ?

(1) Les *doctrinaires*, dont les plus célèbres furent Guizot et Royer-Collard, étaient partisans d'une « politique de juste milieu », c'est-à-dire opposée à la fois aux principes de la Révolution et aux traditions de l'ancien régime.

LEÇON. — **Politique extérieure de Louis-Philippe.**

Les troupes françaises devant Anvers (1832).

432. La révolution de 1830 avait été le signal d'une série de bouleversements en Europe. Le contre-coup des événements de Paris se fit d'abord sentir à Bruxelles. Les traités de 1815, pour fermer à la France les portes de Bruxelles et d'Anvers, avaient réuni en un seul État des peuples antipathiques l'un à l'autre : les Hollandais et les Belges.

En 1830, les Belges, soutenus par la France et l'Angleterre, se séparèrent de la Hollande.

Les troupes françaises chassèrent les Hollandais d'Anvers (1832) et la Belgique forma dès lors un royaume distinct.

LEÇON. — **Question d'Orient.**

433. Une question bien autrement grave, la question d'Orient [1], sollicita bientôt l'attention de l'Europe. Le pacha d'Egypte, Méhémet-Ali, s'était révolté contre son suzerain, le sultan Mahmoud. La France était favorable au pacha, qui cherchait à acclimater dans la vallée du Nil les idées occidentales. La Russie prit au contraire parti pour le sultan, et, en échange de son concours, imposa à Mahmoud un traité qui le mettait sous la complète dépendance du tsar Nicolas.

L'Angleterre ne voulut pas que le tsar fût plus longtemps le seul protecteur du sultan ; elle se déclara contre l'Egypte. La France en pouvait non plus voir sans inquiétude les Russes maîtres de Constantinople, mais elle prétendait ménager les susceptibilités de Méhémet-Ali. Lord Palmerston, le ministre anglais, se retourna donc vers la Russie pour régler avec elle les affaires d'Egypte sans l'intervention de la France.

Guizot
(1787-1875).

Louis-Philippe, malgré les réclamations de l'opinion, enleva le portefeuille des affaires étrangères à Thiers, partisan de la guerre, pour le donner à Guizot, partisan de la paix (1840). Méhémet, n'ayant plus à compter sur nous, fit sa soumission ; mais la Russie ne recueillit pas tous les avantages qu'elle comptait retirer de son intervention : par la *Convention des détroits*, les Dardanelles furent fermées aux vaisseaux de guerre de toutes les puissances (1841).

La conquête de l'Algérie [2] fut presque achevée sous Louis-Philippe.

[1] L'histoire de la question d'Orient n'est autre chose que l'histoire des tentatives faites pour démembrer et ruiner l'empire turc.

[2] Voir notre dernier chapitre, consacré à l'historique des Colonies françaises, page 274.

LECTURE. — Les Lettres, les Sciences, les Arts

SOUS LA RESTAURATION ET SOUS LOUIS-PHILIPPE

Les Lettres.

434. Durant la première période de la Restauration, peu de noms nouveaux apparaissent dans les lettres. **Chateaubriand**, en pleine possession de sa renommée, se place au premier rang des écrivains politiques; **Mme de Staël** fait imprimer ses *Considérations sur la Révolution française*; **Benjamin Constant** écrit *Adolphe* et se révèle comme orateur parlementaire; **Paul-Louis Courier** publie ses mordants pamphlets; **Béranger** compose ses spirituelles chansons. **Désaugiers**, avant lui, s'était rendu célèbre par ses couplets remplis de jovialité et de bonne humeur. Tous deux auront plus tard pour digne successeur **Pierre Dupont**, le chantre poétique de l'ouvrier et du paysan.

Au théâtre règnent les mêmes auteurs tragiques ou comiques que sous l'Empire, auxquels viennent bientôt se joindre **Casimir**

Victor Hugo
(1802-1885).

Benjamin Constant
(1767-1830).

Lamartine
(1790-1869).

Augustin Thierry
(1795-1856).

Delavigne et **Scribe**, celui-ci destiné à donner pendant plus d'un demi-siècle les preuves d'une fécondité inépuisable.

En 1820, une nouvelle école, l'école *romantique*, issue des *Martyrs*, d'*Atala*, de *René* (de Chateaubriand) et des études sur *L'Allemagne* (de Mme de Staël), fait son apparition. **Victor Hugo** et **Lamartine** renouvellent la poésie lyrique, le premier avec ses *Odes et Ballades*, le second avec ses *Méditations*. Ils sont vivement combattus par les derniers survivants de l'école *classique*, et la lutte devient au théâtre particulièrement ardente : les représentations d'*Hernani* et de *Marion Delorme* sont des batailles où la victoire reste définitivement aux novateurs, et Victor Hugo, dans la préface de *Cromwell*, lance le manifeste de la nouvelle école.

La révolution littéraire des romantiques substitua au style pâle et incolore des derniers classiques une langue plus précise, plus vigoureuse, plus imagée. Le nom de Victor Hugo, qui poursuit cette rénovation dans la poésie lyrique, au théâtre, dans le roman, et qui prolongea sa carrière bien au delà même de celle de ses premiers disciples, domine de haut toute la période contemporaine. Il est le maître par excellence; mais sous sa bannière viennent s'enrôler les poètes **Alfred de Vigny**, **Alfred de Musset**, **Sainte-Beuve**, qui se fit un nom plus éclatant comme critique,

Barthélemy et **Méry**, les auteurs de la *Némésis* et de *Napoléon en Égypte*, **Auguste Barbier**, **Brizeux**, **Théophile Gautier**.

Dans le roman, avant que Victor Hugo ne fasse paraître *Notre-Dame de Paris*, A. de Vigny *Cinq-Mars* et **Alexandre Dumas** *Monte-Cristo*, **Charles Nodier** fait oublier les puériles productions de Ducray-Duminil et de Mme Cottin, et **Honoré de Balzac** pose les premières assises de son immortelle *Comédie humaine*. Quelques années plus tard, **George Sand** publiera *la Petite Fadette*, *la Mare au Diable* et une longue suite de romans restés célèbres. **Prosper Mérimée**, plus sobre, plus concentré, se révèle comme

<table>
<tr><td>Alfred de Vigny
(1797-1863).</td><td>Alfred de Musset
(1810-1857).</td><td>George Sand
(1804-1876).</td><td>Alexandre Dumas
(1803-1870).</td></tr>
<tr><td>Balzac
(1799-1850).</td><td>Mme Récamier
(1777-1849).</td><td>Casimir Delavigne
(1793-1843).</td><td>Béranger
(1780-1857).</td></tr>
</table>

un de nos meilleurs écrivains dans la *Chronique de Charles IX* et dans *Colomba*.

Un grand souffle de rénovation anime également l'histoire où brillent au premier rang **Sismondi**, **Guizot**, l'historien de la civilisation en France et en Europe, **de Barante**, **Augustin Thierry**, l'historien des *Temps mérovingiens* et de la *Conquête de l'Angleterre*. **Thiers** et **Mignet** commencent leurs beaux travaux sur la Révolution française, **Michelet** prélude, par son *Histoire romaine* et son *Histoire du Moyen Age*, à son admirable *Histoire de France*, qu'il n'achèvera que sous le second Empire. **Henri Martin** et **Louis Blanc**, quoique appartenant à la période suivante, doivent aussi être mentionnés. **Champollion** entreprend la lecture des hiéroglyphes et **Burnouf** ses vastes études sur le sanscrit.

La philosophie ne reste pas en arrière avec **Royer-Collard**, **Maine de Biran**, **Victor Cousin**, **Jouffroy**, et les questions religieuses sont traitées avec une grande éloquence par **Joseph de**

Maistre, le cardinal **de Bonald**, **Frayssinous**, **Lamennais**, **Lacordaire**, le plus poétique des orateurs sacrés. L'éloquence parlementaire et la presse prennent, sous la Restauration, une importance considérable. A aucune autre époque de notre histoire, on ne voit de simples articles de journaux signés d'aussi grands noms. Le *Constitutionnel* a pour rédacteurs en titre le vicomte **de Bonald**, **de Villèle**, **de Corbières**, **de Polignac**, **Berryer**, **de Fontanes** ; le *Journal des Débats* est rédigé par **Chateaubriand**, **Villemain**, **Fiévée**, **de Salvandy** ; la *Quotidienne*, par le baron **de Vitrolles**, **Michaud**.

Michelet
(1798-1874).

Scribe
(1791-1861).

Lacordaire
(1802-1861).

Paul-Louis Courier
(1772-1825).

Théophile Gautier
(1811-1873).

Lamennais
(1782-1854).

Ampère
(1775-1836).

Arago
(1786-1853).

Le plus célèbre salon de Paris, sous la Restauration et sous le règne de Louis-Philippe fut celui de Mme Récamier, à l'Abbaye-au-Bois : il réunissait les illustrations de tous les partis. Il y eut encore celui de Mme Ancelot, qui était comme l'antichambre de l'Académie française ; celui de la duchesse d'Abrantès, et enfin le salon de Nodier, à l'Arsenal, où classiques et romantiques se rencontraient sur un terrain neutre.

Les Sciences.

435. La superbe rénovation scientifique qui fut l'une des plus belles gloires du xviii° siècle, revêt dès le premier tiers du xix° un caractère éminemment pratique. A côté des recherches de science pure, les applications prennent une importance bientôt prépondérante. De 1820 à 1840, les progrès sont rapides. Les travaux d'**Ampère** et d'**Arago**, complétant ceux du Danois Œrstédt, engendrent la télégraphie électrique; la galvanoplastie s'essaye avec **Ruolz**; l'on voit déjà poindre l'aurore de la lumière électrique. Grâce au patient génie de **Daguerre** et de **Niepce**, la photographie naît et fait ses premières preuves. **Sadi Carnot**, en énonçant le principe capital qui porte son nom, pose la première pierre d'une nouvelle science, celle de la génération des forces par la chaleur. **Fresnel**, l'inventeur des lentilles pour les phares, opère le rajeunissement et prépare l'adoption définitive de la belle théorie des ondes lumineuses autrefois ébauchée par Descartes et Huyghens, mais tombée dans l'oubli. **Gay-Lussac**, un des fondateurs de la météorologie, **Thénard**, **Chevreul**, à qui l'on doit les bougies stéariques, **J.-B. Dumas**, le créateur de l'agronomie moderne, **Pelletier**, l'inventeur de la quinine, enrichissent la chimie pure et les industries chimiques d'importantes découvertes et d'une multitude de précieuses données numériques. **Biot** popula-

Gay-Lussac (1778-1850).   Biot (1774-1862).   Daguerre (1789-1851).   Dumont d'Urville (1790-1842).

rise la physique, **Arago** l'astronomie, qui vient d'être dotée de la découverte des astéroïdes, nom scientifique des aérolithes et des étoiles filantes. **Broussais**, puis **Flourens**, réveillent la physiologie; **Laënnec** enrichit la médecine de la féconde méthode de l'auscultation. Mathieu de **Dombasle**, en inventant une charrue et en perfectionnant les méthodes de cultures, fait faire de grands progrès à l'agronomie. Enfin les sciences exactes ont d'éminents représentants dans **Poinsot**, **Poisson** et **Poncelet**.

Les Arts.

436. L'exagération dans laquelle tombèrent certains disciples de David provoqua sous la Restauration une réaction violente. Comme dans la littérature, il se forma en peinture une école romantique qui, aux sujets grecs et romains, substitua les scènes modernes, mit la couleur au-dessus du dessin et préféra la fantaisie à la reproduction servile du modèle d'atelier.

Gros et Girodet avaient déjà, sous l'Empire, marqué les débuts de la révolution romantique, mais le véritable fondateur de l'école fut **Géricault**, l'auteur du *Radeau de la Méduse* (1819). **Delacroix** vint ensuite et traita tous les genres avec une hardiesse, une véhémence de coloris, une ampleur qui firent tressaillir les classiques. Vers la même époque, **Léopold Robert** transforma le paysage historique, et un peu après, **Paul Delaroche** peignit des scènes historiques avec une préoccupation extraordinaire de la vérité, de la couleur locale ; **Ary Scheffer** traduisit les conceptions de Byron et de Gœthe ; **Decamps** et **Marilhat** fixèrent sur la toile les sites lumineux et les costumes pittoresques de l'Orient ; **Horace Vernet**, **Charlet**, **Bellangé**, **Yvon**, rivalisent de sincérité et d'humour dans la peinture des scènes militaires ; **Corot**, **Théodore Rousseau**, **Flers**, fondèrent une admirable école de paysagistes ; **Isabey** et **Gudin** peignirent la mer avec vérité et poésie. — A ces artistes unis

Rude
(1784-1855).

David d'Angers
(1789-1856).

Horace Vernet
(1789-1863).

Delacroix
(1799-1863).

Berlioz
(1803-1869).

Félicien David
(1810-1876).

Hérold
(1791-1833).

Auber
(1782-1871).

dans un même dédain des conventions académiques, **Ingres** opposa le drapeau du classicisme.

Dans la sculpture, **Pradier**, **David d'Angers** et **Rude** tiennent le premier rang. Sous le ciseau de Pradier, « le marbre s'assouplit comme une chair ». David d'Angers fut antique par le dessin de ses œuvres, mais moderne par le style, et son exécution est tout à fait magistrale. Quant à Rude, l'auteur du *Départ* (bas-relief de l'arc de triomphe de l'Etoile, à Paris), nul n'a déployé plus que lui de vie et de hardiesse ; nul n'a eu une inspiration plus élevée.

L'art musical eut aussi ses romantiques dans **Berlioz** et **Félicien David**, les créateurs de l'école symphonique française. **Boïeldieu**, **Halévy**, **Hérold**, **Auber**, **Adam**, et les maîtres étrangers **Bellini**, **Rossini**, **Meyerbeer**, **Donizetti**, **Verdi**, illustrèrent le drame et la comédie lyriques.

LEÇON. — Seconde République.

437. Un gouvernement provisoire proclama la République le 24 février 1848 ; il décréta le suffrage universel, l'abolition de la peine de mort en matière politique et la suppression de l'esclavage dans les colonies. Il conserva le pouvoir jusqu'au 4 mai 1848, jour où se réunit une *Assemblée constituante*, élue pour la première fois par tous les citoyens.

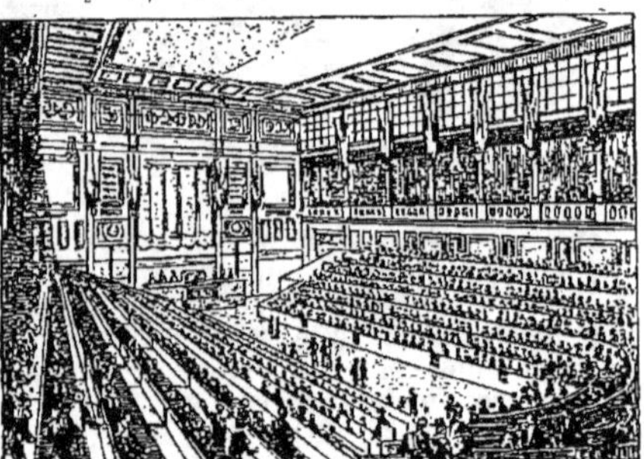

Cavaignac (1802-1857).

La majorité appartenait, dans cette Assemblée, aux républicains modérés, qui confièrent le pouvoir exécutif à une Commission de cinq membres : Arago, Garnier-Pagès, Marie, Lamartine et Ledru-Rollin. Les ouvriers, qui reconnaissaient pour chefs Barbès, Louis Blanc, Blanqui, Proudhon, Raspail, voulaient une République à la fois démocratique et sociale ; ils proclamaient le *droit au travail*, et, pour leur donner satisfaction, le gouvernement provisoire avait créé des *ateliers nationaux*. Mécontents des idées qui dominaient dans la Constituante, ils s'insurgèrent une première fois le 15 mai, et une seconde fois le mois suivant, après la dissolution des ateliers nationaux.

LEÇON. — Louis-Napoléon, Président de la République.

438. Pendant quatre jours, les ouvriers et l'armée, commandée par le général Cavaignac, se battirent dans les rues de Paris (23-26 juin). Cette lutte sanglante coûta la vie à des milliers d'hommes, à sept généraux et à l'archevêque de Paris, Denis Affre, venu pour porter sur les barricades des paroles de paix.

L'insurrection réprimée, le général Cavaignac demeura chargé du pouvoir exécutif. Des mesures furent votées contre les socialistes, et trois mille insurgés de juin condamnés par décret à la déportation.

Le 12 novembre, la Constitution fut proclamée ; elle confiait le pouvoir exécutif à un président élu pour quatre ans par le suffrage universel, et le pouvoir législatif à une Assemblée unique, nommée elle aussi par le suffrage universel pour trois ans. — Le 10 décembre 1848, Louis-Napoléon [3] fut élu président de la République par plus de cinq millions de suffrages [3].

L'Assemblée constituante en 1848.

(1) Troisième fils de Louis-Bonaparte, roi de Hollande, et d'Hortense de Beauharnais, né en 1808 à Paris, mort à Chislehurst (Angleterre), en 1873.
(2) Louis-Napoléon fut élu par 5,434,226 suffrages, tandis que le général Cavaignac n'en obtenait que 1,448,107.

LEÇON. — Présidence de Louis-Napoléon.

439. L'Assemblée constituante se sépara le 27 mai 1849, et l'*Assemblée législative* se réunit le lendemain. Sur sept cent cinquante membres qui la composaient, on ne comptait guère que deux cents républicains ; les cinq cents autres députés ne voulaient pas de la République, mais ils ne s'entendaient pas sur le régime à lui substituer : les uns tenaient pour le comte de Paris, les autres pour le duc de Bordeaux, fils du duc de Berry.

Morny (1811-1865).

Une question de politique extérieure [1] servit de prétexte aux révolutionnaires pour marcher contre l'Élysée, résidence de Louis-Napoléon ; ils furent dispersés par le général Changarnier (13 juin 1849). Cependant, la majorité de l'Assemblée législative, toujours disposée à voter des mesures antilibérales, avait peu de sympathies pour le président, dont la popularité s'augmentait dans le pays de toute l'impopularité de l'Assemblée.

LEÇON. — Coup d'État du 2 décembre 1851.

440. Il devint bientôt évident que Louis-Napoléon tenterait un coup d'État contre la représentation nationale, mais ses adversaires ne prirent aucune disposition préventive. Dans la nuit du 2 décembre 1851, Morny, le principal conseiller du président, prit possession du ministère de l'Intérieur ; seize représentants du peuple furent arrêtés, et Louis-Napoléon fit afficher sur les murs un décret prononçant la dissolution de l'Assemblée et convoquant les électeurs. Plus de deux cents représentants se réunirent à la mairie du X⁰ arrondissement : ils refusèrent de se disperser et furent conduits en prison.

Siège de Rome (1849).

Le 4 décembre, les républicains se soulevèrent dans Paris au nom de la légalité : le général Saint-Arnaud, ministre de la Guerre, réprima l'insurrection avec une violence impitoyable, et la répression ne fut pas moins cruelle dans les départements.

Le 20 décembre, un plébiscite donna à Louis-Napoléon la présidence pour dix ans. Aussitôt après les libertés publiques furent confisquées, et l'année suivante, l'Empire héréditaire rétabli en faveur de Louis-Napoléon et de sa descendance (2 décembre 1852). Le prince-président régna sous le nom de Napoléon III.

[1] Louis-Napoléon avait chargé le général Oudinot d'aller en Italie pour mettre fin à la République romaine et rétablir le pape Pie IX. Oudinot s'empara de Rome après quatre jours de siège (1849).

LEÇON. — Napoléon III [1] (1852-1870). — Intérieur.

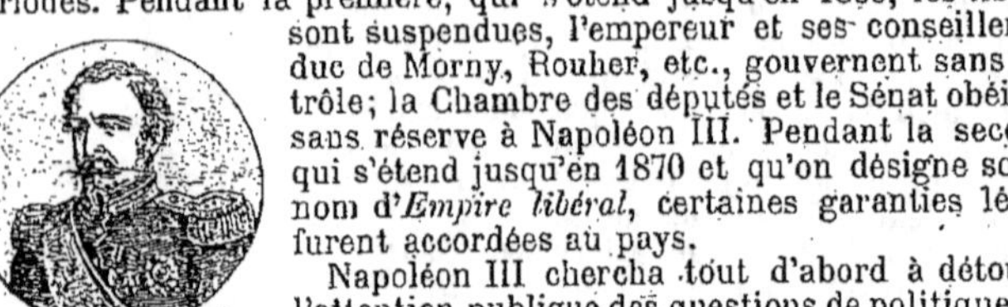

Napoléon III (1808-1873).

441. La politique intérieure du second Empire se divise en deux périodes. Pendant la première, qui s'étend jusqu'en 1860, les libertés sont suspendues, l'empereur et ses conseillers, le duc de Morny, Rouher, etc., gouvernent sans contrôle; la Chambre des députés et le Sénat obéissent sans réserve à Napoléon III. Pendant la seconde, qui s'étend jusqu'en 1870 et qu'on désigne sous le nom d'*Empire libéral*, certaines garanties légales furent accordées au pays.

Napoléon III chercha tout d'abord à détourner l'attention publique des questions de politique pure en développant les institutions de crédit, en multipliant les grandes entreprises de travaux publics, en transformant Paris. Il voulait ainsi s'attacher les classes ouvrières.

En même temps, des mesures arbitraires étaient prises contre ceux qui faisaient à Napoléon une opposition ouverte ou cachée. Des complots se formèrent; Orsini et trois autres Italiens lancèrent des bombes sous la voiture de l'empereur et de l'impératrice, un soir qu'ils se rendaient à l'Opéra (14 janvier 1858). Le gouvernement fit aussitôt voter la *loi de sûreté générale*, qui lui donnait le droit d'emprisonner, d'exiler ou de déporter sans jugement tous ceux qui avaient subi déjà une condamnation politique, et d'interner ou d'expulser toute personne qui subirait à l'avenir une condamnation pour les mêmes motifs.

LEÇON. — L'Empire libéral.

442. Aux élections de 1857, Paris nomma députés : Ernest Picard, Émile Ollivier, Hénon, Darimon et Jules Favre, qui venait de défendre Orsini. Les *Cinq*, comme on les appela, firent une vive opposition à l'Empire sur le terrain parlementaire.

Rouher (1814-1884).

Des concessions étaient nécessaires. L'*Empire libéral* débuta par l'amnistie du 15 août 1859 en faveur des condamnés politiques, mais beaucoup de proscrits refusèrent le bénéfice de cette loi. L'année suivante, Napoléon accorda aux Chambres une plus grande initiative, et, en 1867, le droit d'interpellation, c'est-à-dire le droit d'interroger le gouvernement sur ses actes. Il espérait atténuer ainsi le mécontentement produit par les fautes de sa politique extérieure, et l'année même de la chute de l'Empire la responsabilité des ministres fut instituée par un sénatus-consulte. Le plébiscite du 8 mai 1870 ratifia cette mesure par plus de sept millions de *oui* contre quinze cent mille *non*. — L'Empire paraissait plus solide que jamais et pourtant il n'avait jamais été si près de sa ruine [2].

[1] Le fils de Napoléon Iᵉʳ et de Marie-Louise (le roi de Rome) ne régna pas, bien qu'on lui ait donné dans l'histoire le nom de Napoléon II. Après la seconde abdication de son père (1815), il se retira auprès de son grand-père, François Iᵉʳ, empereur d'Autriche, qui lui conféra le titre de duc de Reichstadt. Il mourut, en 1832, au château de Schœnbrunn, près de Vienne.

[2] C'est sous le second Empire que M. Victor Duruy, ministre de l'Instruction publique, jeta les bases de la réforme de l'enseignement primaire et créa l'enseignement secondaire spécial.

LEÇON. — Guerre d'Orient.

443. Les puissances étrangères n'avaient pas vu sans inquiétude le rétablissement de l'Empire ; elles s'étaient demandé si Napoléon III ne serait pas aussi belliqueux que Napoléon Iᵉʳ, bien que le nouveau souverain eût prononcé les paroles fameuses : « L'Empire, c'est la paix. »

Canrobert (1809-1895).

Le tsar Nicolas avait mis une mauvaise volonté évidente à reconnaître Napoléon III. C'est contre lui que l'empereur dirigea d'abord ses armes.

La Russie avait déclaré la guerre à la Turquie à la fin de 1853, à la suite de complications survenues en Palestine ; ses troupes avaient passé le Pruth et il était à craindre qu'elles ne s'emparassent de Constantinople. La France s'allia avec l'Angleterre pour défendre l'intégrité de l'empire ottoman (10 avril 1854).

Pélissier (1794-1864).

Pendant qu'une flotte anglo-française bloquait les ports russes de la Baltique et que le général Baraguey-d'Hilliers débarquait dans les îles d'Aland (août 1854), une armée alliée arrivait à Gallipoli sous les ordres du maréchal de Saint-Arnaud et de lord Raglan.

LEÇON. — Prise de Sébastopol.

444. Chassés par le choléra, les alliés, changeant leur plan de campagne, vinrent débarquer en Crimée et bloquèrent Sébastopol, après avoir remporté sur Mentchikof la victoire de l'Alma (20 septembre). Saint-Arnaud, mort du choléra, fut remplacé successivement par les généraux Canrobert et Pélissier.

Le siège de Sébastopol dura près d'un an, du 9 octobre 1854 au 8 septembre 1855. La place était défendue par Totleben, et les Russes se battirent vaillamment, mais sans succès, à Balaklava contre les Anglais, à Inkermann contre le général Bosquet (1854), à Eupatoria contre le général turc Omerpacha (1855).

A Malakoff (8 septembre 1855).

Les Russes avaient élevé autour de Sébastopol d'importants ouvrages de défense : le 7 juin 1855, les Français emportèrent la redoute du mamelon Vert, et, après la victoire de Traktir ou de la Tchernaïa (16 août), la Tour Malakof fut enlevée à la suite d'un assaut sanglant (8 septembre). Sébastopol nous appartenait.

La Russie ne résista pas davantage. Le traité de Paris (1856) plaça la Turquie sous la protection des puissances et neutralisa la mer Noire [1].

[1]. Cette même année, M. Ferdinand de Lesseps commençait le percement du canal de Suez, qui fut terminé en 1869.

LEÇON. — Guerre d'Italie.

445. La guerre de Crimée avait illustré nos généraux, le traité de Paris avait mis en relief nos diplomates [1]. Napoléon III, qui s'était posé en défenseur des nationalités opprimées, résolut de mettre à profit l'ascendant que ses victoires lui avaient donné en Europe pour remanier les traités de 1815. Il ne réussit malheureusement qu'à créer sur nos frontières deux États puissants et hostiles : l'Italie et l'Allemagne.

Victor-Emmanuel
(1820-1878).

Cavour
(1810-1861).

Le comte de Cavour, ministre du roi de Piémont Victor-Emmanuel, s'était plaint au Congrès de Paris [2] du régime despotique auquel l'Autriche soumettait ses provinces italiennes, la Lombardie et la Vénétie. En 1858, il eut avec Napoléon III une entrevue à Plombières, et le mariage du prince Jérôme Napoléon avec une fille de Victor-Emmanuel cimenta l'alliance franco-piémontaise (1859).

L'Autriche protesta contre les armements du Piémont. Elle lui adressa un ultimatum qui fut rejeté et ses troupes passèrent la frontière piémontaise. Napoléon avait déclaré qu'il considérerait le passage du Tessin comme une déclaration de guerre. Le feld-maréchal Giulay ayant franchi cette rivière (3 mai 1859), l'empereur tint parole et prononça la phrase célèbre : « L'Italie sera libre des Alpes à l'Adriatique. » Il prit lui-même le commandement en chef de l'armée.

Bataille de Magenta (4 juin 1859). — Combat de Palestro (30 et 31 mai 1859).

QUESTIONNAIRE. — 445. Après la guerre de Crimée, comment se posa Napoléon III ? — A quoi aboutit sa politique ? — Comment s'appelait le roi de Piémont ? — Quel était son premier ministre ? — Comment la France fit-elle alliance avec le Piémont ? — Quand Napoléon III déclara-t-il la guerre à l'Autriche ? — Quelle phrase prononça-t-il en prenant le commandement des troupes ?

(1) La France intervint de nouveau en Orient en 1860 pour protéger les Maronites, chrétiens de Syrie, contre le fanatisme des Druses et des musulmans.
(2) Pendant la guerre de Crimée, le Piémont s'était déclaré pour la France contre la Russie.

A Solferino (24 juin 1859).

LEÇON. — **Guerre d'Italie** (*suite*).

446. La campagne fut marquée par les victoires de Montebello (29 mai), de Palestro (30-31 mai), de Magenta (4 juin). La victoire de Magenta, remportée par le général de Mac-Mahon.[1], permit à Victor-Emmanuel et à Napoléon de faire leur entrée dans Milan (8 juin). Quelques jours après, les vainqueurs arrivèrent au bord du Mincio à la tête de 150,000 hommes.

Les Autrichiens, commandés par l'empereur François-Joseph, prirent l'offensive et livrèrent aux alliés la bataille de Solferino. Le général Niel et le maréchal Baraguey d'Hilliers les mirent en déroute après un combat de seize heures (24 juin).

Les Français, passèrent le Mincio, mais Napoléon craignant une intervention des Etats allemands en faveur de l'Autriche, céda aux instances de la Russie. Il eut à Villafranca, avec l'empereur François-Joseph (11 juillet 1859), une entrevue où furent discutées les bases des traités de Zurich, signés quelques mois après. L'Autriche céda la Lombardie à la France, qui la donna à Victor-Emmanuel, mais elle garda la Vénétie.

LEÇON. — **Le Royaume d'Italie.**

Garibaldi (1807-1882).

447. Le Piémont devint dès lors le point de mire des populations italiennes. Parme, Modène, la Toscane, votèrent leur annexion à cet Etat, et Napoléon, pour prix de son acquiescement à cet acte, reçut le comté de Nice et la Savoie, dont les habitants furent consultés (traité de Turin, 24 mars 1860). La même année, Garibaldi, avec une poignée d'hommes, renversa François II, roi de Naples, dont les sujets votèrent, eux aussi, leur réunion au Piémont. Les populations, en un mot, étaient d'accord pour former un Etat uni, et elles vinrent toutes se grouper autour de Victor-Emmanuel, qui fut proclamé roi d'Italie quelques semaines avant la mort de Cavour (1861).

[1] Le général de Mac-Mahon fut proclamé maréchal de France et duc de Magenta.

LEÇON. — **Expéditions en Chine et en Cochinchine.**

448. L'attention du gouvernement fut, vers la même époque, attirée sur les affaires de l'extrême Orient. Dès 1857, des massacres de missionnaires avaient motivé une intervention anglo-française en Chine; Canton fut bombardé, et la Chine signa le traité de Tien-Tsin (1858), qu'elle n'observa pas. Les généraux Cousin-Montauban et Grant débarquèrent à Shang-haï (avril 1860), prirent les forts du Peï-ho, gagnèrent la bataille de Palikao (21 septembre) et entrèrent dans la capitale de la Chine (13 octobre). Le gouvernement chinois, par les traités de Pékin, ouvrit la Chine au commerce et aux missionnaires européens. Dans le même temps, des causes analogues motivèrent une expédition en Cochinchine contre l'Annam (V. page 272.)

LEÇON. — **Expédition du Mexique.**

449. Quant aux raisons qui poussèrent Napoléon au Mexique en 1861, elles furent purement chimériques. Les partisans de notre intervention, considérant que les États-Unis s'étaient divisés sur la question de l'esclavage et s'imaginant que la guerre civile aurait pour résultat la dissolution de l'Union américaine, eurent l'idée de fonder au Mexique un gouvernement monarchique sous le sceptre d'un prince européen. Cet empire devait faire échec à la puissance croissante et menaçante de l'Amérique du Nord. Malheureusement, le parti sur lequel on comptait s'appuyer ne formait qu'une infime minorité, et cette entreprise impolitique fut rendue plus impopulaire encore par les spéculations auxquelles elle donna lieu. « C'est la plus grande pensée du règne, » disait pourtant le ministre Rouher !

Mort de Maximilien (19 juin 1867).

La France, l'Angleterre et l'Espagne étaient d'abord intervenues pour exiger de Juarez, président de la République mexicaine, la réparation de préjudices subis par leurs nationaux. Juarez ayant signé la convention de La Soledad (février 1862), l'Angleterre et l'Espagne se retirèrent; la France seule continua la guerre. La prise de Puebla ouvrit à nos troupes, accrues par des renforts successifs, les portes de Mexico, et l'archiduc Maximilien, frère de l'empereur d'Autriche, accepta, sur les conseils des Tuileries, de partir pour le Mexique, où il fut proclamé empereur (10 juillet 1863).

La guerre n'en continua pas moins jusqu'au jour où les États-Unis protestèrent contre notre présence au Mexique : Napoléon III ordonna l'évacuation, et Maximilien, pris ou trahi à Queretaro, fut fusillé.

LEÇON. — Les Préliminaires de 1870.

450. Pendant que nos troupes étaient au Mexique, il se produisait en Europe des événements d'une extrême gravité pour la France.

L'empereur d'Autriche était en même temps chef de la Confédération germanique. La Prusse, qui avait pour ministre un politique habile et audacieux, M. de Bismarck, rêvait de supplanter l'Autriche et de réaliser à son profit l'unité allemande.

La guerre éclata entre les deux États en 1866 : l'Autriche, battue à Sadowa, dut accepter la paix de Prague, qui prononçait la dissolution de la Confédération germanique. Les Italiens s'étaient joints aux Prussiens, parce qu'ils voulaient annexer la Vénétie. Ils avaient été battus à Custozza; mais cette diversion, en retenant loin de Sadowa plus de cent cinquante mille hommes, décida peut-être indirectement de la victoire de la Prusse. Pendant les hostilités, l'empereur d'Autriche avait demandé la médiation de la France et offert à Napoléon la Vénétie. Celle-ci fut rétrocédée à l'Italie.

Bismarck
(1815-1898).

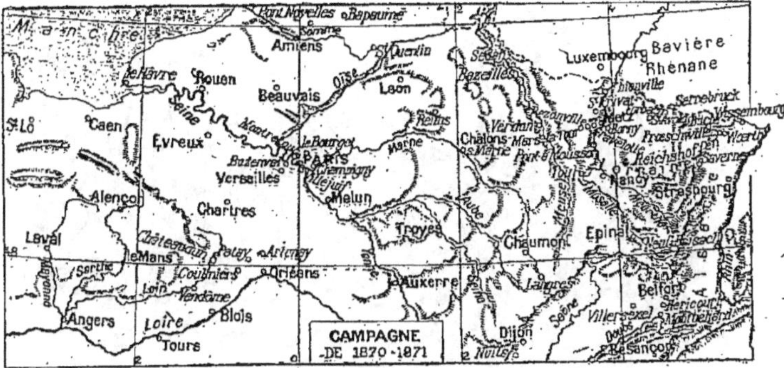

451. Si maintenant la Prusse, toute-puissante en Allemagne, menaçait la France, celle-ci n'aurait pour lui résister aucun allié, pas même les Italiens, qui reprochaient à Napoléon, protecteur du Saint-Siège, d'empêcher leur établissement à Rome. M. de Bismarck avait abusé de la crédulité de l'empereur : il lui avait fait espérer la rive gauche du Rhin et la Belgique; puis, il s'était servi de papiers diplomatiques pour mettre les sympathies de l'Europe de son côté.

Guillaume Iᵉʳ
(1797-1888).

Telle était la situation lorsque l'Espagne, après avoir renversé Isabelle II, jeta les yeux, pour la remplacer, sur le prince de Hohenzollern. Le cabinet des Tuileries ne voulut pas qu'un prince allemand régnât en Espagne; il s'opposa à la candidature Hohenzollern et reçut satisfaction. Mais Napoléon exigea de la Prusse des garanties d'avenir qu'elle refusa de lui donner, et la guerre fut déclarée au roi Guillaume. C'était l'occasion attendue depuis Sadowa par M. de Bismarck.

LEÇON. — Guerre de 1870-71. Troisième République.

452. La France était sans alliés. Son armée manquait de tout et n'avait même pas l'avantage du nombre. Jamais guerre ne fut plus imprudemment engagée. La Prusse, elle, avait des troupes merveilleusement exercées, pourvues de tout et commandées par le maréchal de Moltke.

Le 2 août, le général Frossard prit l'offensive et passa la Sarre; il chassa de Sarrebrück un bataillon d'infanterie et trois escadrons d'artillerie prussienne. Ce succès sans portée fut célébré par le gouvernement comme une victoire. Mais le surlendemain, le général Douay fut écrasé à Wissembourg, où il perdit la vie et où nos soldats combattaient dans la proportion de un contre huit. Le maréchal de Mac-Mahon accourut et essaya d'arrêter la marche de l'ennemi, mais les batailles de Wœrth, de Frœschviller, de Reichschoffen, ouvrirent aux Prussiens la barrière des Vosges (6 août), pendant que le général Frossard était rejeté sur Forbach. Nancy tomba, le 13, au pouvoir de l'ennemi; Strasbourg fut investi.

A Gravelotte (16 août 1870).

453. Le plan des Prussiens consistait à couper l'armée française de sa ligne de retraite pour l'empêcher de couvrir Paris; ce plan réussit, et malgré les trois glorieuses batailles de Borny (14 août), de Gravelotte ou Rezonville (16 août), de Saint-Privat (18 août), livrées sous Metz, Bazaine se laissa bloquer par les troupes du prince Frédéric-Charles.

Mac-Mahon avait battu en retraite sur Châlons et reconstitué son armée. Comme l'empereur, dans l'intérêt de la dynastie, voulait éloigner autant que possible de Paris le théâtre de la guerre, Mac-Mahon reçut l'ordre non de couvrir Paris, mais d'aller se réunir à l'armée de Bazaine. A Sedan, les Prussiens l'enveloppèrent et Napoléon capitula avec cent mille hommes!

Ce désastre amena la chute de l'Empire. Le 4 septembre, la Chambre des députés fut envahie, la République proclamée à l'Hôtel de Ville, un *Gouvernement de la Défense nationale* constitué, sous la présidence du général Trochu, par les députés de Paris : Gambetta, Jules Ferry, Jules Favre, Jules Simon, etc.

QUESTIONNAIRE. — 452-453. La France était-elle prête? — Quelles défaites essuya-t-elle jusqu'à la capitulation de Sedan? — Quel fut, au point de vue politique, le résultat de cette capitulation?

LEÇON. — Guerre de 1870-1871 (*Suite*).

Gambetta (1838-1882).

Chanzy (1823-1883).

454. Rien n'arrêtait plus les armées allemandes jusqu'à Paris, dont l'investissement fut complet dès le 19 septembre. Le gouvernement de la Défense nationale improvisa comme il put des régiments nouveaux sur la Loire, et, pour donner l'impulsion à la résistance, envoya une délégation à Tours. Gambetta, quittant Paris en ballon, vint rejoindre la délégation le 9 octobre et prit en main les deux ministères de la Guerre et de l'Intérieur : son patriotisme décuplait son activité. L'armée de la Loire, commandée par le général d'Aurelle de Paladines, chassa les Allemands d'Orléans après la victoire de Coulmiers (9 novembre). On reprenait courage, lorsqu'on apprit que Bazaine, trahissant sa patrie vaincue, venait de livrer Metz (27 octobre). Ce fatal événement devait exercer une influence désastreuse sur l'issue de la guerre; il permettait au prince Frédéric-Charles d'accourir sur la Loire, au moment même où l'ennemi entrait à Dijon.

455. Après les combats d'Artenay et de Patay, il fut décidé que l'armée de la Loire se mettrait sans retard en marche sur Paris pour donner la main au général Ducrot, qui devait tenter une sortie; mais Ducrot fut battu à Champigny, et les Prussiens reprirent Orléans.

Le commandement de la seconde armée de la Loire ou armée de l'Ouest fut alors confié au général Chanzy à qui le prince Frédéric-Charles livra le 10 janvier 1871, la bataille du Mans. Malgré des prodiges de valeur, les Français durent se retirer sur Laval.

Au Nord, le général Faidherbe repoussa victorieusement les Prussiens à Pont-Noyelles et à Bapaume; mais le 19 janvier 1871, vaincu par le nombre à Saint-Quentin, il dut battre en retraite sur Lille.

Dans l'Est, nos opérations ne furent pas sans

Défense de Châteaudun (18 octobre 1870).

gloire. Bourbaki, qui commandait la seconde armée de la Loire ou armée de l'Est, chercha à débloquer Belfort, défendu par le colonel Denfert-Rochereau. Il délogea les Prussiens de Villersexel (9 janvier); puis, l'infériorité numérique continua de nous être fatale; il échoua devant Héricourt (15-17 janvier). Garibaldi était venu mettre son épée au service de la France : cet Italien se souvenait.

LEÇON. — Guerre de 1870-1871 (*Suite*).

456. Pendant ce temps, Paris supportait héroïquement les souffrances du siège et les horreurs du bombardement. Tous les hommes valides avaient été incorporés dans la garde nationale; les marins occupaient les forts. Ni les

privations ni les obus n'abattaient le courage des assiégés [1]. Le 18 janvier 1871, le roi de Prusse, Guillaume, avait été couronné empereur d'Allemagne : c'est à Versailles, dans le palais de Louis XIV, que l'unité allemande se trouva définitivement réalisée et que l'œuvre patiente de M. de Bismarck reçut sa consécration.

La France se rendit quand elle n'eut plus d'armée, Paris capitula quand il n'eut plus de pain [2]. Le 26 janvier, Jules Favre dut aller à Versailles et y signer une suspension d'armes qui livrait tous les forts aux troupes allemandes. Le surlendemain fut conclu l'armistice proprement dit; toute la garnison de Paris était prisonnière de guerre. Le siège avait duré 132 jours.

De Moltke
(1798-1891).

457. Le gouvernement de la Défense convoqua une Assemblée nationale pour lui soumettre la question de la paix ou de la guerre.

L'Assemblée, réunie à Bordeaux, confia à Thiers le pouvoir exécutif et ratifia le 1ᵉʳ mars les préliminaires de paix [3], mais en même temps elle prononça la déchéance de Napoléon et de sa dynastie. Le traité définitif fut signé à Francfort le 10 mai 1871 : la guerre nous coûtait l'Alsace, une partie de la Lorraine et une indemnité de guerre de 5 milliards. Le territoire ne devait être complètement évacué par les Prussiens qu'après le payement du troisième demi-milliard.

458. A la guerre étrangère succéda la guerre civile. Le 18 mars, une insurrection éclata à Paris et proclama la Commune. Thiers chargea le maréchal de Mac-Mahon de la réprimer. A la fin de mai, les troupes régulières entrèrent dans la capitale, et pendant huit jours, les insurgés et l'armée se battirent dans les rues, à la lueur des incendies.

Jules Favre
(1809-1880).

LEÇON. — La Troisième République.

459. Par sa promptitude à trouver des ressources, Thiers hâta la libération du territoire national. La France, délivrée de l'occupation étrangère, put songer à son relèvement.

Thiers pensait que la République était seule capable d'assurer au pays l'ordre et la tranquillité dont il avait besoin. « Il y a trois dynasties, disait-il aux monarchistes, et il n'y a qu'une couronne. Puisque vous ne pouvez pas faire la royauté, résignez-vous à la République comme au gouvernement qui nous divise le moins. » Mais la majorité de l'Assemblée ne l'écouta pas, l'obligea à se démettre (24 mai 1873) et le remplaça par le maréchal de Mac-Mahon.

---

[1] Il convient de rappeler ici les tentatives faites pour rompre le cercle d'investissement : combats de Villejuif et de Chevilly (23 et 30 sept.), de Bagneux (3 octobre), du Bourget (28, 30 octobre et 21 décembre): de Champigny (30 novembre et 2 déc.), de Montretout, Garches et Buzenval (19 janvier).

[2] Les préliminaires de paix furent signés à Versailles le 26 février par Thiers et Jules Favre pour la France, par Bismarck pour l'Allemagne.

[3] Par 546 voix contre 107.

LEÇON. — **Présidence de Mac-Mahon (1873-1879).**

460. Pendant que les *bonapartistes* tentaient de rétablir l'Empire avec le fils de Napoléon III(1), les *légitimistes* essayaient de restaurer la monarchie au profit du comte de Chambord; mais celui-ci refusa d'accepter le drapeau tricolore, symbole des conquêtes révolutionnaires.

La République finit par triompher et une Constitution républicaine fut votée le 25 février 1875; elle nous régit encore.

Thiers (1871-1873).

Les élections du 20 février 1876 furent défavorables au parti monarchiste. Le maréchal de Mac-Mahon, conformément aux indications du suffrage universel, appela au pouvoir les républicains; mais il les congédia brusquement, le 16 mai 1877, pour former un ministère réactionnaire sous la présidence du duc de Broglie.

La Chambre ayant été dissoute, le pays réélut les députés qui avaient voté contre la politique du *Seize Mai*. Gambetta avait été pendant la guerre l'âme de la résistance; il devint le chef incontesté de la majorité républicaine. Le maréchal de Mac-Mahon, se décidant à observer les règles du gouvernement parlementaire, chargea Dufaure de constituer un ministère républicain (13 décembre 1877). À la suite des élections sénatoriales du 5 janvier 1879, il donna lui-même sa démission.

Mac-Mahon (1873-1879).

LEÇON. — **Présidence de Jules Grévy (1879-1887).**

461. Jules Grévy, président de la Chambre des députés, républicain ferme et sincère, remplaça Mac-Mahon, le 30 janvier 1879. Les mesures ou événements qui signalèrent particulièrement sa présidence sont:

1° Les décrets de dissolution des congrégations religieuses non autorisées (1880); 2° les lois qui établirent la gratuité, l'obligation et la laïcité de l'enseignement primaire; 3° la loi d'*amnistie*, en faveur des déportés politiques, par laquelle Gambetta et ses amis voulurent effacer les dernières traces de la Commune et des guerres civiles (1880); 4° le choix du 14 juillet, jour anniversaire de la prise de la Bastille, comme fête nationale (1880); 5° la mort du comte de Chambord, à la suite de laquelle

Jules Grévy (1879-1887).

presque tous les royalistes reconnurent comme prétendant le comte de Paris, petit-fils de Louis-Philippe (1883); 6° l'expulsion des membres des familles qui avaient régné sur la France (1886); 7° le commencement de l'agitation boulangiste (1886) (2); 8° l'expansion coloniale.

Jules Ferry, homme d'État.

La colonisation a pour but d'ouvrir des débouchés industriels et commerciaux à la mère patrie. Sous l'impulsion de Jules Ferry, qui fut, après la mort de Gambetta, l'homme d'État le plus célèbre de cette période, notre domaine colonial s'accrut considérablement.

La Tunisie, après une courte et heureuse expédition, dut, en 1881, accepter le protectorat de la France. Il en fut de même de Madagascar en 1885, tandis

---

(1) Après Sedan, Eugène-Louis-Napoléon Bonaparte, *prince impérial*, fils de Napoléon III et de l'impératrice Eugénie, suivit ses parents en Angleterre, où il fut élevé. S'étant engagé dans l'armée anglaise, il fut tué dans l'Afrique australe au cours d'une expédition contre les Cafres-Zoulous (1856-1879).
(2) C'est également sous la première présidence de Jules Grévy que sont morts le grand patriote Gambetta (1882) et le grand poète Victor Hugo (1885). On leur fit des funérailles solennelles.

que nous étendions notre domination dans l'Afrique équatoriale, au Congo et au Soudan.

En Indo-Chine, où nous possédions la Cochinchine, le protectorat de la France, déjà établi sur le Cambodge, fut étendu à l'empire d'Annam et au Tonkin, après une glorieuse campagne (1884-1885), pendant laquelle la Chine prit les armes contre nous.

Jules Grévy vit ses pouvoirs expirer le 30 janvier 1886. La Chambre des députés et le Sénat, réunis en Assemblée nationale ou Congrès, votèrent de nouveau son élection à la présidence de la République ; mais Jules Grévy dut descendre du pouvoir, le 3 décembre 1887, pour des raisons d'ordre privé.

LEÇON. — Présidences de Sadi Carnot (1887-1894) et de Casimir-Perier (1894).

462. Sadi Carnot, petit-fils de l'*Organisateur de la Victoire*, remplaça Jules Grévy le 3 décembre 1887. Sa droiture, la fidélité de ses convictions, l'honnêteté de sa vie, l'éclat d'un nom illustre le désignèrent au choix du Congrès.

Le général Boulanger, ministre de la Guerre, s'étant posé en chef de parti, on vit bientôt se grouper autour de lui tous les adversaires de la République parlementaire. Il fut d'abord privé de son commandement militaire, puis condamné à la déportation par le Sénat, constitué en haute cour de justice. Réfugié à Bruxelles, abandonné par le plus grand nombre de ses partisans, il s'y donna la mort (1891).

L'Exposition de 1889 témoigna de notre relèvement économique. Elle s'ouvrit le 5 mai et coïncida ainsi avec le Centenaire de la réunion des États généraux, qui avaient préludé à la Révolution.

Sadi Carnot (1887-1894).

L'Allemagne, l'Autriche et l'Italie, groupées en *Triple-Alliance* par le prince de Bismarck, chancelier de l'empire allemand, prétendaient dicter leurs volontés à l'Europe. Sadi Carnot eut l'honneur de présider au rapprochement de la France et de la Russie, destiné à faire contrepoids à la Triple-Alliance (1891).

Casimir-Perier (1894-1895).

L'expansion coloniale se continua par la conquête du Dahomey en 1892. Au Soudan, notre influence s'étendit jusqu'à Tombouctou, occupé en 1894.

Carnot arrivait à l'expiration de son mandat et il allait rentrer volontairement dans la vie privée, respecté de tous, lorsque, venu à Lyon à l'occasion de l'Exposition de cette ville, il fut poignardé par un anarchiste italien, le 24 juin 1894. Il emporta dans la tombe les regrets du monde civilisé tout entier. Il avait donné au pouvoir l'exemple d'une parfaite fidélité à l'esprit bien entendu des lois constitutionnelles, et, comme homme privé, celui d'une existence aussi honorable pour le pays que pour son président.

Son successeur, Casimir-Perier, ne resta que quelques mois à l'Élysée.

LEÇON. — Présidences de Félix Faure (1895-1899), d'Emile Loubet (1899-1906), d'Armand Fallières (1906-1913), de Raymond Poincaré (1913-1920).

463. Félix Faure, Emile Loubet, Armand Fallières, Raymond Poincaré occupèrent successivement la présidence de la République de 1895 à 1920. Ce dernier fut, le 18 février 1920, remplacé par Paul Deschanel.

Une affaire célèbre, l'affaire Dreyfus, provoqua dans toute la France, à partir de l'année 1894, une agitation très vive. Le capitaine Dreyfus, accusé d'avoir livré à l'étranger des documents intéressant la Défense nationale, fut condamné par les tribunaux militaires. Ceux qui le considéraient comme innocent demandèrent la revision du procès, et Dreyfus fut renvoyé devant un nouveau conseil de guerre, qui le déclara coupable; mais, en 1906, le jugement du conseil de guerre fut annulé par la Cour de cassation et Dreyfus réintégré dans les cadres de l'armée.

Ce procès entraîna une nouvelle classification des partis. Les partisans de la

Félix Faure (1895-1899),   Emile Loubet (1899-1906).   Armand Fallières (1906-1913).

revision adoptèrent contre ses adversaires une « politique de défense républicaine », dont le ministre Waldeck-Rousseau prit l'initiative en 1899. Il fit voter une loi sur les associations, qui établissait la suprématie de la société civile sur les associations religieuses (1901). Ses successeurs supprimèrent l'enseignement congréganiste, rompirent toute relation avec le Saint-Siège et enfin firent voter la séparation des Églises et de l'État : depuis 1905, la République ne reconnaît et ne subventionne aucun culte.

Raymond Poincaré
(1913-1920).

Pendant cette période, de nombreuses lois sociales furent appliquées : assistance médicale; assistance aux vieillards, infirmes et incurables; assistance aux familles nombreuses; retraites ouvrières et paysannes; législation des accidents du travail; protection de la santé publique. L'enseignement public, à tous les degrés, n'a cessé de se développer, et les Universités ont été reconstituées en 1896.

Notre domaine d'outre-mer s'est enrichi d'une importante possession, Madagascar. En 1904, nous avons conclu avec l'Angleterre un traité qui a mis fin à la longue rivalité coloniale des deux pays; cette rivalité avait pris sur le Nil, à Fachoda, un caractère aigu (1898).

Ce fut le point de départ d'une « entente » franco-anglaise, qui renforça l'alliance franco-russe. En même temps, l'Italie, sans sortir de la Triple-Alliance, renouait avec la France des relations amicales, et ainsi se constituait une politique d'équilibre en face de la politique envahissante de l'Allemagne.

Au Maroc, le kaiser Guillaume II nous avait cherché querelle et, pour ne pas assumer la responsabilité d'un conflit, nous avions consenti à céder aux Allemands des

Paul Deschanel,
élu en 1920.

territoires de notre colonie du Congo. Mais leurs convoitises étaient sans limites. L'Allemagne prétendait être maîtresse partout, et, dans l'espoir d'y réussir d'un seul coup, elle recourut aux armes.

LA GRANDE GUERRE

464. Les causes. — La guerre que les Empires centraux déchaînèrent en 1914 eut pour cause la folle ambition de l'Allemagne, qui prétendait à la domination universelle.

La France, amputée de nouveaux territoires, désarmée, ligotée, ruinée dans son industrie et son commerce, ne serait plus qu'une puissance secondaire. La Belgique deviendrait un bastion allemand, et, de Calais à Anvers, une artillerie et une marine puissantes menaceraient le littoral de la Grande-Bretagne, dépossédée de l'empire des mers. La Russie, diminuée de la Pologne et des provinces baltiques, serait rejetée vers l'orient. Après quoi l'Allemagne, alliée à l'Autriche-Hongrie, suzeraine de la Turquie, imposant sa volonté aux peuples des Balkans, régnerait de la mer du Nord au golfe Persique, de Hambourg à Bagdad. Et, comme son domaine colonial se serait accru au détriment de l'Angleterre et de la France, elle serait vraiment maîtresse de l'univers.

Ce rêve monstrueux était celui de la Cour, de l'armée, de l'Université, des gens d'affaires et de la très grande majorité des travailleurs. Le kaiser Guillaume II se disait chargé par la Providence de régénérer le vieux monde, et la Prusse, pour qui la guerre était une industrie nationale, avait déformé le reste de l'Allemagne, tout entière responsable de la criminelle agression de 1914.

465. Le prétexte. Le plan allemand. — Le 28 juin 1914, l'archiduc héritier d'Autriche, François-Ferdinand, fut assassiné à Serajevo, capitale de la Bosnie. Ce pays, que l'Autriche avait annexé contre tout droit en 1908, était revendiqué par les Serbes, au nom du principe des nationalités, et l'Autriche rendit le gouvernement serbe responsable d'un assassinat dont il n'était même pas complice. Elle lui adressa un ultimatum humiliant, dont la Serbie, sur le conseil de la Russie et de la France, accepta presque toutes les conditions. Mais les ministres du vieil empereur François-Joseph se montrèrent intransigeants, au risque de se brouiller avec la Russie, protectrice des petits peuples slaves. Le tsar, par prudence, dut mobiliser le long de la frontière austro-hongroise ; le kaiser Guillaume II le somma de revenir sur cette mesure, et, lorsque l'Autriche sembla disposée à

François-Joseph Ier, empereur d'Autriche-Hongrie.

transiger, l'Allemagne, résolue à la guerre, brusqua le dénouement. Après avoir rejeté la proposition anglaise de soumettre le différend à une conférence et la proposition française de constituer une commission internationale, elle n'accueillit pas davantage la demande d'arbitrage adressée personnellement au kaiser par le tsar Nicolas. Elle déclara la guerre à la Russie le 1er août 1914 et à la France le surlendemain.

Le plan de l'état-major allemand était très simple. Il consistait à écraser la France sous le poids du nombre et de l'artillerie lourde, et à tourner ensuite contre la Russie la totalité des forces germaniques. Cette opération ne pouvait réussir qu'à la condition d'être exécutée avec une rapidité foudroyante. Aussi les armées du kaiser

Guillaume II, empereur d'Allemagne.

n'essaieraient-elles pas de pénétrer chez nous par la Lorraine ; elles nous attaqueraient brusquement par le Nord, et la Belgique fut sommée de leur livrer passage. Le roi Albert, plaçant la dignité de son peuple au-dessus de l'intérêt immédiat, répondit par un refus formel. La Prusse avait naguère garanti l'indépendance et la neutralité de la Belgique ; le chancelier de l'Empire, Bethmann-Holweg, dans une conversation avec l'ambassadeur d'Angleterre à Berlin, qualifia le traité de garantie de « chiffon de papier ». Mais alors le gouvernement britannique, soucieux de faire honneur à sa signature, déclara la guerre à l'Allemagne tant pour défendre la neutralité belge que pour mettre un terme aux dangereuses ambitions germaniques (4 août).

466. Les belligérants. La guerre universelle. — Le
kaiser n'avait prévu ni la résistance de la Belgique, ni l'intervention anglaise,
qui assura aux ennemis de l'Allemagne la maîtrise de la mer, ni l'attitude des
Français, qui firent taire devant l'agresseur leurs dissentiments politiques et
réalisèrent l'*union sacrée*. Il n'imaginait pas que l'Italie pût sortir de la
Triple-Alliance. Il ne comprit pas surtout que les pratiques de guerre de son
armée soulèveraient l'indignation universelle et détermineraient l'intervention
décisive des Etats-Unis.

La guerre qui allait ensanglanter le monde n'était pas un simple conflit
d'intérêts, mais une lutte entre deux principes. L'Allemagne impérialiste
exécutait une entreprise de brigandage ; la France, l'Angleterre et la Russie (l'*Entente*) se battaient pour le droit
contre la force brutale. Il y eut, d'abord, d'un côté, les
Allemands, les Hongrois, les Turcs et les Bulgares ; de
l'autre, la France, la Russie, l'Angleterre, la Belgique,
la Serbie. Mais peu à peu les hostilités s'étendirent aux
deux hémisphères, et la plupart des peuples se jetèrent
dans la mêlée : l'Italie et la Roumanie pour achever leur
unité nationale, la Grèce, qui chassa Constantin, son roi
félon, pour rester fidèle à ses traditions ; la République
portugaise ; le Japon, la Chine, le Siam. A la voix de

Nicolas II,
tsar de Russie.

Wilson, président des Etats-Unis, l'Amérique s'ébranla
du nord au sud, soit en prenant part aux hostilités, soit en rompant les
relations diplomatiques avec l'Allemagne. Enfin, les peuples opprimés —
Polonais, Tchèques, Slovaques, Yougo-Slaves, Syriens,
Libanais, Arabes — secouèrent leurs chaînes et s'armèrent pour reconquérir leur indépendance. Le monde
entier fut bouleversé, et les rares Etats qui gardèrent
la neutralité subirent le contre-coup des événements
militaires au point de vue économique et financier.
Ce fut vraiment la guerre universelle.

Tandis que l'Allemagne avait tout préparé et tout
prévu pour la bataille, ses adversaires durent se préparer
au cours même des hostilités. L'usine de guerre travailla
nuit et jour, produisant des canons, des *tanks* ou chars
d'assaut, des avions, des projectiles. Notre « 75 » fit

George V,
roi d'Angleterre.

merveille, en attendant la fabrication de notre artillerie lourde. Le rôle de
l'aviation fut capital, qu'il s'agit de reconnaître les positions de l'adversaire,
de les bombarder ou d'exécuter des raids à grande distance en pays ennemi.
Une pléiade de jeunes aviateurs s'illustra dans les airs, pendant que, sur terre,
le *poilu* ajoutait de nouvelles pages au livre d'or de la France héroïque. Sur
les océans, il fallut enrayer l'œuvre infernale des sous-marins allemands.

Ce ne fut pas le choc d'armées de métiers, mais la lutte gigantesque de
nations entières s'affrontant, cherchant à s'user, reculant et pliant sans rompre.

Les Allemands, entrés en Belgique et en France comme des voleurs, s'y
comportèrent comme des assassins et des bandits, violant toutes les lois de la
guerre et se livrant, sur les populations civiles, à des actes d'atrocité.

1914-1915

467. Offensive en Lorraine et en Alsace (août 1914).
— Pour retenir le plus possible de corps allemands dans l'Est en attendant l'arrivée des Anglais dans le Nord, nos troupes prirent l'offensive dans les provinces annexées. Elles occupèrent Mulhouse, en furent chassées, mais y
revinrent victorieusement sous le commandement du général Pau. Nous
tînmes les accès de Colmar.

Nos progrès en Lorraine furent enrayés par l'ennemi, fortement retranché
sur un terrain très organisé. Il nous fallut nous replier sur le Grand-Couronné
et au sud de Lunéville, où nos positions furent consolidées par une contre-
attaque simultanée des généraux Dubail et de Castelnau.

468. Invasion de la Belgique. Bataille de Charleroi (août 1914).

— Le 4 août 1914, la frontière belge ayant été violée, Albert Ier fit appel aux puissances garantes de la neutralité du royaume.

Les Belges, numériquement trop faibles pour repousser leurs agresseurs, conservèrent leurs positions jusqu'à l'extrême limite, afin de donner aux Alliés le temps d'avancer. Le général Leman défendit héroïquement Liége, dont le dernier fort tomba le 17 août. L'armée belge se concentra derrière la Gette pour protéger Louvain et Bruxelles. N'ayant pu opérer sa jonction avec l'armée française, elle se replia sur Anvers avec le gouvernement, et les Allemands occupèrent Louvain, puis la capitale.

Albert Ier, roi des Belges.

Élisabeth de Belgique.

Une rencontre décisive eut lieu sur la Sambre, de Mons à Charleroi (21-23 août); l'armée française du général Lanrezac et l'armée britannique du maréchal French durent se replier. Namur était tombé pendant que se livrait la bataille d'où dépendait le sort de la Belgique.

469. La retraite générale. La bataille de la Marne (5-12 septembre).

— Le général Joffre, généralissime des armées françaises, donna l'ordre de la retraite; mais, s'il rompait, c'était avec la résolution d'attaquer de nouveau à l'heure favorable.

Les Allemands se ruèrent en avalanche vers le camp retranché de Paris que le général Galliéni avait juré de défendre jusqu'au bout. L'aile droite ennemie, sous les ordres de von Klück, chercha à envelopper notre aile gauche; elle était le 2 septembre à Creil et à Chantilly, non sans avoir essuyé des pertes, notamment à Guise (29-30 août), et le gouvernement se retira à Bordeaux pour ne pas gêner les opérations et ne pas s'exposer à être prisonnier des envahisseurs.

Maréchal Joffre.

Par la Déclaration de Londres, les gouvernements français, anglais et russe s'engagèrent à ne pas conclure de paix séparée (4 sept. 1914).

Avant d'occuper Paris, von Klück, qui ne doutait pas de la victoire, jugea prudent de mettre hors de cause l'armée française, et il s'éloigna momentanément de la capitale dans la direction du sud-est. Galliéni lança alors contre les Allemands le général Maunoury, qui gagna la bataille de l'Ourcq (5 septembre) et préluda à la grande victoire de la Marne. Le 6 septembre, Joffre adressa aux troupes un ordre du jour resté célèbre :

Au moment, disait-il, où s'engage une bataille d'où dépend le salut du pays, il importe de rappeler à tous que le moment n'est plus de regarder en arrière. Tous les efforts doivent être employés à refouler l'ennemi. Une troupe qui ne peut plus avancer devra coûte que coûte garder le terrain conquis et se faire tuer sur place plutôt que de reculer.

Battus à leur droite par Maunoury, les Allemands opérèrent un mouvement de conversion qui les exposa aux coups de l'armée britannique du maréchal French et de l'armée française du général Franchet d'Espérey. Au centre, le général Foch se jeta sur l'armée von Bülow et la garde-prussienne fut décimée dans les marais de Saint-Gond. Le général de Langle de Cary marcha

Général de Castelnau.

contre le duc de Wurtemberg vers Châlons-sur-Marne, et le général Sarrail attaqua le kronprinz entre Verdun et Revigny. En même temps, le général de Castelnau défendait le Grand-Couronné et le général Dubail tenait les Vosges, favorisant notre offensive en garantissant notre aile droite.

Habilement manœuvrés, les Allemands fléchirent le 8 et reculèrent à partir du 10. Le 12, la bataille de la Marne était gagnée. Le généralissime, en échappant à l'étreinte de l'ennemi pour opérer à l'heure opportune un « rétablissement stratégique », avait anéanti les calculs de l'état-major allemand, brisé l'élan de la horde, arrêté l'invasion et sauvé le monde d'une tyrannie avilissante.

470. De la Marne à l'Yser. — Les Allemands purent s'établir sur l'Aisne et en Champagne, nos troupes victorieuses étant trop fatiguées pour les poursuivre.

A la bataille de la Marne succéda la bataille de l'Aisne (14-21 septembre 1914); puis ce fut la « Course à la mer » : les adversaires, cherchant à s'envelopper réciproquement, ne s'arrêtèrent que devant l'infranchissable obstacle de la mer du Nord. Les Allemands échouèrent devant Lassigny, Roye, Arras, et, s'ils occupèrent Lille, leur offensive ne réussit pas.

Anvers dut capituler le 9 octobre. Le gouvernement belge s'installa au Havre; mais le roi Albert Ier et la reine Elisabeth voulurent demeurer sur le lambeau du territoire national que n'avait pas souillé l'envahisseur. Jusqu'à la fin des hostilités, le souverain vécut au milieu de son armée, qui, après la chute des forts d'Anvers, put opérer sa jonction sur l'Yser avec des forces britanniques.

Le 16 octobre, les Allemands essayèrent de déborder notre gauche sur l'Yser, de passer entre Dixmude et Nieuport. Les Belges et les fusiliers marins de l'amiral Ronarc'h, rejoints par la division française du général Grossetti, se couvrirent d'une gloire impérissable, et les inondations, volontairement tendues, achevèrent d'arrêter l'avalanche ennemie.

Le kaiser lança alors ses troupes sur Ypres : plus de 100.000 hommes périrent sous ses yeux sans pouvoir percer le front, défendu par le maréchal French et le groupe d'armées du général Foch (20 octobre-12 novembre).

Les Allemands revinrent à la charge au printemps de 1915. A la seconde bataille d'Ypres (21-27 avril), ils demandèrent vainement la victoire à l'emploi des gaz asphyxiants. Calais échappait à Guillaume II après la mêlée des Flandres, comme Paris lui avait échappé après la bataille de la Marne.

Le gouvernement français s'était réinstallé dans la capitale au mois de décembre 1914.

Maréchal anglais French.

471. La guerre de tranchées. — La guerre de mouvement avait fait place à la guerre de tranchées, à la guerre de siège et de munitions, sur toute l'étendue du front.

Les affaires les plus importantes qui, en 1915, signalèrent cette forme nouvelle de la bataille furent, outre la seconde bataille d'Ypres : la victoire inachevée de Notre-Dame-de-Lorette, entre Arras et La Bassée (4-18 mars); la prise de Vauquois, en Argonne, par les Français (28 février-5 mars); l'offensive franco-britannique, en Artois, qui aboutit à la prise de Carency, de Neuville-Saint-Vast, d'Ablain-Saint-Nazaire (mai et septembre); l'offensive française en Champagne, qui rompit les deux premières lignes de tranchées allemandes (septembre-octobre); coïncidant avec une nouvelle offensive en Artois menée par les forces anglo-françaises, elle nous rapprocha de Lille.

Prince Alexandre de Serbie.

472. Front oriental. Serbie (1914-1915). — L'Autriche s'était imaginé que les Serbes, affaiblis par les récentes guerres balkaniques, ne lui opposeraient aucune résistance. Elle comptait sans l'héroïsme de ce petit peuple et de ses chefs : le vieux Pierre Ier, le prince héritier Alexandre, le voïvode Putnik.

Après avoir bombardé Belgrade (28 juillet 1914), les Autrichiens passèrent la Save et la Drina, mais se firent battre à Chapatz. Attaqué en décembre par les forces très supérieures du général Potiorek, le voïvode se replia momentanément vers la Drina ; puis, faisant brusquement volte-face, il remporta la victoire du mont Roudnik, où il fit 40.000 prisonniers, et rentra triomphant à Belgrade (décembre).

473. Front oriental. Russie (1914-1915). — Dès l'ouverture des hostilités, les Russes envahirent la Prusse orientale, mais furent battus à Tannenberg (26-29 août 1914) et se replièrent sur le Niémen. Cette diversion avait eu du moins l'avantage de retenir des forces allemandes sur le front oriental pendant que se préparait la victoire de la Marne. Les Russes prirent d'ailleurs leur revanche à Augustovo (octobre).

Grand-duc Nicolas, généralissime russe.

Au sud, les Autrichiens avaient occupé la province de Lublin, dans la Pologne russe. Les armées du tsar envahirent alors la Galicie, prirent Lemberg (3 septembre,) investirent Przemysl, se rendirent maîtresses des cols des Carpathes et apparurent dans la plaine hongroise, pendant que les Autrichiens se repliaient sur Cracovie.

Les Allemands vinrent au secours de leurs alliés, et le grand-duc Nicolas dut battre en retraite méthodiquement, mais pour reprendre bientôt l'offensive et réinvestir Przemysl, qui capitula le 22 mars 1915, — avec une garnison de 120.000 hommes.

Dans ce péril, François-Joseph accepta la tutelle militaire de l'Allemagne. Mackensen écrasa le centre russe à Gorlitz (1er mai), délivra Przemysl (3 juin) et Lemberg (22 juin).

Au nord, Hindenburg ne fut pas moins heureux : le duc de Bavière, Léopold, fit son entrée à Varsovie le 6 août, et, à la fin de septembre, les Allemands tenaient la Pologne, la Lithuanie et la Courlande.

474. L'intervention bulgare (octobre 1915). Ecrasement de la Serbie. — En se rapprochant des Allemands, et par suite des Turcs, leurs ennemis héréditaires, les Bulgares commirent une véritable trahison. Au lieu de s'emparer de Constantinople et d'opérer la liaison entre la Russie et l'Occident, le tsar Ferdinand de Cobourg, dans l'espoir d'obtenir la Macédoine tout entière, préféra s'unir aux Autrichiens et aux Allemands pour écraser les malheureux Serbes (octobre 1915). Succombant sous le nombre, obligés d'abandonner momentanément leur pays, ils accomplirent une admirable retraite à travers l'Albanie. Ils n'avaient pu faire leur jonction avec l'armée franco-anglaise de Salonique.

La Russie était isolée de ses alliés, et, par la Bulgarie, les empires centraux se trouvaient en communication directe avec la Turquie.

Le roi de Grèce, Constantin, sans prendre part ouvertement aux hostilités, trahissait, lui aussi, les Serbes avec lesquels le liait un traité formel.

Enfin, le Monténégro eut bientôt le sort de la Serbie.

475. L'Italie contre l'Autriche. — Le 23 mai 1915, l'Italie déclara la guerre à l'Autriche-Hongrie, maîtresse de Trente et de Trieste. Au début de la guerre, elle avait proclamé sa neutralité : elle se rangeait maintenant à nos côtés, à une heure difficile, et elle empêchait l'ennemi d'exploiter sa victoire sur le front russe en obligeant les Autrichiens à se défendre dans le Trentin, en Carnie, sur l'Isonzo, où furent livrées onze batailles.

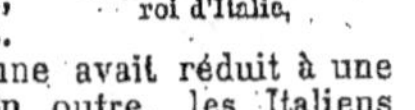

Victor-Emmanuel III, roi d'Italie.

De Tolmino à Gorizia et à la mer, la pression italienne avait réduit à une résistance passive les divisions austro-hongroises. En outre, les Italiens avaient débarqué à Vallona.

L'Italie adhéra le 30 novembre à la Déclaration de Londres.

1916

476. Dans des conférences tenues au grand quartier général français, sous la présidence du général Joffre (décembre 1915), notre état-major fit adopter un plan d'action concertée sur les divers fronts. Les Allemands résolurent de prévenir l'offensive des alliés, de prendre Verdun coûte que coûte et de marcher sur Paris.

En s'emparant de cette place historique, le kronprinz remporterait une victoire morale autant que militaire.

477. La bataille de Verdun. — La bataille de Verdun domine toute l'année 1916. Sous le commandement des généraux Castelnau, Pétain et Nivelle, nos troupes résistèrent au choc formidable de l'armée allemande, malgré les efforts du kronprinz, secondé par le maréchal von Haeseler et le général von Demling.

Maréchal Pétain.

Préparée par un bombardement si intense que nos avions ne purent repérer l'artillerie innombrable de l'ennemi, elle commença le 21 février 1916. Le 26, les Allemands réussirent à prendre le fort de Douaumont, mais sans pouvoir rompre notre front sur les Hauts-de-Meuse. Ils étendirent alors leur offensive sur tout le front d'attaque, nous obligeant à nous replier à gauche de la Meuse : des combats terribles s'engagèrent au Mort-Homme, à la cote 304, à Cumières, aux alentours de Douaumont. En juin et en juillet, on se battit avec acharnement sur les deux rives, et le fort de Vaux, défendu par le commandant Raynal, n'était plus qu'un monceau de ruines quand il tomba au pouvoir des Allemands.

Maître de Douaumont et de Vaux, l'ennemi va tâcher d'atteindre notre seconde ligne, et la lutte se poursuit aussi violente à Thiaumont, Damloup, Souville, Fleury. Les poilus tiennent toujours, et bientôt l'offensive allemande sera brisée.

Douaumont fut repris le 24 octobre, Vaux le 3 novembre. Le kronprinz recula près de ses tranchées de départ, et dans cette opération formidable, qui devait consommer notre défaite, l'Allemagne avait perdu, avec son prestige militaire, plus de 500.000 combattants.

478. Bataille du Trentin. — Pendant que les Allemands attaquaient Verdun, les Autrichiens faisaient une attaque brusquée dans le Trentin. Ils se proposaient d'arriver jusqu'à Vicence par le plateau des Sette-Communi, de descendre dans la plaine et de disloquer l'armée italienne engagée entre le Carso et l'Isonzo.

Les Italiens ayant dû se replier sur leurs positions de résistance, les Autrichiens débouchèrent entre les vallées de la Posina et de l'Astico ; mais le général Cadorna ne leur permit pas d'arriver jusqu'à la plaine. Bientôt même, il les repoussa jusqu'à l'Adige, lorsqu'ils durent faire face à l'offensive du général Broussilov (mai-juin 1915).

La guerre fut particulièrement dure pour les Italiens, qui eurent à transporter jusque sur les sommets alpestres un énorme matériel et creuser des tranchées aux flancs même des montagnes.

479. La grande offensive russe, — Le 4 juin 1916, le général russe Broussilov dirigea, sur le front de Volhynie et de Bukovine, une offensive qui eut sa répercussion sur le front d'Occident. Les Autrichiens furent obligés de rappeler une partie des forces qui menaçaient la Vénétie, et les Allemands durent venir à leur secours.

Dès le début, les ailes austro-allemandes ayant été refoulées, les Russes passèrent le Dniester, conquirent la Bukovine, prirent Czernowitz (17 juin) et résistèrent à la contre-offensive allemande, signalée par la bataille du Stokhod. Le 28 juillet, ils entrèrent à Brody ; le 10 août, à Stanislau ; le 11, le centre autrichien se replia enfin sur Brzezany. Enfin, le 27 août, la Roumanie entrait en ligne.

480. L'offensive italienne. — Profitant de l'avance foudroyante de Broussilov, le général italien Cadorna prit à son tour l'offensive. Il obligea les Autrichiens à se replier sur le plateau des Sette-Communi, prit Gorizia (9 août) et entama le plateau du Carso.

Le 27 août, jour où la Roumanie tirait l'épée, le roi Victor-Emmanuel II, déjà en guerre avec les Autrichiens, les Turcs et les Bulgares, déchira le pacte qui le liait au kaiser.

481. Bataille de la Somme. — Soulager les Français de Verdun, seconder indirectement les Russes, tenter enfin de rompre le front ennemi, tel fut l'objet de l'offensive de la Somme (juillet-novembre 1916).

Les troupes françaises et britanniques n'attaquèrent pas en masse les positions allemandes. Elles les conquirent méthodiquement, les organisant aussitôt et les consolidant. Si elles ne réussirent pas à rompre les lignes ennemies, elles réalisèrent, vers Bapaume et vers Péronne, une avance continue, qui ne tarda pas à porter ses fruits.

482. L'armée de Salonique. — Après l'écrasement de la Serbie, notre corps expéditionnaire se retrancha à Salonique pour retenir loin du front occidental le plus possible de Germano-Bulgares et agir au besoin contre eux. Il fut renforcé par l'armée serbe, qui avait pu se reconstituer à Corfou, et, plus tard, par des contingents italiens.

Les Bulgares essayèrent d'envelopper notre aile gauche afin de donner la main aux Grecs; mais leur avance fut rapidement arrêtée. Les Français réoccupèrent Florina (18 septembre 1916), et, de concert avec les Serbes, prirent une offensive qui, conçue par le général Sarrail, aboutit à la prise de Monastir (19 novembre). Le prince Alexandre de Serbie y fit une entrée solennelle.

La constitution d'un camp retranché à Salonique, préconisée par le ministre Briand, avait pour but de réaliser, par un barrage balkanique, l'encerclement de l'ennemi. La bataille de Macédoine fut même, en 1918, d'une importance capitale.

483. L'intervention roumaine La victoire allemande. — C'est le 27 août 1916 que la Roumanie déclarait la guerre à l'Autriche-Hongrie, et, le lendemain même, l'Allemagne ripostait par une déclaration de guerre à la Roumanie, qui prenait les armes pour arracher ses frères de race à la domination magyare.

Les troupes du roi Ferdinand attaquèrent de flanc les Austro-Hongrois, refluant sous la pression de Broussilov, et se jetèrent sur la Transylvanie, opération qui devait faire des forces roumaines le prolongement des forces russes de Galicie. Les Austro-Hongrois se retirèrent, mais les Allemands firent un effort extraordinaire pour écraser les nouveaux belligérants.

Quatre armées prirent l'offensive, du Danube à la mer Noire, en Galicie et Bukovine, en Valachie, sur le Danube et en Dobroudja. Les deux dernières étaient respectivement commandées par le général Falkenhayn et

Ferdinand Ier, de Roumanie.

par le maréchal Mackensen, qui avait sous ses ordres des Allemands, des Bulgares et des Turcs. L'écrasement de la Roumanie raccourcirait le front, fortifierait la situation des Austro-Allemands en Orient par le maintien des forces turco-bulgares et empêcherait la rupture des communications entre Berlin, Constantinople et Bagdad.

Les Roumains fléchirent et reculèrent, mais non sans détruire leurs réserves de céréales et de pétrole, et ils purent échapper au plan d'enveloppement conçu par leurs adversaires.

Mackensen et Falkenhayn opérèrent leur jonction le 3 décembre, et le 7, après la bataille de l'Argès, Bucarest, capitale de la Roumanie, tomba en leur pouvoir.

Dans les premiers jours de l'année 1917, la Dobroudja fut évacuée par les Russes, et Braïla, près du Danube, occupé par Mackensen.

484. Opérations contre les Turcs. — L'influence allemande s'exerçait depuis plusieurs années à Constantinople, et la Turquie prit position contre l'Entente dès le mois d'octobre 1914.

Une expédition anglo-française fut dirigée contre les Dardanelles (février-décembre 1915) ; elle échoua, et il fallut évacuer la presqu'île de Gallipoli, où l'on avait débarqué. La Russie resta bloquée dans la mer Noire, pendant que les Turcs étaient ravitaillés.

Par contre, les Turcs échouèrent dans leurs tentatives contre l'Egypte et le canal de Suez. En Asie, le grand-duc Nicolas, commandant l'armée russe du Caucase, conquit l'Arménie, puis Trébizonde, et réprima, d'autre part, l'agitation germanophile en Perse (1914-1916). En Mésopotamie, les Anglo-Hindous se proposèrent pour objectif l'occupation de Bagdad, où devait aboutir la grande ligne Hambourg-Bagdad, projetée par l'Allemagne. Ils étaient déjà à Ctésiphon, à huit lieues environ de l'ancienne capitale des khalifes, lorsqu'ils durent se replier jusqu'à Kut-el-Amara. Ils ne furent pas secourus à temps et se rendirent ; mais cet échec fut brillamment vengé l'année suivante.

L'émir et chérif de la Mecque proclama l'indépendance de l'Arabie et chassa de la ville sainte la garnison ottomane (juin 1916). La France et l'Angleterre le reconnurent comme roi du Hedjaz.

La puissance turque et l'influence allemande étaient gravement compromises en Asie.

485. Sur mer. Batailles navales (1914-1916). — La supériorité de leurs flottes assura aux alliés la maîtrise des mers, et les Allemands n'osèrent essayer de rompre, en bataille rangée, le blocus qui les enserrait : ils préférèrent les lâches perfidies d'une guerre sous-marine qui violait toutes les lois.

Le combat des îles Falkland (8 déc. 1914) et le combat de Dogger Bank (24 janv. 1915) s'étaient terminés à l'avantage des Anglais. Depuis cette dernière rencontre, l'armée navale allemande, désertant la mer du Nord, s'immobilisa dans ses abris.

L'année suivante, le 31 mai 1916, elle sortit enfin de ses bases, gagnant le large droit au nord, et 90 bâtiments cernèrent les 6 croiseurs de l'amiral Beatty. Les Anglais, sous une pluie de feu, tinrent en échec, jusqu'à l'arrivée de l'amiral Jellicoë, la flotte de haute mer allemande, qui se réfugia de nouveau dans ses ports. La bataille du Jutland fut, pour l'Angleterre, une vraie victoire.

486. Les offres de paix allemande (décembre 1916). — L'Allemagne crut que l'écrasement de la Roumanie produirait sur les Alliés une impression de découragement. Le 12 décembre 1916, elle leur offrit d'ouvrir des négociations de paix, et, de son côté, le président Wilson demanda aux belligérants de préciser leurs buts de guerre.

Les Alliés répondirent que leurs buts de guerre étaient connus et qu'il n'y aurait pas de paix possible tant que ne seraient pas assurés la réparation des crimes allemands, l'indépendance des petits Etats, l'impuissance des Empires centraux à renouveler leurs tentatives de tyrannie universelle.

L'Allemagne sentait la victoire lui échapper. Sa situation économique s'aggravait de jour en jour ; sa flotte était impuissante ; ses colonies tombaient successivement au pouvoir de ses ennemis ; ses alliés se lassaient. Elle demandait à faire la paix parce qu'elle n'était plus de force à imposer ses volontés.

1917

487. L'année 1917 est remplie par deux événements considérables : l'entrée en guerre des Etats-Unis et la défection russe. Le premier fut motivé par les crimes maritimes de l'Allemagne ; le second, par l'arrivée au pouvoir des révolutionnaires les plus avancés, qui firent la paix avec nos ennemis.

488. L'offensive franco-britannique de 1917. — Après la bataille de la Somme, les Allemands furent obligés de raccourcir leur front et d'évacuer une partie des territoires envahis. Ils se retirèrent en dévastant systématiquement les routes, les forêts, les villages, les vergers et jusqu'aux cimetières ; ils firent sauter les ruines célèbres du château de Coucy sans utilité militaire, de même qu'ils s'acharnaient sans motif à bombarder la cathédrale de Reims, si intimement mêlée aux fastes de notre histoire. Ils prétendirent se rendre inexpugnables dans leurs nouvelles positions, puissamment fortifiées et qu'ils baptisèrent avec pompe : *ligne Hindenburg*.

Au printemps, Anglais et Français attaquèrent l'ennemi, qui ne désirait qu'attendre, derrière ses lignes, les résultats de la guerre sous-marine.

Après avoir emporté la crête de Vimy et Liévin, les Anglais commencèrent l'investissement de Lens : vers Arras, ils enlevèrent Mouchy-le-Preux ; du côté d'Ypres, ils furent victorieux à Messines (mai-juin). Mais l'attaque qu'ils dirigèrent ultérieurement contre Cambrai, avec de nombreux *tanks*, n'eut pas de lendemain (novembre).

Maréchal allemand Hindenburg.

Maréchal anglais Douglas Haig.

Les Français prirent l'offensive dans l'Aisne sous les ordres des généraux Nivelle, Pétain, Mangin. Ils occupèrent les hauteurs de Moronvillers, chassèrent les Allemands des falaises où ils s'étaient accrochés et dégagèrent Soissons en réduisant le saillant de Vailly (avril). Ils s'emparèrent ensuite du plateau de Craonne et du Chemin des Dames (mai).

Enfin, au mois de septembre, dans le secteur de Verdun, les poilus reprirent la cote 304, le Mort-Homme, Samogneux, Bezonvaux.

En résumé, Français et Anglais gagnèrent la « bataille des crêtes » et rejetèrent leurs ennemis dans les fonds. La position respective des deux adversaires se trouvait retournée à notre avantage.

489. L'armée italienne. — Partant de Gorizia, les Italiens conquirent le plateau de Bainsizza, le mont Santa, le mont Gabriele, et réalisèrent des progrès au sud du Carso (mars-août).

490. L'armée de Salonique. — Les hauteurs qui dominent Monastir au nord et à l'ouest furent occupées au mois de mars, malgré les Bulgares. Des progrès furent réalisés dans la région du lac Doiran.

Le roi de Grèce Constantin, beau-frère du Kaiser, n'attendait qu'une occasion de tourner ses armes contre l'armée de Salonique, et il avait prêté la main au guet-apens dont furent victimes les marins français débarqués à Athènes ; il fut déposé, et son second fils, Alexandre, élevé au trône, eut pour principal conseiller le ministre Venizelos, partisan de l'intervention de son pays contre l'Allemagne. Les Grecs renforcèrent les troupes alliées réunies à Salonique.

491. Opérations en Asie. — L'Allemagne avait rêvé de porter un coup mortel à l'Angleterre en débouchant dans le golfe Persique. L'entrée des Anglo-Indiens à Bagdad (11 mars), suivant la reprise de Kut-el-Amara, fut donc pour le kaiser et pour les Turcs un échec humiliant.

En Palestine, les Anglais et les Français, sous le commandement du général Allenby, prirent Gaza, Ascalon, Jaffa (novembre), et, le 11 décembre, ils firent leur entrée dans cette cité de Jérusalem où Guillaume II était venu naguère étaler sa puissance et sa personne.

492. La révolution russe. — Tandis que les Alliés, au printemps de 1917, prenaient partout l'offensive, une révolution éclatait en Russie, qui modifia les conditions générales de la guerre. Le tsar Nicolas II, souverain probe et bien intentionné, s'appuyait malheureusement sur une administration corrompue ; il était fidèle à l'alliance française, mais dans son entourage et dans le gouvernement, il y avait des partisans d'une paix séparée avec l'Allemagne, et c'est leur action néfaste qui rendait stériles les victoires des armées russes.

Après l'abdication du tsar, il se forma un gouvernement provisoire, issu de la Chambre des députés (*Douma*). Or, ce gouvernement fut peu à peu ruiné par le Conseil des délégués ouvriers et soldats (*Soviet*), qui eut bientôt partout des ramifications et qui devint le foyer de la révolution. L'armée se désorganisa, les combattants quittèrent le front pour les campagnes, où les attirait le partage des terres et il s'en trouva en grand nombre pour fraterniser avec l'ennemi.

Les Allemands profitant de ce désordre, enlevèrent par surprise la tête de pont de Tobolej, sur le Stockhod (3 avril). Au mois de juillet, le ministre Kerensky donna l'ordre de reprendre l'offensive en Galicie : le général Broussilov, puis le général Kornilov remportèrent encore quelques succès (prise de Halicz et de Kaloutch). Mais l'armée continuait de se désagréger sous l'influence d'une propagande encouragée par l'argent allemand, et Kerensky n'eut pas le courage de soutenir jusqu'au bout Kornilov contre les Soviets. Le front russe fut rompu le 19 juillet, la Galicie évacuée. Au nord, la Livonie fut complètement perdue (septembre).

Au mois de novembre, une seconde révolution donna le pouvoir aux éléments les plus avancés, aux *maximalistes* ou *bolcheviks*, qui négocièrent avec les Allemands, à Brest-Litovsk, une paix séparée et déshonorante (3 mars 1918), oubliant que la France avait pris les armes pour rester fidèle à l'alliance russe !

493. Revers en Italie.

— Les Allemands profitèrent de l'effondrement du front oriental pour renforcer les Autrichiens et se jeter sur les troupes italiennes. Découragés d'ailleurs par la propagande ennemie, des soldats qui s'étaient naguère couverts de gloire sur le plateau de Bainsizza ne résistèrent pas aux hordes germaniques, et le désastre de Caporetto eut dé très graves conséquences.

Les Italiens repassèrent l'Isonzo, le Tagliamento, la Livenza et reculèrent jusqu'à la Piave. La Vénétie se trouva ouverte à l'invasion.

Les Alliés tinrent conseil à Rapallo et décidèrent la création à Versailles d'un Conseil supérieur, présidé par le général Foch (novembre). Des contingents anglais et français — les premiers aux ordres du général Fayolle — vinrent à l'aide des Italiens. Le mont Tomba fut repris le 1er janvier 1918 et bientôt la Vénétie fut libérée.

494. Capitulation de la Roumanie.

— Les échecs de la Roumanie ne furent pas dus seulement à la supériorité numérique des Austro-Allemands, secondés par les Bulgares, mais aussi à la trahison de certains ministres russes, qui ne lui donnèrent pas l'assistance promise.

Après la révolution maximaliste, les peuples que les tsars avaient réunis sous leur sceptre se déclarèrent indépendants, et la Russie se décomposa en plusieurs États. L'un de ceux-ci, l'Ukraine, ayant fait la paix avec l'Allemagne, le maréchal Mackensen somma la Roumanie de déposer les armes, et un armistice fut signé le 9 décembre à Foscani. Les négociations s'ouvrirent, et (le 5 mars 1918) par le traité de Buftea, la Roumanie

Maréchal allemand
Mackensen.

dut céder la Dobroudja, subir des rectifications de frontière, renoncer à son indépendance économique.

Les maximalistes de Petrograd avaient enjoint au gouvernement roumain de cesser les hostilités.

495. L'intervention des États-Unis.

— Le gouvernement des États-Unis avait, pendant trois ans, gardé une neutralité absolue, malgré les intrigues allemandes dans le nouveau monde et le torpillage de paquebots comme le *Lusitania* (1915), à bord desquels étaient des passagers de nationalité américaine.

Au mois de février 1917, le gouvernement du kaiser proclama qu'il coulerait sans avertissement les bâtiments de commerce des non-belligérants dans les mers voisines de l'Angleterre, de la France ou de l'Italie. Il espérait ainsi contraindre l'Angleterre à faire la paix.

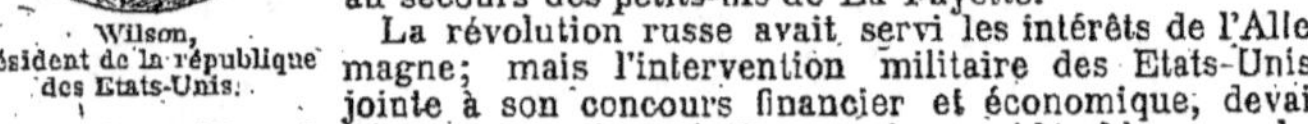

Le président Wilson commença par rompre les relations diplomatiques. Lorsqu'il eut constaté que l'Allemagne ne tenait aucun compte de cet avertissement, il proposa au Congrès une résolution de guerre, et les hostilités furent ouvertes le 4 avril. Le peuple le plus pacifiste du monde se levait contre une odieuse tentative d'asservissement : les petits-fils de Washington venaient au secours des petits-fils de La Fayette.

La révolution russe avait servi les intérêts de l'Allemagne ; mais l'intervention militaire des Etats-Unis, jointe à son concours financier et économique, devait

Wilson,
président de la république
des Etats-Unis.

rétablir l'équilibre des forces en présence. Une armée considérable passa les mers et aida les Alliés à triompher des derniers assauts du germanisme.

1918

496. L'année 1918 verra sombrer l'Empire allemand. Les soldats du kaiser, dans une convulsion suprême, vont se ruer sur le front occidental pour le rompre avant l'arrivée des Américains, mais ces violentes hécatombes seront vaines. Le président du Conseil français, Georges Clemenceau, non moins énergique que le premier ministre anglais Lloyd George, prend pour devise : « Je fais la guerre ! » y subordonne tous ses actes, combat la propagande défaitiste et donne à la défense nationale une vigoureuse impulsion.

497. La bataille du Kaiser. — La série d'opérations qui commença le 21 mars 1918 et que l'on a appelée la « bataille du Kaiser » fut précédée et accompagnée de raids d'avions et de bombardements par canons à longue portée (*gothas* et *berthas*). Le jour du Vendredi saint, à Paris, les fidèles réunis dans l'église Saint-Gervais furent victimes de ces procédés sauvages.

Cette bataille gigantesque, qui se déroula sur 400 kilomètres de front, mit aux prises six millions d'hommes. Elle eut d'abord pour théâtre la Picardie et la Flandre française.

L'objectif des Allemands était de séparer les armées française et britannique en direction d'Amiens et de la mer.

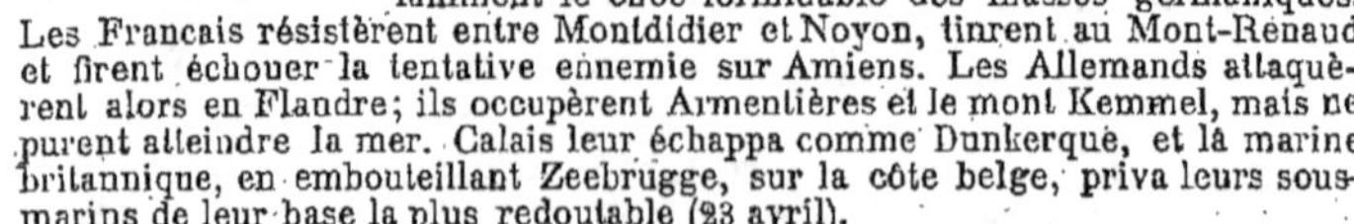

Maréchal allemand
Ludendorff.

Leur avance fut extrêmement rapide, et la situation parut si critique que Lloyd George câbla au président Wilson d'embarquer 120.000 hommes par mois pour l'Europe. « Envoyez vos navires, répondit le président, et nous enverrons les 120.000 hommes. » De fait, pendant l'année 1918, près de deux millions d'Américains passèrent l'Atlantique et furent progressivement engagés dans la lutte.

Maréchal américain
Pershing.

En attendant leur arrivée, les Alliés supportèrent vaillamment le choc formidable des masses germaniques.

Les Français résistèrent entre Montdidier et Noyon, tinrent au Mont-Renaud et firent échouer la tentative ennemie sur Amiens. Les Allemands attaquèrent alors en Flandre ; ils occupèrent Armentières et le mont Kemmel, mais ne purent atteindre la mer. Calais leur échappa comme Dunkerque, et la marine britannique, en embouteillant Zeebrugge, sur la côte belge, priva leurs sous-marins de leur base la plus redoutable (23 avril).

A la fin de mars, dans une conférence tenue à Doullens, le général Foch avait été choisi par les Alliés pour commander en chef toutes les forces réunies sur le front occidental et déjouer la manœuvre de Ludendorff.

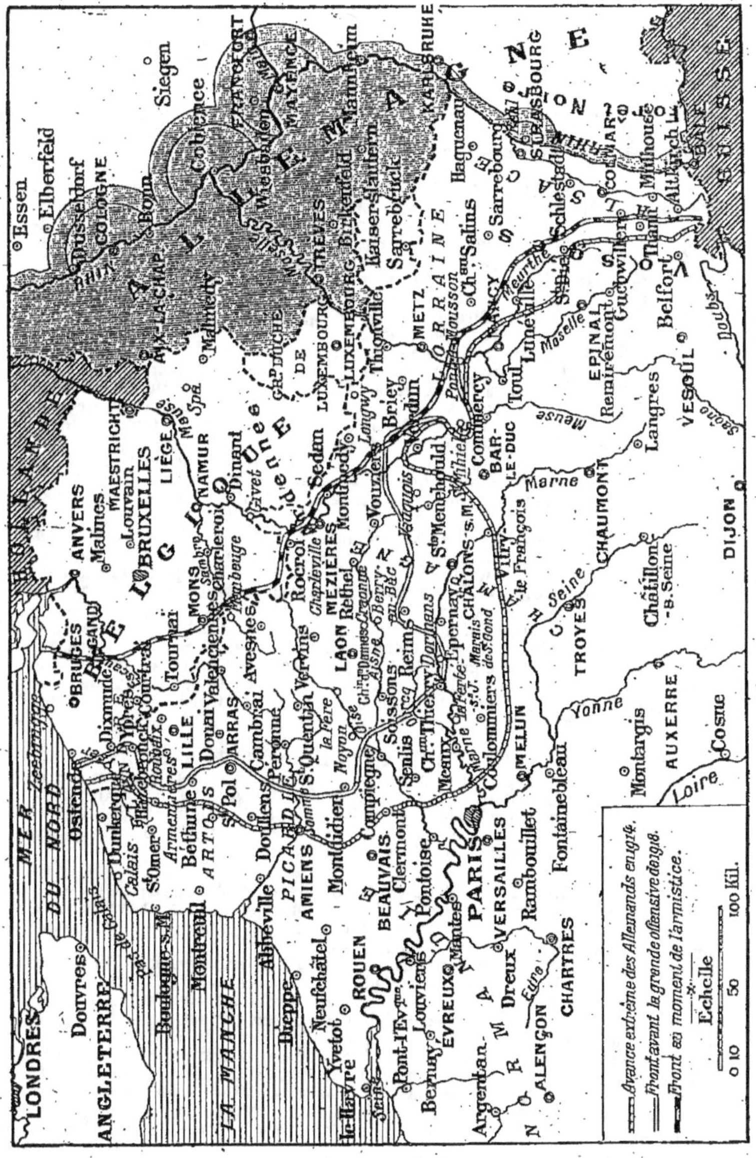
ALLEMAGNE
SUISSE
HOLLANDE
BELGIQUE
ANGLETERRE
LONDRES
Douvres
MER DU NORD
LA MANCHE
Essen
Elberfeld
Düsseldorf
Cologne
Bonn
Siegen
Coblence
Aix-la-Chapelle
Malmédy
TRÈVES
MAYENCE
Mannheim
KARLSRUHE
STRASBOURG
COLMAR
Mulhouse
Altkirch
Belfort
VESOUL
Haguenau
Sarrebourg
Sarreguemines
LUXEMBOURG
GR.DUCHÉ DE LUXEMBOURG
METZ
Thionville
Briey
Longwy
Verdun
Pont-à-Mousson
Commercy
Toul
Lunéville
Nancy
ÉPINAL
Remiremont
Langres
CHAUMONT
Châtillon-s.-Seine
DIJON
Bar-le-Duc
Vitry-le-François
Marne
Meuse
Moselle
Meurthe
Saône
Doubs
LORRAINE
ANVERS
Malines
MAESTRICHT
Louvain
BRUXELLES
LIÉGE
Namur
Spa
Dinant
Givet
Charleroi
MONS
Maubeuge
Tournai
BRUGES
GAND
Ostende
Dixmude
Ypres
Courtrai
Roubaix
LILLE
Douai
Valenciennes
Cambrai
Avesnes
Rocroi
Charleville
MÉZIÈRES
Rethel
Sedan
Montmédy
Vouziers
Ste Menehould
Suippes
Reims
Épernay
CHÂLONS-s.-M.
Châlons
Marais de St-Gond
LAON
la Fère
St-Quentin
Vervins
Guise
Soissons
Ardre
Aisne
Oise
Noyon
Péronne
Albert
Bapaume
ARRAS
St-Pol
Béthune
ARTOIS
Doullens
Montdidier
AMIENS
PICARDIE
Abbeville
Montreuil
Boulogne-s.-M.
Calais
Dunkerque
St-Omer
Armentières
Hazebrouck
Compiègne
Clermont
BEAUVAIS
Senlis
Château-Thierry
Meaux
Coulommiers
MELUN
PARIS
VERSAILLES
Rambouillet
Fontainebleau
Pontoise
Mantes
ÉVREUX
Louviers
Pont-l'Évêque
Bernay
Dreux
CHARTRES
ALENÇON
Argentan
NORMANDIE
ROUEN
Dieppe
Neufchâtel
Yvetot
le Havre
Étretat
Montargis
AUXERRE
Cosne
Yonne
TROYES
Marne
Gr. Seine
H. Seine
Loire
ARTOIS
Avance extrême des Allemands en 1914.
Front avant la grande offensive de 1918.
Front au moment de l'armistice.
Échelle
0 10 50 100 Kil.

L'offensive reprit le 27 mai au Chemin des Dames. Le kaiser, cette fois, voulait prendre Paris ou le tenir à portée de ses canons pour nous obliger à demander grâce. Ses troupes creusèrent comme une poche entre Reims et Soissons, atteignirent l'Ourcq et la Marne, visèrent inutilement le massif boisé de Villers-Cotterets, puis tâchèrent de prendre à revers le massif de Compiègne (9 juin) : de là, ils gagneraient Paris par la vallée de l'Oise. Ce fut un nouvel échec, et Ludendorff essaya de remporter au delà de la Marne un avantage décisif.

498. La bataille de Foch. — L'heure était venue pour Foch de mettre à exécution le plan qu'il avait conçu et qui devait nous assurer la victoire.

Maréchal Foch.

Il avait du matériel, des tanks légers pour accompagner l'infanterie, des renforts anglais et américains. Sortant de la défensive, il va échelonner des attaques qui, se reliant et se complétant, réduiront successivement les saillants du front ennemi des deux côtés de l'Oise, en Picardie, dans la région de Verdun, dans les Flandres, à l'ouest de Reims. A partir du 18 juillet, jour où fut déclenchée l'offensive, Français, Anglais, Américains marchèrent de succès en succès, réoccupant les villes envahies : Château-Thierry, Soissons, Montdidier, Noyon, Bapaume, Lens, Laon, Lille, Denain, Cambrai, Bruges. Les Allemands battaient en retraite sur toute la ligne, et, à la fin d'octobre, la situation générale était renversée à notre profit.

Le général Foch avait été secondé par des collaborateurs de premier ordre : Pétain, le grand organisateur, qui avait forgé l'instrument de la victoire ; Fayolle, Debeney, Humbert, Maistre, Mangin, Degoutte, Gouraud.

499. La bataille de Macédoine. Capitulation de la Bulgarie. — L'offensive prise au mois de septembre par l'armée de Salonique contribua à l'effondrement de l'Allemagne en précipitant la chute de ses alliés. Sous les ordres des généraux Guillaumat et Franchet d'Esperey, les Français, les Serbes, les Grecs, les Anglais infligèrent aux Bulgares une défaite et des pertes telles que leur tsar, Ferdinand de Cobourg, demanda à traiter, signa l'armistice du 29 septembre et abdiqua. Les Serbes s'emparent de Nisch et rentrent à Belgrade le 1er novembre. Avec le concours des Italiens, qui avaient débarqué en Albanie, et celui de contingents français, leur pays et le Monténégro sont entièrement libérés. Les troupes franco-britanniques entrent en Roumanie.

500. Capitulation de l'Autriche et de la Turquie. — La capitulation bulgare avait été le point de départ de victoires décisives sur le front d'Orient. Ces victoires, complétant celles des Alliés sur le front occidental, entraînèrent la capitulation de la Turquie, battue en Europe, en Palestine, en Mésopotamie (31 octobre) et de l'Autriche-Hongrie (3 novembre). Les couleurs italiennes flottaient à Trente et à Trieste.

501. Capitulation de l'Allemagne (11 novembre). — Le rêve oriental de l'Allemagne s'écroulait, et la formation d'un nouveau front, la menaçant vers le sud, coïncidait avec l'enfoncement de la fameuse « ligne Hindenburg ». Elle allait être prise comme dans un étau.

Épuisée, à la veille d'être attaquée en Lorraine par le général Foch, elle envoya au généralissime français ses plénipotentiaires et signa l'armistice du 11 novembre 1918. Cet armistice était une véritable capitulation, car les armées du kaiser évacuaient la Belgique, les territoires français, l'Alsace-Lorraine ; la rive gauche du Rhin était occupée ; des milliers de canons, de mitrailleuses, d'avions, de wagons, de locomotives et une partie de la flotte étaient livrés aux Alliés. Guillaume II et le kronprinz se réfugiaient en Hollande, l'empereur d'Autriche demandait asile à la Suisse, cependant que les vainqueurs entraient solennellement à Mulhouse, à Metz et à Strasbourg.

Les généraux Joffre, Foch, Pétain avaient reçu le bâton de maréchal de

France. Le Parlement déclara que les armées et leurs chefs, le président Georges Clemenceau et le généralissime Foch avaient bien mérité de la Patrie.

À deux reprises, sur la Marne, la France avait été sauvée, et avec elle la civilisation, le droit, la liberté.

502. La paix de Versailles (28 juin 1919). — Clemenceau, Lloyd George, Orlando et le président Wilson représentèrent en personne, la France, la Grande-Bretagne, l'Italie et les États-Unis aux conférences de Paris, où furent arrêtées les conditions à imposer à l'Allemagne : restitution de l'Alsace-Lorraine et rectification des frontières de l'Empire déchu au profit des nationalités opprimées (Polonais, Tchéco-Slovaques, etc.); — attribution à la France en toute propriété des mines de charbon du bassin de la Sarre; — abrogation des conventions qui limitaient l'exercice de notre protectorat au Maroc; — renonciation de l'Allemagne à ses colonies; — limitation de ses armements; — mise en jugement du kaiser et poursuite des actes contraires aux lois de la guerre; — charges financières

Georges Clemenceau.

et réparations des dommages causés par l'invasion; — interdiction de maintenir ou de construire des fortifications sur la rive gauche du Rhin, et dans une zone de 50 kilomètres sur la rive droite; — occupation pendant quinze ans, à titre de garantie, des territoires à l'ouest du Rhin et des têtes de pont par les forces alliées. L'Allemagne vaincue dut tout accepter.

Le traité fut signé le 28 juin 1919, à Versailles, dans cette Galerie des Glaces où la proclamation du roi de Prusse comme kaiser, en 1871, avait consacré le triomphe de la force. Le militarisme prussien, qui venait de coûter la vie à plus de 7 millions d'hommes, croulait sous le poids de son orgueil, de ses crimes et de ses fautes.

Les plénipotentiaires Alliés eurent ensuite à décider du sort de l'Autriche, de la Hongrie, de la Bulgarie, de la Turquie et à résoudre les problèmes que soulevait l'émancipation des peuples naguère assujettis à ces puissances.

LECTURE. — **Les Lettres, les Sciences, les Arts sous la Troisième République.**

Les Lettres. — Jusque vers 1880, c'est le naturalisme qui a inspiré les œuvres les plus retentissantes. Il s'est produit ensuite une sorte de réaction contre cette doctrine; mais ce qui caractérise essentiellement la littérature contemporaine, c'est son extrême diversité.

Dans le roman, Gustave FLAUBERT forme la transition entre le romantisme et le naturalisme, qui se propose l'observation minutieuse de la vie courante. Il a pour chef Émile ZOLA, à qui les frères de GONCOURT, Alphonse DAUDET, Guy de MAUPASSANT sont redevables de quelque chose, malgré leur originalité propre.

Pierre LOTI a porté à la perfection le roman exotique, Paul BOURGET le roman psychologique, Maurice BARRÈS l'étude du « moi », puis le traditionnalisme. Anatole FRANCE, dans une langue d'une délicatesse et d'une grâce infinies, se raconte lui-même à travers ses livres.

Victor HUGO resta jusqu'à sa mort un maître incontesté; mais il ne fut pas le chef des nouvelles écoles poétiques. Les *Parnassiens* s'attachèrent surtout à la perfection de la forme, à la richesse et à la sonorité de la rime : ce souci est évident chez Théodore de BANVILLE, LECONTE DE LISLE, SULLY PRUDHOMME, François COPPÉE, HEREDIA.

Contre le formalisme des Parnassiens et, en même temps, contre les excès du naturalisme, il se créa une école idéaliste, dite *symboliste*, dont les maîtres les plus éminents furent les poètes VERLAINE, MALLARMÉ et Henri de REGNIER.

La rénovation de notre théâtre fut préparée par Emile Augier et Alexandre Dumas fils. Parmi les représentants de l'art dramatique contemporain, nous citerons François de Curel, Porto-Riche, Paul Hervieu. Les genres classiques ont été remis à la scène par Henri de Bornier et Edmond Rostand.

Dans le domaine de la philosophie et de la critique, deux noms, ceux de Renan et de Taine, dominent de très haut toute la période immédiatement contemporaine ; le premier fut un admirable prosateur, d'une langue fine, souple, merveilleusement claire et nuancée; le second renouvela les méthodes de la critique, qui eut, en outre, pour représentants Emile Faguet, F. Brunetière, Jules Lemaitre, Anatole France, tandis que Charles Renouvier, Emile Boutroux, Henri Bergson, Th Ribot illustraient la philosophie française.

Parmi les historiens, il faut citer Victor Duruy, Fustel de Coulanges, Albert Sorel, Ernest Lavisse.

A la tribune ont brillé Ernest Picard, Jules Simon, Gambetta, Jules Ferry, le comte de Mun, Waldeck-Rousseau, Ribot, Jaurès, Raymond Poincaré, etc.

Les Arts. — L'Opéra, de Charles Garnier, commencé sous le second Empire, a été achevé après la guerre franco-allemande et inauguré en 1875. Depuis 1871 les monuments les plus connus ont été élevés par Davioud et Bourdais (Palais du Trocadéro); Charles Girault (Petit Palais); Deglane, Thomas et Louvet (Grand Palais); Paul Abadie (Sacré-Cœur de Montmartre); Vaudremer (édifices religieux); Nénot (Sorbonne).

En sculpture, Henri Chapu, Paul Dubois, Barrias, Falguière, Antonin Mercié, Saint-Marceaux, Frémiet, Jules Dalou, Auguste Rodin, Bartholomé ont incarné les diverses tendances, traditionnelles ou modernes, de l'art contemporain. Chaplain et Roty ont transformé l'art de la médaille.

En peinture, l'académisme a eu pour représentants Meissonier, Cabanel, Bouguereau, Paul Baudry, Henner, Léon Bonnat. Après l'école réaliste, fondée par Gustave Courbet, nous avons eu l'école impressionniste, créée par Manet et qui a complété la reproduction exacte des objets par l'étude non moins fidèle des phénomènes lumineux, avec Claude Monet, Sisley, Pissarro, Cézanne, Degas, Renoir.

Dans le portrait, Albert Besnard et Eugène Carrière ont montré la vie de l'âme derrière la physionomie mobile, et renouvelé un genre où, avant eux, s'étaient distingués Bonnat, Benjamin-Constant, Carolus-Duran.

La vie des champs a été rendue avec sentiment par Cazin, avec recherche par Jules Breton, avec réalisme par Bastien-Lepage, et l'observation impressionniste de Raffaelli s'est portée sur les types de la banlieue parisienne. Chez René Ménard s'équilibrent harmonieusement la tradition et le modernisme. Les noms de Tony Robert-Fleury et de Jean-Paul Laurens dans la peinture d'histoire, de Detaille et d'Alphonse de Neuville dans la peinture militaire méritent d'être retenus. Enfin Puvis de Chavannes a ennobli dans sa signification morale la peinture décorative, qu'Albert Besnard a illustrée par la pureté de son dessin et l'éclat de son coloris passionné.

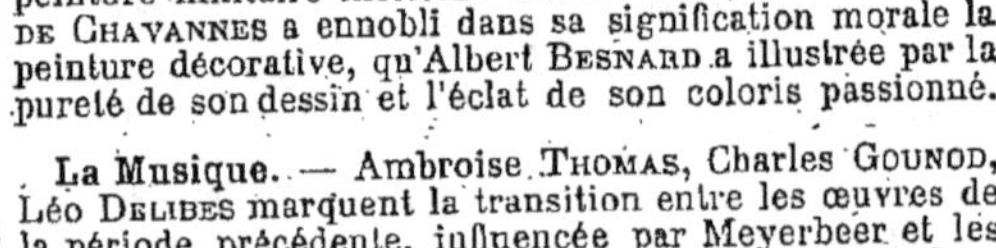

La Musique. — Ambroise Thomas, Charles Gounod, Léo Delibes marquent la transition entre les œuvres de la période précédente, influencée par Meyerbeer et les Italiens, et les tendances nouvelles. Georges Bizet procède de Berlioz, et Massenet modifie l'opéra-comique en réservant une part plus importante à l'orchestration. Saint-Saens, Reyer, Lalo créent le drame musical.

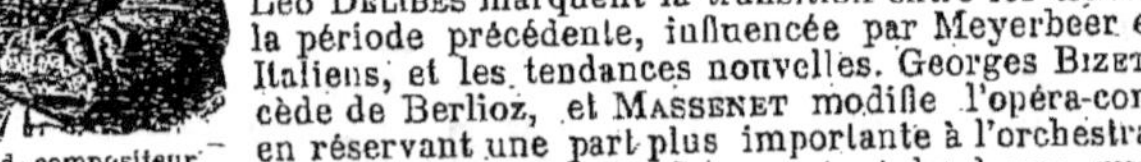

Gounod, compositeur.

Les anciennes tendances ont succombé sous l'influence de Richard Wagner, mais le «wagnérisme» n'a pas absorbé le génie français, qui a réagi et conservé son originalité propre avec Vincent d'Indy qui procède surtout de César Franck, avec les réalistes Bruneau et Gustave Charpentier, avec le symboliste Claude Debussy.

On doit à Gabriel Fauré la rénovation de la romance.

Le vaudeville à couplets, créé par Charles Lecocq, a remplacé les bouffonneries d'Offenbach.

Les Sciences. — L'honneur des hautes études mathématiques et géométriques est soutenu en France par une élite de savants ayant à sa tête Puiseux, Hermitte, Bertrand, Jordan, Henri Poincaré, Darboux. L'astronomie physique et la météorologie, où brillent les noms de Janssen, de Lœwy, de Faye, comptent des conquêtes de haute valeur : la photographie du ciel, qui révèle une multitude d'étoiles inaccessibles aux plus puissants instruments, l'explication des tempêtes ou cyclones, l'étude de la constitution des astres, les hypothèses cosmogoniques.

En physique, Lippmann a découvert la photographie des couleurs; Jules Marey la photographie des mouvements, qui a préparé la cinématographie; Pierre Curie, la radioactivité, qui a modifié nos idées sur la constitution de la matière et les fondements de la mécanique; Branly, la télégraphie sans fil.

Marcelin Berthelot, Edmond Frémy, Adolphe Wurtz, Moissan contribuèrent aux progrès de la chimie, dont les applications firent de Louis Pasteur un bienfaiteur de l'humanité. Pasteur, en étudiant les ferments et les microbes, enseigna à se servir des uns et à se garder des autres. Grâce à lui, les brasseurs savent diriger la fermentation de la bière, les vignerons éviter les maladies du vin, les éleveurs préserver leurs troupeaux du charbon par une vaccination préventive, les chirurgiens prévenir par l'antisepsie les dangers des plaies, ce qui rend possibles les opérations les plus hardies. La rage elle-même semble céder à l'inoculation pastorienne du virus atténué, et le croup, le fléau redouté des mères, a été dompté par le Dʳ Roux, un élève du grand maître, dont les découvertes ont ouvert à la médecine des voies toutes nouvelles.

Pasteur, savant.

Charcot s'est fait connaître par ses leçons sur les maladies du système nerveux.

Les sciences naturelles ont été cultivées par les minéralogistes Fouqué et Michel-Lévy; par les géologues Daubrée, de Lapparent, Alfred Lacroix; par les biologistes et les zoologistes Milne-Edwards, de Quatrefages, Yves Delage, Le Dantec; la physiologie, par Claude Bernard, le créateur de la physiologie expérimentale; Paul Bert, Charles Richet; par l'anthropologiste Broca; par les botanistes Van Tieghem et Gaston Bonnier; par le paléontologiste Albert Gaudry.

La science de l'ingénieur se développe avec une merveilleuse rapidité dans toutes ses parties : chemins de fer, ponts, navigation, ports, utilisation de l'électricité et des forces hydrauliques, etc. L'aéronautique est bien près de devenir un moyen de locomotion pratique, après avoir rendu, pendant la grande guerre, des services de premier ordre

XIII° RÉSUMÉ. — PÉRIODE CONTEMPORAINE

1. Dès le début de la Restauration, les royalistes se livrèrent à des excès connus sous le nom de Terreur blanche, et la première Chambre des députés élue, après le second retour de Louis XVIII mérita le surnom ironique de Chambre introuvable.

2. Louis XVIII lui-même effrayé de son zèle ultra-royaliste, en prononça la dissolution (1816) ; il appela au pouvoir des hommes modérés, comme le duc de Richelieu et Decazes. Mais les ultras revinrent en majorité après les élections de 1821, et le comte de Villèle, appelé au ministère, subit l'influence du comte d'Artois.

3. Pendant les six ans que dura son règne, CHARLES X personnifia sur le trône les idées les plus excessives de l'ancien régime. Après les élections de 1827, le roi dut appeler au pouvoir un libéral, Martignac ; mais, deux ans plus tard, la constitution du cabinet Polignac parut un défi à l'opinion publique, et la Révolution de 1830 permit à LOUIS-PHILIPPE d'Orléans d'arriver au trône.

4. La monarchie de Juillet, qui dut se défendre contre les légitimistes, contre les républicains et contre Louis-Napoléon Bonaparte, eut pour principaux ministres Casimir Périer, Guizot et Thiers. Guizot avait la majorité dans les Chambres, mais non dans le pays, à qui il refusa, d'accord avec le roi, l'extension du droit de suffrage. Son obstination sur ce point détermina la Révolution de 1848 et la proclamation de la République.

5. La conquête de l'Algérie, commencée sous Charles X, par la prise d'Alger (1830), fut achevée en grande partie sous Louis-Philippe, après la reddition de l'émir Abd-el-Kader (1847).

6. Après la chute de Louis-Philippe et la proclamation de la RÉPUBLIQUE, un gouvernement provisoire se constitua, décréta le suffrage universel et convoqua une Assemblée constituante. Mécontents des idées modérées qui dominaient dans cette Assemblée, les ouvriers se soulevèrent (juin 1848). Le prince Louis-Napoléon, élu président de la République, ne tarda pas à entrer en conflit avec l'Assemblée législative, qui ne comprenait guère que deux cents républicains.

7. Le président tenta avec succès le 2 décembre 1851 un coup d'État contre la République. Il réprima la résistance de ceux qui s'insurgèrent au nom du droit violé, et le 2 décembre 1852 vit l'Empire héréditaire rétabli.

8. La politique intérieure du SECOND EMPIRE se divise en deux périodes. Pendant la première, qui se termine en 1860, les libertés publiques sont suspendues. Pendant la seconde, que l'on désigne sous le nom d'Empire libéral, certaines garanties légales sont accordées au pays.

9. En faisant des concessions à l'opinion publique, NAPOLÉON III espérait enrayer les progrès de l'opposition et atténuer le mécontentement croissant causé par les résultats de sa politique extérieure. Napoléon III, malgré la parole fameuse : « l'Empire c'est la paix, » ne cessa, en effet, de faire la guerre.

10. La première guerre de Napoléon III fut dirigée contre le tsar : l'empereur des Français s'entendit avec l'Angleterre pour défendre la Turquie attaquée par les Russes, et les alliés, maîtres de Sébastopol, imposèrent à la Russie le traité de Paris (1856).

11. Fort de ces victoires, Napoléon voulut faire triompher en Europe le principe des nationalités, sacrifié par les traités de 1815 ; il ne réussit qu'à créer sur nos frontières deux ennemis : l'Italie et l'Allemagne. Et il arriva que l'Empire succomba précisément sous les coups de l'État prussien, dont il avait favorisé les progrès.

12. La guerre d'Italie eut lieu en 1859. Napoléon III prit le parti du Piémont contre l'Autriche. La guerre fut marquée par les victoires de Montebello, de Palestro, de Magenta et de Solferino, et l'Autriche céda la Lombardie à Napoléon, qui la remit à Victor-Emmanuel. La France reçut en retour Nice et la Savoie, qui ne furent d'ailleurs annexées que de leur consentement.

13. En même temps, Napoléon intervenait en Syrie pour soutenir les chrétiens contre les musulmans, en Chine et en Annam pour protéger les missionnaires, au Mexique pour y placer sur le trône Maximilien. Ces guerres affaiblissaient nos armées.

14. Aussi, lorsque éclata la guerre franco-allemande de 1870, nos troupes essuyèrent une succession de défaites et l'empereur capitula à Sedan. La RÉPUBLIQUE fut proclamée à Paris (4 sept. 1870).

15. Rien n'arrêtait plus les armées allemandes et Paris fut investi. Le gouvernement de la Défense nationale improvisa sur la Loire des régiments nouveaux, qui vainquirent les Prussiens à Coulmiers ; mais la capitulation de Metz permit à l'ennemi d'accourir avec des forces nouvelles. Malgré plusieurs sorties et des souffrances sans nombre, Paris dut capituler. La paix de Francfort nous coûta cinq milliards, l'Alsace et une partie de la Lorraine (1871).

16. L'Assemblée nationale, réunie à Bordeaux pour se prononcer sur la question de la paix ou de la guerre, proclama la déchéance de Napoléon et confia à THIERS le pouvoir exécutif. Thiers chargea le maréchal de Mac-Mahon de réprimer la Commune. Il fut remplacé en 1873 par le maréchal de MAC-MAHON et l'Assemblée vota en 1875 une Constitution républicaine. Les élections de 1876 ayant été défavorables aux monarchistes, le maréchal forma un cabinet républicain ; il le congédia brusquement le 16 mai 1877, mais les élections furent de nouveau favorables à la République, et le maréchal se retira (1879). Il eut pour successeurs : Jules GRÉVY, de 1879 à 1887 ; Sadi CARNOT, de 1887 à 1894 ; CASIMIR-PERIER, du 27 juin 1894 au 15 janvier 1895 ; Félix FAURE, de 1895 à 1899 ; Émile LOUBET, de 1899 à 1906 ; Armand FALLIÈRES, de 1906 à 1913 ; Raymond POINCARÉ, de 1913 à 1920 ; Paul DESCHANEL, depuis le 18 février 1920. — Grande Guerre (V. p. 266).

SUJETS DE RÉDACTION.

1. Exposer succinctement les principaux faits des règnes de Louis XVIII et Charles X. — 2. Exposer les principaux faits du règne de Louis-Philippe : 1º à l'intérieur ; 2º à l'extérieur. — 3. Citez les principaux écrivains, savants et artistes de la Restauration et de la monarchie de Juillet. — 4. Conquête de l'Algérie (*V. pages 288-289*). — 5. La seconde République. — 6. Résumer les guerres du second Empire. — 7. Apprécier l'œuvre de la troisième République. — 8. Expéditions et conquêtes sous la troisième République. (*V. pages 289 à 296*). — 9. Grande Guerre. (*V. pages 266 à 279*).

CHAPITRE XIV

PRÉCIS

DE

L'HISTOIRE COLONIALE

503. Vue générale. — La France, baignée par deux mers, devait songer de bonne heure à fonder des colonies. Dès le xɪvᵉ siècle, les marins dieppois fréquentaient la côte occidentale d'Afrique. Sous François Iᵉʳ, Jacques Cartier remonta le Saint-Laurent et prit possession de la *Nouvelle-France*. Sous Henri IV et sous Louis XIII, Champlain continua l'exploration du Canada.

Richelieu comprit tout ce que l'Espagne, la Hollande et l'Angleterre devaient à leur puissance maritime et coloniale; le surintendant Foucquet continua son œuvre, qui fut développée méthodiquement et transformée par Colbert.

Colbert dota la France d'un empire d'outre-mer qu'on a évalué à plus de 10 millions de kilomètres carrés. Malheureusement, son œuvre ne lui survécut pas. Les traités d'Utrecht (1713), d'Aix-la-Chapelle (1748), de Paris (1763), ruinèrent notre puissance coloniale et assurèrent à l'Angleterre la domination des mers. Après les guerres de la Révolution et de l'Empire, la France ne possédait plus que Saint-Pierre et Miquelon, la Guadeloupe, la Martinique, la Désirade, Marie-Galante, les Saintes, Saint-Martin, la Guyane, une partie infime du Sénégal, la Réunion et quelques comptoirs dans l'Inde.

504. De 1815 à nos jours, notre domaine colonial s'est peu à peu reconstitué. La Restauration commença la conquête de l'Algérie; la monarchie de Juillet la continua; elle annexa en outre les Marquises (Océanie) (1842), et fonda quelques comptoirs sur la côte de l'Afrique occidentale, tels que Grand-Bassam, Assinie, etc. Sous le second Empire, le Sénégal s'accrut en étendue, la Nouvelle-Calédonie fut occupée (1853), un établissement fondé à Obock (Afrique) (1855), le Cambodge soumis à notre protectorat (1863), la Cochinchine conquise (1867). Sous la troisième République, notre protectorat fut établi sur la Tunisie (1881), sur le Tonkin (1883), sur l'Annam (1884), sur les Comores (1886), le Maroc (1911-1912); Madagascar a été déclarée colonie française (1895). Le drapeau tricolore flotta sur les rives du Niger; l'acquisition du Congo français décupla l'importance de notre petite colonie du Gabon, et la possession du Sénégal, de la Guinée, de la Côte d'Ivoire, du Dahomey, fit de la France une puissance africaine de premier ordre. La Suède nous a cédé l'île Saint-Barthélemy, dans les Antilles (1877). En Océanie, nous avons acquis, au cours du xɪxᵉ siècle, un très grand nombre d'établissements, dont les principaux sont la Nouvelle-Calédonie et Tahiti. En Afrique, nous avons profité de la ruine de la domination allemande (1919).

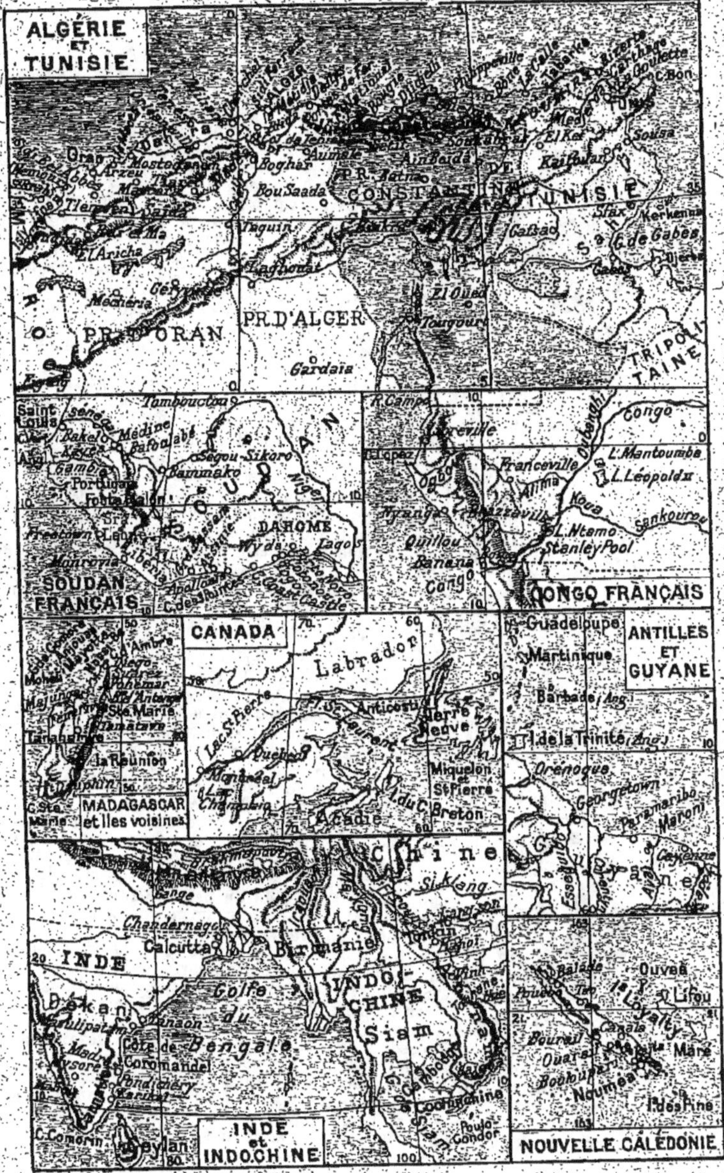
ALGÉRIE ET TUNISIE
Oran
Mostaganem
Arzeu
Tlemcen
El Aricha
Mechéria
Boghar
Aumale
Bou Saada
Laghouat
CONSTANTINE
TUNISIE
Ain Beïda
El Kef
Sfax
Kairouan
Sousse
C. Bon
Kerkenna
Se. de Gabès
Djerba
Gafsa
El Oued
Touggourt
Gardaïa
PR. D'ALGER
PR. D'ORAN
MAROC
TRIPOLITAINE
Tombouctou
Saint Louis
Sénégal
Dakar
Médine
Bafoulabé
Ségou
Sikoro
Bammako
Niger
Portugais
Fouta-Djalon
Gambie
Freetown
Monrovia
SOUDAN FRANÇAIS
DAHOMEY
Whydah
Lagos
C. des Palmes
Cap Coast Castle
SOUDAN
R. Campo
Congo
Libreville
Ogôoué
Lopez
Franceville
Alima
L. Mantoumba
L. Léopold II
Koua
Brazzaville
Quillou
Banana
Stanley Pool
St. Ntemo
Sankourou
Congo
CONGO FRANÇAIS
CANADA
Labrador
Lac St. Pierre
St. Laurent
Anticosti
Terre Neuve
Québec
Montréal
Miquelon et St. Pierre
Acadie
C. Breton
Guadeloupe
Martinique
Barbade (Ang.)
I. de la Trinité (Ang.)
Orénoque
Georgetown
Paramaribo
Maroni
Cayenne
GUYANE
ANTILLES ET GUYANE
MADAGASCAR et îles voisines
Ambre
Diego
Nossi Bé
Mayotte
Mohéli
Vohémar
Majunga
Ste. Marie
Tananarive
Tamatave
la Réunion
C. Ste. Marie
Chine
Sikiang
Brahmapoutre
Gange
Chandernagor
Calcutta
Birmanie
INDE
Dekan
Golfe du Bengale
Côte de Coromandel
Pondichéry
Karikal
INDO-CHINE
Siam
Cochinchine
Saïgon
Poulo Condor
C. Comorin
Ceylan
INDE et INDOCHINE
Balade
Ouvéa
Lifou
Is. Loyalty
Bourail
Ouara
Canala
Maré
Bouloupari
Nouméa
I. des Pins
NOUVELLE CALÉDONIE

LECTURE. — AMÉRIQUE

505. Amérique du Nord. — Les côtes du Canada, aperçues déjà vers 1497 par les frères Cabot, marins vénitiens au service de l'Angleterre, furent reconnues en 1524 par le Florentin Verazzani, qui naviguait au service de François Ier. Dix ans plus tard, le Malouin Jacques Cartier atteignit la côte occidentale de Terre-Neuve et prit possession de la côte du Labrador.

Jacques Cartier
(1494-1554).

Ce premier voyage ayant donné d'heureux résultats, François Ier accorda trois vaisseaux à Cartier, qui appareilla de nouveau en 1535, remonta le Saint-Laurent, fut bien accueilli par les Indiens, découvrit le lac d'Angoulême (auj. lac Saint-Pierre) et arriva près d'une colline fertile et cultivée, qu'il appela Mont-Royal. Cette colline devait dans la suite se couvrir d'habitations et devenir, sous le nom de Montréal, un des centres les plus importants du Canada ou Nouvelle-France. Les bases de notre puissance se trouvant ainsi solidement posées, nos marins prirent l'habitude de fréquenter les côtes de Terre-Neuve.

Après les guerres de religion, le commandeur de Chaste, gouverneur de Dieppe, ayant obtenu de Henri IV une commission pour créer de nouveaux établissements dans l'Amérique septentrionale, associa à cette grande entreprise Samuel de Champlain, gentilhomme protestant de la Saintonge; tous deux remontèrent le Saint-Laurent (1603). Dans une seconde expédition (1604), Champlain fit sur les côtes de l'Acadie et dans l'intérieur de nombreuses explorations, mais son troisième voyage fut de beaucoup le plus important : remontant le Saint-Laurent avec l'intention de former un établissement permanent dans le Canada, il jeta les fondements de la ville de Québec (1608), et donna son nom à un lac sur les bords duquel il avait battu les Iroquois. C'est au courage de Champlain, à son administration éclairée, à sa persévérance, que la France dut la prospérité de ses établissements dans l'Amérique du Nord.

Champlain
(1570-1635).

506. Colbert donna au Canada sa première organisation; la colonie passa directement sous l'autorité de la France. Pendant la guerre de la Ligue d'Augsbourg, les Anglais et les Français, qui depuis longtemps se disputaient le pays, en vinrent bientôt à une lutte armée (1690); les Français en profitèrent pour s'emparer de Terre-Neuve. Durant la guerre de la succession d'Espagne, les hostilités recommencèrent. La paix d'Utrecht nous laissa le Canada, l'île du Cap-Breton, Saint-Pierre et Miquelon; mais les Anglais obtinrent la baie d'Hudson, Terre-Neuve, une partie de l'Acadie.

Cependant, nos colonies devenaient très prospères; le commerce des pelleteries et les pêcheries prenaient une grande extension. En 1717, une Compagnie avait été créée pour exploiter l'immense vallée du Mississipi ou Louisiane, explorée par Cavelier de La Salle de 1682 à 1687 au nom de Louis XIV, et la même année commença de s'élever la ville de la Nouvelle-Orléans.

Plus nos possessions prospéraient, plus l'Angleterre s'en montrait jalouse. Lors de la guerre de Sept ans, le général marquis de Montcalm fut envoyé au Canada. Malgré l'abandon où le laissa le ministère, à qui il demanda vainement des secours, malgré le manque de provisions, malgré la faiblesse de sa petite armée, le marquis de Montcalm résolut de faire une héroïque résistance, disposa son plan de campagne en capitaine habile et battit lord Abercromby (1758); mais il ne put l'empêcher de s'emparer de plusieurs places importantes et se vit attaqué, l'année suivante, dans Québec, par le général Wolfe à la tête d'une armée de 30 000 hommes. Au bout de deux mois de siège, le général anglais n'était encore parvenu qu'à

Cavelier de La Salle.
(1640-1687).

LECTURE. — AFRIQUE

508. Algérie. — Occupée dès la plus haute antiquité par les Berbères, la partie de l'Afrique qui forme l'Algérie actuelle fut successivement sous la domination des Romains, des Vandales, des Byzantins, des Arabes (vie siècle) et enfin des Turcs (xvie siècle).

Hussein (1779-1838).

À partir de cette époque, Alger devint un nid de pirates sous l'influence des Barberousse. Les expéditions de Charles-Quint et de Louis XIV contre ces hardis corsaires, pas plus que celle des Anglais en 1816, n'eurent de résultat durable, et ce fut seulement en 1830 que nos troupes commencèrent la ruine d'un état de choses dont l'Europe souffrait depuis des siècles.

En 1827, notre consul à Alger eut avec le dey Hussein des explications très vives sur une affaire en litige entre les deux gouvernements. Le dey s'emporta, s'oublia jusqu'à frapper le consul au visage avec le chasse-mouches en plumes de paon qu'il portait à la main, et refusa toutes les satisfactions qui lui furent demandées. Une expédition fut décidée par le ministère Polignac.

Une flotte de 104 bâtiments, placée sous le commandement du vice-amiral Duperré, débarqua le 13 juin 1830, sur la plage de Sidi-Ferruch, quarante mille hommes ayant à leur tête le général de Bourmont. Le 5 juillet, le drapeau français flottait sur la Kasbah, citadelle d'Alger.

Palais du Dey en 1830.

509. La régence barbaresque, dont Alger avait été la capitale, comprenait trois beyliks : Titery, au sud ; Oran, à l'ouest ; Constantine, à l'est.

La force des choses voulait que notre domination s'étendît insensiblement pour remplacer celle des Turcs, renversée dans son centre.

Le bey d'Oran se soumit de plein gré, immédiatement après l'occupation d'Alger ; à la suite d'une petite expédition, celui de Titery se rendit, dès la fin de 1830, au maréchal Clauzel. Mais bientôt les Arabes levèrent l'étendard de la guerre sainte sous la direction de l'émir Abd-el-Kader.

Abd-el-Kader (1807-1883).

510. En 1835, sous l'administration du comte Drouet d'Erlon, qui, le premier, eut le titre de gouverneur général de l'Algérie, nos troupes essuyèrent le désastre de la Macta, où nos blessés furent massacrés et notre armée mise en fuite. Le maréchal Clauzel vengea l'affront fait à nos armes, enleva à Abd-el-Kader sa capitale, Mascara, et fit une tentative infructueuse sur Constantine (1836). Dans la retraite difficile qui suivit, le chef de bataillon Changarnier, commandant l'arrière-garde, se vit pressé par une nuée d'Arabes ; il forma ses hommes en carré et leur dit : « Voyons ces gens-là en face ; il sont six mille, vous êtes trois cents : la partie est égale. »

Le général Damrémont, qui remplaça le maréchal Clauzel (1837), prépara une seconde expédition contre Constantine ; il tomba glorieusement, emporté par un boulet, la veille même de l'assaut. Cette mort anima nos soldats au lieu de les décourager, et le lendemain l'assaut fut donné avec une vigueur qui décida du succès ; le lieutenant général Valée reçut le bâton de maréchal. C'est à ce siège célèbre que se signalèrent plusieurs officiers dont le nom a eu depuis du retentissement : Bedeau, Lamoricière, Le Flô, Mac-Mahon, Canrobert. Dans le même temps, à l'autre bout de l'Algérie, Abd-el-Kader, dont la puissance avait considérablement grandi, tenait étroitement bloquées nos garnisons de la province d'Oran, et amenait le général Bugeaud à signer le traité de la Tafna (30 mai 1837), qui, tout en consacrant la souveraineté de la France, reconnaissait à l'émir une autorité considérable.

Bugeaud (1784-1849).

511. L'expédition des Portes-de-Fer, conduite par le maréchal Valée et le duc d'Orléans, fournit à Abd-el-Kader le prétexte de rompre le traité de la Tafna, de prêcher de nouveau la guerre sainte, et de venir saccager notre territoire jusque sous les murs d'Alger. Malgré nos succès, malgré l'occupation de Médéah et de Milianah après l'inoubliable affaire du col de Téniah ou de Mouzaïa, l'émir, toujours vaincu, toujours insaisissable, reparaissait le lendemain de chaque défaite, aussi redoutable que la veille.

L'année 1840 fut témoin d'un événement glorieux pour notre armée. Cent vingt-trois hommes d'infanterie, commandés par le capitaine Lelièvre, et retranchés dans la petite ville de Mazagran, tinrent tête pendant quatre jours consécutifs à plus de douze mille Arabes. Deux ans après, un peloton de vingt et un hommes, commandés par le sergent Blandan, fut surpris en pleine campagne, près de Béni-Méred : ces braves se défendirent héroïquement contre trois cents cavaliers arabes.

512. Le général Bugeaud, gouverneur général en 1841, devait achever la conquête de la colonie. Le duc d'Aumale, en 1843, à l'affaire de Taguin, enleva la *smala* (1) de l'émir. Batna, Biskra, Dellys furent occupés en 1844, et le Maroc, qui avait donné asile à l'émir, reçut son châtiment à la bataille de l'Isly (1844). La paix paraissait établie, lorsque, en 1845, Abd-el-Kader, rentré dans la province d'Oran, renouvela ses tentatives, et les prédications de Bou-Maza soulevèrent le Dahra. Cette insurrection, signalée par le massacre de 450 Français à Sidi-Brahim, fut réprimée par les colonels Saint-Arnaud et Pélissier, pendant que le général Bedeau achevait la soumission de l'Aurès.

Les différentes tribus qui avaient accueilli l'émir furent châtiées en 1846, et Abd-el-Kader, dépouillé de toute puissance et de tout prestige, fut définitivement rejeté du Maroc où il s'était réfugié une seconde fois. Cerné de toutes parts, il se rendit le 23 décembre 1847 au général Lamoricière et au duc d'Aumale. Depuis, la France n'eut à réprimer que des insurrections, dont les plus sérieuses éclatèrent en Kabylie et dans le Sud oranais.

513. Maîtresse de l'Algérie, la France se trouva tout naturellement conduite à s'étendre vers le sud. Le Sahara fut exploré par Henri Duveyrier, Victor Largeau, Paul Soleillet, Fernand Foureau, le commandant Lamy. Le colonel Flatters avait été chargé d'étudier l'établissement d'un chemin de fer transsaharien, mais la mission fut assassinée par les Touareg. En 1902, à la suite de la conquête du Touât, les territoires du Sud algérien reçurent une organisation autonome.

514. Tunisie. — L'établissement du protectorat français en Tunisie s'explique par la nécessité où s'est trouvé le gouvernement d'assurer la sécurité de l'Algérie. Depuis la bataille de l'Isly (1844), notre grande colonie était tranquille du côté de l'ouest et du Maroc ; mais, à l'est, le désordre était permanent. Aux confins de la Tunisie et de l'Algérie, il y avait toute une zone de tribus insoumises et belliqueuses, perpétuellement en guerre les unes contre les autres, et qui entretenaient dans ces contrées un foyer d'incursions, de brigandages et de meurtres. Ce furent les incursions des tribus kroumirs qui motivèrent notre expédition de 1881.

Le général Forgemol prit le commandement du corps expéditionnaire, composé des trois divisions Logerot, Japy et Delebecque (24.000 hommes). Le 26 avril, deux brigades rencontrèrent l'ennemi au col de Fedj-Kahla ; elles l'en

---

(1) La *smala* d'un chef arabe comprend les tentes du maître, sa famille, ses domestiques, ses richesses, ses bestiaux, etc.

délogèrent, pendant que le général Logerot s'emparait du Kef sans coup férir. De nouveaux combats eurent lieu à la suite desquels les généraux Logerot et Delebecque purent se rejoindre sur les cimes de l'amphithéâtre de Ben-Metir. Dès le 12 mai, le bey Mohammed-es-Sadok accepta le traité de Kars-Es-Saïd, ainsi nommé parce qu'il fut signé au palais de ce nom. Il plaçait la Tunisie sous notre protectorat (12 mai 1881).

515. La Kroumirie étant pacifiée et le pays paraissant tranquille, le gouvernement français crut pouvoir retirer une partie des troupes d'occupation, mais une insurrection éclata dans le sud de la Régence. Le bombardement de Sfax fut décidé ; il eut pour conséquence la prise de la ville (16 juillet) et produisit une vive impression dans tout le Sahel. Ali-ben-Khalifa, chef de l'insurrection, se réfugiant dans le Sud, souleva le pays entre Gabès et la Tripolitaine, pendant que les Français occupaient Gabès et l'île de Djerba avant de châtier les insurgés de l'intérieur. Dans les premiers jours de septembre 1881, le gouvernement envoya de nombreux renforts en Tunisie, où les actes de brigandage se multipliaient, et le général Saussier reçut la mission de marcher sur Kairouan. Nos troupes s'emparèrent de la ville, et la pacification suivit de près cette victoire.

516. Maroc. — La conquête du Maroc fut, comme la conquête de Tunis, la conséquence de notre établissement en Algérie. La France, devenue puissance musulmane dans l'Afrique du Nord, ne pouvait rester indifférente à ce qui se passait près de ses frontières algériennes.

Elle ne put s'établir au Maroc après la bataille de l'Isly (1844), par suite de l'opposition de l'Angleterre, et la pénétration européenne au Maroc fut d'abord internationale ; puis, lorsque les gouvernements de Paris et de Londres eurent réglé leurs différends coloniaux, par des accords signés en 1904, la France se heurta à l'opposition de l'Allemagne. L'empereur Guillaume débarqua même inopinément à Tanger pour manifester nettement sa volonté (1905), et une conférence se réunit à Algésiras pour élaborer le statut du Maroc (1906). Les droits de police qui nous furent reconnus nous permirent d'entreprendre des opérations de pacification : occupation d'Oudjda et de Casablanca (1907), répression de l'agitation anti-française dans la Chaouïa (1907-1908).

En 1908, l'Allemagne profita d'un incident sans importance pour nous chercher de nouveau querelle, et la « Déclaration » (1909) par laquelle se termina cet incident rencontra, dans la pratique, de telles difficultés, dues à la mauvaise foi de l'Allemagne, qu'un conflit plus grave encore éclata en 1911. La France avait occupé Fez et Meknez (1911) : l'Allemagne considéra comme une violation des traités le maintien de nos garnisons dans ces deux villes, et elle envoya à Agadir la canonnière *Panther* sous le prétexte de protéger ses nationaux. Des négociations s'ouvrirent : la convention du 4 novembre 1911 nous garantissait l'exercice du protectorat et aux puissances étrangères la liberté du commerce, mais nous cédions à l'Allemagne une large bande de territoire congolais, au nord du Cameroun, et une partie des bassins de la Sangha, de la Labaye et du Logoné, au sud et à l'est du Cameroun, en tout 255.000 kilomètres carrés.

Après la reconnaissance de notre protectorat par le sultan du Maroc, Moulay-Hafid (30 mars 1912), la France eut à réprimer une révolte de soldats indigènes, à Fez (1912). Elle pacifia le Sous (1913), dirigea des opérations dans le Tadla, chez les Zaër au sud de Meknès, dans les confins algéro-marocains (1912-1913), et consolida sa situation générale par la prise de Taza et de Kenifra (juin 1914) : les troupes parties de l'Atlantique et les troupes parties de la Moulouya réalisèrent la jonction du Maroc occidental et du Maroc oriental.

Le traité de Versailles du 29 juin 1919 annula toutes les obligations marocaines que l'Allemagne nous avait imposées.

517. Afrique occidentale française. — Nous sommes au Sénégal depuis le xive siècle. Ce sont des navigateurs dieppois, malouins, saintongeais, basques, qui, les premiers, y fondèrent des établissements. Plusieurs compagnies commerciales avaient essayé sans succès de coloniser ce pays, lorsque l'une d'entre elles choisit comme directeur le négociant André

Brue, qui se mit en rapport avec les indigènes, lutta contre les tentatives d'influence des Hollandais et des Portugais, poussa des pointes dans l'intérieur et fit prospérer les intérêts dont il avait charge (xviie-xviiie siècles).

Au début de la guerre de Sept ans, notre colonie fut conquise par les Anglais, qui la gardèrent en vertu du traité de 1763. Les Français la reprirent en 1779, mais pour la perdre de nouveau pendant les guerres du premier Empire. Elle ne nous fut définitivement restituée qu'en 1815. Cinq ans plus tard, une flottille remonta le Sénégal et construisit le fort de Bakel, à 880 kilomètres en amont de Saint-Louis.

518. La situation du Sénégal était précaire, à tout point de vue, lorsque le colonel Faidherbe en fut nommé gouverneur. De 1854 à 1865, des annexions étendirent le territoire de la colonie; des fortins s'élevèrent sur divers points pour contenir ou rassurer les populations soumises à l'influence française; le prophète musulman El-Hadj-Omar dut signer la paix et subir nos conditions; le pays fut exploré entre le haut Sénégal et le Niger en vue de préparer une extension future de la puissance française au Soudan. En 1857, Faidherbe avait obligé El-Hadj-Omar à lever le siège de Médine, défendu courageusement par une poignée d'hommes.

Faidherbe (1818-1889).

519. L'arrivée du général Brière de l'Isle au Sénégal, en 1876, rouvrit la période d'initiative et de progrès. Au mois d'août 1879, le nouveau gouverneur chargea le capitaine Gallieni d'une mission topographique et diplomatique, ayant pour objet Médine, Bafoulabé et les pays arrosés par le Bafing et le Bakhoy : elle eut pour résultat de placer sous l'influence française la rive gauche du Sénégal entre Médine et Bafoulabé. Au capitaine Gallieni succéda le capitaine Borgnis-Desbordes, dont la campagne de 1882-1883 fut aussi féconde en gloire militaire qu'en résultats pratiques; le fort de Bammako fut construit sur le Niger.

La pénétration dans le bassin du haut fleuve fut achevée par Gallieni, Archinard, Humbert, etc.

520. La ville de Tombouctou, à proximité du grand coude du Niger et aux confins du Sahara, est la station principale des caravanes qui mettent en rapport le lac Tchad, le Maroc et la Tripolitaine; elle peut servir d'entrepôt aux produits d'une partie de l'Afrique.

Tombouctou ne fut visité que par de rares Européens, entre autres par le Français René Caillé, en 1828; l'hostilité des Touareg en éloignait les explorateurs. En 1893, le colonel Archinard prit la capitale du Macina, qui tient Tombouctou dans sa dépendance; à quelque temps de là, les Touareg ayant massacré un petit détachement de notre flottille du Niger, le lieutenant-colonel Bonnier accourut et entra sans coup férir à Tombouctou (10 janvier 1894).

521. De 1887 à 1889, Binger explora la région qui séparait nos établissements du Sénégal et du haut Niger de nos possessions du golfe de Guinée. Au cours de cette exploration, il signa des traités de protectorat avec de nombreux chefs indigènes. Progressivement, l'occupation française s'était étendue du Sénégal aux rives du Niger, puis à la grande boucle de ce fleuve, que descendirent, à partir de Tombouctou, les missions Toutée et Hourst (1894). De son côté, Monteil, parti du Niger, gagna le lac Tchad et opéra son retour par le Sahara et Tripoli (1890-1892). Le lac Tchad fut aussi l'objectif de la mission Foureau-Lamy, venue du Sahara, et de la mission Gentil, venue du Congo (1899).

522. La Guinée française et la Côte d'Ivoire étaient également visitées par nos explorateurs et constituaient bientôt deux colonies sous l'impulsion, la première, du Dr Ballay; la seconde, du capitaine Binger.

La France avait alors un ennemi redoutable dans la personne de Samory, qui, chassé des rives du Niger, n'avait devant lui qu'une route ouverte : celle de la Côte d'Ivoire, possession française. Monteil fut envoyé contre Samory; mais, manquant de porteurs, disposant de ressources insuffisantes, il dut, par ordre du gouvernement, rentrer en France, non sans avoir bravement combattu (1895).

523. A la suite de cette expédition, il parut nécessaire de donner à nos possessions une direction unique, et dans ce but fut constitué le *Gouvernement général de l'Afrique occidentale française*, qui comprend les colonies du Sénégal, du Haut-Sénégal-Niger, de la Guinée française, de la Côte d'Ivoire et du Dahomey.

524. En 1851, le gouvernement français avait signé avec le Dahomey un traité d'amitié et de commerce, et, en 1863, il établit son protectorat sur le royaume de Porto-Novo. Il se trouva ainsi dans la nécessité de donner une forme régulière à ses relations avec le Dahomey : de là, les conventions de 1863 et de 1878, nous assurant la possession de Kotonou.

Méconnaissant ces actes diplomatiques, le roi Gléglé et son successeur Behanzin créèrent toutes sortes de difficultés à ceux de nos nationaux établis sur le littoral. Notre gouvernement dut, en 1892, entreprendre une expédition, tant pour faire respecter ses droits que pour assurer la protection de Porto-Novo.

Après plusieurs brillants engagements notamment à Dogba, le corps expéditionnaire remporta à Cana une victoire décisive. Le général Dods, qui le com-

Brazza (1852-1905).

mandait, soumit alors à Behanzin un traité dont le roi de Dahomey s'empressa de violer les clauses, qu'il avait pourtant acceptées. Le général Dodds marcha alors sur Abomey, capitale du pays; il s'en empara, et ce fait d'armes acheva la conquête du Dahomey (2 novembre 1892).

Le traité de Versailles (28 juin 1919) attribua à la France la plus grande partie du Togo, avec le port de Louré et les deux chemins de fer commencés par les Allemands. Un important débouché sur la mer était ouvert au Dahomey.

525. Afrique équatoriale française. — L'importance de notre petite colonie du Gabon a été centuplée, grâce aux efforts de Savorgnan de Brazza, qui, de 1874 à 1885, au cours de trois missions, assura notre expansion dans le bassin du grand fleuve. Aujourd'hui, l'Afrique équatoriale française englobe le Gabon, les régions de l'Oubangui, du Chari et du Tchad, et rejoint, par le Ouadaï, nos autres possessions de l'Afrique occidentale. A côté de de Brazza, il faut citer les explorateurs Crampel, Mizon, Liotard, Marchand, Gentil, etc.

En vertu du traité de Versailles (28 juin 1919), les quatre cinquièmes du Cameroun furent acquis à la France, la Grande-Bretagne se réservant, au nord-ouest, une bande territoriale contiguë à la Nigéria. Le grand port de Douala, avec toutes les voies ferrées et la principale route vers le Tchad, restèrent entre nos mains.

526. Madagascar. — Le premier établissement français créé à Madagascar est dû à Pronis. Richelieu, comprenant l'intérêt que la France avait à s'emparer de cette île, fit délivrer à la *Compagnie de l'Orient*, que représentait Pronis, des lettres patentes lui concédant Madagascar, connue sous le nom d'île Dauphine. Pronis commit des actes de violence qui lui aliénèrent les habitants de l'île et ses propres collaborateurs. La Compagnie le révoqua; elle mit à sa place Flacourt, qui, arrivé à la fin de l'année 1648, se mit résolument à l'œuvre, tint les indigènes en respect, se fit obéir de ses compatriotes, donna une active impulsion aux cultures; mais, mal secondé par la Compagnie, hors d'état de continuer ses opérations, Flacourt dut retourner en France.

Le 11 juillet 1665, la *Compagnie des Indes Orientales* prit, au nom du roi, possession de Madagascar, qui devait être le centre de ses opérations dans la mer des Indes. En 1667, Montdevergue débarqua au fort Dauphin, où il amenait une flotte de dix vaisseaux. Tout s'annonçait sous les plus favorables auspices; cependant, rien ne réussit. La Compagnie des Indes, ruinée par le gaspillage de ses immenses ressources, ne put se soutenir, malgré les subsides royaux.

527. Sous la Restauration, les Anglais ne cessèrent d'intriguer pour que Radama Ier, chef des Hovas, se posât en souverain de l'île entière. Radama finit par s'emparer de tout le littoral de la côte orientale et pénétra de vive force dans le fort Dauphin, qui avait pour toute garnison un officier et un soldat. La mort vint le frapper en 1828; il fut remplacé par sa femme, Ranavalo Ire. La France n'avait jamais renoncé à ses droits : prenant prétexte des sévices dont les Européens étaient victimes, Charles X organisa une expédition militaire, qui débarqua à Tamatave au mois de juillet 1829. Ranavalo capitula; mais, comme elle éludait les conditions du traité, on prépara une nouvelle expédition. Ce projet échoua, par suite des événements de 1830.

Sous la monarchie de Juillet, l'île de Nossi-Bé, sur la côte occidentale, fut annexée à notre domaine colonial (1841); l'île de Sainte-Marie, sur la côte orientale, occupée au XVIIIe siècle, avait été réoccupée en 1818. Du règne de Louis-Philippe date également l'annexion de Mayotte (1843).

528. Les Anglais ne cessaient de faire dans l'île une active propagande par l'intermédiaire des missionnaires, et, en 1869, la reine Ranavalo II se convertit au protestantisme. Quelques années plus tard, au mépris des traités, le pavillon hova fut arboré sur la côte occidentale. Le gouvernement français, après de vaines négociations, chargea, en 1883, l'amiral Pierre de chasser les Hovas de toute la côte et de faire une démonstration devant Tamatave.

L'amiral, à peine arrivé en rade de Tamatave, envoya à la reine un ultimatum lui enjoignant de reconnaître nos droits. Une réponse négative lui étant parvenue, la flottille française procéda au bombardement, et huit cents hommes occupèrent les forts de Tamatave. En 1884-1885, l'amiral Miot bombarda Fénérife, Vohémar, la baie de Diégo-Suarez. Malgré l'échec d'une colonne française à Farafate, les Hovas comprirent que notre résolution était irrévocable et demandèrent la reprise des négociations. Celles-ci aboutirent à l'établissement du protectorat français sur l'île tout entière et à la reconnaissance de notre pleine souveraineté sur la baie de Diégo-Suarez (17 décembre 1885).

529. Le gouvernement hova n'avait accepté que de nom le protectorat français, et les représentants de la France trouvèrent auprès de la reine, excitée encore par son entourage, les plus sérieux obstacles dans l'accomplissement de leur tâche. La cour d'Emyrne opposant une fin de non-recevoir absolue à toutes nos réclamations, Le Myre de Vilers fut envoyé à Tananarive (1895) : il échoua dans ses tentatives d'accommodement, et nos nationaux évacuèrent l'île. C'était la guerre.

Le 30 septembre 1895, le corps expéditionnaire, sous les ordres du général Duchesne, arriva en vue de Tananarive, après avoir, depuis Majunga, refoulé les Hovas de toutes leurs positions, non sans avoir vu ses troupes décimées par un climat meurtrier et par la fatigue. Le lendemain, la reine capitulait et apposait sa signature au bas d'un nouveau traité de protectorat. Mais la campagne était à peine achevée que des difficultés s'élevaient de nouveau; la paix n'avait été acceptée que du bout des lèvres, et le brigandage sévissait partout au point qu'il fallut soumettre l'île à un régime rigoureux. Le général Gallieni, envoyé d'urgence à Tananarive, signifia à la reine que Madagascar, devenue colonie française, n'avait plus d'autre drapeau à arborer sur les monuments publics que le drapeau tricolore.

LECTURE. — ASIE

530. Inde. — La France ne possédait que quelques comptoirs en Asie, lorsque Dupleix y arriva comme agent de la Compagnie des Indes. Dupleix fit au commerce anglais une concurrence formidable, et, nommé en 1742 gouverneur général de nos établissements dans l'Inde, résolut de donner cette immense presqu'île à la France, en s'immisçant dans toutes ses affaires intérieures pour y saisir ou y faire naître des occasions d'agrandissement; il s'appliqua donc à former des alliances avec les divers princes et rajahs de ces contrées.

Lorsque éclata la guerre de la Succession d'Autriche, l'Inde fut défendue brillamment par Dupleix et par La Bourdonnais, gouverneur général de l'île de France et de Bourbon. Le plan de ce dernier était plus simple que celui de Dupleix : il consistait à ruiner à coups de canon les établissements des Anglais et à développer puissamment notre commerce, mais sans projets d'agrandissements territoriaux. Cette opposition de vues entre deux hommes aussi énergiques devait avoir de fatales conséquences. L'union de Dupleix et de La Bourdonnais eût été la ruine de la Compagnie anglaise; leur mésintelligence servit mieux nos rivaux qu'une victoire.

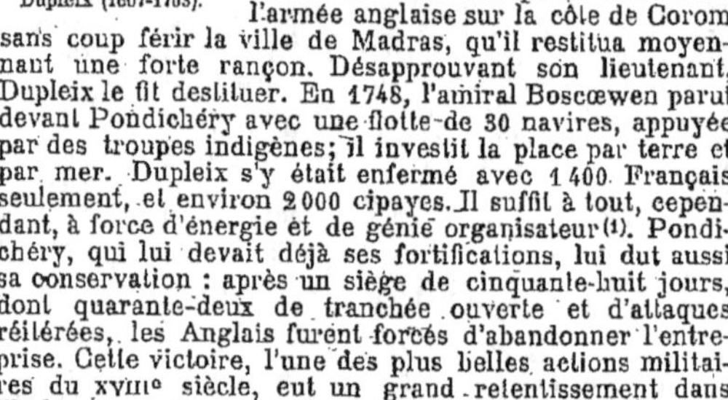

531. Pendant que Dupleix terminait les fortifications de Pondichéry, les Anglais s'apprêtèrent à assiéger par terre et par mer la capitale de nos possessions dans la péninsule. Ce fut alors que l'on put voir les effets de la savante diplomatie de Dupleix. Le nabab de Carnatic menaça d'assiéger de son côté Madras, si les Anglais investissaient Pondichéry. D'autre part, La Bourdonnais réussit à former une petite flotte avec laquelle il dispersa l'armée anglaise sur la côte de Coromandel; puis il enleva sans coup férir la ville de Madras, qu'il restitua moyennant une forte rançon. Désapprouvant son lieutenant, Dupleix le fit destituer. En 1748, l'amiral Boscœwen parut devant Pondichéry avec une flotte de 30 navires, appuyée par des troupes indigènes; il investit la place par terre et par mer. Dupleix s'y était enfermé avec 1 400 Français seulement, et environ 2 000 cipayes. Il suffit à tout, cependant, à force d'énergie et de génie organisateur [1]. Pondichéry, qui lui devait déjà ses fortifications, lui dut aussi sa conservation : après un siège de cinquante-huit jours, dont quarante-deux de tranchée ouverte et d'attaques réitérées, les Anglais furent forcés d'abandonner l'entreprise. Cette victoire, l'une des plus belles actions militaires du xviiie siècle, eut un grand retentissement dans l'Inde et en Europe. Mais le jour même où les Anglais se retiraient, Louis XV signait la paix d'Aix-la-Chapelle !

Dupleix (1697-1763).

La Bourdonnais (1699-1753).

532. Ne pouvant plus attaquer l'Angleterre corps à corps, Dupleix résolut de la combattre indirectement, en assurant la prépondérance à nos alliés sur les siens, en rompant l'équilibre à notre profit par l'accroissement de notre influence et de notre territoire. Secondé par son lieutenant Bussy, il intervint dans toutes les guerres que se faisaient les soubabs, nababs et rajahs de l'Inde. C'est ainsi qu'il obtint des sultans du Dekkan la nababie de Carnatic et cinq provinces, acquisitions qui nous donnaient un empire de 30 millions d'hommes et ouvraient 200 lieues de côtes à notre commerce, avec Masulipatam, la ville des mousselines et des toiles peintes. Malheureusement, au lieu de renforts, on n'envoyait à Dupleix que des exhortations à la paix, et les actionnaires, qui ne demandaient que des dividendes, accusèrent Dupleix

Défense de Pondichéry (1748).

---

[1] Dupleix avait épousé une créole française, d'origine portugaise, Mlle Vincent. Elle rendit à son mari d'importants services; car sa haute intelligence faisait d'elle une diplomate habile, et elle sut à l'occasion, notamment lors du siège de Pondichéry, relever le moral des troupes en montant elle-même sur les remparts et en combattant parmi les soldats. Elle était célèbre sous le nom de *Joanna Begum*, la princesse Jeanne.

d'ambition. Le cabinet de Londres agit fortement sur celui de Paris pour obtenir le rappel du gouverneur, et il l'obtint (1754).

La puissance française dans l'Inde était presque totalement ruinée. Les Anglais, sous les ordres de lord Clive, reprirent pour leur compte la politique de Dupleix. Dès le début de la guerre de Sept ans, Lally-Tollendal conçut néanmoins le plan d'une grande expédition dans l'Inde et fut nommé lieutenant général et gouverneur de nos possessions, dont la plus grande partie était à reconquérir (1758). Un mois après son arrivée, il avait chassé les Anglais de tout le sud de la côte de Coromandel. *Plus d'Anglais dans la Péninsule!* telle était la fière devise qu'il avait adoptée.

533. Paralysé par le mauvais vouloir de ses collaborateurs, par le manque d'argent et d'hommes, par les difficultés de toute nature, il s'épuisa dans des opérations partielles. En décembre 1758, il vint assiéger Madras; mais il échoua dans ses attaques, après une série de combats meurtriers, et fut obligé de se renfermer dans Pondichéry, où les Anglais ne tardèrent pas à l'assiéger à leur tour. Abandonné par la flotte, il eut aussi à lutter contre plusieurs révoltes, qui éclatèrent dans la ville, et fut même victime d'une tentative d'empoisonnement. Il résista pendant neuf mois (1760-1761). Ses ennemis obtinrent contre lui une lettre de cachet. Il resta dix-neuf mois à la Bastille sans être interrogé; puis, après deux ans de procédures clandestines, il fut déclaré par le Parlement coupable d'avoir trahi les intérêts du roi et condamné à la peine capitale (6 mai 1766). « Voilà donc, dit-il en montrant ses cicatrices et ses cheveux blancs, la récompense de cinquante-cinq ans de services (1) ! »

Lorsque la France se déclara en faveur des colonies américaines soulevées contre l'Angleterre, le bailli de Suffren vint aider le sultan de Mysore, Haïder-Ali, et son fils Tippo-Saïb, à chasser les Anglais de l'Hindoustan; il remporta de nombreux succès et contribua à la prise de Gondelour. Mais ses efforts devaient rester inefficaces.

Tippo-Saïb
(1749-1799).

Lally-Tollendal
(1702-1766).

Le bailli de Suffren
(1726-1788).

534. Indo-Chine. — L'Europe n'a eu de rapports directs avec l'empire d'Annam que dans la seconde partie du xviiie siècle, grâce à l'influence que l'évêque d'Adran, Pigneau de Behaine, avait acquise à la cour de l'empereur Gia-long. Gia-long avait eu à lutter, dès le début de son règne, contre une insurrection formidable, qui l'avait un moment dépossédé de sa couronne. D'après les conseils de l'évêque d'Adran, il résolut de faire appel à l'appui et à la protection de la France, et il envoya à cet effet une ambassade à Louis XVI.

Un traité fut, en conséquence, signé en 1787, à Versailles, en vertu duquel l'empereur d'Annam cédait à la France, en toute propriété, le port de Tourane et l'île de Poulo-Condor, sous la condition que le roi de France enverrait sans retard une escadre et un corps de troupes pour aider Gia-long à reconquérir ses États. Des ordres furent immédiatement donnés pour l'exécution de cette convention; mais les événements révolutionnaires interrompirent les préparatifs. Cependant, quelques officiers et un petit nombre de volontaires se rendirent en Annam, où ils disciplinèrent à l'européenne la petite armée de Gia-long, qui, jusqu'à la fin de son règne (1820), protégea les Européens. Il n'en fut pas de même sous ses successeurs.

535. Un évêque espagnol ayant été mis à mort, les gouvernements de France et d'Espagne se concertèrent pour l'envoi d'un corps d'armée en

---

(1) Sa mémoire fut réhabilitée dans la suite par les soins de son fils.

Cochinchine. En 1858, notre pavillon parut devant Tourane, à une quinzaine de lieues de Hué. La ville fut prise et ses défenses détruites. Les forces dont

Francis Garnier
(1839-1873).

disposait le chef de notre escadre, l'amiral Rigault de Genouilly, ne lui permirent pas de s'avancer plus loin dans l'intérieur des terres. Notre escadre se porta donc au sud, en longeant la côte, et vint prendre position devant les bouches du Mékong. Des défenses formidables couvraient les approches de Saïgon, elles furent emportées d'un seul élan, quoique bravement défendues (17 février 1859). La prise de Mytho et de Bien-Hoa en 1861, la prise de Vinh-long en 1862, déterminèrent l'empereur Tu-duc à demander la paix, qui fut conclue, le 5 juin 1862, à Saïgon. Le traité fit passer sous notre souveraineté les trois provinces de Saïgon, Bien-Hoa et Mytho. Notre position en Indo-Chine fut consolidée par l'établissement du protectorat français sur le Cambodge (1863) et l'annexion de trois nouvelles provinces cochinchinoises, motivée par les insurrections qui troublaient la sécurité de nos frontières.

536. En 1872, l'amiral Dupré, gouverneur de la Cochinchine, intervint au Tonkin en faveur d'un négociant français, qui trafiquait pour le compte de la Chine et que les autorités annamites voulaient empêcher de remonter le fleuve Rouge; il envoya à Hanoï le lieutenant de vaisseau Francis Garnier, qui se trouva amené à employer la force et fit la conquête du delta du fleuve Rouge avec une poignée d'hommes, mais tomba dans une embuscade sous les coups des Pavillons-Noirs[1]. Après sa mort, le Tonkin fut évacué par ordre de notre gouvernement, et la France signa avec l'Annam un traité (1874). L'inexécution de ce traité motiva en 1883 l'envoi au Tonkin du commandant Rivière, qui eut le même sort que Garnier. Une expédition fut décidée.

Pendant que le général Bouet faisait au Tonkin des reconnaissances offensives, l'amiral Courbet bombardait les forts de Hué; puis, prenant le commandement du corps expéditionnaire, il s'emparait de Son-Tay. La prise de Bac-Ninh et celle de Hong-Hoa obligèrent la Chine, venue au secours de l'Annam, à signer avec la France la paix de Tien-Tsin (1884); mais, après le guet-apens de Bac-Lé, les hostilités recommencèrent. Courbet bombarda Fou-Tchéou et occupa Ké-Lung; le général Brière de l'Isle gagna les batailles de Kep, de Chu, et marcha sur Lang-Son, à la frontière de Chine (février 1885). Dès que cette place fut tombée entre nos mains, les Français allèrent débloquer Tuyen-Quan, où une garnison française soutenait depuis trois mois, contre les Chinois, un siège héroïque, où s'illustra le sergent Bobillot. Courbet, de son côté déclarait le blocus de Formose et occupait les îles Pescadores. La guerre paraissait terminée, quand

Courbet (1827-1885).

un retour offensif des Chinois détermina les Français à évacuer Lang-Son. Ce n'était qu'une alerte, et la Chine ratifia le traité de Tien-Tsin (10 avril 1885).

537. Conclusion. — Préparé dès le moyen âge par nos navigateurs, fondé par Richelieu et Colbert, perdu au xviiie siècle et au commencement du xixe par suite des guerres continentales, l'empire colonial français a été reconstitué pour ainsi dire sous nos yeux. Après l'Algérie, explorateurs et soldats ont conquis la Tunisie, le Maroc, le Sahara, agrandi nos possessions de l'Afrique occidentale et de l'Afrique équatoriale, substitué dans l'île de Madagascar l'autorité française au despotisme des Hovas, fondé en Indo-Chine un immense établissement. La France, dont l'influence en Syrie a été reconnue officiellement en exécution du traité de Versailles (1919), occupe aujourd'hui le second rang parmi les puissances coloniales et, dans toutes les parties du monde, elle compte des sujets ou des protégés.

---

[1] Nom donné à des rebelles chinois réfugiés au Tonkin, et ainsi appelés à cause de la couleur de leur drapeau.

Aux jeunes Français,

Vous connaissez l'histoire de votre pays, vous pouvez comprendre maintenant ce que c'est que la patrie.

Vous avez vu la nation française se former peu à peu à travers les vicissitudes du moyen âge, prendre conscience d'elle-même à la voix de Jeanne-d'Arc, s'organiser en État puissant, supplanter la maison d'Autriche dans l'hégémonie de l'Europe, tenir dans le monde la première place par l'influence de ses penseurs, de ses artistes, de ses généraux, donner au XVIIIe siècle le signal de l'émancipation des peuples, et se dresser enfin en 1914 devant la Barbarie germanique comme le champion du droit et de l'idéal.

Ce glorieux passé appartient à tous les Français : chacun de nous peut en être personnellement fier.

La patrie, ce n'est pas seulement la communauté des sentiments et des intérêts, des joies et des souffrances, des plaisirs et des peines; c'est aussi le lien qui nous rattache aux ancêtres. Les nations, comme les individus, ont leurs vertus et leurs faiblesses, et l'histoire vous a appris que, dans la vie des États, toute bonne action a sa récompense, mais que toute faute se paye tôt ou tard. Profitez des leçons du passé, remplissez bien vos obligations d'hommes et de Français, et vous transmettrez à vos successeurs le patrimoine national amélioré et embelli. N'écoutez pas les insensés qui prêchent, dans la langue même de la patrie, l'indifférence pour la patrie et la désertion du drapeau : vous ressembleriez à ces fils méchants et ingrats qui battent leur mère, oubliant qu'ils lui doivent tout.

TABLE CHRONOLOGIQUE

Paris. — Imp. LAROUSSE, 17, rue Montparnasse.